U0216109

吉林人民出版社

简体字本二十六史

金史

卷四四——卷八六

（二）

［元］　脱　脱等　撰

张彦博　崔文辉　标点

金史卷四四
志第二五

兵

兵制　禁军之制　大将府治之称号
诸群牧马政　养兵之法

金兴，用兵如神，战胜攻取，无敌当世，曾未十年遂定大业。原其成功之速，俗本鸷劲，人多沉雄，兄弟子姓才皆良将，部落保伍技皆锐兵。加之地狭产薄，无事苦耕可给衣食，有事苦战可致俘获，劳其筋骨以能寒暑，征发调遣事同一家。是故将勇而志一，兵精而力齐，一旦奋起，变弱为强，以寡制众，用是道也。

及其得志中国，自顾其宗族国人尚少，乃割土地、崇位号以假汉人，使为之效力而守之。猛安谋克杂厕汉地，听与契丹、汉人昏因以相固结。迨夫国势浸盛，则归土地、削位号，罢辽东渤海、汉人之袭猛安谋克者，渐以兵柄归其内族。然枢府签军募军兼采汉制，伐宋之役参用汉军及诸部族而统以国人，非不知制胜长策在于以志一之将、用力齐之兵也，第以土宇既广，岂得尽任其所亲哉。驯致极盛，乃自患其宗族国人之多，积其猜疑，卒自戕贼，遂致强本刊落，醇风镳薄，将帅携离，兵士骄惰。迄其亡也，"忠孝"等军构难于内，纠军杂人召祸于外，向之所谓志一而力齐者，不见可恃之势焉。岂非自坏其家法而致是欤，抑是道也可用于新造之邦，不可以保长久之天下欤。

金以兵得国,奉诏作《金史》,故于金之《兵志》考其兴亡得失之迹,特著于斯。兵制、马政、养兵等法载诸旧史者,胪列于篇。

金之初年,诸部之民无它徭役,壮者皆兵,平居则听以佃渔射猎习为劳事,有警则下令部内,及遣使诣诸孛堇征兵,凡步骑之仗糗皆取备焉。其部长曰孛堇,行兵则称曰猛安、谋克,从其多寡以为号,猛安者千夫长也,谋克者百夫长也。谋克之副曰蒲里衍,士卒之副从曰阿里喜。

部卒之数,初无定制,至太祖即位之二年,既以二千五百破耶律谢十,始命以三百户为谋克,谋克十为猛安。继而诸部来降,率用猛安、谋克之名以授其首领而部伍其人。出河之战兵始满万,而辽莫敌矣。及来流、鸭水、铁骊、鳖古之民皆附,东京既平,山西继定,内收辽、汉之降卒,外籍部族之健士。尝用辽人讹里野以北部百三十户为一谋克,汉人王六儿以诸州汉人六十五户为一谋克,王伯龙及高从祐等并领所部为一猛安。

至天会二年,平州既平,宗望恐风俗糅杂民情弗便,乃罢是制,诸部降人但置长史,以下从汉官之号。四年,伐宋之役,调燕山、云中、中京、上京、东京、辽东、平州、辽西、长春八路民兵,隶诸万户,其间万户亦有专统汉军者。熙宗皇统五年,又罢辽东汉人、渤海猛安谋克承袭之制,浸移兵柄于其国人,乃分猛安谋克为上中下三等,宗室为上,余次之。

至海陵庶人天德二年,省并中京、东京、临潢、咸平、泰州等路节镇及猛安谋克,削上中下之名,但称为“诸猛安谋克”,循旧制间年一征发,以补老疾死亡之数。

贞元迁都,遂徙上京路太祖、辽王宗干、秦王宗翰之猛安,并为合扎猛安,及右谏议乌里补猛安,太师勖、宗正宗敏之族,处之中都。斡论、和尚、胡剌三国公,太保昂,詹事乌里野,辅国勃鲁骨,定远许烈,故杲国公勃迭八猛安处之山东。阿鲁之族处之北京。按达族属处之河间。正隆二年,命兵部尚书萧仲恭等,与旧军皆分隶诸总管府、节度使，授田牛使之耕食，以蕃卫京国。

六年，南伐，立三道都统制府及左右领军大都督，将三十二军，以神策、神威、神捷、神锐、神毅、神翼、神勇、神果、神略、神锋、武胜、武定、武威、武安、武捷、武平、武成、武毅、武锐、武扬、武翼、武震、威定、威信、威胜、威捷、威烈、威毅、威震、威略、威果、威勇为名，军置都总管、副总管及巡察使、副各一员。而沿边契丹恐妻孥被邻寇钞掠，不可尽行，遂皆背叛。而大名续授甲之士还迎立世宗于东京。

及大定之初，窝斡既平，乃散契丹隶诸猛安谋克。

至三年，诏河北、山东等路所签军，有父兄俱已充甲军，子弟又为阿里喜，恐其家更无丁男，有误农种，与免一丁，以驱丁充阿里喜，无驱丁者于本猛安谋克内验富强有驱丁者签充。

十三年，徙东北等戍边汉军于内地。

十五年十月，遣吏部郎中蒲察兀虎等十人分行天下，再定猛安谋克户，每谋克户不过三百，七谋克至十谋克置一猛安。

十七年，又以西南、西北招讨司契丹余党心素狠戾，复恐生事，它时或有边隙，不为我用，令迁之于乌古里石垒部及上京之地，上谓宰臣曰："北边番戍之人，岁冒寒暑往来千里，甚为劳苦。纵有一二马牛，一往则无还理，且夺其农时不得耕种。故尝命卿等议，以何术得罢其役，使安于田里，不知卿议何如也？"左丞相良弼对曰："北边之地，不堪耕种，不能长戍，故须番戍耳。"上曰："朕一日万几，安能遍及，卿等既为宰相，以此急务反以为末事，竟无一言，甚劳朕虑。往者参政宗叙屡为朕言，若以贫户永屯边境，使之耕种，官给粮廪，则贫者得济，富户免于更代之劳，使之得勤农务。若宗叙者可谓尽心为国矣。朕尝思之，宜以两路招讨司及乌古里石垒部族、临潢府、泰州等路分定保戍，具数以闻，朕亲览焉。"

十八年，命部族，乣分番守边。

二十年，以祖宗平定天下以来，所建立猛安谋克，因循既久，其间有户口繁简、地里远近不同，又自正隆之后所授无度，及大定间亦有功多未酬者,遂更定以诏天下。复命新授者并令就封,其谋克人内有六品以下职及诸局承应人,皆为迁之。三从以上族人愿从行者,猛安不得过十户,谋克不得过六户。诏戍边军士年五十五以上,许以其子及同居弟侄承替,以奴代者罪之。

二十一年三月,诏遣大兴尹完颜迪古速迁河北东路两猛安,上曰:“朕始令移此,欲令与女直户相错,安置久则自相姻亲,不生异意,此长久之利也。今者移马河猛安相错以居,甚符朕意,而遥落河猛安不如此,可再遣兵部尚书张那也按视其地以杂居之。”

二十二年,以山东屯田户邻之于边鄙,命聚之一处,俾协力蚕种。右丞相乌古论元忠曰:“彼方之人以所得之地为家,虽兄弟不同处,故贫者众。”参政粘割斡特剌曰:“旧时兄弟虽析犹相聚种,今则不然,宜令约束之。”又以猛安谋克旧籍不明,遇签军与诸差役及赈济,增减不以实,命括其口,以实籍之。

二十三年,遣刑部尚书移剌愇迁山东东路八谋克处之河间,其弃地以山东东路忒黑河猛安下蘸答谋克,移里闵斡鲁浑猛安下翁浦谋克、什母温山谋克九村人户徙于刘僧、安和二谋克之旧地。其未徙者之地皆薄恶且邻寇,遣使询愿徙者,相可居之地,图以进。

上尝以速频、胡里改人骁勇可用,海陵尝欲徙之而未能,二十四年以上京率、胡剌温之地广而腴,遂遣刑部尚书乌里也出府库钱以济行资牛畜,迁速频一猛安、胡里改二猛安二十四谋克以实之。盖欲上京兵多,它日可为绥急之备也。

当是时,多易置河北、山东所屯之旧,括民地而为之业,户颁牛而使之耕,畜甲兵而为之备。乃大重其权,授诸王以猛安之号,或新置者特赐之名。制其奢靡,禁其饮酒,习其骑射,储其粮糒,其备至严也。

是时宗室户百七十,猛安二百二,谋克千八百七十八,户六十一万五千六百二十四。东北路部族乣军曰迭剌部,承安三年改为土鲁浑札石合节度使。曰唐古部,承安三年改为部鲁火札石合节度使。二部五乣,户五千五百八十五。其它若助鲁部族、乌鲁古部族、石垒部族、萌骨部族、计鲁部族、孛特本部族数皆称是。西北、西南二路之乣军十，曰苏谟典乣、曰耶剌都乣、曰骨典乣、唐古乣、霞马乣、木典乣、萌骨乣、咩乣、胡都乣凡九，其诸路曰曷懒、曰蒲与、曰婆束、曰恤频、曰胡里改、曰移懒，移懒后废，皆在上京之鄙，或置总管府，或置节度使。

至章宗明昌间，欲国人兼知文武，令猛安谋克举进士，试以策论及射，以定其科甲高下。

承安四年，上谓宰臣曰："人有以《八阵图》来上者，其图果何如？朕尝观宋白所集《武经》，具载攻守之法，亦多难行。"右丞相清臣曰："兵书一定之法，难以应变，本朝行兵惟用正奇二军，临敌制变，以正为奇，以奇为正，故无往不克。"上曰："自古用兵亦不出奇正二法耳。且学古兵法如学弈棋，未能自得于心，欲用旧阵势以接敌，疏矣。敌所应与旧势异。则必不可支。然《武经》所述虽难遵行，然知之犹愈不知。"

泰和间，又制武举，其制具在《选举志》。

所谓渤海军，则渤海八猛安之兵也。所谓奚军者，奚人遥辇昭古牙九猛安之兵也。奚军初徙于山西，后分迁河东。其汉军中都永固军，大定所置者也。所谓镇防军，则诸军中取以更代戍边者也。在西北边则有分番屯戍军及永屯军驱军之别。驱军则国初所免辽人之奴婢，使屯守于泰州者也。边铺军则河南、陕西居守边界者。河东三虞候顺德军及章宗所置诸路效节军，京府节镇设三十人，防刺设二十人。掌同弓手者也。

诸路所募射粮军，五年一籍三十以下、十七以上强壮者，皆刺其□，所以兼充杂役者也。

京师防城军，世宗大定十七年三月改为武卫军，则掌京师巡捕者也。其曰牢城军，则尝为盗窃者，以充防筑之役。曰土兵，则以司警捕之事。

凡汉军，有事则签取于民，事已则或亦放免。

初，天会间，郭药师降，有曰长胜军者，皆辽水侧人也，以乡土归金,皆愁怨思归,宗望及令罢还。正隆间,又尝罢诸路汉军,而所存者犹有威勇、威烈、威捷、顺德及"韩常之军"之号。

凡边境置兵之州三十八,凤翔、延安、邓、巩、熙、泗、颖、蔡、陇、秦、河、海、寿、唐、商、洮、兰、会、积石、镇戎、保安,绥德、保德、环、葭、隩、宁边、东胜、净、庆、来远、桓、昌、曷懒、婆速、蒲与、恤品、胡里改,置于要州者十一,南京、东京、益都、京兆、太原、临洮、临潢、丰、泰、抚、盖。

及宣宗南迁,乣军溃去,兵势益弱,遂尽拥猛安户之老稚渡河,侨置诸总管府以统之,器械既缺,粮糈不给,朘民膏血而不足,乃行括粮之法,一人从征,举家侍哺。又谓无以坚战士之心,乃令其家尽入京师,不数年至无以为食,乃听其出,而国亦屈矣。

然初南渡时,尽以河朔战兵三十万分隶河南行枢密及帅府,往往蔽匿强壮,驱羸弱使战,不能取胜。后乃至以二十五人为谋克,四谋克为猛安。每谋克除旗鼓司火头五人,任战者止十八人,不足成队伍,但务存其名而已。

故混源刘祁谓金之兵制最弊,每有征伐及边衅,辄下令签军,使远近骚动。民家丁男若皆强壮,或尽取无遗,号泣动乎邻里,嗟怨盈于道路,驱此使战,欲其胜敌,难矣。初,贞祐时,下令签军,会一时任子为监当者春赴吏部选,宰执命取为监官军,皆愤愠哀号交愬台省,至冲宰相卤簿以告,丞相仆散七斤大怒,趣左右取弓矢射去。已而,上知其不可用,命免之。元光末,备潼关黄河,又签军,诸使者历县邑,自见居官外,无文武小大职事官皆充军。至许州,前侍御史刘元规年几六十,亦选为千户。至陈州,以祁父从益以前监察御史亦为千户,余不可悉纪。既立部伍,必以军律相临,物议纷然,后亦罢之。

哀宗正大二年,议迁诸路精兵,直隶密院。先设总领六员,分路拣阅,因相合并。每总领司率数万人,军势既张,乃易总领之名为都尉,班在随朝四品之列,曰建威、曰虎威、曰破虏、振威、鹰扬、虎贲、振武、折冲、汤寇、殄寇,必以先尝秉帅权者居是职,虽帅府行院亦不敢以贵重临之。天兴初元,有十五都尉。先六人升授,在京建威奥屯斡里卜,许州折,冲夹谷泽,本姓樊。陈州振武温撒辛本姓李。蔡州荡寇蒲察打吉卜,申裕安平完颜斜列,嵩汝振武唐括韩僧。续封金昌府虎威纥石烈乞儿,宣权归德果毅完颜猪儿,南京殄寇完颜阿拍。宣权潼关都尉三:虎贲完颜陈儿、鹰扬内族大娄室、全节。

复取河朔诸路归正人,不问鞍马有无,译语能否,悉送密院,增月给三倍它军,授以官马,得千余人,岁时犒燕,名曰忠孝军。以石抹燕山奴、蒲察定住统之,加以正大已后诸路所房、临阵所获,皆放归乡土,同忠孝军给其犒赏,使河朔俘系知之。故此军迄于天兴至七千,千户以上将帅尚不预焉。

又以归正人过多,乃系于忠孝籍中别为一军,减忠孝所给之半,不能射者令阅习一再月,然后试补忠孝军,是所谓合里合军也。

又以亲卫马军,旧时所选未精,必加阅试,直取武艺如忠孝军者得五千人,余罢归为步军。

凡进征,忠孝居前,马军次之。自正大改立马军,队伍鞍勒兵甲一切更新,将相旧人自谓国家全盛之际马数则有之,至于军士精锐、器仗坚整,较之今日有不侔者,中兴之期为有望矣。一日布列曹门内教场,忠孝军七千,马军五千,京师所屯建威都尉军万人,内族九住所统亲卫军三千,及阿排所统四千,皆哀宗控制枢密院时所选,教场地约三十顷尚不能容,余都尉十三四军犹不在是数。

此外,招集义军名曰忠义,要皆燕、赵亡命,虽获近用,终不可制,异时擅杀北使唐庆以速金亡者即此曹也。

禁军之制　本于合扎谋克。合扎者,言亲军也,以近亲所领,故以名焉。贞元迁都,更以太祖、辽王宗干、秦王宗翰之军为合扎猛安,谓之侍卫亲军,故立侍卫亲军司以统之。旧常选诸军之材武者为护驾军,海陵又名上京龙翔军为神勇军,正隆二年将南伐,乃罢归,使就金调,复于侍卫亲军四猛安旧止曰太祖、辽王、秦王猛安凡三,今曰四猛安,未详,岂太祖两猛安耶?内选三十以下千六百人,骑兵曰龙翔,步兵曰虎步,以备宿卫。五年,罢亲军司,以所掌付大兴府,置左右骁骑,所谓从驾军也,置都副指挥使隶点检司,步军都副指挥使隶宣徽院。

大定初,亲军置四千人。二十二年,省为三千五百。上京亦设守卫军。是年,尚书省奏上京既设皇城提举官,亦当设军守卫。上曰:"可设四百五十,马一百二十,分三番更代。异时朕至上京,即作两番巡警,限以半年交替。人日给钱五十、米一升半,马给刍粟,猛安谋克官可差年四十上下者、军士并取三十以上者充。"

章宗承安四年,增为五千,又增至六千。又有威捷军。承安增签弩手千人。

凡选弩手之制,先以营造尺度杖,其长六尺,立之谓之等杖。取身与杖等,能踏弩至三石,铺弦解索登踏闲习,射六箭皆上垛,内二箭中贴者。又选亲军,取身长五尺五寸善骑射者,猛安谋克以名上兵部,移点检司、宣徽院试补之。又设护卫二百人,近侍之执兵仗者也,取五品至七品官子孙及宗室并亲军、诸局分承应人,身长五尺六寸者,选试补之。又设控鹤二百人,皆以备出入者也。

大将府治之称号　收国元年十二月,始置咸州军帅司,以经略辽地,讨高永昌,置南路都统司,且以讨张觉。天辅五年袭辽主,始有内外诸军统之名。时以奚未平,又置奚路都统司,后改为六部路都统司,以遥辇九营为九猛安隶焉。与上京及泰州凡六处置,每司统五六万人。又以渤海军为八猛安。凡猛安之上置军帅,军帅之上置万户,万户之上置都统。然时亦称军帅为猛安,而猛安则称亲管猛安者。

燕山既下,循辽制立枢密院于广宁府,以总汉军。太宗天会元年,以袭辽主所立西南都统府为西南、西北两路都统府。三年,以伐宋更为元帅府,置元帅及左、右副,及左、右监军,左、右都监。

金制,都元帅必以谙版字极烈为之,恒居守而不出。六年,诏还二帅以镇方面。诸路各设兵马都总管府,州镇置节度使,沿边州则置防御使。凡州府所募射粮军、牢城军，每五百人为一指挥使司，设使，分为四都，都设左右什将及承局押官。其军数若有余或不足，则与近者合置，不可合者以三百人或二百人亦设指挥使，若百人则止设军使，百人以上立为都，不及百人止设什将及承局管押官各一员。

十年，改南京路都统司为东南路都统司，治东京以镇高丽。后又置统军司于大名府。及海陵天德二年八月，改诸京兵马都部署司为本路都总管府。九月，罢大名统军司，而置统军司于山西、河南、陕西三路，以元帅府都监、监军为使，分统天下之兵。又改乌古迪烈路统军司为招讨司，以婆速路统军司为总管府。

三年，以元帅府为枢密院，罢万户之官，诏曰："太祖开创，因时制宜，材堪统众授之万户，其次千户及谋克。当时官赏未定，城郭未下，设此职许以世袭，乃权宜之制，非经久之利。今子孙相继专揽威权，其户不下数万，与留守总管无异，而世权过之。可罢是官。若旧无千户之职者，续思增置。国初时赐以国姓，若为子孙者皆令复旧。"

正隆末，复升陕西统军司为都统府。大定五年，复罢府，降为统军司。寻又设两招讨司，与前凡三，以镇边陲。东北路者，初置乌古迪烈部，后置于泰州。泰和间，以去边尚三百里，宗浩乃命分司于金山。西北路者置于应州，西南路者置于桓州，以重臣知兵者为使，列城堡濠墙，戍守为永制。枢密院每行兵则更为元帅府，罢则复为院。

宣宗贞祐三年，征代州戍兵五千，从胥鼎言，留代以屏平阳。兴定二年，选募河南、陕西弩手军二千人为一军，赐号威勇。及南迁，河北封九公，因其兵假以便宜从事，沿河诸城置行枢密院元帅府，大者有"便宜"之号，小者有"从宜"之名。元光间，时招义军以三十人为谋克，五谋克为一千户，四千户为一万户，四万户为一副统，两副统为一都统，此复国初之名也。然又外设一总领提控，故时皆称元帅为总领云。

金初因辽诸抹而置群牧，抹之为言无蚊蚋、美水草之地也。天德间，置迪河斡朵、斡里保、保亦作本。蒲速斡、燕恩、兀者五群牧所，皆仍辽旧名，各设官以治之。又于诸色人内，选家富丁多、及品官家子、猛安谋克蒲辇军与司吏家余丁及奴，使之司牧，谓之群子，分牧马驼牛羊，为之立蕃息衰耗之刑赏。后稍增其数为九。契丹之乱遂亡其五，四所之所存者马千余、牛二百八十余、羊八百六十、驼九十而已。

世宗置所七，曰特满、忒满、在抚州。斡睹只、蒲速碗、蒲速碗本斡睹只之地，大定七年分其地置之。承安三年改为板底因乌鲁古。瓯里本、承安三年改为乌鲜乌鲁古。乌鲁古者言滋息也。合鲁碗、耶卢碗。在武平县、临潢、泰州之境。

大定二十年三月，更定群牧官、详稳脱朵、知把、群牧人滋息损耗赏罚格。

二十一年，敕诸所。马三岁者付女直人牧之，牛或以借民耕，或又令民畜羊，或以赈贫户。时遣使阅实其数，缺则杖其官，而令牧人偿之，匿其实者监察举觉之。二十八年，蕃息之久，马至四十七万，牛十三万，羊八十七万，驼四千。

明昌五年，散骟马，令中都、西京、河北东、西路验民物力分畜之。又令它路民养马者，死则于前四路所养者给换，若欲用则悉以送官。此金之马政也。然每有大役，必括于民，及取群官之余骑，以供战士焉。

宣宗兴定元年，定民间收溃军亡马之法，及以马送官酬直之格，"上等马一匹银五十两，中下递减十两。不愿酬直者，上等二匹补一官，杂班任使，中等三匹，下等四匹，如之。令下十日陈首，限外匿及杀，并绞。"又遣官括市民马，立赏格以示劝，五百匹以上钞千贯，千匹以上一官，二千匹以上两官。

养兵之法 熙宗天眷三年正月，诏岁给辽东戍卒绸绢有差。正隆四年，命河南、陕西统军司并虞候司顺德军，官兵并增廪给，六年,将南征,以绢万匹于京城易衣袄穿滕一万,以给军。世宗大定三年,南征,军士每岁可支一千万贯,官府止有二百万贯,外可取于官民户,此军须钱之所由起也。

时言事者,以山东、河南、陕西等路循宋、齐旧例,州县司吏、弓手于民间验物力均敷顾钱,名曰"免役",请以是钱赡军。至是,省具数以闻,诏罢弓手钱,其司吏钱仍旧。四年六月,奏,元帅府乞降军须钱,上曰:"帅府支费无度,例皆科取于民,甚非朕意。仰会计军须支用不尽之数,及诸路转运司见在如实缺用,则别具以闻。"十年四月,命德顺州建营屋以处屯军。十七年七月,岁以羊皮三万赐西北路戍兵。承安三年,以军须所费甚大,乞验天下物力均征。拟依黄河夫钱例,征军须钱,验各路新籍物力,每贯征钱四贯,西京、北京、辽东路每贯征钱二贯,临潢、全州则免征,周年三限送纳。恐期远,遂定制作半年三限输纳。

凡河南、陕西、山东放老千户、谋克、蒲辇、正军、阿里喜等给赏之例,旧军千户十年以上赏银五十两、绢三十匹,不及十年,比附十年以上谋克支。谋克十年以上银四十两、绢二十五匹,不及十年银三十两、绢二十四。蒲辇十年以上银三十两、绢二十匹,不及十年银二十两、绢一十五匹。马步正军、阿里喜等勾当不拘年分,放老正军银一十五两、绢一十四,阿里喜、旗鼓、吹笛、本司火头人等同银八两、绢五匹。三虞候千户,十年以上银四十两、绢二十五匹,不及十年银三十两、绢二十四。谋克二十年以上银五十两、绢三十匹,十年以上银三十两、绢二十匹,不及十年银一十两、绢一十五匹。蒲辇十年以上银二十两、绢一十五匹,不及十年银一十五两、绢一十四匹。正军、阿里喜勾当不拘年分,放老正军银一十两、绢七匹,阿里喜、旗鼓、吹笛、本司火头人等同银五两,绢四匹。北边万户、千户、谋克等,历过军功及年老放罢给赏之例,迁官同从吏部格。正千户管押万户,勾当过一十五年,迁两官与从五品。不及一十五年年老放罢,迁一官与正六品。若十年以下,迁一官赏银绢六十两匹。正谋克管押万户,勾当十五年迁两官与正六品,不及一十五年年老放罢,迁一官与正七品,若十年以下迁一官赏银绢五十两匹。正千户管押千户,勾当过二十年,迁一官与正六品,不及二十年年老放罢,迁一官与正七品,若十年以下迁一官赏银绢四十两匹。正谋克管押千户以下,依河南陕西体例。

凡镇防军,每年试射,射若有出众,上等赏银四两,特异众者赏十两银马盂。签充武卫军,挈家赴京者,人日给六口粮,马四匹刍藁。

诸招军月给例物。边铺军钱五十贯、绢十匹。军匠上中等钱五十贯、绢五匹,下等钱四十贯、绢四匹。黄河埧兵钱三十贯、绢五匹。射粮军及沟渠等处埧兵水手,钱二十贯、绢二匹,士兵钱十贯、绢一匹。凡射粮军指挥使及黄、沁埧兵指挥使,钱粟七贯石、绢六匹,军使钱粟六贯石,绢同上,什将钱二贯,粟三石,春衣钱五贯、秋衣钱十贯。承局押官钱一贯五百文,粟二石,春衣钱五贯、秋衣钱七贯。牢城并土兵钱八百文,粟二石,春衣钱四贯、秋衣钱六贯。边铺军请给与射粮军同。

河南、陕西、山东路统军司镇防甲军、马军,猛安钱八贯、米五石二斗、绢八匹、六马刍粟,谋克钱六贯、米二石八斗、绢六匹,五马刍粟,蒲辇钱四贯、米石七头,绢五匹、四马刍粟,正军钱二贯,米石五斗、绢四匹、绵十五两、两马刍粟,阿里喜钱一贯五百文、米七斗、绢三匹、绵十两。步军,猛安马二匹、谋克马一匹刍粟。每马给刍一束、粟五升,岁仲春野有青草马可牧养则止,惟每猛安当差马七十二匹。四时皆给。又定制河南、山东、河东岁给五月,陕西六月。镇防军补买马钱,河南路正军五百文,阿里喜随色人三百文,陕西、山东路正军三百文,阿里喜随色人二百文。

诸屯田被差及缘边驻扎捉杀军,猛安月给钱六贯、米一石八斗、五马刍粟,谋克钱四贯、米一石二斗、三马刍粟,蒲辇钱二贯、米六斗,二马刍粟,正军钱一贯五百文、米四斗、一马刍粟,阿里喜随色人钱一贯、米四斗、一马刍粟。德顺军指挥使钱六贯,米二石八斗,绢六匹、三马刍粟,军使什将四贯、米一石七斗、绢五匹,给两马料,长行钱二贯、米一石五斗、绢四匹、绵十五两,给一马料,奚军谋克钱一贯五百文,米一石五斗、䌷绢春秋各一匹,给三马料,蒲辇钱一贯、米二石七斗、䌷绢同上,给二马料,长行钱一贯、米一石八斗、䌷绢同上,饲一马。

北边临潢等处永屯驻军,千户钱八贯、米五石二斗、绢八匹、饲马六匹,步军饲两马、地五顷,谋克钱六贯、米二石八斗、绢六匹、饲五马、地四顷,蒲辇钱四贯、米一石七斗、绢五匹、饲四马、地三顷,正军钱二贯、米一石四斗五升、绢四匹、绵十五两、饲两马、地二顷,阿里喜钱一贯五百文、米七斗、绢三匹、绵十两、地一顷,旗鼓司人与阿里喜同,交替军钱二贯、米四斗,阿里喜钱一贯五百文、米四斗。上番汉军,千户月给钱三贯、粮四石、绢八匹、饲四马,谋克钱二贯五百文、粮一石、绢六匹、饲二马,正军钱二贯、米九斗五升、绢四匹。

上京路永屯驻军所除授,千户月给钱粟十五贯石、绢十匹、绵二十两、饲三马,谋克钱六贯、米二石八斗、绢六匹、饲二马,正军月支钱二贯五百文、米一石二斗、绢四匹、绵十五两、饲一马,阿里喜随色人钱二贯、米一石二斗、绢四匹、绵十五两。

诸北边永驻军,月给补买马钱四百文,随色人三百文。

贞祐三年,军前委差及掌军官,规图粮料,昌占职役,皆无实员,又见职及遥授者,已有俸给,又于无职事者同支券粮,故时议欲省员减所给之数,俟征行则全给之。及兴定二年,彰化军节度使张行信言:"一军充役,举家廪给,盖欲感悦士心,使为国尽力耳。至于无军之家,复无丁男,而其妻女犹受给何谓耶。"五年,京南行三司官石抹斡鲁言:"京南、东、西三路见屯军户,老幼四十余万口,岁费粮百四十余万石,皆坐食民租,甚非善计。"语在《田制》。

诸屯田军人,如差防送,日给钱一百五十文。看管孝宁宫人,月各给米五斗、柴一车、春秋衣粗布一段、秋绢二匹、绵十五两。诸黄院子年满者,以元请钱粮三分内,给一贯石养老。

金史卷四五

志第二六

刑

昔者先王因人之知畏而作刑，因人之知耻而作法。畏也、耻也，五性之良知，七情之大闲也。是故，刑以治已然，法以禁未然，畏以处小人，耻以遇君子。君子知耻，小人知畏，天下平矣。是故先王养其威而用之，畏可以教爱。慎其法而行之，耻可以立廉。爱以兴仁，廉以兴义，仁义兴，刑法不几于措乎。

金初，法制简易，无轻重贵贱之别，刑、赎并行，此可施诸新国，非经世久远之规也。天会以来，渐从吏议，皇统颁制，兼用古律。厥后，正隆又有《续降制书》。大定有《权宜条理》，有《重修制条》。明昌之世，《律义》、《敕条》并修，品式浸备。既而《泰和律义》成书。宜无遗憾。然国脉纾蹙，风俗醇醨，世道升降，君子观一代之刑法，每有以先知焉。

金法以杖折徒，累及二百，州县立威，甚者置刃于杖，虐于肉刑。季年，君臣好用筐箧故习，由是以深文傅致为能吏，以惨酷办事为长才。百司奸赃真犯，此可决也，而微过亦然。风纪之臣，失纠皆决。考满，校其受决多寡以为殿最。

原其立法初意，欲以同疏戚、壹小大，使之咸就绳约于律令之中，莫不齐手并足以听公上之所为，盖秦人强主威之意也。是以待宗室少恩，待大夫士少礼。

终金之代，忍耻以就功名，虽一时名士有所不免。至于避辱远引，罕闻其人。殊不知君子无耻而犯义，则小人无畏而犯刑矣。是故论者于教爱立廉之道，往往致太息之意焉。虽然，世宗临御，法司奏谳，或去律援经，或揆义制法。近古人君听断，言几于道，鲜有及之者。章宗、宣宗尝亲民事，当宁裁决，宽猛出入虽时或过中，迹其矜恕之多，犹有祖风焉。简牍所存，可为龟鉴者，《本纪》、《刑志》详略互见云。

金国旧俗，轻罪笞以柳葼，杀人及盗劫者，击其脑杀之，没其家赀，以十之四入官，其六偿主，并以家人为奴婢，其亲属欲以马牛杂物赎者从之。或重罪亦听自赎，然恐无辨于齐民，则劓、刵以为别。其狱则掘地深广数丈为之。

太宗虽承太祖无变旧风之训，亦稍用辽、宋法。天会七年，诏凡窃盗，但得物徒三年，十贯以上徒五年，刺字充下军，三十贯以上徒终身，仍以赃满尽命刺字于面，五十贯以上死，征偿如旧制。

熙宗天眷元年十月，禁亲王以下佩刀入宫，卫禁之法，实自此始。三年，复取河南地，乃诏其民，约所用刑法皆从律文，罢狱卒酷毒刑具，以从宽恕。至皇统间，诏诸臣，以本朝旧制，兼采隋、唐之制，参辽、宋之法，类以成书，名曰《皇统制》，颁行中外。时制，杖罪至百，则臀、背分决。及海陵庶人以脊近心腹，遂禁之，虽主决奴婢，亦论以违制。又多变易旧制，至正隆间，著为《续降制书》，与《皇统制》并行焉。然二君任情用法，自有异于是者矣。

及世宗即位，以正隆之乱，盗贼公行，兵甲未息，一时制旨多从时宜，遂集为《军前权宜条理》。大定四年，尚书省奏，大兴民男子李十、妇人杨仙哥并以乱言当斩。上曰："愚民不识典法，有司亦未尝丁宁诰戒，岂可遽加极刑。"以减死论。五年，命有司复加删定《条理》，与前《制书》兼用。

七年，左藏库夜有盗杀都监郭良臣盗金珠，求盗不得。命点检司治之，执其可疑者八人鞫之，掠三人死，五人诬伏。上疑之，命同知大兴府事移剌道杂治。既而亲军百夫长阿思钵鬻金于市，事觉，伏诛。上闻之曰："箠楚之下，何求不得，奈何鞫狱者不以情求之乎。”赐死者钱人二百贯，不死者五十贯。于是禁护卫百夫长、五十夫长非直日不得带刀入宫。是岁，断死囚二十人。

八年，制品官犯赌博法，赃不满五十贯者其法杖，听赎。再犯者杖之。且曰“杖者所以罚小人也。既为职官，当先廉耻，既无廉耻，故以小人之罚罚之”。

九年，因御史台奏狱事，上曰：“近闻法官或各执所见，或观望宰执之意，自今制无正条者皆以律文为准。”复命杖至百者臀、背分受，如旧法。已而，上谓宰臣曰：“朕念罪人杖不分受，恐至深重，乃令复旧。今闻民间有不欲者，”其令罢之。”

十年，尚书省奏，河中府张锦自言复父仇，法当死。上曰：“彼复父仇，又自言之，烈士也。以减死论。”

十一年，诏谕有司曰：“应司狱廨舍须近狱安置，囚禁之事常亲提控，其狱卒必选年深而信实者轮直。”

十二年，尚书省言：“内丘令蒲察台补自科部内钱立德政碑，复有其余钱二百余贯，罪当除名。今遇赦当叙，仍免征赃。”上以贪伪，勿叙，且曰：“乞取之赃，若以赦原，予者何辜。自今可并追还其主，惟应入官者免征”。

尚书省奏，盗有发冢者，上曰：“功臣坟墓亦有被发者，盖无告捕之赏，故人无所畏。自今告得实者量与给赏。”

故咸平尹石抹阿没剌以赃死于狱，上谓其“不尸诸市已为厚幸。贫穷而为盗贼，盖不得已。三品职官以赃至死，愚亦甚矣，其诸子可皆除名”。先是，诏自今除名人子孙有在仕者并取奏裁。

十三年，诏立春后、立秋前，及大祭祀，月朔、望，上、下弦，二十四气，雨未晴，夜未明，休暇并禁屠宰日，皆不听决死刑，惟强盗则不待秋后。

十五年，诏有司曰：“朕惟人命至重，而在制窃盗赃至五十贯者处死，自今可令至八十贯者处死。”

十七年，陈言者乞设提刑司，以纠诸路刑狱之失。尚书省议，以谓久恐滋弊。上乃命距京师数千里外怀冤上诉者，集其事以待选官就问。

时济南尹梁肃言,犯徒者当免杖。朝廷以为今法已轻于古,恐滋奸恶,不从。

尝诏宰臣,朝廷每岁再遣审录官,本以为民伸冤滞也,而所遣多不尽心,但文具而已。审录之官,非止理问重刑,凡诉讼案牍,皆当阅实是非,囚徒不应囚系则当释放,官吏之罪即以状闻,失纠察者严加惩断,不以赎论。

又以监察御史体察东北路官吏,辄受讼牒,为不称职,笞之五十。

又谓宰臣曰:“比闻大理寺断狱,虽无疑者亦经旬月,何耶?”参知政事移剌道对曰:“在法,决死囚不过七日,徒刑五日,杖罪三日。”上曰:“法有程限,而辄违之,弛慢也。”罢朝,御批送尚书省曰:“凡法寺断重轻罪各有期限,法官但犯皆的决,岂敢有违。但以卿等所见不一,至于再三批送,其议定奏者书奏牍亦不下旬日,以致事多滞留,自今当勿复尔。”又曰:“故广宁尹高桢为政尚猛,虽小过,有杖而杀之者。即罪至于死而情或可恕,犹当念之,况其小过者乎,人之性命安可轻哉。”

上以正隆《续降制书》多任己意,伤于苛察。而与皇统之《制》并用,是非淆乱,莫知适从,奸吏因得上下其手。遂置局,命大理卿移剌愲总中外明法者共校正。乃以皇统、正隆之《制》及大定《军前权宜条理》、后《续行条理》,伦其轻重,删繁正失。制有阙者以律文足之。制、律俱阙及疑而不能决者,则取旨画定。《军前权宜条理》内有可以常行者亦为定法,余未应者亦别为一部存之。参以近所定徒杖减半之法,凡校定千一百九十条,分为十二卷,以《大定重修制条》为名,诏颁行焉。

二十年,上见有蹂践禾稼者,谓宰相曰:“今后有践民田者杖六十,盗人谷者杖八十,并偿其直。”

二十一年,尚书省奏巩州民马俊妻安姐与管卓奸,俊以斧击杀之,罪当死。上曰:“可减死一等,以戒败风俗者。”

二十二年，上谓宰臣曰：“凡尚书省送大理寺文字，一断便可闻奏。如乌古论公说事，近取观之，初送法寺如法裁断，再送司直披详，又送阖寺参详，反复三次，妄生情见，不得结绝。朕以国政不宜滞留，昨虽灸艾六百炷，未尝一日不坐朝，欲使卿等知勤政也。自今可止一次送寺，阖寺披详，苟有情见即具以闻，毋使滞留也。”

二十三年，尚书省奏，益都民范德年七十六，为刘祐殴杀。祐法当死，以祐父母年俱七十余，家无侍丁，上请。上曰：“范德与祐父母年相若，自当如父母相待，至殴杀之，难议末减，其论如法。”

尚书省奏招讨司官及秃里乞取本部财物制，上曰：“远人止可矜恤，若进贡不阙，更以兵邀之，强取财物，与盗何异。且或因而生事，何可不惩。”又曰：“朕所行制条，皆臣下所奏行者，天下事多，人力有限，岂能一一尽之。必因一事奏闻，方知有所窒碍，随即更定。今有圣旨、条理，复有制条，是使奸吏得以轻重也。”

大兴府民赵无事带酒乱言，父千捕告，法当死。上曰：“为父不恤其子而告捕之，其正如此，人所甚难。可特减死一等。”

武器署丞奕、直长骨㱿坐受草畔子财，奕杖八十，骨㱿笞二十，监察御史梁襄等坐失纠察罚俸一月。上曰：“监察，人君之耳目。事由朕发，何以监察为。”

上以法寺断狱，以汉字译女直字，会法又复各出情见，妄生穿凿，徒致稽缓，遂诏罢情见。

二十五年二月，上以妇人在囚，输作不便，而杖不分决，与杀无异，遂命免死输作者，决杖二百而免输作，以臀、背分决。

时后族有犯罪者，尚书省引“八议”奏，上曰：“法者，公天下持平之器，若亲者犯而从减，是使之恃此而横恣也。昔汉文诛薄昭，有足取者。前二十年时，后族济州节度使乌林达钞兀尝犯大辟，朕未尝宥。今乃宥之，是开后世轻重出入之门也。”宰臣曰：“古所以议亲，尊天子，别庶人也。”上曰：“外家自异于宗室，汉外戚权太重，至移国祚，朕所以不令诸王、公主有权也。夫有功于国，议勋可也。至若议贤，既曰贤矣，肯犯法乎。脱或缘坐，则固当减请也。”

二十六年，遂奏定太子妃大功以上亲、及与皇家无服者、及贤而犯私罪者，皆不入议。上谓宰臣曰："法有伦而不伦者，其改定之。"

监察御史陶钧以携妓游北苑，歌饮池岛间，迫近殿庭，提控官石玠闻而发之。钧令其友阎恕属玠得缓。既而事觉，法司奏，当徒二年半。诏以钧耳目之官，携妓入禁苑，无上下之分，杖六十，玠、恕皆坐之。

二十八年，上以制条拘于旧律，间有难解之词，命删修明白，使人皆晓之。

旧禁民不得收制书，恐滋告讦之弊，章宗大定二十九年，言事者乞许民藏之。平章张汝霖曰："昔子产铸刑书，叔向讥之者，盖不欲预使民测其轻重也。今著不刊之典，使民晓然知之，犹江、河之易避而难犯，足以辅治，不禁为便。"以众议多不欲，诏姑令仍旧禁之。

明昌元年，上问宰臣曰："今何不专用律文？"平章政事张汝霖曰："前代律与令各有分，其有犯令，以律决之。今国家制、律混淆，固当分也。"遂置详定所，命审定律、令。

承安二年，制军前受财法，一贯以下，徒二年，以上徒三年，十贯处死。

符宝典书北京奴盗符宝局金牌，伏诛，仍除属籍。按虎、阿虎带失觉察，各杖七十。

泰和二年，御史台奏："监察御史史肃言，《大定条理》：自二十年十一月四日以前，奴娶良人女为妻者，并准已娶为定，若夫亡，拘放从其主。离夫摘卖者令本主收赎，依旧与夫同聚。放良从良者即听赎换，如未赎换间与夫所生男女并听为良。而《泰和新格》复以夫亡服除准良人例，离夫摘卖及放夫为良者，并听为良。若未出离再配与奴，或杂奸所生男女并许为良。如此不同，皆编格官妄为增减，以致随处诉讼纷扰，是涉违枉。"敕付所司正之。

初，诏凡条格入制文内者，分为别卷。复诏制与律文轻重不同，及律所无者，各校定以闻。如禁屠宰之类，当著于令也，慎之勿忽，律令一定，不可更矣。

明昌三年七月，右司郎中孙铎先以详定所校《名例篇》进，既而诸篇皆成，复命中都路转运使王寂、大理卿董师中等重校之。

四年七月，上以诸路枷杖多不如法，平章政事守贞曰：枷杖尺寸有制，提刑两月一巡察，必不敢违法也。”

五年正月，复令钩校制、律，即付详定所。时详定官言：“若依重修制文为式，则条目增减，罪名轻重，当异于律。既定复与旧同颁，则使人惑而易为奸矣。臣等谓，用今制条，参酌时宜，准律文修定，历采前代刑书宜于今者，以补遗阙，取《刑统》疏文以释之，著为常法，名曰《明昌律义》。别编榷货、边部、权宜等事，集为《敕条》。”宰臣谓：“先所定令文尚有未完，俟皆通定，然后颁行。若律科举人，则止习旧律。”遂以知大兴府事尼庞古鉴御史中丞董师中、翰林待制奥屯忠孝、小字牙哥。提点司天台张嗣、翰林修撰完颜撒剌、刑部员外郎李庭义、大理丞麻安上为校定官，大理卿阎公贞、户部侍郎李敬义、工部郎中贾铉为覆定官，重修新律焉。

时奏狱而法官有独出情见者，上曰：“或言法官不当出情见，故论者纷纷不已。朕谓情见非出于法外，但折衷以从法尔。”平章守贞曰：“是制自大定二十三年罢之。然律有起请诸条，是古亦许情见矣。”上曰：“科条有限，而人情无穷，情见亦岂可无也。”

明昌五年，尚书省奏：“在制，《名例》内徒年之律，无决杖之文便不用杖。缘先谓流刑非今所宜，且代流役四年以上俱决杖，而徒三年以下难复不用。妇人比之男子虽差轻，亦当例减。”遂以徒二年以下者杖六十，二年以上杖七十，妇人犯者并决五十，著于《敕条》。

承安三年，敕尚书省，自今特旨事，如律令程式者，始可送部。自余创行之事，但召部官赴省议之。

四年四月，尚书省请再复定令文，上因敕宰臣曰：“凡事理明白者转奏可也。文牍多者恐难遍览，其三推情疑以闻。”五月，上以法不适平，常行杖样，多不能用。遂定分寸，铸铜为杖式，颁之天下。且曰：“若以笞杖太轻，恐情理有难恕者，讯杖可再议之。”

五年五月，刑部员外郎马复言："外官尚苛刻者不遵铜杖式，辄用大杖，多致人死。"诏令按察司纠劾黜之。

先尝令诸死囚及除名罪，所委官相去二百里外，并犯徒以下逮及二十人以上者，并令其官就讞之。刑部员外郎完颜纲言："自是制行，如上京最近之地往还不下三、二千里，如北京留守司亦动经数月，愈致稽留，未便。"诏复从旧令委官追取鞠之。

十二月，翰林修撰杨庭秀言："州县官往往以权势自居，喜怒自任，听讼之际，鲜克加审。但使译人往来传词，罪之轻重，成于其口，货赂公行，冤者至有三、二十年不能正者。"上遂命定立条约，违者按察司纠之。且谓宰臣曰："长贰官委幕职及司吏推问狱囚，命申御史台闻奏之制，当复举行也。"又命编前后条制，书之于册，以备将来考验。

泰和元年正月，尚书省奏，以见行铜杖式轻细，奸宄不畏，遂命有司量所犯用大杖，且禁不得过五分。

十二月，所修律成，凡十有二篇：一曰《名例》，二曰《卫禁》，三曰《职制》，四曰《户婚》，五曰《厩库》，六曰《擅兴》，七曰《贼盗》，八曰《斗讼》，九曰《诈伪》，十曰《杂律》，十一曰《捕亡》，十二曰《断狱》。实《唐律》也，但加赎铜皆倍之，增徒至四年、五年为七，削不宜于时者四十七条，增时用之制百四十九条，因而略有所损益者二百八十有二条，余百二十六条皆从其旧；又加以分其一为二、分其一为四者六条，凡五百六十三条，为三十卷，附注以明其事，疏义以释其疑，名曰《泰和律义》。自《官品令》、《职员令》之下，曰《祠令》四十八条，《户令》六十六条，《学令》十一条，《选举令》八十三条，《封爵令》九条，《封赠令》十条，《宫卫令》十条，《军防令》二十五条，《仪制令》二十三条，《衣服令》十条，《公式令》五十八条，《禄令》十七条，《仓库令》七条，《厩牧令》十二条，《田令》十七条，《赋役令》二十三条，《关市令》十三条，《捕亡令》二十条，《赏令》二十五条，《医疾令》五条，《假宁令》十四条，《狱官令》百有六条，《杂令》四十九条，《释道令》十条，《营缮令》十三条，《河防令》十一条，《服制令》十一条，附以年月之制,曰《律令》二十卷。又定《制敕》九十五条,《榷货》八十五条,《蕃部》三十九条,曰《新定敕条》三卷,《六部格式》三十卷。司空襄以进,诏以明年五月颁行之。

贞祐三年,上谓宰臣,自今监察官犯罪,其事关军国利害者,并笞决之。

贞祐四年,诏"凡监察失纠劾者,从本法论。外使入国私通本国事情,宿卫、近侍官、承应人出入亲王、公主、宰执家,灾伤乏食有司检核不实致伤人命,转运军储而有私载,考试举人而防闲不严,其罚并决。在京犯至两次者,台官减监察一等治罪,论赎,余止坐,专差任满日议定。若任内曾以漏察被决,依格虽为称职,止从平常,平常者从降罚。"

兴定元年八月,上谓宰臣曰:"律有八议,今言者或谓应议之人即当减等,何如?"宰臣对曰:"凡议者先条所坐及应议之状以请,必议定然后奏裁也。"上然之,曰:"若不论轻重而辄减之,则贵戚皆将恃此以虐民,民何以堪。"

金史卷四六
志第二七

食货一

户口　通检推排

国之有食货，犹人之有饮食也。人非饮食不生，国非食货不立。然燧人、庖牺能为饮食之道以教人，而不能使人无饮食之疾。三王能为食货之政以遗后世，而不能使后世无食货之弊。唯善养生者如不欲食啖，而饮食自不阙焉，故能适饥饱之宜，可以疾少而长寿。善裕国者初不事货殖，而食货自不乏焉，故能制丰约之节，可以弊少而长治。

金于食货，其立法也周，其取民也审。太祖肇造，减辽租税，规模远矣。熙宗、海陵之世，风气日开，兼务远略，君臣讲求财用之制，切切然以是为先务。虽以世宗之贤，储积之志曷尝一日而忘之。章宗弥文煟兴，边费亦广，食货之议不容不急。宣宗南迁，国土日蹙，污池数罟，往往而然。考其立国以来，所谓食货之法，荦荦大者曰租税、铜钱、交钞三者而已。三者之法数变而数穷。

官田曰租，私田曰税。租税之外算其田园屋舍车马牛羊树艺之数，及其藏镪多寡，征钱曰物力。物力之征，上自公卿大夫，下逮民庶，无苟免者。近臣出使外国，归必增物力钱，以其受馈遗也。猛安谋克户又有所谓牛头税者，宰臣有纳此税，庭陛间咨及其增减，则州县征求于小民盖可知矣。故物力之外又有铺马、军须、输庸、司吏、河夫、桑皮故纸等钱，名目琐细，不可殚述。其为户有数等，有课役户、不课役户、本户、杂户、正户、监户、官户、奴婢户、二税户。有司始以三年一籍，后变为通检，又为推排。凡户隶州县者，与隶猛安谋克，其输纳高下又各不同。

法之初行，唯恐不密，言事者谓其厉民，即命罢之。罢之未久，会计者告用乏，又即举行。其能也志以便民，而民未见德。其行也志以足用，而用不加饶。一时君臣节用之言不绝告诫。尝自计其国用，数亦浩瀚，若足支历年者，郡县稍遇岁侵，又遽不足，竟莫诘其故焉。

至于铜钱、交钞之弊，盖有甚者。初用辽、宋旧钱，虽刘豫所铸，豫废，亦兼用之。正隆而降，始议鼓铸，民间铜禁甚至，铜不给用，渐兴窑冶。凡产铜地脉，遣吏境内访察无遗，且及外界，而民用铜器不可阙者，皆造于官而鬻之。既而官不胜烦，民不胜病，乃听民冶铜造器，而官为立价以售，以铜法之变也。

若钱法之变，则鼓铸未广，敛散无方，已见壅滞。初恐官库多积，钱不及民，立法广布。继恐民多匿钱，乃设存留之限，开告讦之路，犯者绳以重罚，卒莫能禁。州县钱艰，民间自铸，私钱苦恶特甚。乃以官钱五百易其一千，其策愈下。及改铸大钱，所准加重，百计流通，卒莫获效。济以铁钱，铁不可用，权以交钞，钱重钞轻，相去悬绝，物价腾踊，钞至不行。权以银货，银弊又滋，救亦无策，遂罢铜钱，专用交钞、银货。然而二者之弊乃甚于钱，在官利于用大钞，而大钞出多，民益见轻。在私利于得小钞，而小钞人多，国亦无补。于是，禁官不得用大钞，已而恐民用银而不用钞，则又责民以钞纳官，以示必用。先造二十贯至百贯例，后造二百贯至千贯例，先后轻重不伦，民益眩惑。及不得已，则限以年数，限以地方，公私受纳限以分数，由是民疑日深。其间，易交钞为宝券，宝券未久更作通宝，准银并用。通宝未久复作宝泉，宝泉未久织绫印钞，名曰珍货。珍货未久复作宝会，汔无定制，而金祚汔矣。

历观自古财聚民散，以至亡国，若鹿台、钜桥之类，不足论也。

其国亡财匮,比比有之,而国用之屈,未有若金季之甚者。金之为政,常有恤民之志,而不能已苛征之令,徒有聚敛之名,而不能致富国之实。及其亡也,括粟、阑籴,一切掊克之政靡不为之。加赋数倍,豫借数年,或欲得钞则豫卖下年差科。高琪为相,议至榷油,进纳滥官,辄售空名宣敕,或欲与以五品正班。僧道入粟,始自度牒,终至德号、纲副威仪、寺观主席亦量其赀而鬻之。甚而丁忧鬻以求仕,监户鬻以从良,进士出身鬻至及第。又甚而叛臣剧盗之效顺,无金帛以备赏激,动以王爵固结其心,重爵不靳,则以国姓赐之。名实混淆,伦法致坏,皆不暇顾,国欲不乱,其可得乎。

迨夫宋绝岁币而不许和,贪其淮南之蓄,谋以力取,至使枢府武骑尽于南伐。讹可、时全之出,初志得粮,后乃尺寸无补,三军偾亡,我师压境,兵财俱困,无以御之。故志金之食货者,不能不为之掩卷而兴慨也。传曰:"作法于凉,其弊犹贪。作法于贪,弊将若何。"

金起东海,其俗纯实,可与返古。初入中夏,兵威所加,民多流亡,士多旷闲,遗黎惴惴,何求不获。使于斯时,纵不能复井地沟洫之制,若用唐之永业、口分以制民产,仿其租庸调之法以足国计,何至百年之内所为经画纷纷然,与其国相终始耶。其弊在于急一时之利,踵久坏之法。及其中叶,鄙辽俭朴,袭宋繁缛之文;惩宋宽柔,加辽操切之政。是弃二国之所长,而并用其所短也。繁缛胜必至于伤财,操切胜必至于害民,讫金之世,国用易匮,民心易离,岂不由是欤。作法不慎厥初,变法以救其弊,抵益甚焉耳。

其他盐笑、酒曲、常平、和籴、茶税、征商、榷场等法,大概多宋旧人之所建明,息耗无定,变易靡恒,视钱钞何异。田制、水利、区田之目,或骤行随辍,或屡试无效,或熟议未行,咸著于篇,以备一代之制云。

户口　金制,男女二岁以下为黄,十五以下为小,十六为中,十七为丁,六十为老,无夫为寡妻妾,诸笃废疾不为丁。户主推其长充,内有物力者为课役户,无者为不课役户。

令民以五家为保。泰和六年,上以旧定保伍法,有司灭裂不行,其令结保,有匿奸细、盗贼者连坐。宰臣谓旧以五家为保,恐人易为计构而难觉察,遂令从唐制,五家为邻、五邻为保,以相检察。京府州县郭下则置坊正,村社则随户众寡为乡置里正,以按比户口,催督赋役,劝课农桑。村社三百户以上则设主首四人,二百户以上三人,五十户以上二人,以下一人,以佐里正禁察非违。置壮丁,以佐主首巡警盗贼。猛安谋克部村寨,五十户以上设寨使一人,掌同主首。寺观则设纲首。凡坊正、里正,以其户十分内取三分,富民均出顾钱,募强干有抵保者充,人不得过百贯,役不得过一年。大定二十九年,章宗尝欲罢坊、里正,复以主首远,入城应代,妨农不便,乃以有物力谨愿者二年一更代。

凡户口计帐,三年一籍。自正月初,州县以里正、主首,猛安谋克则以寨使,诣编户家责手实,具男女老幼年与姓名,生者增之,死者除之。正月二十日以实数报县,二月二十日申州,以十日内达上司,无远近皆以四月二十日到部呈省。

凡汉人、渤海人不得充猛安谋克户。猛安谋克之奴婢免为良者,止隶本部为正户。凡没入官良人,隶宫籍监为监户,没入官奴婢,隶太府监为官户。

当收国二年时,法制未定,兵革未息,贫民多依权右为苟安,多隐蔽为奴婢者,太祖下诏曰:"比以岁凶民饥,多附豪族,因陷为奴隶。及有犯法,征赏莫办,折身为奴。或私约立限,以人对赎,过期则以为奴者。并听以两人赎一为良,元约以一人赎者从便。"

天辅五年,以境土既拓,而旧部多瘠卤,将移其民于泰州,乃遣皇弟昱及族子宗雄按视其地。昱等苴其土以进,言可种植,遂摘诸猛安谋克中民户万余,使宗人婆庐火统之,屯种于泰州。婆庐火旧居阿注浒水,又作按出虎。至是迁焉。其居宁江州者,遣拾得、查端、阿里徒欢、奚达罕等四谋克,挈家属耕具,徙于泰州,仍赐婆庐火耕牛五十。

天辅六年,既定山西诸州,以上京为内地,则移其民实之。又命耶律佛顶以兵护送诸降人于浑河路,以皇弟昂监之,命从便以居。七年,以山西诸部族近西北二边,且辽主未获,恐阴相结诱,复命皇弟昂与孛堇稍喝等以兵四千护送,处之岭东,惟西京民安堵如故,且命昂镇守上京路。既而,上闻昂已过上京,而降人复苦其侵扰多叛亡者,遂命孛堇出里底往戒谕之,比至,而诸部已叛去。又以猛安详稳留住所领归附之民还东京,命有司常抚慰,且贷一岁之粮,其亲属被虏者皆令聚居。及七年取燕京路,二月,尽徙六州氏族富强工技之民于内地。

太宗天会元年,以旧徙润、隰等四州之民于沈州之境,以新迁之户艰苦不能自存,诏曰:"比闻民乏食至鬻子者,听以丁力等者赎之。"又诏孛堇阿实赉曰:"先皇帝以同姓之人昔有自鬻及典质其身者,命官为赎。今闻尚有未复者,其悉阅赎之。"又命以官粟赎上京路新迁置宁江州户口贫而卖身者,六百余人。二年,民有自鬻为奴者,诏以丁力等者易之。三年,禁内外官及宗室毋得私役百姓,权势家不得买贫民为奴,其胁买者一人偿十五人,诈买者一人偿二人,罪皆杖百。七年,诏兵兴以来,良人被略为驱者,听其父母妻子赎之。

熙宗皇统四年诏陕西蒲、解、汝、蔡、等州岁饥,百姓流落典雇为驱者,官以绢赎为良,丁男三匹,妇人幼小二匹。

世宗大定二年,诏免二税户为民。初,辽人佞佛尤甚,多以良民赐诸寺,分其税一半输官,一半输寺,故谓之二税户。辽亡,僧多匿其实,抑为贱,有援左证以告者,有司各执以闻,上素知其事,故特免之。

十七年五月,省奏"咸平府路一千六百余户,自陈皆长白山星显、禅春河女直人,辽时签为猎户,移居于此,号移典部,遂附契丹籍。本朝义兵之兴,首诣军降,仍居本部,今乞厘正"。诏从之。

二十年,以上京路女直人户,规避物力,自卖其奴婢,致耕田者少,遂贫乏,诏定制禁之。又谓宰臣曰:"猛安谋克人户,兄弟亲属若各随所分土,兴汉人错居,每四五十户结为保聚,农作时令相助济,此亦劝相之道也。"

二十一年六月,徙银山侧民于临潢。又命避役之户举家逃于他所者,元贯及所寓司县官同罪,为定制。

二十三年,定制,女直奴婢如有得力,本主许令婚娉者,须取问房亲及村老给据,方许娉于良人。

是年七月,奏猛安谋克户口、垦地、牛具之数。猛安二百二,谋克千八百七十八,户六十一万五千六百二十四,口六百一十五万八千六百三十六,内正口四百八十一万二千六百六十九,奴婢口一百三十四万五千九百六十七。垦田一百六十九万三百八十顷有奇,牛具三十八万四千七百七十一。在都宗室将军司,户一百七十,口二万八千七百九十,内正口九百八十二,奴婢口二万七千八百八。垦田三千六百八十三顷七十五亩,牛具三百四。迭剌、唐古二部五糺,户五千五百八十五,口十三万七千五百四十四,内正口十一万九千四百六十三,奴婢口一万八千八十一。垦田万六千二十四顷一十七亩,牛具五千六十六。

二十五年,命宰臣禁有禄人一子、及农民避课役,为僧道者。

大定初,天下户才三百余万,至二十七年天下户六百七十八万九千四百四十九,口四千四百七十万五千八十六。

章宗大定二十九年十一月,上封事者言,乞放二税户为良。省臣欲取公牒可凭者为准,参知政事移剌履谓"凭验真伪难明,凡契丹奴婢今后所生者悉为良,见有者则不得典卖,如此则三十年后奴皆为良,而民且不病焉。"上以履言未当,令再议。省奏谓不拘括则讼终不绝,遂遣大兴府治中乌古孙仲和、侍御史范楫分括北路及中都路二税户,凡无凭验,其主自言之者及因通检而知之者,其税半输官、半输主,而有凭验者悉放为良。

明昌元年正月,上封事者言:"自古以农桑为本,今商贾之外又有佛、老与他游食,浮费百倍。农岁不登,流殍相望,此末作伤农者多故也。"上乃下令,禁自披剃为僧、道者。是岁,奏天下户六百九十三万九千,口四千五百四十四万七千九百,而粟止五千二百二十六万一千余石,除官兵二年之费,余验口计之,口月食五斗,可为四十四日之食。上曰：“蓄积不多，是力农者少故也。其集百官，议所以使民务本广储之道，以闻。”六月，奏北京等路所免二税户，凡一千七百余户，万三千九百余口，此后为良为驱，皆从已断为定。

明昌六年二月，上谓宰臣曰：“凡言女直进士，不须称女直字。卿等误作回避女直、契丹语，非也。今如分别户民，则女直言本户，汉户及契丹，余谓之杂户。”

明昌六年十二月，奏天下女直、契丹、汉户七百二十二万三千四百，口四千八百四十九万四百，物力钱二百六十万四千七百四十二贯。

泰和七年六月，敕，中物力户，有役则多逃避，有司令以次户代之，事毕则复业，以致大损之不逃之户。令省臣详议。宰臣奏，旧制太轻，遂命课役全户逃者徒二年，赏告者钱五万。先逃者以百日内自首，免罪。如实销乏者，内从御史台，外从按察司，体究免之。十二月，奏天下户七百六十八万四千四百三十八，口四千五百八十一万六千七十九。户增于大定二十七年一百六十二万三千七百一十五，口增八百八十二万七千六十五。**此金版籍之极盛也。**

及卫绍王之时，军旅不息，宣宗立而南迁，死徙之余，所在为虚矣。户口日耗，军费日急，赋敛繁重，皆仰给于河南，民不堪命，率弃庐田，相继亡去。乃屡降诏招复业者，免其岁之租，然以国用乏竭，逃者之租皆令居者代出，以故多不敢还。兴定元年十二月，宣宗欲悬赏募人捕亡户，而复虑骚动，遂命依已降诏书，已免债逋，更招一月，违而不来者然后捕获治罪，而以所遗地赐人。四年，省臣奏，河南以岁饥而赋役不息，所亡户令有司招之，至明年三月不复业者，论如律。时河堧为疆，烽鞞屡警，故集庆军节度使温迪罕达言，亳州户旧六万，自南迁以来不胜调发，相继逃去，所存者曾无十一，砀山下邑，野无居民矣。

通检推排　通检，即《周礼》大司徒三年一大比，各登其乡之众寡、六畜、车辇，辨物行征之制也。金自国初占籍之后，至大定四年，承正隆師旅之余,民之貧富變更,賦役不均。世宗下詔曰:"粤自國初,有司常行大比,于今四十年矣。正隆時,兵役並興,調發無度,富者今貧不能自存,版籍所無者今為富室而猶幸免。是用遣信臣泰寧軍節度使張弘信等十三人,分路通檢天下物力而差定之,以革前弊,俾元元無不均之嘆,以稱朕意。凡規措條理,命尚書省畫一以行。"又命"凡監戶事產,除官所撥賜之外,餘凡置到百姓有稅田宅,皆在通檢之數。"時諸使往往以苛酷多得物力為功,弘信檢山東州縣尤為酷暴,棣州防御使完顏永元面責之曰:"朝廷以正隆後差調不均,故命使者均之。今乃殘暴,妄加民產業數倍,一有來申訴者,則血肉淋漓,甚者即殞杖下,此何理也。"弘信不能對,故惟棣州稍平。

五年,有司奏諸路通檢不均,詔再以戶口多寡、貧富輕重,適中定之。既而,又定通檢地土等第稅法。十五年九月,上以天下物力,自通檢以來十餘年,貧富變易,賦調輕重不均,遣濟南尹梁肅等二十六人,分路推排。

二十年四月,上謂宰臣曰:"猛安謀克戶,富貧差發不均,皆自謀克內科之,暗者惟胥吏之言是從,輕重不一。自窩斡叛後,貧富反復,今當籍其夾戶,推其家貲,倘有軍役庶可均也。"詔集百官議,右丞相克寧、平章政事安禮、樞密副使宗尹言:"女直人除猛安謀克仆從差使,餘無差役。今不推奴婢孳畜、地土數目,止驗產業科差為便。"左丞相守道等言:"止驗財產,多寡分為四等,置籍以科差,庶得均也。"左丞通、右丞道、都點檢襄言:"括其奴婢之數,則貧富自見,緩急有事科差,與一例科差者不同。請俟農隙,拘括地土牛具之數,各以所見上聞。"上曰:"一謀克戶之貧富,謀克豈不知。一猛安所領八謀克,一例科差。設如一謀克內,有奴婢二三百口者,有奴婢一二人者,科差與同,豈得平均。正隆興兵時,朕之奴婢萬數,孳畜數千,而不差一人一馬,豈可謂平。朕于庶事未嘗專行,與卿謀之。往年散置契丹戶,安禮極言恐擾動,朕決行之,果得安業。安禮雖盡忠,未審長策。其從左丞通等所見,拘括推排之。"十二月,上謂宰臣曰："猛安谋克多新强旧弱,差役不均,其令推排,当自中都路始。"至二十二年八月,始诏令集耆老,推贫富,验土地牛具奴婢之数,分为上中下三等。以同知大兴府事完颜乌里也先推中都路,续遣户部主事按带等十四人与外官同分路推排。九月,诏"毋令富者匿隐畜产,贫户或有不敢养马者。昔海陵时,拘括马畜,绝无等级,富者幸免,贫者尽拘入官,大为不均。今并核实贫富造籍,有急即按籍取之,庶几无不均之弊。"张汝弼、梁肃奏:"天下民户通检既定,设有产物移易,自应随业输纳。至于浮财,须有增耗,贫者自贫,富者自富,似不必屡推排也。"上曰:"宰执家多有新富者,故皆不愿也。"肃对曰:"如臣者,能推排中都物力。臣以尝为南使,先自添物力钱至六十余贯,视其他奉使无如臣多者。但小民无知,法出奸生,数动摇则易骇。如唐、宋及辽时,或三二十年不测通比则有之。频岁推排,似为难尔。"

二十六年,复以李晏等分路推排。二十七年,奏晏等所定物力之数,上曰:"朕以元推天下物力钱三百五万余贯,除三百万贯外,令减五万余贯。今减不及数,复续收二万余贯,即是实二万贯尔,而曰续收,何也?"封曰:"此谓旧脱漏而今首出者,及民地旧无力耕种,而今耕种者也。"上曰:"通检旧数,止于视其营运息耗,与房地多寡,而加减之。彼人卖地,此人买之,皆旧数也。至如营运,此强则彼弱,强者增之,弱者减之而已。且物力之数盖是定差役之法,其大数不在多寡也。朕恐实有营运富家所当出者,反分与贫者尔。"

章宗大定二十九年六月,命为国信使之副者,免增物力。又命农民如有积粟,毋充物力。钱悭之郡,所纳钱货则许折粟帛。九月,以曹州河溢,遣马百禄等推排遭垫溺州县之贫乏者。明昌元年四月,刑部郎中路伯达等言,民地已纳税,又通定物力,比之浮财所出差役,是为重并也。遂详酌民地定物力,减十之二。尚书户部言,中都等路被水,诏委官推排,比旧减钱五千六百余贯。明昌三年八月,救尚书省"百姓当丰稔之时不务积贮,一遇凶俭辄有阻饥,何法可使民重谷而多积也。"宰臣封曰:"二十九年,已诏农民能积粟免充物力。明昌初,命民之物力与地土通推者,亦减十分之二,此固其术也。”

承安元年,尚书省奏,是年九月当推排,以有故不克。诏以冬已深,比事毕恐妨农作,乃权止之。二年冬十月,敕令议通检,宰臣奏曰:“大定二十七年通检后,距今已十年,旧户贫弱者众,倘迟更定,恐致流亡。”遂定制,已典卖物业,止随物推收,析户异居者许令别籍,户绝及困弱者减免,新强者详审增之,止当从实,不必敷足元数。边城被寇之地,皆不必推排。于是,令吏部尚书贾执刚、吏部侍郎高汝砺先推排在都两警巡院,示为诸路法。每路差官一员,命提刑司官一员副之。三年九月,奏十三路籍定推排物力钱二百五十八万六千七百二贯四百九十文,旧额三百二万二千七百一十八贯九百二十二文,以贫乏除免六十三万八千一百一十一贯。除上京、北京、西京路无新强增者,余路计收二十万二千九十五贯。

泰和二年闰十二月,上以推排时,既问人户浮财物力,而又勘当比次,期迫事繁,难得其实,敕尚书省,定人户物力随时推收法,令自今典卖事产者随业推收,别置标簿,临时止拘浮财物力以增减之。泰和四年十二月,上以职官仕于远方,其家物力有应除而不除者,遂定典卖实业逐时推收,若无浮财营运,应除免者,令本家陈告,集坊村人户推唱,验实免之。造籍后如无人告,一月内以本官文牒推唱,定标附于籍。五年,以西京、北京边地常罹兵荒,遣使推排之。旧大定二十六年所定三十五万三千余贯,遂减为二十八万七千余贯。

五年六月,签南京按察司事李革言:“近制,令人户推收物力,置簿标题,至通推时,止增新强,销旧弱,庶得其实。今有司奉行灭裂,恐临时冗并,卒难详审,可定期限,立罪以督之。”遂令自今年十一月一日,令人户告诣推收标附,至次年二月一日毕,违期不言者坐罪。且令诸处税务,具税讫房地,每半月具数申报所属,违者坐以怠慢轻事之罪。仍敕物力既随业,通推时止令定浮财。

八年九月,以吏部尚书贾守谦、知济南府事蒲察张家奴、莒州刺史完颜百嘉、南京路转运使宋元吉等十三员,分路同本路按察司官一员,推排诸路。上召至香阁,亲谕之曰:"朕选卿等随路推排,除推收外,其新强消乏户,虽集众推唱,然消乏者勿销不尽,如一户物力元三百贯,今蠲免二百五十贯犹有未当者。新强勿添尽,量存其力,如一户可添三百贯,而止添二百贯之类。卿等各宜尽心,一推之后十年利害所关,苟不副所任,罪当不轻也。"

金史卷四七
志第二八

食货二

田制　租赋　牛头税

田制　量田以营造尺,五尺为步,阔一步,长二百四十步为亩,百亩为顷。民田业各从其便,卖质于人无禁,但令随地输租而已。凡桑枣,民户以多植为勤,少者必植其地十之三,猛安谋克户少者必课种其地十之一,除枯补新,使之不阙。凡官地,猛安谋克及贫民请射者,宽乡一丁百亩,狭乡十亩,中男半之。请射荒地者,以最下第五等减半定租,八年始征之。作已业者以第七等减半为税,七年始征之。自首冒佃比邻地者,输官租三分之二。佃黄河退滩者,次年纳租。

太宗天会九年五月,始分遣诸路劝农之使者。熙宗天会十四年,罢来流、混同间护逻地,以予民耕牧。海陵正隆元年二月,遣刑部尚书纥石烈娄室等十一人,分行大兴府、山东、真定府,拘括系官或荒闲牧地,及官民占射逃绝户地,戍兵占佃宫籍监、外路官本业外增置土田,及大兴府、平州路僧尼道士女冠等地,盖以授所迁之猛安谋克户,且令民请射,而官得其租也。

世宗大定五年十二月,上以京畿两猛安民户不自耕垦,及伐桑枣为薪鬻之,命大兴少尹完颜让巡察。

十年四月,禁侵耕围场地。十一年,谓侍臣曰:"往岁,清暑山西，傍路皆禾稼，殆无牧地。尝下令，使民五里外乃得耕垦。今闻其民以此去之他所，甚可矜悯。其令依旧耕种，毋致失业。凡害民之事患在不知，知之朕必不为。自今事有类此，卿等即告毋隐。"

十三年，敕有司："每岁遣官劝猛安谋克农事，恐有烦扰。自今止令各管职官劝督，弛慢者举劾以闻。"

十七年六月，邢州男子赵迪简言："随路不附籍官田及河滩地，皆为豪强所占，而贫民土瘠税重，乞遣官拘籍冒佃者，定立租课，复量减人户税数，庶得轻重均平。"诏付有司，将行而止。复以近都猛安谋克所给官地率皆薄瘠，豪民租佃官田岁久，往往冒为己业，令拘籍之。又谓省臣曰："官地非民谁种，然女直人户自乡土三四千里移来，尽得薄地，若不拘刷良田给之，久必贫乏，其遣官察之。"又谓参知政事张汝弼曰："先尝遣问女直土地，皆云良田。及朕出猎，因问之，则谓自起移至此，不能种莳，斫芦为席，或斩刍以自给。卿等其议之。"省臣奏，官地所以人多蔽匿盗耕者，由其罪轻故也。乃更条约，立限令人自陈，过限则人能告者有赏。遣同知中都路转运使张九思往拘籍之。

十九年二月，上如春水，见民桑多为牧畜啮毁，诏亲王公主及势要家，牧畜有犯民桑者，许所属县官立加惩断。

十二月谓宰臣曰："亡辽时所拨地，与本朝元帅府，已曾拘籍矣。民或指射为无主地，租佃及新开荒为己业者可以拘括。其间播种岁久，若遽夺之，恐民失业。"因诏括地官张九思戒之。复谓宰臣曰："朕闻括地事所行极不当，如皇后庄、太子务之类，止以名称便为官地，百姓所执凭验，一切不问。其相邻冒占官地，复有幸免者。能使军户稍给，民不失业，乃朕之心也。"

二十年四月，以行幸道隘，扈从人不便，诏户部沿路顿舍侧近官地，勿租与民耕种。又诏故太保阿里先于山东路拨地百四十顷，大定初又于中都路赐田百顷，命拘山东之地入官。五月，谕有司曰："白石门至野狐岭，其间淀泺多为民耕植者，而官民杂畜往来无牧放之所，可差官括元荒地及冒佃之数。"

二十一年正月，上谓宰臣曰："山东、大名等路猛安谋克户之民，往往骄纵，不亲稼穑，不令家人农作，尽令汉人佃莳，取租而已，富家尽服纨绮，酒食游宴，贫者争慕效之，欲望家给人足，难矣。近已禁卖奴婢，约其吉凶之礼，更当委官阅实户数，计口授地，必令自耕，力不赡者方许佃于人。仍禁其农时饮酒。"又曰："奚人六猛安，已徙居咸平、临潢、泰州，其地肥沃，且精勤农务，各安其居。女直人徙居奚地者，菽粟得收获否？"左丞守道对曰："闻皆自耕，岁用亦足。"上曰："彼地肥美，异于他处，惟附都民以水害稼者赈之。"

三月，陈言者言，豪强之家多占夺田者。上曰："前参政纳合椿年占地八百顷，又闻山西田亦多为权要所占，有一家一口至三十顷者，以致小民无田可耕，徙居阴山之恶地，何以自存。其令占官地十顷以上者皆括籍入官，将均赐贫民。"省臣又奏"椿年子猛安参谋合、故太师耨碗温敦思忠孙长寿等，亲属计七十余家，所占地三千余顷。"上曰："至秋，除牛头地外，仍各给十顷，余皆拘入官。山后招讨司所括者，亦当同此也。"又谓宰臣曰："山东路所括民田，已分给女直屯田人户，复有籍官闲地，依元数还民，仍免租税。"

六月，上谓省臣曰："近者大兴府平、滦、蓟、通、顺等州，经水灾之地，免今年税租。不罹水灾者姑停夏税，俟稔岁征之。"时中都大水，而滨、棣等州及山后大熟，命修治怀来以南道路，以来粜者。又命都城减价以粜。又曰："近遣使阅视秋稼，闻猛安谋克人惟酒是务，往往以田租人，而预借三二年租课者。或种而不耘，听其荒芜者。自今皆令阅实各户人力，可耨几顷亩，必使自耕耘之，其力果不及者方许租赁。如惰农饮酒，劝农谋克及本管猛安谋克并都管，各以等第科罪。收获数多者则亦以等第迁赏。"

七月，上谓宰臣曰："前徙宗室户于河间，拨地处之，而不回纳旧地，岂有两地皆占之理，自今当以一处赐之。山东刷民田已分给女直屯田户，复有余地，当以还民而免是岁之租。"八月，尚书省奏山东所刷地数，上谓梁肃曰："朕尝以此问卿，卿不以言。此虽称民地，然皆无明据，括为官地有何不可？"又曰："黄河已移故道，梁山泺水退,地甚广,已尝遣使安置屯田。民昔尝恣意种之,今官已籍其地,而民惧征其租,逃者甚众。若征其租,而以冒佃不即出首罪论之,固宜。然若遽取之,恐致失所。可免其征,赦其罪,别以官地给之。”御史台奏“大名、济州因刷梁山泺官地,或有以民地被刷者。”上复召宰臣曰:“虽会经通检纳税,而无明验者,复当刷问。有公据者,虽付本人,仍须体问。”十月,复与张仲愈论冒占田事。

二十二年,以附都猛安户不自种,悉租与民,有一家百口垅无一苗者,上曰:“劝农官,何劝谕为也,其令治罪。”宰臣奏曰:“不自种而辄与人者,合科违例。”上曰:“太重,愚民安知。”遂从大兴少尹王修所奏,以不种者杖六十,谋克四十,受租百姓无罪。

又命招复梁山泺流民,官给以田。时人户有执契据指坟垄为验者,亦拘在官,先委恩州刺史奚晦招之,复遣安肃州刺史张国基验实给之,如已拨系猛安,则赏以官田。上曰:“工部尚书张九思执强不通,向遣刷官田,凡犯秦、汉以来名称,如长城、燕子城之类者,皆以为官田。此田百姓为己业不知几百年矣,所见如此,何不通之甚也。”八月,以赵王永中等四王府冒占官田,罪其各府长史府掾,及安次、新城、宛平、昌平、永清、怀柔六县官,皆罚赎有差。

九月,遣刑部尚书移剌慥于山东路猛安内摘八谋克民,徙于河北东路酬斡、青狗儿两猛安旧居之地,无牛者官给之。河间宗室未徙者令尽徙于平州,无力者官津发之,土薄者易以良田。先尝令俟丰年则括籍官地,至是岁,省臣复以为奏,上曰:“本为新徙四猛安贫穷,须刷官田与之,若张仲愈等所拟条约太刻,但以民初无得地之由,自抚定后未尝输税,妄通为己业者,刷之。如此,恐民苦之,可为酬直。且先令猛安谋克人户,随宜分处,计其丁壮牛具,合得土田实数,给之。不足,则以前所刷地二万余顷补之。复不足,则续当议。”时有落兀者与婆萨等争懿州地六万顷,以皆无据验,遂没入官。

二十七年,随处官豪之家多请占官地,转与他人种佃,规取课利。命有司拘刷见数,以与贫难无地者,每丁授五十亩,庶不至失所,余佃不尽者方许豪家验丁租佃。章宗大定二十九年五月,拟再立限,令贫民请佃官地,缘今已过期,计已数足,其占而有余者,若容告讦,恐滋奸弊。况续告漏通地,敕旨已革,今限外告者宜却之,止付元佃。兼平阳一路地狭人稠,官地当尽数拘籍,验丁以给贫民。上曰:"限外指告多佃官地者,却之,当矣。如无主不愿承佃,方许诸人告请。其平阳路宜计丁限田,如一家三丁已业止三十亩,则更许存所佃官地一顷二十亩,余者拘籍给付贫民可也。"

七月,谕旨尚书省曰:"唐、邓、颍、蔡、宿、泗等处,水陆膏腴之地,若验等级,量立岁租,宽其征纳之限,募民佃之,公私有益。今河南沿边地多为豪民冒占,若民或流移至彼,就募令耕,不惟贫民有赡,亦增羡官租。其给丁壮者田及耕具,而免其租税。"八月,尚书省奏:"河东地狭,稍凶荒则流亡相继。窃谓河南地广人稀,若令招集他路流民,量给闲田,则河东饥民减少,河南且无旷地矣。"上从所请。九月戊寅,又奏:"在制,诸人请佃官闲地者免五年租课,今乞免八年,则或多垦。"并从之。十一月,尚书省奏:"民验丁佃河南荒闲官地者,如愿作官地则免租八年,愿为己业则免税三年,并不许贸易典卖。若豪强及公吏辈有冒佃者,限两月陈首,免罪而全给之,其税则视其邻地定之,以三分为率减一分,限外许诸人告诣给之。"制可。

明昌元年二月,谕旨有司曰:"濒水民地,已种莳而为水浸者,可令以所近官田对给。"

三月,敕"当军人所受田,止令自种,力不足者方许人承佃,亦止随地所产纳租,其自欲折钱输纳者从民所欲,不愿承佃者毋强。"

六月,尚书省奏:"近制以猛安谋克户不务栽植桑果,已令每十亩须栽一亩,今乞再下各路提刑及所属州县,劝谕民户,如有不栽及栽之不及十之三者,并以事怠慢轻重罪科之。"诏可。

八月,敕"随处系官闲地,百姓已请佃者仍旧,未佃者以付屯田猛安谋克。"

三年六月,尚书省奏:"南京、陕西路提刑司言,旧牧马地久不分拨,以致军民起讼,比差官往各路定之。凡民户有凭验已业,及宅井坟园,已改正给付,而其中复有官地者,亦验数对易之矣。两路牧地,南京路六万三千五百二十余顷,陕西路三万五千六百八十余顷。"

五年,谕旨尚书省:"辽东等路女直、汉儿百姓,可并令量力为蚕桑。"二月,陈言人乞以长吏劝农立殿最,遂定制"能劝农田者,每年谋克赏银绢十两匹,猛安倍之,县官于本等升五人。三年不怠者猛安谋克迁一官,县官升一等。田荒及十之一者笞三十,分数加至徒一年。三年皆荒者,猛安谋克追一官,县官以升等法降之。"为永格。

六年二月,诏罢括陕西之地。又陕西提刑司言:"本路户民安水磨、油矴,所占步数在私地有税,官田则有租,若更输水利钱银,是重并也,乞除之。"省臣奏:"水利钱银以辅本路之用,未可除也,宜视实占地数,除税租。"命他路视此为法。

承安二年,遣户部郎中上官瑜往西京并沿边,劝举军民耕种。又差户部郎中李敬义往临潢等路规画农事。旧令,军人所授之地不得租赁与人,违者苗付地主。泰和四年九月定制,所拨地土十里内自种之数,每丁四十亩,续进丁同此,余者许令便宜租赁及两和分种,违者钱业还主。上闻六路括地时,其间屯田军户多冒名增口,以请官地,及包取民田,而民有空输税赋、虚抱物力者,应诏陈言人多论之。五年二月,尚书省奏:"若复遣官分往,追照案凭,讼言纷纷何时已乎。"遂令虚抱税石已输送入官者,命于税内每岁续克之。

泰和七年,募民种佃清河等处地,以其租分为诸春水处饵鹅鸭之食。

八年八月,户部尚书高汝砺言:"旧制,人户请佃荒地者,以各路最下第五等减半定租,仍免八年输纳。若作已业,并依第七等税钱减半,亦免三年输纳。自首冒佃比邻田,定租三分纳二。其请佃黄河退滩地者,次年纳租。向者小民不为久计,比至纳租之时多巧避匿,或复告退,盖由元限太远,请佃之初无人保识故尔。今请佃者可免三年，作已业者免一年，自首冒佃并请退滩地，并令当年输租，以邻首保识，为长制。"

宣宗贞祐三年七月，以既徙河北军户于河南，议所以处之者，宰臣曰："当指官田及牧地分界之，已为民佃者则俟秋获后，仍日给米一升，折以分钞。"太常丞石抹世绩曰："荒田牧地耕辟费力，夺民素垦则民失所。况军户率无牛，宜令军户分人归守本业，至春复还，为固守计。"上卒从宰臣议，将括之，待御史刘元规上书曰："伏见朝廷有括地之议，闻者无不骇愕。向者河北、山东已为此举，民之茔墓井灶悉为军有，怨嗟争讼至今未绝，若复行之，则将大失众心。荒田不可耕，徒有得地之名，而无享利之实。纵得熟土，不能亲耕，而复令民佃之，所得无几，而使纷纷交病哉。"上大悟，罢之。

八月，先以括地事未有定论，北方侵及河南，由是尽起诸路军户南来，共图保守，而不能知所以得军粮之术。众议谓可分遣官聚耆老问之，其将益赋，或与军田，二者孰便。参政汝砺言："河南官民地相半，又多全佃官地之家，一旦夺之，何以自活。小民易动难安，一时避赋遂有舍田之言，及与人能勿悔乎，悔则忿心生矣。如山东拨地时，腴地尽入富家，瘠者乃付贫户，无益于军，而民有损。惟当倍益官租，以给军食，复以系官荒田牧地量数与之，令其自耕，则民不失业，官不厉民矣。"从之。

三年十月，高汝砺言："河北军户徙居河南者几百万口，人日给米一升，岁费三百六十万石，半以给直，犹支粟三百万石。河南租地计二十四万顷，岁租才一百五十六万，乞于经费之外倍征以给之。"遂命右司谏冯开等五人分诣诸郡，就授以荒官田及牧地可耕者，人三十亩。

十一月，又议以括荒田及牧马地给军，命尚书右丞高汝砺总之。汝砺还奏："今顷亩之数较之旧籍甚少，复瘠恶不可耕，均以可耕者与之，人得无几。又僻远之处必徙居以就之，彼皆不能自耕，必以与人，又当取租于数百里之外。况今农田且不能尽辟，岂有余力以耕丛薄交固、草根纠结之荒地哉。军不可仰此得食也，审矣。今旬诸军户，皆曰：“得半粮尤足自养，得田不能耕，复罢其廪，将何所赖。”臣知初籍地之时，未尝按阅其实，所以不如其数，不得其处也。若复考计州县，必各安承风旨，追呼究结以应命。不足其数，则妄指民田以充之，则所在骚然矣。今民之赋役三倍平时，飞挽转输，日不暇给，而复为此举，何以堪之。且军户暂迁，行有还期，何为以此病民哉。病民而军获利，犹不可为，况无所利乎。惟陛下加察。”遂诏罢给田，但半给粮、半给实直焉。

四年，复遣官括河南牧马地，既籍其数，上命省院议所以给军者，宰臣曰：“今军户当给粮者四十四万八千余口，计当口占六亩有奇，继来者不与焉。但相去数百里者，岂能以六亩之故而远来哉。兼月支口粮不可遽罢，臣等窃谓军户愿佃者即当计口给之。自余僻远不愿者，宜准近制，系官荒地许军民耕辟例，令军民得占莳之。”院官曰：“牧马地少，且久荒难耕，军户复乏农器，然不给之，则彼自支粮外，更无从得食，非蓄锐待敌之计。给之则亦未能遽遽减其粮，若得迟以岁月，俟颇成伦次，渐可以省官廪耳。今夺于有力者，即以授其无力者，恐无以耕。乞令司县官劝率民户，借牛破荒，至来春然后给之。司县官能率民户以助耕而无骚动者，量加官赏，庶几有所激劝。”宰臣复曰：“若如所言，则司县官贪慕官赏，必将抑配，以至扰民。今民家之牛，量地而畜之。况比年以来，农功甫毕则并力转输犹恐不及，岂有暇耕它人之田也。惟如臣等前奏为便。”诏再议之。乃拟民有能开牧马地及官荒地作熟田者，以半给之为永业，半给军户。奏可。

四年，省奏：“自古用兵，且耕且战，是以兵食交足。今诸帅分兵不啻百万，一充军伍咸仰于官，至于妇子居家安坐待哺，尽不知屯田为经久之计也。愿下明诏，令诸帅府各以其军耕耨，亦以逸待劳之策也。”诏从之。

兴定三年正月，尚书右丞领三司事侯挚言：“按河南军民田总一百九十七万顷有奇，见耕种者九十六万余顷，上田可收一石二斗，中田一石，下田八斗，十一取之，岁得九百六十万石，自可优给岁支,且使贫富均,大小各得其所。臣在东平尝试行二三年,民不疲而军用足。"诏有司议行之。

四年十月,移刺不言:"军户自徙于河南,数岁尚未给田,兼以移徙不常,莫得安居,故贫者甚众。请括诸屯处官田,人给三十亩,仍不移屯它所,如此则军户可以得所,官粮可以渐省。"宰臣奏:"前此亦有言授地者,枢密院以谓俟事缓而行之。今河南罹水灾,流亡者众,所种麦不及五万顷,殆减往年太半,岁入殆不能足。若拨授之为永业,俟有获即罢其家粮,亦省费之一端也。"上从之。又河南水灾,逋户太半,田野荒芜,恐赋入少而国用乏,遂命唐、邓、裕、蔡、息、寿、颖、亳及归德府被水田,已燥者布种,未渗者种稻,复业之户免本租及一切差发,能代耕者如之,有司擅科者以违制论,阙牛及食者率富者就贷。

五年正月,京南行三司石抹斡鲁言:"京南、东、西三路,屯军老幼四十万口,岁费粮百四十余万石,皆坐食民租,甚非善计,宜括逋户旧耕田,南京一路旧垦田三十九万八千五百余顷,内官田民耕者九万九千顷有奇。今饥民流离者太半,东、西、南路计亦如之,朝廷虽招使复业,民恐既复之后生计未定而赋敛随之,往往匿而不出。若分给军户人三十亩,使之自耕,或召人佃种,可数岁之后畜积渐饶,官粮可罢。"今省臣议之,更不能行。

租赋　金制,官地输租,私田输税。租之制不传。大率分田之等为九而差次之,夏税亩取三合,秋税亩取五升,又纳秸一束,束十有五斤。夏税六月止八月,秋税十月止十二月,为初、中、末三限,州三百里外,纾其期一月。屯田户佃官地者,有司移猛安谋克督之。泰和五年,章宗谕宰臣曰:"十月民获未毕,遽令纳税可乎。"改秋税限十一月为初。中都、西京、北京、上京、辽东、临潢、陕西地寒,稼穑迟熟,夏税限以七月为初。凡输送粟麦,三百里外石减五升,以上每三百里递减五升。粟折秸百称者,百里内减三称,二百里减五称,不及三百里减八称,三百里及输本色槁草,各减十称。

计民田园、邸舍、车乘、牧畜、种植之资，藏镪之数，征钱有差，谓之物力钱。遇差科，必按版籍，先及富者，势均则以丁多寡定甲乙。有横科，则视物力，循大至小均科。其或不可分摘者，率以次户济之。凡民之物力，所居之宅不预。猛安谋克户、监户、官户所居外，自置民田宅，则预其数。墓田、学田，租税、物力皆免。

民愬水旱应免者，河南、山东、河东、大名、京兆、凤翔、彰德部内支郡，夏田四月，秋田七月，余路夏以五月，秋以八月，水田则通以八月为限，遇闰月则展期半月，限外愬者不理。非时之灾则无限。损十之八者全免，七分免所损之数，六分则全征。桑被灾不能蚕，则免丝绵绢税。诸路雨雪及禾稼收获之数，月以捷步申户部。

凡叙使品官之家，并免杂役，验物力所当输者，止出雇钱。进纳补官未至荫子孙、及凡有出身者，谓司吏译人等。出职带官叙当身者，杂班叙使五品以下、及正品承应已带散官未出职者，子孙与其同居兄弟，下逮终场举人、系籍学生、医学生，皆免一身之役。三代同居，已旌门则免差发，三年后免杂役。

太宗天会元年，敕有司轻徭赋，劝稼穑。十年，以辽人士庶之族赋役等差不一，诏有司命悉均之。熙宗天眷五年十二月，诏免民户残欠租税。皇统三年，蠲民税之未足者。世宗大定二年五月，谓宰臣曰："凡有徭役，均科强户，不得抑配贫民。"有言以用度不足，奏预借河北东西路、中都租税，上以国用虽乏，民力尤艰，遂不允。三年，以岁歉，诏免二年租税。又诏曰："朕比以元帅府从宜行事，今闻河南、陕西、山东、北京以东、及北边州郡，调发甚多，而省部又与他州一例征取赋役，是重扰也。可凭元帅府已取者例，蠲除之。"五年，命有司，凡罹蝗旱水溢之地，蠲其赋税。六年，以河北、山东水，免其租。

八年十月，彰德军节度使高昌福上书言税租甚重，上谕翰林学士张景仁曰："今租税法比近代甚轻，而以为重，何也？"景仁曰："今之税敛殊轻，非税敛则国用何从而出。"

二年二月，尚书省奏，天下仓廪贮粟二千七十九万余石。上曰：

"朕闻国无九年之蓄则国非其国，朕是以括天下之田以均其赋，岁取九百万石，自经费七百万石外，二百万石又为水旱之所蠲免及赈贷之用，余才百万石而已。朕广蓄积，备饥馑也。小民以为税重，小臣沽民誉，亦多议之，盖不虑国家缓急之备也。

十二年正月，以水旱免中都、西京、南京、河北、河东、山东、陕西去年租税。十三年，谓宰臣曰："民间科差，计所免已过半矣。虑小民不能详知，吏缘为奸，仍旧征取，其令所在揭榜谕之。"十月，敕州县官不尽力催督税租，以致逋欠者，可止其俸，使之征足，然后给之。十六年正月，诏免去年被水旱路分租税。十七年，上问宰臣曰："辽东赋税旧六万余石，通检后几二十万。六万时何以仰给，二十万后所积几何？"户部契勘，谓先以官吏数少故能给，今官吏兵卒及孤老数多，以此费大。上曰："当察其实，毋令妄费也。"十七年三月，诏免河北、山东、陕西、河东、西京、辽东等十路去年被旱蝗租税。十八年正月，免中都、河北、河东、山西、河南、陕西等路前年被灾租税。十九年秋，中都、西京、河北、山东、河东、陕西以水旱伤民田十三万七千七百余顷，诏蠲其租。二十年三月，以中都、西京、河北、山东、河东、陕西路前岁被灾，诏免其租税。以户部尚书曹望之之言，诏减鄜延及河东南路税五十二万余石，增河北西路税八万八千石。又诏诸税粟非关边要之地者，除当储数外，听民从便折纳。二十一年九月，以中都水灾，免租。前时近官路百姓以牛夫充递运者，复于它处未尝就役之家征钱偿之。

二十三年，宗州民王仲规告乞征还所役牛夫钱，省臣以奏，上曰："此既就役，复征钱于彼，前虽如此行之，复恐所给钱未必能到本户，是两不便也。不若止计所役，免租税及铺马钱为便。其预计实数以闻。若和雇价直亦须裁定也。"有司上其数，岁约给六万四千余贯，计折粟八万六千余石。上复命，自今役牛夫之家，以去道三十里内居者充役。

二十六年，军民地罹水旱之灾者，二十一万顷免税凡四十九万余石。二十七年六月，免中都、河北等路尝被河决水灾军民租税。十一月,诏河水泛溢,农田被灾者,与免差税一年。怀、卫、孟、郑四州塞河劳役,并免今年差税。章宗大定二十九年,赦民租十之一。河东南北路则量减之,尚书省奏,两路田多峻阪,硗瘠者往往再岁一易,若不以地等级蠲除,则有不均。遂赦以赦书特免一分外,中田复减一分,下田减二分。

旧制,夏、秋税纳麦、粟、草三色,以各处所须之物不一,户部复令以诸所用物折纳。上封事者言其不可,户部谓如此则诸路所须之物要当和市,转扰民矣。遂命太府监,应折纳之物为只承官禁者,治黄河薪刍增直二钱折纳,如黄河岸所用木石固非土产,乃令所属计置,而罢它应折纳者。

四月,上封事者乞薄民之租税,恐廪粟积久腐败。省臣奏曰:"臣等议,大定十八年户部尚书曹望之奏,河东及鄜延两路税颇重,遂减五十二万余石。去年赦十之一,而河东瘠地又减之。今以岁入度支所余无几,万一有水旱之灾,既蠲免其所入,复出粟以赈之,非有备不可。若复欲减,将何以待之。如虑腐败,令诸路以时曝凉,毋令致坏,违者论如律。"制可。

十一月,尚书省奏:"河南荒闲官地,许人计丁请佃,愿仍为官者免租八年,愿为己业者免税三年。"诏从之。

明昌二年二月,赦自今民有诉水旱灾伤者,即委官按视其实,申所属州府,移报提刑司,同所属检毕,始令翻耕。三年六月,有司言河州灾伤,阙食之民犹有未输租者,诏蠲之。九月,以山东、河北三路被灾,其权阁之租及借贷之粟,令俟岁丰日续征。上如秋山,免围场经过人户今岁夏秋租税之半。

四年冬十月,上行幸,谕旨尚书省曰:"海壖石城等县,地瘠民困,所种惟秫稗而已。及赋于官,必以易粟输之。或令止课所产,或依河东路减税,至还京当定议以闻。"五年,赦免河决被灾之民秋租。

泰和四年四月,以久旱下诏责躬,免所旱州县今年夏税。九月,陈言者谓河间、沧州逃户,物力钱至数千贯,而其差发,有司止取办于见户，民不能堪矣。诏令按察司，除地土物力命随其业，而权止其浮财物力。五年正月，诏有司，自泰和三年尝所行幸至三次者，被科之民特免半年租税。

八年五月，以宋谋和，诏天下，免河南、山东、陕西六路今年夏税，河东、河北、大名等五路半之。八月，诏诸路农民请佃荒田者，与免租赋三年，作已业者一年，自首冒佃、及请佃黄河退滩地者，不在免例。

宣宗贞祐三年十月，御史田迥秀言：“方今军国所需，一切责之河南。有司不惜民力，征调太急，促其期限，痛其棰楚。民既罄其所有而不足，遂使奔走旁求于它境，力竭财殚，相踵散亡，禁之不能止也。乞自今凡科征必先期告之，不急者皆罢，庶民力宽而逋者可复。”诏行之。十二月，诏免逃户租税。

四年三月，免陕西逃户租。五月，山东行省仆散安贞言：“泗州被灾，道殣相望，所食者草根木皮而已。而邳州戍兵数万，急征重役，悉出三县。官吏酷暴，擅括宿藏，以应一切之命。民皆逋窜，又别遣进纳闲官以相迫督。皆怙势营私，实到官者才十之一，而徒使国家有厚敛之名。乞命信臣革此弊以安百姓。”诏从之。

兴定元年二月，免中京、嵩、汝等逋租十六万石。

四年，御史中丞完颜伯嘉奏，亳州大水，计当免租三十万石，而三司官不以实报，止免十万而已。诏命治三司官虚妄之罪。七月，以河南大水，下诏免租劝种，且命参知政事李复亨为宣慰使，中丞完颜伯嘉副之。十月，以久雨，令宽民输税之限。十一月，上曰：“闻百姓多逃，而逋赋皆抑配见户，人何以堪。军储既足，宜悉除免。今又添军须钱太多，亡者讵肯复业乎。”遂命行部官阅实免之，已代纳者给以恩例，或除它役，仍减桑皮故纸钱四之一。三年，令逃户复业者但输本租，余差役一切皆免。能代耕者，免如复户。有司失信擅科者，以违制论。

四年十二月，镇南军节度使温迪罕思敬上书言：“今民输税，其法大抵有三，上户输远仓，中户次之，下户最近。然近者不下百里，远者数百里,道路之费倍于所输,而雨雪有稽违之责,遇贼有死伤之患。不若止输本郡,令有司检算仓之所积,称屯兵之数,使就食之。若有不足,则增敛于民,民计所敛不及道里之费,将忻然从之矣。"

五年十月,上谕宰臣曰:"比欲民多种麦,故令所在官贷易麦种。今闻实不贷与,而虚立案簿,反收其数以补不足之租。其遣使究治。

元光元年,上闻向者有司以征租之急,民不待熟而刈之,以应限。今麦将熟矣,其谕州县,有犯者以慢军储治罪。九月,权立职官有田不纳租罪。京南司农卿李蹊言:"按《齐民要术》,麦晚种则粒小而不实,故必八月种之。今南路当输秋税百四十余万石,草四百五十余万束,皆以八月为终限。若输远仓及泥淖,往返不下二十日,使民不暇趋时,是妨来岁之食也。乞宽征敛之限,使先尽力于二麦。"朝廷不从。

元光二年,宰臣奏:"去岁正月京师见粮才六十余万石,今三倍矣,计国用颇足,而民间租税征之不绝,恐贫民无所输而逋亡也。"遂以中旨遍谕止之。

牛头税 即牛具税,猛安谋克部女直户所输之税也。其制每耒牛三头为一具,限民口二十五受田四顷四亩有奇,岁输粟大约不过一石,官民占田无过四十具。天会三年,太宗以岁稔,官无储积无以备饥馑,诏令一耒赋粟一石,每谋克别为一廪贮之。四年,诏内地诸路,每牛一具赋粟五斗,为定制。

世宗大定元年,诏诸猛安不经迁移者,征牛具税粟,就命谋克监其仓,亏损则坐之。十二年,尚书省奏:"唐古部民旧同猛安谋克定税,其后改同州县,履亩立税,颇以为重",遂命从旧制。

二十年,定功授世袭谋克,许以亲族从行,当给以地者,除牛九具以下全给,十具以上四十具以下者,则于官豪之家量拨地六具与之。

二十一年,世宗谓宰臣曰:"前时一岁所收可支三年,比闻今岁山西丰稔,所获可支三年。此间地一岁所获不能支半岁,而又牛头税粟,每牛一头止令各输三斗,又多逋悬,此皆递互隐匿所致,当令尽实输之。"

二十三年,有司奏其事,世宗谓左丞完颜襄曰:"卿家旧止七具,今定为四十具。朕始令卿等议此,而卿皆不欲,盖各顾其私尔。是后限民口二十五,算牛一具。"七月,尚书省复奏其事,上虑版籍岁久贫富不同,猛安谋克又皆年少,不练时事,一旦军兴,按籍征之必有不均之患。乃令验实推排,阅其户口、畜产之数,其以上京二十二路来上。八月,尚书省奏,推排定猛安谋克户口、田亩、牛具之数。猛安二百二,谋克千八百七十八,户六十一一万五千六百二十四,口六百一十五万八千六百三十六,内正口四百八十一万二千六百六十九,奴婢口一百三十四万五千九百六十七,田一百六十九万三百八十顷有奇,牛具三十八万四千七百七十一。在都宗室将军司,户一百七十,口二万八千七百九十,内正口九千八百八十二,奴婢口二万七千八百八,田三千六百八十三顷七十五亩有奇,牛具三百四。迭剌、唐古二部五糺,户五千五百八十五,口一十三万七千五百四十四,内正口十一万九千四百六十三,奴婢口一万八千八十一,田四万六千二十四顷一十七亩,牛具五千六十六。后二十六年,尚书省奏并征牛头税粟,上曰:"积压五年,一见并征,民何以堪。其令民随年输纳,被灾者蠲之,贷者俟丰年征还。

金史卷四八
志第二九

食货三

钱 币

钱币　金初用辽、宋旧钱，天会末，虽刘豫"阜昌元宝""阜昌重宝"亦用之。海陵庶人贞元二年迁都之后，户部尚书蔡松年复钞引法，遂制交钞，与钱并用。正隆二年，历四十余岁，始议鼓铸。冬十月，初禁铜越外界，悬罪赏格。括民间铜锡器，陕西、南京者输京兆，他路悉输中都。三年二月，中都置钱监二，东曰宝源，西曰宝丰。京兆置监一，曰利用。三监铸钱，文曰"正隆通宝"轻重如宋小平钱，而肉好字文峻整过之，与旧钱通用。

世宗大定元年，用吏部尚书张中彦言，命陕西路参用宋旧铁钱。四年，浸不行，诏陕西行户部、并两路通检官，详究其事。皆言，"民间用钱，名与铁钱兼用，其实不为准数，公私不便"，遂罢之。

八年，民有犯铜禁者，上曰："销钱作铜，旧有禁令，然民间犹有铸镜者，非销钱而何。"遂并禁之。

十年，上谕户部臣曰："官钱积而不散，则民间钱重，贸易必艰，宜令市金银及诸物。其诸路酤榷之货，亦令以物平折输之。"十月，上责户部官曰："先以官钱率多，恐民间不得流通，令诸处贸易金银丝帛，以图流转。今知乃有以抑配反害百姓者。前许院务得折纳轻赍之物以便民，是皆朕思而后行者也，此尚出朕，安用若为。又随处时有赈济,往往近地无粮,取于它处,往返既远,人愈难之。何为不随处起仓,年丰则多籴以备赈赡,设有缓急,亦岂不有易办乎,而徒使钱充府库,将安用之。天下之大,朕岂能一一遍知,凡此数事,汝等何为而使至此。且户部与它部不同,当从宜为计,若但务因循,以守其职,则户部官谁不能为。"

十一年二月,禁私铸铜镜,旧有铜器悉送官,给其直之半。惟神佛像、钟、磬、钹、钴、腰束带、鱼袋之属,则存之。

十二年正月,以铜少,命尚书省遣使诸路规措铜货,能指坑冶得实者,赏。上与宰臣议鼓铸之术,宰臣曰:"有言所在有金银坑冶,皆可采以铸钱,臣窃谓工费过于所得数倍,恐不可行。"上曰:"金银,山泽之利,当以与民,惟钱不当私铸。今国家财用丰盈,若流布四方与在官何异。所费虽多,但在民间,而新钱日增尔。其遣能吏经营之。"左丞石琚进曰:"臣闻天子之富藏在天下,钱货如泉,正欲流通。"上复问琚曰:"古亦有民自铸钱者乎?"琚对曰:"民若自铸,则小人图利,钱益薄恶,此古所以禁也。"

十三年,命非屯兵之州府,以钱市易金帛,运致京师,使钱币流通,以济民用。

十五年十一月,上谓宰臣曰:"或言铸钱无益,所得不偿所费。朕谓不然。天下如一家,何公私之间,公家之费私家得之,但新币日增,公私俱便也。"

十六年三月,遣使分路访察铜矿苗脉。

十八年,代州立监铸钱,命震武军节度使李天吉、知保德军事高委孙往监之,而所铸斑驳黑涩不可用,诏削天吉、季孙等官两阶,解职,仍杖季孙八十。更命工部郎中张大节、吏部员外郎麻珪监铸。其钱文曰"大定通宝",字文肉好又胜正隆之制,世传其钱料微用银云。十九年,始铸至万六千余贯。二十年,诏先以五千进呈,而后命与旧钱并用。

初,新钱之未行也,以宋大观钱作当五用之。二月,上闻上京修内所,市民物不即与直,又用短钱,责宰臣曰:"如此小事,朕岂能悉知,卿等何为不察也。"时民间以八十为陌,谓之短钱,官用足陌,谓之长钱。大名男子斡鲁补者上言,谓官私所用钱皆当以八十为陌,遂为定制。

二十年十一月,名代州监曰阜通,设监一员,正五品,以州节度兼领。副监一员,正六品,以州同知兼领。丞一员,正七品,以观察判官兼领。设勾当官二员,从八品。给银牌,命副监及丞更驰驿经理。二十二年十月,以参知政事粘割斡特剌提控代州阜通监。二十三年,上以阜通监鼓铸岁久,而钱不加多,盖以代州长贰厅幕兼领,而夺于州务,不得专意综理故也。遂设副监、监丞为正员,而以节度领监事。

二十六年,上曰:"中外皆言钱难,朕尝计之,京师积钱五百万贯亦不为多,外路虽有终亦无用,诸路官钱非屯兵处可尽运至京师。"太尉丞相克宁曰:"民间钱固已艰得,若尽归京师,民益艰得矣。不若起其半至都,余半变折轻赍,则中外皆便。"十一月,上谕宰臣曰:"国家铜禁久矣,尚闻民私造腰带及镜,托为旧物,公然市之。宜加禁约。"

二十七年二月,曲阳县铸钱别为一监,以利通为名,设副监、监丞,给驿更出经营铜事。

二十八年,上谓宰臣曰:"今者外路见钱其数甚多,闻有六千余万贯,皆在僻处积贮,既不流散,公私无益,与无等尔。今中都岁费三百万贯,支用不继,若致之京师,不过少有挽运之费,纵所费多,亦惟散在民尔。"

章宗大定二十九年十二月,雁门、五台民刘完等诉,"自立监铸钱以来,有铜矿之地虽曰官运,其顾直不足则令民共偿。乞与本州司县均为差配"。遂命甄官署丞丁用楫往审其利病,还言"所运铜矿,民以物力科差济之,非所愿也。其顾直既低,又有刻剥之弊。而相视苗脉工匠,妄指人之垣屋及寺观谓当开采,因以取贿。又随冶夫匠,日办净铜四两,多不及数,复销铜器及旧钱,送官以足之。今阜通、利通两监,岁铸钱十四万余贯,而岁所费乃至八十余万贯,病民而多费，未见其利便也。"宰臣以闻，遂罢代州、曲阳二监。

初，贞元间既行钞引法，遂设印造钞引库及交钞库，皆设使、副、判各一员，都监二员，而交钞库副则专主书押、搭印合同之事。印一贯、二贯、三贯、五贯、十贯五等谓之大钞，一百、二百、三百、五百、七百五等谓之小钞，与钱并行，以七年为限，纳旧易新，犹循宋张咏四川交子之法而纾其期尔，盖亦以铜少，权制之法也。时有欲罢之者，至是二监既罢，有司言："交钞旧同见钱，商旅利于致远，往往以钱买钞，盖公私俱便之事，岂可罢去。止因有厘革年限，不能无疑，乞削七年厘革之法，令民得常用。若岁久字文磨灭，许于所在官库纳旧换新，或听便支钱。"遂罢七年厘革之限，交钞字昏方换，法自此始，而收敛无术，出多入少，民浸轻之。厥后其法屡更，而不能革，弊亦始于此焉。

交钞之制，外为阑，作花纹，其上衡书贯例，左曰"某字料"，右曰"某字号"。料号外，篆书曰"伪造交钞者斩，告捕者赏钱三百贯"。料号衡阑下曰"中都交钞库，准尚书户部符，承都堂札付，户部复点勘，令史姓名押字"。又曰："圣旨印造逐路交钞，于某处库纳钱换钞，更许于某处库纳钞换钱，官私同见钱流转。"基钞不限年月行用，如字文故暗，钞纸擦磨，许于所属库司纳旧换新。若到库支钱，或倒换新钞，每贯克工墨钱若干文。库掐、攒司、库副、副使、使各押字。年月日。印造钞引库库子、库司、副使各押字，上至尚书户部官亦押字，其搭印支钱处合同，余用印依常例。

初，大定间定制，民间应许存留铜输器物，若申卖入官，每斤给钱二百文。其弃藏应禁器物，首纳者每斤给钱百文，非器物铜货一百五十文，不及斤者计给之。在都官局及外路造卖铜器价，令运司佐贰检校，镜每斤三百十四文，镀金御仙花腰带十七贯六百七十一文，五子荔腰带十七贯九百七十一文，抬钑罗文束带八贯五百六十文，鱼袋二贯三百九文，钑钴铙磬每斤一贯九百二文，铃杵坐铜者二贯七百六十九文，输石者三贯六百四十六文。明昌二年十月，敕减卖镜价，防私铸销钱也。

旧尝以夫匠逾天山北界外采铜，明昌三年，监察御史李炳言：“顷闻有司奏，在官铜数可支十年，若复每岁令夫匠过界远采，不惟多费，复恐或生边衅。若支用将尽之日，止可于界内采炼，上是其言，遂不许出界。

五月，敕尚书省曰：“民间流转交钞，当限其数，毋令多于见钱也。”

四年，上谕宰臣曰：“随处有无用官物，可为计置，如铁钱之类是也。”或有言铁钱有破损，当令所司以铜钱偿之者，参知政事胥持国不可，上曰：“令偿之尚坏，不赏将尽坏矣。若果无用，曷别为计？”持国曰：“如江南用铜钱，江北、淮南用铁钱，尽以隔阂铜钱不令过界尔。如陕西市易亦有用银布姜麻，若旧有铁钱，宜姑收贮，以备缓急。”遂令有司籍铁钱及诸无用之物，贮于库。

八月，提刑司言：“所降陕西交钞多于见钱，使民艰于流转。”宰臣以闻，遂令本路榷税及诸名色钱，折交钞。官兵俸，许钱绢银钞各半之，若钱银数少，即全给交钞。

五年三月，宰臣奏：“民间钱所以艰得，以官豪家多积故也。在唐元和间，尝限富家钱过五千贯者死，王公重贬没入，以五之一赏告者。”上令参酌定制，令官民之家以品从物力限见钱，多不过二万贯，猛安谋克则以牛具为差，不得过万贯，凡有所余，尽令易诸物收贮之。有能告数外留钱者，奴婢免为良，佣者出离，以十之一为赏，余皆没入。

又谕旨有司，凡使高丽还者，所得铜器令尽买之。

承安二年十月，宰臣奏：“旧立交钞法，凡以旧易新者，每贯取工墨钱十五文。至大定二十三年，不拘贯例，每张收八文，既无益于官，亦妨钞法，宜从旧制便。若以钞买盐引，每贯权作一贯五十文，庶得多售。”上曰：“工墨钱，贯可令收十二文。买盐引者，每贯可权作一贯一百文。”时交钞所出数多，民间成贯例者艰于流转，诏以西北二京、辽东路从宜给小钞，且许于官库换钱，与它路通行。

十二月，尚书省议，谓时所给官兵俸及边戍军须，皆以银钞相兼,旧例银每铤五十两,其直百贯,民间或有截凿之者,其价亦随低昂,遂改铸银名"承安宝货"一两至十两分五等,每两折钱二贯,公私同见钱用,仍定销铸及接受稽留罪赏格。

承安三年正月,省奏,"随处榷场若许见钱越境,虽非销毁,即与销毁无异。"遂立制,以钱与外方人使及与交易者,徒五年,三斤以上死,驵侩同罪。捕告人之赏,官先为代给钱五百贯。其逮及与接引、馆伴、先排、通引、书表等以次坐罪,仍令均偿。

时交钞稍滞,命西京、北京、临潢、辽东等路一贯以上俱用银钞、宝货,不许用钱,一贯以下听民便。时既行限钱法,人多不遵,上曰:"已定条约,不为不重,其令御史台及提刑司察之。"九月,以民间钞滞,尽以一贯以下交钞易钱用之,遂复减元限之数,更定官民存留钱法,三分为率,亲王、公主、品官许留一分,余皆半之,其赢余之数期五十日内尽易诸物,违者以违制论,以钱赏告者。于两行部各置回易务,以绵绢物段易银钞,亦许本务纳银钞。赴榷货出盐引,纳钞于山东、河北、河东等路,从便易钱。各降补官及德号空敕三百、度牒一千,从两行部指定处,限四月进纳补换。又更造一百例小钞,并许官库易钱。一贯、二贯例并支小钞,三贯例则支银一两、小钞一贯,若五贯、十贯例则四分支小钞、六分支银,欲得实货者听,有阻滞及辄减价者罪之。

四年三月,又以银钞阻滞,乃权止山东诸路以银钞与绵绢盐引从便易钱之制。令院务诸科名钱,除京师、河南、陕西银钞从便,余路并许收银钞各半,仍于钞四分之一许纳其本路。随路所收交钞,除本路者不复支发,余通行者并循环用之。榷货所鬻盐引,收纳宝货与钞相半,银每两止折钞两贯。省许人依旧诣库纳钞,随路漕司所收,除额外羡余者,亦如之。所支官钱,亦以银钞相兼,银已零截者令交钞库不复支,若宝货数少,可浸增铸。银钞既通则物价自平,虽有禁法亦安所施,遂除阻滞银钞罪制。

四年,以户部言,命在都官钱,榷货务盐引,并听收宝货,附近盐司贴钱数亦许带纳。民间宝货有所归,自然通行,不至销毁。先是,设四库印小钞以代钞本,令人便赍小钞赴库换钱,即与支见钱无异。今更不须印造,俟其换尽,可罢四库,但以大钞验钱数支易见钱。

时私铸"承安宝货"者多杂以铜锡,浸不能行,京师闭肆。五年十二月,宰臣奏:"比以军储调发,支出交钞数多,遂铸宝货,与钱兼用,以代钞本,盖权时之制,非经久之法。"遂罢"承安宝货"。

泰和元年六月,通州刺史卢构言:"民间钞固已流行,独银价未平,官之所定每铤以十万为准,而市肆才直八万,盖出多入少故也。若令诸税以钱银钞三分均纳,庶革其弊。"下省议,宰臣谓"军兴以来,全赖交钞佐用,以出多遂滞,顷令院务收钞七分,亦渐流通。若与银均纳,则彼增此减,理必偏胜,至碍钞法。必欲银价之平,宜令诸名若"铺马"、"军须"等钱,许纳银半,无者听便。"

先是,尝行三合同交钞,至泰和二年,止行于民间,而官不收敛,朝廷虑其病民,遂令诸税各带纳一分,虽止系本路者,亦许不限路分通纳。户部见征累年铺马钱,亦听收其半。闰十二月,上以交钞事,召户部尚书孙铎、侍郎张复亨,议于内殿。复亨以三合同钞可行,铎请废不用,既而复亨言竟诎。自是而后,国虚民贫,经用不足,专以交钞愚百姓,而法又不常,世宗之业衰焉。以至泰和三年,其弊弥甚,乃谓宰臣曰:"大定间,钱至足,今民间钱少,而又不在官,何耶?其集问百官,必有能知之者。"四年七月,罢限钱法,从户部尚书上官瑜所请也。

四年,欲增铸钱,命百官议所以足铜之术。中丞孟铸谓:"销钱作铜,及盗用出境者不止,宜罪其官及邻。"太府监梁瑄等言:"铸钱甚费,率费十钱可得一钱。识者谓费虽多犹增一钱也,乞采铜、拘器以铸。"宰臣谓:"鼓铸未可速行,其铜冶听民煎炼,官为买之。凡寺观不及十人,不许畜法器。民间偷铜器期以两月送官给价,匿者以私法坐,限外人告者,以知而不纠坐其官。寺观许童行告者赏。俟铜多,别具以闻。"八月,定从便易钱法,听人输纳于京师,而于山东、河北、大名、河东等路依数支取。后铸大钱一直十,篆文曰:"泰和重宝”与钞参行。

五年，上欲罢交钞工墨钱，复以印时常费遂命贯止收六文。

六年四月，陕西交钞不行，以见钱十万贯为钞本，与钞相易，复以小钞十万贯相参用之。六年十一月，复许诸路各行小钞。中都路则于中都及保州，南京路则于南京、归德、河南府，山东东路则于益都、济南府，山东西路则于东平、大名府，河北东路则于河间府、冀州，河北西路则于真定、彰德府，河东南路则于平阳，河东北路则于太原、汾州，辽东则于上京、咸平，西京则于西京、抚州，北京则于临潢府官库易钱。令户部印小钞五等，附各路同见钱用。

七年正月，敕在官毋得支出大钞，在民者令赴库，以多寡制数易小钞及见钱。院务商税及诸名钱，三分须纳大钞一分，惟辽东从便。

时民以货币屡变，往往怨嗟，聚语于市。上知之，谕旨于御史台曰：“自今都市敢有相聚论钞法难行者，许人捕告，赏钱三百贯。”

五月，以户部尚书高汝砺议，立“钞法条约”，添印大小钞，以钞库至急切，增副使一员。汝砺又与中都路转运使孙铎言钱币，上命中丞孟铸、礼部侍郎乔宇、国子司业刘昂等十人议，月余不决。七月，上召议于泰和殿，且谕汝砺曰：“今后毋谓钞多，不加重而辄易之。重之加于钱，可也。”明日，敕：“民间之交易、典质，一贯以上并用交钞，毋得用钱。须立契者，三分之一用诸物。六盘山西、辽河东以五分之一用钞，东鄙屯田户以六分之一用钞。不须立契者，惟辽东钱钞从便。犯者徒二年，告者赏有差，监临犯者杖且解职，县官能奉行流通者升除，否者降罚，集众沮法者以违制论。工墨钱每张止收二钱。商旅赍见钱不行过十贯。所司籍辨钞人以防伪冒。品官及民家存留见钱，比旧减其数，若旧有见钱多者，许送官易钞，十贯以上不得出京”。

又定制，按察司以钞法流通为称职，而河北按察使斜不出巡按所给券应得钞一贯，以难支用，命取见钱，御史以沮坏钞法劾之，上曰：“纠察之官乃先坏法，情不可恕。”杖之七十，削官一阶解职。

户部尚书高汝砺言："钞法务在必行，府州县镇宜各籍辨钞人，给以条印，听与人辨验，随贯量给二钱，贯例虽多，六钱即止。每朝官出使，则令体究通滞以闻。民间旧有宋会子，亦令同见钱用，十贯以上不许持行。榷盐许用银绢，余市易及俸，并用交钞，其奇数以小钞足之，应支银绢而不足者亦以钞给之。"

上遣近侍谕旨尚书省："今既以按察司钞法通快为称职，否则为不称职，仍于州府司县官给由内，明书所犯之数，但犯钞法者虽监察御史举其能干，亦不准用。"

十月，杨序言："交钞料号不明，年月故暗，虽令赴库易新，然外路无设定库司，欲易无所，远者直须赴都。"上以问汝砺，对曰："随处州府库内，各有辨钞库子，钞虽弊不伪，亦可收纳。去都远之城邑，既有设置合同换钱，客旅经之皆可相易。更虑无合同之地，难以易者，令官库凡纳昏钞者受而不支，于钞背印记官吏姓名，积半岁赴都易新钞。如此，则昏钞有所归而无滞矣。"

十一月，上谕户部官曰："今钞法虽行，卿等亦宜审察，少有壅滞，即当以闻，勿谓已行而惮改。"汝砺封曰："今诸处置库多在公廨内，小民出入颇难，虽有商贾易之，然患钞本不丰。比者河北西路转运司言，一富民首其当存留钱外，见钱十四万贯。它路臆或有如此者，臣等谓宜令州县委官及库典，于市肆要处置库支换。以出首之钱为钞本，十万户以上州府，给三万贯，以次为差，易钞者人不得过二贯。以所得工墨钱充库典食直，仍令州府佐贰及转运司官一员提控。"上是之，遂命移库于市肆之会，令民以钞易钱。

是月，敕捕获伪造交钞者，皆以交钞为赏。

时复议更钞法，上从高汝砺言，命在官大钞更不许出，听民以五贯十贯例者赴库易小钞，欲得钱者五贯内与一缗，十贯内与两缗，惟辽东从便。河南、陕西、山东及它行钞诸路，院务诸税及诸科名钱，并以三分为率，一分纳十贯例者，二分五贯例者，余并收见钱。

八年正月，以京师钞滞，定所司赏罚格。时新制，按察司及州县官,例以钞通滞为升降。遂命监察御史赏罚同外道按察司,大兴府警巡院官同外路州县官。

是月,收毁大钞,行小钞。

八月,从辽东按察司杨云翼言,以咸平、东京两路商旅所集,遂从都南例,一贯以上皆用交钞,不得用钱。十月,孙铎又言,"民间钞多,正宜收敛,院务税诸名钱,可尽收钞,秋夏税纳本色外,亦令收钞,不拘贯例。农民知之则渐重钞,可以流通。比来州县抑配市肆买钞,徒增骚扰,可罢诸处创设钞局,止令赴省库换易。令小钞各限路分,亦甚未便,可令通用。"上命亟行之。

十二月,宰臣奏:"旧制,内外官兵俸皆给钞,其必用钱以足数者,可以十分为率,军兵给三分,官员承应人给二分,多不过十贯。凡前所收大钞,俟至通行当复计造,其终须当精致以图经久。民间旧钞故暗者,乞许于所在库易新。若官吏势要之家有贱买交钞,而于院务换钱兴贩者,以违制论。复遣官分路巡察,其限钱过数虽许奴婢以告,乃有所属默令其主藏匿不以实首者,可令按察司察之。若旧限已满,当更展五十日,许再令变易钞引诸物。"

是制既行之后,章宗寻崩,卫绍王继立,大安三年会河之役,至以八十四车为军赏,兵衄国残,不遑救弊,交钞之轻几于不能市易矣。至宣宗贞祐二年二月,思有以重之,乃更作二十贯至百贯例交钞,又造二百贯至千贯例者。然自泰和以来,凡更交钞,初虽重,不数年则轻而不行,至是则愈更而愈滞矣。南迁之后,国蹙民困,军旅不息,供亿无度,轻又甚焉。

三年四月,河东宣抚使胥鼎上言曰:"今之物重,其弊在于钞窒,有出而无入也。虽院务税增收数倍,而所纳皆十贯例大钞,此何益哉。今十贯例者民间甚多,以无所归,故市易多用见钱,而钞每贯仅直一钱,曾不及工墨之费。臣愚谓,宜权禁见钱,且令计司以军须为名,量民力征敛,则泉货流通,而物价平矣。"自是,钱货不用,富家内困藏镪之限,外弊交钞屡变,皆至窘败,谓之"坐化"。商人往往舟运贸易于江淮,钱多入于宋矣。宋人以为喜,而金人不禁也。识者惜其既不能重无用之楮，而又弃自古流行之宝焉。

五月，权西安军节度使乌林达与言："关陕军多，供亿不足，所仰交钞则取于京师，徒成烦费。乞降板就造便。"又言："怀州旧铁钱钜万，今既无用，愿贯为甲，以给战士。"时有司轻罪议罚，率以钱赎，而当罪不平，遂命赎铜计赃皆以银价为准。

六月，敕议交钞利便。七月，改交钞名为"贞祐宝券"，仍立沮阻罪。九月，御史台言："自多故以来，全藉交钞以助军需，然所入不及所出，则其价浸减，卒无法以禁，此必然之理也。近用'贞祐宝券'以革其弊，又虑既多而民轻，与旧钞无异也，乃令民间市易悉从时估，严立罪赏，期于必行，遂使商旅不行，四方之物不敢入。夫京师百万之众，日费不赀，物价宁不日贵耶。且时估月再定之，而民间价旦暮不一，今有司强之，而市肆尽闭。复议搜括隐匿，必令如估鬻之，则京师之物指日尽，而百姓重困矣。臣等谓，惟官和买计赃之类可用时估，余宜从便。"制可。

十二月，上闻近京郡县多籴于京师，谷价翔踊，令尚书省集户部、讲议所、开封府、转运司，议所以制之者。户部及讲议所言，以五斗出城者可阑籴其半，转远司谓宜悉禁其出，上从开封府议，谓"宝券初行时，民甚重之。但以河北、陕西诸路所支既多，人遂轻之。商贾争收入京，以市金银，银价昂，谷亦随之。若令宝券路各殊制，则不可复入河南，则河南金银贱而谷自轻。若直闭京城粟不出，则外亦自守，不复入京，谷当益贵。宜谕郡县小民，毋妄增价，官为定制，务从其便。"

四年正月，监察御史田迥秀言："国家调度皆资宝券，行才数月，又复壅滞，非约束不严、奉行不谨也。夫钱币欲流通，必轻重相权、散敛有术而后可。今之患在出太多、入太少尔。若随时裁损所支，而增其所收，庶乎或可也。"因条五事，一曰省冗官吏，二曰损酒使司，三曰节兵俸，四曰罢寄治官，五曰酒税及纳粟补官皆当用宝券。诏酒税从大定之旧，余皆不从。寻又更定捕获伪造宝券官赏。

三月，翰林侍讲学士赵秉文言："比者宝券滞塞，盖朝廷将议更张,已而妄传不用,因之抑遏,渐至废绝,此乃权归小民也。自迁汴以来,废回易务,臣愚谓当复置,令职官通市道者掌之,给银钞粟麦缣帛之类,权其低昂而出纳之。仍自选良监当官营为之,若半年无过及券法通流,则听所指任便差遣。"诏议行之。

四月,河东行省胥鼎言:"交钞贵乎流通,今诸路所造不充所出,不以术收之,不无缺误。宜量民力征敛,以裨军用。河中宣抚司亦以宝券多出,民不之贵,乞验民贫富征之。虽为陕西,若一体征收,则彼中所有日凑于河东,与不敛何异。又河北宝券以不许行于河南,由是愈滞。"宰臣谓:"昨以河北宝券,商旅赍贩继踵南渡,遂致物价翔踊,乃权宜限以路分。今鼎既以本路用度繁殷,欲征军须钱,宜从所请。若陕西可征与否,诏令行省议定而后行。"

五月,上以河北州府官钱散失,多在民间,命尚书省经画之。

八月,平章高琪奏:"军兴以来,用度不赡,惟赖宝券,然所入不敷所出,是以浸轻,今千钱之券仅直数钱,随造随尽,工物日增,不有以救之,弊将滋甚。宜更造新券,与旧券权为子母而兼行之,庶工物俱省,而用不乏。"濮王守纯以下皆惮改,奏曰:"自古军旅之费皆取于民,向朝廷以小钞殊轻,权更宝券,而复禁用钱。小民浅虑,谓楮币易坏,不若钱可久,于是得钱则珍藏,而券则亟用之,惟恐破裂而至于废也。今朝廷知支而不知收,所以钱日贵而券日轻。然则券之轻非民轻之,国家致之然也。不若量其所支复敛于民,出入循环,则彼知为必用之物,而知爱重矣。今徒患轻而即欲更造,不惟信令不行,且恐新券之轻复同旧券也。"既而,陇州防御使完颜寓及陕西行省令史惠吉继言券法之弊。寓请姑罢印造,以见在者流通之,若滞塞则验丁口之多寡、物力之高下而征之。吉言:"券者所以救弊一时,非可通流与见钱比,必欲通之,不过多敛少支尔。然敛多则伤民,支少则用不足,二者皆不可。为今日计,莫若更造,以'贞祐通宝'为名,自百至三千等之为十,听各路转运司印造,仍不得过五千贯,与旧券参用,庶乎可也。"诏集百官议。户部侍郎奥屯阿虎、礼部侍郎杨云翼、郎中兰芝、刑部侍郎冯鹗皆主更造,户部侍郎高夔、员外郎张师鲁、兵部侍郎徒单欧里白皆请征敛,惟户部尚书萧贡谓止当如旧,而工部尚书李元辅谓二者可并行。太子少保张行信亦言不宜更造,但严立不行之罪,足矣。侍御史赵伯成曰:"更造之法,阴夺民利,其弊甚于征。征之为法,特征于农民则不可,若征于市肆商贾之家,是亦敦本抑末之一端。"刑部主事王寿宁曰:"不然,今之重钱轻券者皆农尔,其敛必先于民而后可。"转运使王扩曰:"凡论事当究其本,今岁支军士家口粮四万余石,如使斯人地着,少宽民力,然后征之,则行之不难。"榷货司杨贞亦欲节无名之费,罢闲冗之官。或有请铸大钱以当百,别造小钞以省费。或谓县官当择人者。独吏部尚书温迪罕思敬上书言:"国家立法,莫不备具,但有司不克奉之而已。诚使臣得便宜从事,凡外路四品以下官皆许杖决,三品以上奏闻,仍付监察二人驰驿往来,法不必变,民不必征,一号令之,可使上下无不奉法。如其不然,请就重刑。"上以示宰臣曰:"彼自许如此,试委之可乎?"宰臣未有以处,而监察御史陈规、完颜素兰交诤,以为"事有难行,圣哲犹病之,思敬何为者,徒害人尔。"上以众议纷纷,月余不决,厌之,乃诏如旧,纾其征敛之期焉。未几,竟用惠吉言,造"贞祐通宝",兴定元年二月,始诏行之,凡一贯当千贯,增重伪造沮阻罪及捕获之赏。

五月,以钞法屡变,随出而随坏,制纸之桑皮故纸皆取于民,至是又甚艰得,遂令计价,但征宝券、通宝,名曰"桑皮故纸钱",谓可以免民输挽之劳,而省工物之费也。高汝砺言:"河南调发繁重,所征租税三倍于旧,仅可供亿,如此其重也。而今年五月省部以岁收通宝不充所用,乃于民间敛桑皮故纸钞七千万贯以补之,又太甚矣。而近又以通宝稍滞,又增两倍。河南人户农居三之二,今年租税征尚未足,而复令出此,民若不粜当纳之租,则卖所食之粟,舍此将何得焉。今所急而难得者刍粮也,出于民而有限。可缓而易为者交钞也,出于国而可变。以国家之所自行者而强求之民,将若之何。向者大钞滞则更为小钞,小钞弊则改为宝券,宝券不行则易为通宝,变制在我,尚何烦民哉。民既悉力以奉军而不足,又计口、计税、计物、计生殖之业而加征,若是其剥,彼不能给,则有亡而已矣。民逃田秽,兵食不给,是军储钞法两废矣。臣非于钞法不加意,非故与省部相违也,但以钞滞物贵之害轻,民去军饥之害重尔。”时不能用。

三年十月,省臣奏:“向以物重钱轻,犯赃者计钱论罪则太重,于是以银为则,每两为钱二贯。有犯通宝之赃者直以通宝论,如因军兴调发,受通宝及三十贯者,已得死刑,准以金银价,才为钱四百有奇,则当杖。轻重之间悬绝如此。”遂命准犯时银价论罪。三月,参知政事李复亨言:“近制,犯通宝之赃者并以物价折银定罪,每两为钱二贯,而法当赎铜者,止纳通宝见钱,亦乞令依上输银,既足以惩恶,又有补于官。”诏省臣议,遂命犯公错过惧者止征通宝见钱,赃污故犯者输银。

四年十二月,镇南军节度使温迪罕思敬上书言:“钱之为泉也,贵流通而不可塞,积于官而不散则病民,散于民而不敛则阙用,必多寡轻重与物相权而后可。大定之世,民间钱多而钞少,故贵而易行。军兴以来,在官殊少,民亦无几,军旅调度悉仰于钞,日之所出动以万计,至于填委市肆,能无轻乎。不若弛限钱之禁,许民自采铜铸钱,而官制模范,薄恶不如法者令民不得用,则钱必日多,钞可少出,少出则贵而易行矣。今日出益众,民日益轻,有司欲重之而不得其法,至乃计官吏之俸、验百姓之物力以敛之,而卒不能增重,曾不知钱少之弊也。臣谓宜令民铸钱,而当敛钞者亦听输银,民因以银铸钱为数等,文曰“兴定元宝”定直以备军赏,亦救弊之一法也。”朝廷不从。

五年闰十二月,宰臣奏:“向者宝券既弊,乃造‘贞祐通宝’以救之,迄今五年,其弊又复如宝券之末。初,通宝四贯为银一两,今八百余贯矣。宜复更造“兴定宝泉”,子母相权,与通宝兼行,每贯当通宝四百贯,以二贯为银一两,随处置库,许人以通宝易之。县官能使民流通者,进官一阶、升职一等,其或姑息以致壅滞,则亦追降的决为差。州府官以所属司县定罪赏,命监察御史及诸路行部察之,定挠法失纠举法,失举则御史降决,行部官降罚,集众妄议难行者徒二年,告捕者赏钱三百贯。"元光元年二月,始诏行之。

二年五月,更造每贯当通宝五十,又以绫印制"元光珍货",同银钞及余钞行之。行之未久,银价日贵,宝泉日贱,民但以银论价。至元光二年,宝泉几于不用,乃定法,银一两不得过宝泉三百贯,凡物可直银三两以下者不许用银,以上者三分为率,一分用银,二分用宝泉及珍货、重宝。京师及州郡置平准务,以宝泉银相易,其私易及违法而能告者罪赏有差。是令既下,市肆昼闭,商旅不行,朝廷患之,乃除市易用银及银宝泉私相易之法。然上有限用之名,而下无从令之实,有司虽知,莫能制矣。义宗正大间,民间但以银市易。

天兴二年十月印"天兴宝会"于蔡州,自一钱至四钱四等,同见银流转,不数月国亡。

金史卷四九
志第三〇

食货四

盐　酒　醋税　茶　诸征商税
金银之税

　　盐　金制,榷货之目有十,曰酒、曲、茶、醋、香、矾、丹、锡、铁,而盐为称首。贞元初,蔡松年为户部尚书,始复钞引法,设官置库以造钞、引。钞,合盐司簿之符。引,会司县批缴之数。七年一厘革之。

　　初,辽、金故地滨海多产盐,上京、东北二路食肇州盐,速频路食海盐,临潢之北有大盐泺,乌古里石垒部有盐池,皆足以食境内之民,尝征其税。及得中土,盐场倍之,故设官立法加详焉。然而增减不一,废置无恒,亦随时救弊而已。

　　益都、滨州旧置两盐司,大定十三年四月,并为山东盐司。二十一年沧州及山东各务增羡,冒禁鬻盐,朝论虑其久或隳法,遂并为海丰盐使司。十一月,又并辽东等路诸盐场,为两盐司,大定二十五年,更狗泺为西京盐司。是后惟置山东、沧、宝坻、莒、解、北京、西京七盐司。

　　山东、沧、宝坻斤三百为袋,袋二十有五为大套,钞、引、公据三者俱备然后听鬻。小套袋十,或五、或一,每套钞一,引如袋之数。宝坻零盐较其斤数,或六之三,或六之一,又为小钞引给之,以使其鬻。

解盐斤二百有五十为一席,席五为套,钞引则与陕西转远司同鬻,其输粟于陕西军营者,许以分牒易钞引。

西京等场盐以石计,大套之石五,小套之石三。北京大套之石四,小套之石一。辽东大套之石十。皆套一钞,石一引。零盐积十石,亦一钞而十引。

其行盐之界,各视其地宜。山东、沧州之场九,行山东、河北、大名、河南、南京、归德诸府路,及许、亳、陈、蔡、颍、宿、泗、曹、睢、钧、单、寿诸州。莒之场十二,涛洛场行莒州,临洪场行赣榆县,独木场行海州司候司、朐山、东海县,板浦场行涟水、沭阳县,信阳场行密州,之五场又与大盐场通行沂、邳、徐、宿、泗、滕六州。西由场行莱州录事司及招远县,衡村场行即墨、莱阳县,之二场钞引及半袋小钞引,听本州县鬻之。宁海州五场皆鬻零盐,不用引目。黄县场行黄县,巨风场行登州司候司、蓬莱县,福山场行福山县,是三场又通行旁县栖霞。宁海州场行司候司、牟平县,文登场行文登县。宝坻盐行中都路,平州副使于马城县置局贮钱。解盐行河东南北路、陕西东、及南京河南府、陕、郑、唐、邓、嵩、汝诸州。西京、辽东盐各行其地。北京宗、锦之末盐,行本路及临潢府、肇州、泰州之境,与接壤者亦预焉。

世宗大定三年二月,定军私煮盐及盗官盐之法,命猛安谋克巡捕。

三年十一月,诏以银牌给益都、滨、沧盐使司。

十一年正月,用西京盐判宋侯言,更定狗泺盐场作六品使司,以侯为使,顺圣县令白仲通为副,以是岁入钱为定额。四月,以乌古里石垒民饥,罢其盐池税。

十二年十月,诏西北路招讨司猛安所辖贫及富人奴婢,皆给食盐。宰臣言去盐泺远者,所得不偿道里之费,遂命计口给直,富家奴婢二十口止。

十三年二月,并榷永盐为宝坻使司,罢平、滦盐钱。沧州旧废海阜盐场,三月,州人李格请复置,诏遣使相视。有司谓是场兴则损沧盐之课,且食盐户仍旧,而盐货岁增,必徒多积而不能售,遂寝其议。三月,大盐泺设盐税官。复免乌古里石垒部盐池之税。

二十一年八月,参知政事梁肃言:"宝坻及傍县多阙食,可减盐价增粟价,而以粟易盐。"上命宰臣议,皆谓"盐非多食之物,若减价易粟,恐久而不售,以至亏课。今岁粮以七十余万石至通州,比又以恩、献等六州粟百余万石继至,足以赈之,不烦易也。"遂罢。十二月,罢平州椿配盐课。

二十三年七月,博兴县民李孜收日炙盐,大理寺具私盐及刮硷土二法以上。宰臣谓非私盐可比,张仲愈独曰:"私盐罪重,而犯者犹众,不可纵也。"上曰:"刮硷非煎,何以同私?"仲愈曰:"如此则渤海之人恣刮硷而食,将侵官课矣。"力言不已,上乃以孜同刮硷科罪,后犯则同私盐法论。

十一月,张邦基言:"宝坻盐课,若每石收正课百五十斤,虑有风干折耗。"遂令石加耗盐二十二斤半,仍先一岁贷支偿直,以优灶户。

二十四年七月,上在上京,谓丞相乌古论元忠等曰:"会宁尹蒲察通言,其地猛安谋克户甚艰。旧速频以东食海盐,蒲与、胡里改等路食肇州盐,初定额万贯,今增至二万七千,若罢盐引,添灶户,庶可易得。"元忠对曰:"已尝遣使咸平府以东规画矣。"上曰:"不须待此,宜亟为之。"通又言"可罢上京酒务,听民自造以输税。"上曰:"先滦州诸地亦尝令民煮盐,后以不便罢之,今岂可令民自沽耶。"

二十五年十月,上还自上京,谓宰臣曰:"朕闻辽东,凡人家食盐,但无引目者,即以私治罪。夫细民徐买食之,何由有引目。可止令散办,或询诸民,从其所欲。"因为之罢北京、辽东盐使司。

二十八年,尚书省论盐事,上曰:"盐使司虽办官课,然素扰民。盐官每出巡,而巡捕人往往私怀官盐,所至求贿及酒食,稍不如意则以所怀诬以为私盐。盐司苟图羡增,虽知其诬亦复加刑。宜令别设巡捕官,勿与盐司关涉,庶革其弊。"五月,创巡捕使,山东、沧、宝坻各二员,解、西京各一员。山东则置于潍州、招远县,沧置于深州及宁津县，宝坻置于易州及永济县，解置于澄城县，西京置于兜答馆，秩从六品，直隶省部，各给银牌，取盐使司弓手充巡捕人，且禁不得于人家搜索，若食盐一斗以下不得究治，惟盗贩私煮则捕之，在三百里内者属转远司，外者即随路府提点所治罪，盗课盐者亦如之。

　　章宗大定二十九年十月，上朝隆庆宫，谕有司曰："比因猎，知百姓多有盐禁获罪者，民何以堪。朕欲令依平、滦、太原均办例，令民自煎，其令百官议之。"十二月，户部尚书邓俨等谓"若令民计口定课，民既输干办钱，又必别市而食，是重费民财，而徒增煎贩者之利也。且今之盐价，盖昔日钱币易得之时所定，今日与向不同，况太平日久，户口蕃息，食盐岁课宜有羡增，而反无之，何哉。缘官估高，贫民利私盐之贱，致亏官课尔。近已减宝坻、山东、沧盐价斤为三十八文，乞更减去八文，岁不过减一百二十余万贯，官价既贱，所售必多，自有羡余，亦不全失所减之数。况今府库金银约折钱万万贯有奇，设使盐课不足，亦足补百有余年之经用，若量入为出，必无不足之患。乞令平、滦干办盐课亦宜减价，各路巡盐弓手不得自专巡捕，庶革诬罔之弊。"礼部尚书李晏等曰："所谓干办者，既非美名，又非良法。必欲杜绝私煮盗贩之弊，莫若每斤减为二十五文，使公私价同，则私将自己。又巡盐兵吏往往挟私盐以诬人，可令与所属司县期会，方许巡捕，违者按察司罪之。"刑部尚书郭邦杰等则谓平、滦濒海及太原卤地可依旧干办，余同俨议。御史中丞移剌仲方则谓私煎盗贩之徒，皆知禁而犯之者也。可选能吏充巡捕使，而不得入人家搜索。同知大兴府事王脩请每斤减为二十文，罢巡盐官。左谏议大夫徒单镒则以干办为便。宰臣奏以"每斤官本十文，若减作二十五文，似为得中。巡盐弓手可减三分之一，盐官出巡须约所属同往，不同获者不坐。可自来岁五月一日行之。"上遂命宝坻、山东、沧盐每斤减为三十文，已发钞引未支者准新价足之，余从所请。十二月，遂罢西京、解盐巡捕使。

　　时既诏罢干办盐钱，十二月以大理司直移剌九胜奴、广宁推官宋扆议北京、辽东盐司利病,遂复置北京、辽东盐使司,北京路岁以十万余贯为额,辽东路以十三万为额。罢西京及解州巡捕使。

明昌元年七月,上封事者言河东北路干办盐钱岁十万贯太重,以故民多逃徙,乞缓其征督。上命俟农隙遣使察之。十二月,定禁司县擅科盐制。

二年五月,省臣以山东盐课不足,盖由盐司官出巡不敢擅捕,必约所属同往,人不畏故也,遂诏,自今如有盗贩者,听盐司官辄捕。民私煮及藏匿,则约所属搜索。巡尉弓兵非与盐司相约,则不得擅入人家。

三年六月,孙即康等同盐司官议,“军民犯私盐,三百里内者盐司按罪,远者付提点所,皆征捕获之赏于贩造者。猛安谋克部人煎贩及盗者,所管官论赎,三犯杖之,能捕获则免罪。又浜州渤海县永和镇去州远,恐藏盗及私盐,可改为永丰镇与曹子山村各创设巡检,山东、宝坻、沧盐司判官乞升为从七品,用进士。”上命猛安谋克杖者再议,余皆从之。

尚书省奏,“山东滨、益九场之盐行于山东等六路,涛洛等五场止行于沂、邳、徐、宿、滕、泗六州,各有定课,方之九场,大课不同。若令与九场通比增亏,其五场官恃彼大课,恐不用力,转生奸弊。”遂定令五场自为通比。旧法与盐司使副通比,故至是始改焉。

五年正月,八小场盐官左莘等,以课不能及额,缴进告敕。遂遣使按视十三场再定,除涛洛等五场系设管勾,可即日恢办,乃以莘所告八场,从大定二十六年制,自见管课,依新例永相比磨。户部郎中李敬义等言,“八小场今新定课有减其半者,如使俱从新课,而旧课已办入官,恐所减钱多,因而作弊,而所收钱数不复尽实附历纳官。”遂从明昌元年所定酒税院务制,令即日收办。

十一月,以旧制猛安谋克犯私盐酒曲者,转运司按罪,遂更定军民犯私盐者皆令属盐司,私酒曲则属转运司,三百里外者则付提点所,若逮问犯人而所属吝不遣者徒二年。

十二月,尚书省议山东、沧州旧法每一斤钱四十一文,宝坻每一斤四十三文,自大定二十九年赦恩并特旨,减为三十文,计减百八十五万四千余贯。后以国用不充,遂奏定每一斤复加三文为三十三文。至承安三年十二月,尚书省奏:"盐利至大,今天下户口蕃息,食者倍于前,军储支引者亦甚多,况日用不可阙之物,岂以价之低昂而有多寡也。若不随时取利,恐徒失之。"遂复定山东、宝坻、沧州三盐司价每一斤加为四十二文,解州旧法每席五贯文,增为六贯四百文。辽东、北京旧法每石九百文,增为一贯五百文。西京煎盐旧石二贯文,增为二贯八百文,捞盐旧一贯五百文,增为二贯文,既增其价,复加其所齎之数。七盐司旧课岁入六百二十二万六千六百三十六贯五百六十六文,至是增为一千七十七万四千五百一十二贯一百三十七文二分。山东旧课岁入二百五十四万七千三百三十六贯,增为四百三十三万四千一百八十四贯四百文。沧州旧课岁入百五十三万一千二百贯,增为二百七十六万六千六百三十六贯。宝坻旧入八十八万七千五百五十八贯六百文,增为一百三十四万八千八百三十九贯。解州旧入八十一万四千六百五十七贯五百文,增为一百三十二万一千五百二十贯二百五十六文。辽东旧入十三万一千五百七十二贯八百七十文,增为三十七万六千九百七十贯二百五十六文。北京旧入二十一万三千八百九十二贯五百文,增为三十四万六千一百五十一贯六百一十七文二分。西京旧入十万四百一十九贯六百九十六文,增为二十八万二百六十四贯六百八文。

四月,宰臣奏,在法,猛安谋克有告私盐而不捕者杖之,其部人有犯而失察者,以数多寡论罪。今乃有身犯之者,与犯私酒曲、杀牛者,皆世袭权贵之家,不可不禁"。遂定制徒年、杖数,不以赎论,不及徒者杖五十。

八月,命山东、宝坻、沧州三盐司,每春秋遣使督按察司及州县巡察私盐。

泰和元年九月,省臣以沧、浜两司盐袋,岁买席百二十万,皆取于民。清州北靖海县新置沧盐场,本故猎地,沮洳多芦,宜弛其禁,令民时采而织之。

十一月，陕西路转运使高汝砺言："旧制，捕告私盐酒曲者，计斤给赏钱，皆征于犯人。然监官获之则充正课，巡捕则不赏，巡捕军则减常人之半，免役弓手又半之，是罪同而赏异也。乞以司县巡捕官不赏之数，及巡捕弓手所减者，皆征以入官，则罪赏均矣。"诏从之。

三年二月，以解盐司使治本州，以副治安邑。

十一月，定进士授盐使司官，以榜次及入仕先后拟注。

四年六月，以七盐使司课额七年一定为制，每斤增为四十四文。时桓州刺史张炜乞以盐易米，诏省臣议之。

六月，诏以山东、沧州盐司自增新课之后，所亏岁积，盖官既不为经画，而管勾、监同与合干人互为奸弊，以致然也。即选才干者代两司使副，以进士及部令史、译人、书史、译史、律科、经童、诸局分出身之廉慎者为管勾，而罢其旧官。

十月，西北路有犯花碱禁者，欲同监禁罪，宰臣谓若比私盐，则有不同。诏定制，收硷者杖八十，十斤加一等，罪止徒一年，赏同私矾例。

五年六月，以山东、沧州两盐司侵课，遣户部员外郎石铉按视之，还言令两司分办为便。诏以周昂分河北东西路、大名府、恩州、南京、睢、陈、蔡、许、颍州隶沧盐司，以山东东西路、开、濮州、归德府、曹、单、亳、寿、泗州隶山东盐司，各计口承课。

十月，签河北东西大名路按察司事张德辉言，海壖人易得私盐，故犯法者众，可量户口均配之。尚书省命山东按察司议其利便，言"莱、密等州比年不登，计口卖盐所敛虽微，人以为重，恐致流亡。且私煮者皆无籍之人，岂以配买不为哉。"遂定制，命与沧盐司皆驰驿巡察境内。

六年三月，右丞相内族宗浩、参知政事贾铉言："国家经费惟赖盐课，今山东亏五十余万贯，盖以私煮盗贩者成党，盐司既不能捕，统军司、按察司亦不为禁，若止论犯私盐者之数，罚俸降职，彼将抑而不申，愈难制矣。宜立制，以各官在职时所增亏之实，令盐司以达省部,以为升降。"遂诏诸统军、招讨司,京府州军官,所部有犯者,两次则夺半月俸,一岁五次则奏裁,巡捕官但犯则的决,令按察司御史察之。

四月,从涿州刺史夹谷蒲乃言,以莱州民所纳盐钱听输丝绵银钞。

七年九月,定西北京、辽东盐使判官及诸场管勾,增亏升降格,凡文资官吏员、诸局署承应人、应验资历注者,增不及分者升本等首,一分减一资,二分减两资、迁一官,四分减俩资、迁两官,亏则视此为降。如任回验官注拟者,增不及分升本等首,一分减一资,二分减一资、迁一阶,四分减两资、迁两阶,亏者亦视此为降。

十二月,尚书省以卢附翼所言,遂定制灶户盗卖课盐法,若应纳盐课外有余,则尽以申官,若留者减盗一等。若刮硷土煎食之,采黄穗草烧灰淋卤,及以醡粥为酒者,杖八十。

八年七月,宋克俊言:"盐管勾自改注进士诸科人,而监官有失超升县令之阶,以故怠而亏课,乞依旧为便。"有司以泰和四年改注时,选当时到部人截替,遂拟以秋季到部人注代。

八年七月,诏沿淮诸榷场,听官民以盐市易。

宣宗贞祐二年十月,户部言,阳武、延津、原武、荥泽、河阴诸县饶碱卤,民私煎不能禁。遂诏置场,设判官、管勾各一员,隶户部。既而,御史台奏,诸县皆为有力者夺之,而商贩不行,遂敕御史分行申明禁约。

三年十二月,河东南路权宣抚副使乌古论庆寿言:"绛、解民多业贩盐,由大阳关以易陕、虢之粟,及还渡河,而官邀籴其八,其旅费之外所存几何。而河南行部复自运以易粟于陕,以尽夺民利。比岁河东旱蝗,加以邀籴,物价踊贵,人民流亡,诚可闵也。乞罢邀籴,以纾其患。"四年七月,庆寿又言:"河中乏粮,既不能济,而又邀籴以夺之。夫盐乃官物,有司陆运至河,复以舟达京兆、凤翔,以与商人贸易,艰得而甚劳。而陕西行部每石复邀籴二斗,是官物而自籴也。夫转盐易物,本济河中,而陕西复强取之,非夺而何。乞彼此一听民便,则公私皆济。"上从之。

兴定二年六月,以延安行六部员处郎卢进建言:"绥德之嗣武城、义合、克戎寨近河地多产盐,请设盐场管勾一员,岁获十三万余斤,可输钱二万贯以佐军。"三年,诏用其言,设官鬻盐给边用。

四年,李复亨言,以河中西岸解盐旧所易粟麦万七千石充关东之用。寻命解盐不得通陕西,以北方有警,河禁方急也。元光二年内族讹可言,民运解盐有助军食,诏修石墙以固之。

酒　金榷酤因辽、宋旧制,天会三年始命榷官以周岁为满。世宗大定三年,诏宗室私酿者,从转运司鞫治。三年,省奏中都酒户多逃,以故课额愈亏。上曰:"此官不严禁私酿所致也。"命设军百人,隶兵马司,同酒使副合干人巡察,虽权要家亦许搜索。奴婢犯禁,杖其主百。且令大兴少尹招复酒户。

八年,更定酒使司课及五万贯以上,盐场不及五万贯者,依旧例通注文武官,余并右职有才能、累差不亏者为之。九年,大兴县官以广阳镇务亏课,而惧夺其俸,乃以酒散部民,使输其税。大理寺以财非入己,请以赎论。上曰:"虽非私赃,而贫民亦被其害,若止从赎,何以惩后。"特命解职。

二十六年,省奏盐铁酒曲自定课后,增各有差。上曰:"朕顷在上京,酒味不嘉。朕欲如中都曲院取课,庶使民得美酒。朕日膳亦减省,尝有一公主至,而无余膳可与。朕欲日用五十羊何难哉,虑费用皆出于民,不忍为也。监临官惟知利己,不知利何从来。若恢办增羡者酬迁,亏者惩殿,仍更定并增并亏之课,无失元额。如横班只亏者,与余差一例降罚,庶有激劝。且如功酬合办二万贯,而止得万七八千,难选两酬者,必止纳万贯,而辄以余钱入己。今后可令见差使内不选酬余钱,与后差使内所增钱通算为酬,庶钱可入官。及监官食直,若不先与,何以责廉。今后及格限而至者,即用此法。"又奏罢杓栏人。

二十七年,议以天下院务,依中都例,改收曲课,而听民酤。户部遣官询问辽东来远军,南京路新息、虞城,西京路西京酒使司、白登县、迭剌部族、天成县七处,除税课外,愿自承课卖酒。上曰:"自昔监官多私官钱,若令百姓承办,庶革此弊。其试行之。"

明昌元年正月,更定新课,令即日收办。中都曲使司,大定间,岁获钱三十六万一千五百贯,承安元年岁获四十万五千一百三十三贯。西京酒使司,大定间,岁获钱五万三千四百六十七贯五百八十八文。承安元年岁获钱十万七千八百七九十三贯。七月,定中都曲使司以大定二十一年至明昌六年为界,通比均取一年之数为额。

五年四月,省奏:"旧随处酒税务,所设杓栏人,以射粮军历过随朝差役者充。大定二十六年罢去,其随朝应役军人,各给添支钱粟酬其劳。今拟将元收杓栏钱,以代添支,令各院务验所收之数,百分中取三,随课代输,更不入比,岁约得钱三十余万,以佐国用。"

泰和四年九月,省奏:"在都曲使司,自定课以来八年并增,宜依旧法,以八年通该课程,均其一年之数,仍取新增诸物一分税钱并入,通为课额。以后之课,每五年一定其制。"又令随处酒务,元额上通取三分作糟酵钱。

六年,制院务卖酒数各有差,若数外卖、及将带过数者,罪之。

宣宗贞祐三年十二月,御史田迥秀言:"大定中,酒税岁及十万贯者,始设使司,其后二万贯亦设,今河南使司亦五十余员,虚费月廪,宜依大定之制。"元光元年,复设曲使司。

醋税 自大定初,以国用不足,设官榷之,以助经用。至二十三年,以府库充轫,遂罢之。

章宗明昌五年,以有司所入不充所出,言事者请榷醋息,遂令设官榷之,其课额,俟当差官定之。后罢。

承安三年三月,省臣以国用浩大,遂复榷之。五百贯以上设都监,千贯以上设同监一员。

茶 自宋人岁供之外,皆贸易于宋界之榷场。世宗大定十六

年,以多私贩,乃更定香茶罪赏格。章宗承安三年八月,以谓费国用
而资敌,遂命设官制之。以尚书省令史承德郎刘成往河南视官造
者,以不亲尝其味,但采民言谓为温桑,实非茶也,还即白上。上以
为不干,杖七十,罢之。

四年三月,于淄、密、宁海、蔡州各置一坊,造新茶,依南方例每
斤为袋,直六百文。以商旅卒未贩运,命山东、河北四路转运司以各
路户口均其袋数,付各司县鬻之。买引者,纳钱及折物,各从其便。

五月,以山东人户造卖私茶,侵侔榷货,遂定比煎私矾例,罪徒
二年。

泰和四年,上谓宰臣曰:“朕尝新茶,味虽不嘉,亦岂不可食也。
比令近侍察之,乃知山东、河北四路悉椿配于人,既曰强民,宜抵以
罪。此举未知运司与县官孰为之,所属按察司亦当坐罪也。其阅实
以闻。自今其令每袋价减三百文,至来年四月不售,虽腐败无伤也。

五年春,罢造茶之坊。三月,上谕省臣曰:“今虽不造茶,其勿伐
其树,其地则恣民耕樵。”六年,河南茶树槁者,命补植之。十一月,
尚书省奏:“茶,饮令之余,非必用之物。比岁上下竞啜。农民尤甚,
市井茶肆相属。商旅多以丝绢易茶,岁费不下百万,是以有用之物
而易无用之物也。若不禁,恐耗财弥甚。”遂命七品以上官,其家方
许食茶,仍不得卖及馈献。不应留者,以斤两立罪赏。七年,更定食
茶制。

八年七月,言事者以茶乃宋土草芽,而易中国丝帛锦绢有益之
物,不可也。国家之盐货出于卤水,岁取不竭,可令易茶。省臣以谓
所易不广,遂奏令兼以杂物博易。

宣宗元光二年三月,省臣以国蹙财竭,奏曰:“金币钱谷,世不
可一日缺者也。茶本出于宋地,非饮食之急,而自昔商贾以金帛易
之,是徒耗也。泰和间,尝禁止之,后以宋人求和,乃罢。兵兴以来,
复举行之,然犯者不少衰,而边民又窥利,越境私易,恐因泄军情,
或盗贼入境。今河南、陕西凡五十余郡,郡日食茶率二十袋,袋直银
二两,是一岁之中妄费民银三十余万也。奈何以吾有用之货而资敌

乎。"乃制亲王、公主及见任五品以上官,素蓄者存之,禁不得卖、馈,余人并禁之。犯者徒五年,告者赏宝泉一万贯。

诸征商税　海陵贞元元年五月,以都城隙地赐随朝大小职官及护驾军,七月,各征钱有差。大定二年,制院务创亏及功酬格。八月,罢诸路关税,止令讥察。

三年,尚书省奏,山东西路转运司言,坊场河渡多逋欠,诏如监临制,以年岁远近为差,蠲减。又以尚书工部令史刘行义言,定城郭出赁房税之制。

五年,以前此河泺罢设官,复召民射买,两界之后,仍旧设官。

二十年正月,定商税法,金银百分取一,诸物百分取三。

章宗大定二十九年,户部言天下河泊已许与民同利,其七处设官可罢之,委所属禁豪强毋得擅其利。

明昌元年正月,敕尚书省,定院务课商税额,诸路使司院务千六百一十六处,比旧减九十四万一千余贯,遂罢坊场,免赁房税。十月,尚书省奏:"今天下使司院务,既减课额,而监官增亏既有升迁追殿之制,宜罢提点所给赏罚俸之制,但委提刑司,察提点官侵犯场务者,则论如制。"诏从之。

三年,诏减南京出赁官房及地基钱。

二年,谕提刑司,禁势力家不得固山泽之利。又司竹监岁采入破竹五十万竿,春秋两次输都水监,备河防,余边刀笋皮等卖钱三千贯,苇钱二千贯,为额。

明昌五年,陈言者乞复旧置坊场,上不许,惟许增置院务,诏尚书省参酌定制,遂拟辽东北京依旧许人分办,中都等十一路差官按视,量添设院务于二十三处,自今岁九月一日立界,制可。

大定间,中都税使司岁获十六万四千四百四十余贯,承安元年,岁获二十一万四千五百七十九贯。泰和六年五月,制院务课亏,令运司差官监榷。

　　金银之税　大定三年，制金银坑冶许民开采，二十分取一为
税。泰和四年，言事者以金银百分中取一，诸物取三，今物价视旧为
高，除金银则额所不能尽该，自余金银可并添一分。诏从之。七年
三月，户部尚书高汝砺言：“旧制，小商贸易诸物收钱四分，而金银
乃重细之物，多出富有之家，复止三分，是为不伦，亦乞一例收之。”
省臣议以为如此恐多匿隐，遂止从旧。

金史卷五〇
志第三一

食货五

榷场　和籴　常平仓　水田
区田之法　入粟鬻度牒

榷场　与敌国互市之所也。皆设场官，严厉禁，广屋宇以通二国之货，岁之所获亦大有助于经用焉。

熙宗皇统二年五月，许宋人之请，遂各置于两界。九月，命寿州、邓州、凤翔府等处皆置。海陵正隆四年正月，罢凤翔府、唐、邓、颍、蔡、巩、洮等州并胶西县所置者，而专置于泗州。寻伐宋，亦罢之。五年八月，命榷场起赴南京。

国初于西北招讨司之燕子城、北羊城之间尝置之，以易北方牧畜。世宗大定三年，市马于夏国之榷场。四年，以尚书省奏，复置泗、寿、蔡、唐、邓、颍、密、凤翔、秦、巩、洮诸场。七年，禁秦州场不得卖米面、及羊豕之腊、并可作军器之物入外界。

十七年二月，上谓宰臣曰："宋人喜生事背盟，或与大石交通，恐枉害生灵，不可不备。其陕西沿边榷场可止留一处，余悉罢之。令所司严察奸细。"前此，以防奸细，罢西界兰州、保安、绥德三榷场。二十一年正月，夏国王李仁孝上表乞复置，以保安、兰州无所产，而且税少，惟于绥德为要地，可复设互市，命省臣议之。宰臣以陕西邻西夏，边民私越境盗窃，缘有榷场，故奸人得往来，拟东胜可依旧设,陕西者并罢之。上曰:"东胜与陕西道路隔绝,贸易不通,其令环州置一场。"寻于绥德州复置一场。

十二月,禁寿州榷场受分例。分例者,商人贽见场官之钱币也。

章宗明昌二年七月,尚书省以泗州榷场自前关防不严,遂奏定从大定五年制,官为增修舍屋,倍设阑禁,委场官及提控所拘榷,以提刑司举察。惟东胜、净、庆州、来远军者仍旧,余皆修完之。

泗州场,大定间,岁获五万三千四百六十七贯,承安元年,增为十万七千八百九十三贯六百五十三文。所须杂物,泗州场岁供进新茶千胯、荔支五百斤、圆眼五百斤、金桔六千斤、橄榄五百斤、芭蕉干三百个、苏木千斤、温柑七千个、桔子八千个、沙糖三百斤、生姜六百斤、栀子九十称,犀象丹砂之类不与焉。宋亦岁得课四万三千贯。

秦州西子城场,大定间,岁获三万三千六百五十六贯,承安元年,岁获十二万二千九十九贯。承安二年,复置于保安、兰州。

三年九月,行枢密院奏,斜出等告开榷场,拟于辖里尼要安置,许自今年十一月贸易。寻定制,随路榷场若以见钱入外界、与外人交易者,徒五年,三斤以上死。

宋界诸场,以伐宋皆罢。泰和八年八月,以与宋和,宋人请如旧置之,遂复置于唐、邓、寿、泗、息州及秦、凤之地。

宣宗贞祐元年,秦州榷场为宋人所焚。二年,陕西安抚副使乌古论兖州复开设之,岁所获以十数万计。

三年七月,议欲听榷场互市用银,而计数税之。上曰:"如此,是公使银入外界也。"平章尽忠、权参知政事德升曰:"赏赐之用莫如银绢,而府库不足以给之。互市虽有禁,而私易者自如。若税之,则敛不及民而用可足。"平章高琪曰:"小人敢犯,法不行尔,况许之乎。今军未息,而产银之地皆在外界,不禁则公私指日罄矣。"上曰:"当熟计之。"兴定元年,集贤谘议官吕鉴言:"尝监息州榷场,每场获布数千匹,银数百两,兵兴之后皆失之。"

金银之税。世宗大定五年，听人射买宝山县银冶。九年，御史台奏河南府以和买金银，抑配百姓，且下其直。上曰："初，朕欲泉货流通，故令行，岂可反害民乎。"遂罢之。十二年，诏金银坑冶，恣民采，毋收税。二十七年，尚收省奏，听民于农隙采银，承纳官课。明昌二年，天下见在金千二百余铤，银五十五万二千余铤。

三年，以提刑司言，封诸处银冶，禁民采炼。五年，以御史台奏，请令民采炼随处金银铜冶，上命尚书省议之，宰臣议谓："国家承平日久，户口增息，虽尝禁之，而贫人苟求生计，聚众私炼。上有禁之之名，而无杜绝之实，故官无利而民多犯法。如令民射买，则贫民壮者为夫匠，老稚供杂役，各得均齐，而射买之家亦有余利。如此，则可以久行。比之官役顾工，糜费百端者，有间矣。"遂定制，有冶之地，委谋克县令籍数，召募射买，禁权要、官吏、弓兵、里胥皆不得与。如旧场之例，令州府长官一员提控，提刑司访察而禁治之。上曰："此终非长策。"参知政事胥持国曰："今姑听如此，后有利然后设官可也。譬之酒酤，盖先为坊场，而后官榷也。"上亦以为然，遂从之。

坟山、西银山之银窟凡百一十有三。

和籴　熙宗皇统二年十月，燕、西、东京、河东、河北、山东、汴京等路秋熟，命有司增价和籴。

世宗大定二年，以正隆之后仓廪久匮，遣太子少师完颜守道等山东东、西路收籴军粮，除户口岁食外，尽令纳官，给其直。三年，谓宰臣曰："国家经费甚大，向令山东和籴，止得四十五万余石，未足为备。自古有水旱，所以无患者，由蓄积多也。山东军屯处须急为二年之储，若遇水旱则用赈济。自余宿兵之郡，亦须籴以足之。京师之用甚大，所须之储，其敕户部宜急为计。"

五年，责宰臣曰："朕谓积贮为国本，当修仓廪以广和籴。今闻外路官文具而已。卿等不留心，甚不称委任之意。"六年八月，敕有司，秋成之后，可于诸路广籴，以备水旱。九年正月，谕宰臣曰："朕观宋人虚诞,恐不能久遵誓约。其令将臣谨饬边备,以戒不虞。去岁河南丰,宜令所在广籴,以实仓廪。诏州县和籴,毋得抑配百姓。”十二年十二月,诏在都和籴以实仓廪,且使钱币通流。又诏凡秋熟之郡,广籴以备水旱。十六年五月,谕左丞相纥石烈良弼曰:“西边自来不备储蓄,其令所在和籴,以备缓急。”

　十七年春,尚书省奏,先奉诏赈济东京等路饥民,三路粟数不能给。上曰:“朕尝谕卿等,丰年广籴以备凶歉。卿等皆言天下仓廪盈溢,今欲赈济,乃云不给。自古帝王皆以蓄积为国长计,朕之积粟丰欲独用。即今不给,可于邻道取之。自今多备,当以为常。”四月,尚书省奏,“东京三路十二猛安尤缺食者,已赈之矣。尚有未赈者。”诏遣官诣复州、曷苏馆路,检视富家,蓄积有余增直以籴。令近地居民就往受粮。

　十八年四月,命泰州所管诸猛安、西北路招讨司所管奚猛安,咸平府庆云县、雾松河等处遇丰年,多和籴。

　章宗明昌四年七月,谕旨户部官,“闻通州米粟甚贱,若以平价官籴之,何如”?于是,有司奏,“中都路去岁不熟,今其价稍减者,以商旅运贩继至故也。若即差官争籴,切恐市价腾踊,贫民愈病,请俟秋收日,依常平仓条理收籴”。诏从之。

　明昌五年五月,上曰:“闻米价腾踊,今官运至者有余,可减直以粜之。其明告民,不须贵价私籴也。”

　六年七月,敕宰臣曰:“诏制内饥馑之地令减价粜之,而贫民无钱者何以得食,其议赈济。”省臣以为,缺食州县,一年则当赈贷,二年然后赈济,如其民实无恒产者,虽应赈贷,亦请赈济。上遂命间隔饥荒之地,可以辨钱收籴者减价粜之,贫乏无依者赈济。

　宣宗贞祐三年十月,命高汝挽于河南诸郡,令民输挽入京,复命在京诸仓籴民输之余粟。侍御史黄掴奴申言:“汝砺所籴足给岁支,民既于租赋之外转挽而来,亦已劳矣。止将其余以为归资,而又强取之,可乎。且籴此有日矣,而止得二百余石,此何济也。”诏罢之。十二月,附近郡县多籴于京师,谷价腾踊遂禁其出境。

四年，河北行省侯挚言："河北人相食，观、沧等州斗米银十余两。伏见沿河诸津许贩粜北渡，然每石官籴其八，商人无利，谁肯为之。且河朔之民皆陛下赤子，既罹兵革，又坐视其死，臣恐弄兵之徒得以藉口而起也。愿止其籴，纵民输贩为便。"诏从之。又制凡军民客旅粟不于官籴处粜，而私贩渡河者，杖百。沿河军及讥察权豪家犯者，徒年、杖数并的决从重，以物没官。

上以河北州府钱多，其散失民间颇广，命尚书省措画之。省臣奏："已命山东、河北榷酤及滨、沧盐司，以分数带纳矣。今河北艰食，贩粟北渡者众，宜权立法以遮籴之。拟于诸渡口南岸，选通练财货官，先以金银丝绢等博易商贩之粮，转之北岸，以回易籴本，兼收见钱。不惟杜奸弊，亦使钱入京师。"从之。

又上封事者言："比年以来屡艰食，虽由调度征敛之繁，亦兼并之家有以夺之也。收则乘贱多籴，困急则以贷人，私立券质，名为无利而实数倍。饥民惟恐不得，莫敢较者，故场功甫毕，官租未了，而囷已空矣。此富者益富，而贫者益贫者也。国朝立法，举财物者月利不过三分，积久至倍则止，今或不期月而息三倍。愿明敕有司，举行旧法，丰熟之日增价和籴，则在公有益，而私无损矣。"诏宰臣行之。是年，榷河东南路宣抚副使乌古论庆寿言邀籴事。见监志下。

兴定元年，上颇闻百姓以和籴太重，弃业者多，命宰臣加意焉。八月，以户部郎中杨贞权陕西行六部尚书，收给潼、陕军马之用，奏籴贩粮济河者之半，以宽民。从之。

六月，立和籴赏格。

常平仓 世宗大定十四年，尝定制，诏中外行之，其法寻废。章宗明昌元年八月，御史请复设，敕省臣详议以闻。省臣言："大定旧制，丰年则增市价十之二以籴，俭岁则减市价十之一以出，平岁则已。夫所以丰则增价以收者，恐物贱伤农。俭则减价以出者，恐物贵伤民。增之损之以平粟价，故谓常平，非谓使天下之民专仰给于此也。今天下生齿至众，如欲计口使余一年之储，则不惟数多难办，又虑出不以时而致腐败也。况复有司抑配之弊,殊非经久之计。如计诸郡县验户口例以月支三斗为率,每口但储三月,已及千万数,亦足以平物价救荒凶矣。若令诸处,自官兵三年食外,可充三月之食者免籴,其不及者俟丰年籴之,庶可久行也。然立法之始贵在必行,其令提刑司各路计司兼领之,郡县吏沮格者纠,能推行者加擢用。若中都路年谷不熟之所,则依常平法,减其价三之一以粜。"诏从之。

三年八月,敕"常平仓丰籴俭粜,有司奉行勤惰褒罚之制,其遍谕诸路,其奉行灭裂者,提刑司纠察以闻。"又谓宰臣曰:"随处常平仓,往往有名无实。况远县人户岂肯跋涉,直出就州府粜籴。可各县置仓,俞州府县官兼提控管勾。"遂定制,县距州六十里内就州仓,六十里外则特置。旧拟备户口三月之粮,恐数多致损,改令户二万以上备三万石,一万以上备二万石,一万以下、五千以上备万五千石,五千户以下备五千石。河南、陕西屯军贮粮之县,不在是数。州县有仓仍旧,否则创置。郡县吏受代,所籴粟无坏,一月内交割给由。如无同管勾,亦准上交割。违限,委州府并提刑司差官催督监交。本处岁丰,而收籴不及一分者,本等内降,提刑司体察,直申尚书省,至日斟酌黜陟。

九月,敕置常平仓之地,令州府官提举之,县官兼董其事,以所籴多寡约量升降,为永制。

又谕尚书省曰:"上京路诸县未有常平仓,如亦可置,定其当备粟数以闻。"四年十月,尚书省奏,"今上京、蒲与、速频、曷懒、胡里改等路,猛安谋克民户计一十七万六千有余,每岁收税粟二十万五千余石,所支者六万六千余石,总其见数二百四十七万六千余石。臣等以为此地收多支少,遇灾足以赈济,似不必置"。遂止。

五年九月,尚书省奏,"明昌三年始设常平仓,定其永制。天下常平仓总五百一十九处,见积粟三千七百八十六万三千余石,可备官兵五年之食,米八百一十余万石,可备四年之用,而见在钱总三千三百四十三万贯有奇,仅支二年以上。见钱既少,且比年稍丰而

米价犹贵,若复预籴,恐价腾踊,于民未便。"遂诏权罢中外常平仓
和籴,俟官钱羡余日举行。

　　水田　明昌五年闰十月,言事者谓郡县有河者可开渠,引以溉
田,诏下州郡。既而八路提刑司虽有河者皆言不可溉,惟中都路言
安肃、定兴二县可引河溉田四千余亩,诏命行之。六年十月,定制,
县官任内有能兴水利田及百顷以上者,升本等首注除。谋克所管屯
田,能创增三十顷以上,赏银绢二十两匹,其租税止从陆田。

　　承安二年,敕放白莲潭东牁水与百姓溉田。三年,又命勿毁高
梁河闸,从民灌溉。

　　泰和八年七月,诏诸路按察司规画水田,部官谓:"水田之利甚
大,沿河通作渠,如平阳掘井种田俱可灌溉。比年邳、沂近河布种豆
麦,无水则凿井灌之,计六百余顷,比之陆田所收数倍。以此较之,
它境无不可行者。"遂令转运司因出计点,就令审察,若诸路按察司
因劝农,可按问开河或掘井如何为便,规画具申,以俟兴作。

　　贞祐四年八月,言事者程渊言:"砀山诸县陂湖,水至则畦为稻
田,水退种麦,所收倍于陆地。宜募人佃之,官取三之一,岁可得十
万石。"诏从之。兴定五年五月,南阳令李国瑞创开水田四百余顷,
诏升职二等,仍录其最状遍谕诸道。

　　十一月,议兴水田,省奏:"汉召信臣于南阳灌溉三万顷。魏贾
逵堰汝水为新陂,通运二百余里,人谓之贾侯渠。邓艾修淮阳、百尺
二渠,通淮、颍、大治诸陂于颍之南,穿渠三百余里,溉田二万顷。今
河南郡县多古所开水田之地,收获多于陆地数倍。"敕令分治户部
按行州郡,有可开者诱民赴功,其租止依陆田,不复添征,仍以官赏
激之。陕西除三白渠设官外,亦宜视例施行。

　　元光元年正月,遣户部郎中杨大有等诣京东、西、南三路开水
田。

　　区田之法　见嵇康《养生论》,自是历代未有天下通用如赵过

一亩三畎之法者。章宗明昌三年三月,宰执尝论其法于上前,上曰:"卿等所言甚嘉,但恐农民不达此法,如其可行,当遍谕之。"四年夏四月,上与宰执复言其法,久之,参知政事胥持国曰:"今日方之大定间,户口既多,费用亦厚。若区种之法行,良多利益。"上曰:"此法自古有之,若其可行,则何为不行也?"持国曰:"所以不行者,盖民未见其利。今已令试种于城南之地,乃委官往监督之,若使民见收成之利,当不率而自效矣。"参知政事夹谷衡以为"若有其利,古已行矣。且用功多而所种少,复恐废垄亩之田功也。"上曰:"姑试行之。"六月,上问参知政事胥持国曰:"区种事如何?"对曰:"六七月之交,方可见矣。""河东及代州田种今岁佳否?"曰"比常年颇登。"是日,命近侍二人驰驿巡视京畿禾稼。

五年正月,敕谕农民使区种。先是,陈言人武陟高翌上区种法,且请验人丁地土多少,定数令种。上令尚书省议既定,遂敕令农田百亩以上,如濒河易得水之地,须区种三十余亩,多种者听。无水之地则从民便。仍委各千户谋克县官依法劝率。

承安元年四月,初行区种法,男年十五以上、六十以下有土田者丁种一亩,丁多者五亩止。二年二月,九路提刑马百禄奏:"圣训农民有地一顷者区种一亩,五亩即止。臣以为地肥瘠不同,乞不限亩数。"制可。

泰和四年九月,尚书省奏:"近奉旨讲议区田,臣等谓此法本欲利民,或以天旱乃始用之,仓卒施功未必有益也。且五方地肥瘠不同,使皆可以区种,农民见有利自当勉以效之。不然,督责虽严,亦徒劳耳。"敕遂令所在长官及按察司随宜劝谕,亦竟不能行。

入粟、鬻度牒　　熙宗皇统三年三月,陕西旱饥,诏许富民入粟补官。世宗大定元年,以兵兴岁歉,下令听民进纳补官。又募能济饥民者,视其人数为补官格。

五年,上谓宰臣曰:"顷以边事未定,财用缺乏,自东、南两京外,命民进纳补官,及卖僧、道、尼、女冠度牒,紫、褐衣师号,寺观名额。今边鄙已宁，其悉罢之。庆寿寺、天长观岁给度牒，每道折钱二十万以赐之。"

明昌二年，敕山东、河北阙食之地，纳粟补官有差。

承安二年，卖度牒、师号、寺观额，复令人入粟补官。三年，西京饥，诏卖度牒以济之。宣宗贞祐二年，从知大兴府事胥鼎所请，定权宜鬻恩例格，进官升职、丁忧人许应举求仕、监户从良之类，入粟草各有数。

三年，制无问官民，有能劝率诸人纳物入官者，米百五十石迁官一阶，正班任使。七百石两阶，除诸司。千石三阶，除丞薄。过此数则请于朝廷议赏。推司县官有能劝二千石迁一阶，三千石两阶，以济军储。又定制，司县官能劝率进粮至五千石以上者减一资考，万石以上迁一官、减二等考，二万石以上迁一官、阶一等，皆注见缺。

四年，河东行省胥鼎言："河东兵多民少，仓空岁饥。窃见潞州元帅府虽设鬻爵恩例，然条目至少，未尽劝率之术。今拟凡补买正班，依格止荫一名，若愿输许增荫一名。僧道已具师号者，许补买本司官。职官愿纳粟或不愿给俸及券粮者，宜量数迁加。三举终场人年五十以上，四举年四十五以上，并许入粟，该恩大小官及承应人。令译史吏员，虽未系班，亦许进纳迁官。其有品官应注诸司者，听献物借注丞薄。丞薄注县令，差使免一差。掌军官能自备刍粮者，依职官例迁官如旧。"

四年，耀州僧广惠言："军储不足，凡京府节镇以上僧道官，乞令纳粟百石。防剌郡副纲、威仪等，七十石者乃充，三十月满替。诸监寺十石，周年一代，愿复买者听。"诏从之。

兴定元年，潞州行元帅府事粘割贞言："近承奏格，凡去岁覃恩之官，以品从差等听其入粟，委帅府书空名宣敕授之，则人无陈诉之劳，而官有储蓄矣。比年屡降覃恩，凡羁縻军职者多未暇授，若止许迁新覃，则将隔越矣。乞令计前后所该输粟积迁。"诏从之。

金史卷五一
志第三二

选举一

总叙　进士诸科　律科　经童科制举　武举　试学士院官司天医学试科

　　自三代乡举里选之法废,秦、汉以来各因一代之宜,以尽一时之才,苟足于用即已,故法度之不一其来远矣。在汉之世,虽有贤良方正诸科以取士,而推择为吏,由是以致公卿,公卿子弟入备宿卫,因被宠遇,以位通显。魏、晋而下互有因革,至于唐、宋,进士盛焉。当时士君子之进,不由是涂则自以为慊,此由时君之好尚,故人心之趣向然也。辽起唐季,颇用唐进士法取人,然仕于其国者,考其致身之所自,进士才十之二三耳。金承辽后,凡事欲轶辽世,故进士科目兼采唐、宋之法而增损之。其及第出身,视前代特重,而法亦密焉。若夫以策论进士取其国人,而用女直文字以为程文,斯盖就其所长以收其用,又欲行其国字,使人通习而不废耳。终金之代,科目得人为盛。诸宫护卫、及省台部译史、令史、通事,仕进皆列于正班,斯则唐、宋以来之所无者,岂非因时制宜,而以汉法为依据者乎。金活纯驳,议者于是每有别焉。

　　宣宗南渡,吏习日盛,苛刻成风,殆亦多故之秋,急于事功,不免尔欤。自时厥后,仕进之歧既广,侥倖之俗益炽,军伍劳效,杂置令录,门荫右职,迭居朝著,科举取士亦复泛滥,而金治衰矣。

原其立经陈纪之初,所为升转之格、考察之方,井井然有条而不紊,百有余年才具不乏,岂非其效乎。奉诏作《金史》,志其《选举》,因得而详论之。司天、太医、内侍等法历代所有,附著于斯。鬻爵、进纳,金季之弊莫甚焉,盖由财用之不足而然也,特载食《货志》。

金设科皆因辽、宋制,有词赋、经义、策试、律科、经童之制。海陵天德三年,罢策试科。世宗大定十一年,创设女直进士科,初但试策,后增试论,所谓策论进士也。明昌初,又设制举宏词科,以待非常之士。故金取士之目有七焉。其试词赋、经义、策论中选者,谓之进士。律科、经童中选者,曰举人。

凡养士之地曰国子监,始置于天德三年,后定制,词赋、经义生百人,小学生百人,以宗室及外戚皇后大功以上亲、诸功臣及三品以上官兄弟子孙年十五以上者入学,不及十五者入小学。大定六年始置太学,初养士百六十人,后定五品以上官兄弟子孙百五十人,曾得府荐及终场人二百五十人,凡四百人。府学亦大定十六年置,凡十七处,共千人。初以尝与廷试及宗室皇家祖免以上亲、并得解举人为之。后增州学,遂加以王品以上官、曾任随朝六品官之兄弟曾孙,余官之兄弟曾孙经府荐者,同境内举人试补三之一,阙里庙宅子孙年十三以上不限数,经府荐及终场免试者不得过二十人。

凡试补学生,太学则礼部主之,州府则以提举学校学官主之,曾得府荐及终场举人,皆免试。

凡经,《易》则用王弼、韩康伯注,《书》用孔安国注,诗用毛苌注、郑玄笺,《春秋左氏传》用杜预注,《礼记》用孔颖达疏,《周礼》用郑玄注、贾公彦疏,《论语》用何晏集注、邢昺疏,《孟子》用赵岐注、孙奭疏,《孝经》用唐玄宗注,《史记》用崔骃注,《前汉书》用颜师古注,《后汉书》用李贤注,《三国志》用裴松之注,及唐太宗《晋书》、沈约《宋书》、萧子显《齐书》、姚思廉《梁书》、《陈书》、魏收《后魏书》、李百药《北齐书》、令狐德棻《周书》、魏征《隋书》、新旧《唐书》、新旧《五代史》，《老子》用唐玄宗注疏，《荀子》用杨倞注，《扬子》用李轨、宋咸、柳宗元、吴秘注，皆自国子监印之，授诸学校。

凡学生会课，三日作策论一道，又三日作赋及诗各一篇。三月一私试，以季月初先试赋，间一日试策论，中选者以上五名申部。遇旬休、节辰皆有假，病则给假，省亲远行则给程。犯学规者罚，不率教者黜。遭丧百日后求入学者，不得与释奠礼。

凡国子学生三年不能充贡，欲就诸局承应者，学官试，能粗通大小各一经者听。

章宗大定二十九年，上封事者乞兴学校，推行三舍法，及乡以八行贡春官，以设制举宏词。事下尚书省集百官议，户部尚书邓俨等谓："三舍之法起于宋熙宁间，王安石罢诗赋，专尚经术。太学生初补外舍，无定员。由外升内舍，限二百人。由内升上舍，限百人。各治一经，每月考试，或特免解，或保举补官。其法虽行，而多席势力、尚趋走之弊。故苏轼有"三舍既兴，货赂公行"之语，是以元祐间罢之，后虽复，而宣和三年竟废。臣等谓立法贵乎可久，彼三舍之法委之学官选试，启侥幸之门，不可为法。唐文皇养士至八千人，亡宋两学五千人，今策论、词赋、经义三科取士，而太学所养止百六十人，外京府或至十人，天下仅及千人。今若每州设学，专除教授，月加考试，每举所取数多者赏其学官。月试定为三等籍之，一岁中频在上等者优复之，不率教、行恶者黜之，庶几得人之道也。又成周乡举里选法卒不可复，设科取士各随其时。八行者乃亡宋取《周礼》之六行孝、友、睦、姻、任、恤，加之中、和为八也。凡人之行莫大于孝廉，今已有举孝廉之法，及民有才能德行者令县官荐之。今制，犯十恶奸盗者不得应试，亦六德六行之遗意也。夫制举宏词，盖天子待非常之士，若设此科，不限进士，并选人试之，中选擢之台阁，则人自勉矣。"上从其议。遂计州府户口，增养士之数，于大定旧制京府十七处千人之外，置节镇、防御州学六十处，增养千人，各设教授一员,选五举终场或进士年五十以上者为之。府学二十有四,学生九百五人。大兴、开封、平阳、直定、东平府各六十人,太原、益都府各五十人,大定、河间、济南、大名、京兆府各四十人,辽阳、彰德府各三十人,河中、庆阳、临洮、河南府各二十五人,凤翔、平凉、延安、咸平、广宁、兴中府各二十人。节镇学三十九,共六百一十五人。绛、定、卫、怀、沧州各三十人,莱、密、潞、汾、冀、邢、兖州各二十五人,代、同、邠州各二十人,奉圣州十五人,余二十三节镇皆十人。防御州学二十一,共二百三十五人。博、德、洺、棣、亳各十五人,余十六州各十人。凡千八百人。

女直学。自大定四年,以女直大小字译经书颁行之。后择猛安谋克内良家子弟为学生,诸路至三千人。九年,取其尤俊秀者百人至京师,以编修官温迪罕缔达教之。十三年,以策、诗取士,始设女直国子学,诸路设女直府学,以新进士为教授。国子学策论生百人,小学生百人。府州学二十二,中都、上京、胡里改、恤频、合懒、蒲与、婆速、咸平、泰州、临潢、北京、冀州、开州、丰州、西京、东京、盖州、隆州、东平、益都、河南、陕西置之。凡取国子学生、府学生之制,皆与词赋、经义生同。又定制,每谋克取二人,若宗室每二十户内无愿学者,则取有物力家子弟年十三以上、二十以下者充。凡会课,三日作策论一道,季月私试如汉生制。大定二十九年,敕凡京府镇州诸学,各以女直、汉人进士长贰官提控其事,具入官衔。河南、陕西女直学,承安二年罢之,余如旧。

凡诸进士举人,由乡至府,由府至省,及殿廷,凡四试皆中选,则官之。至廷试五被黜,则赐之第,谓之恩例。又有特命及第者,谓之特恩。恩例者但考文之高下为第,而不复黜落。

凡词赋进士,试赋、诗、策论各一道。经义进士,试所治一经义、策论各一道。其设也,始于太宗天会元年十一月,时以急欲得汉士以抚辑新附,初无定数,亦无定期,故二年二月、八月凡再行焉。

五年,以河北、河东初降,职员多阙,以辽、宋之制不同,诏南北各因其素所习之业取士,号为南北选。熙宗天眷元年五月,诏南北选各以经义词赋两科取士。海陵庶人天德二年,始增殿试之制,而更定试期。三年,并南北选为一,罢经义策试两科,专以词赋取士。

贞元元年,定贡举程试条理格法。

正隆元年,命以《五经》、《三史》正文内出题,始定为三年一辟。

大定四年,敕宰臣,进士文优则取,勿限人数。

十八年,谓宰臣:"文士有偶中魁选,不问操履,而辄授翰苑之职。如赵承元,朕闻其无士行,果败露。自今榜首,先访察其乡行,可取则授以应奉,否则从常调。"

十九年,谓宰臣曰:"自来御试赋题,皆士人尝拟作者。前朕自选一题,出人所不料,故中选者多名士,而庸才不及焉。是知题难则名儒亦擅场,题易则庸流易侥幸也。"平章政事唐括安礼奏曰:"臣前日言,士人不以策论为意者,正为此尔。宜各场通考,选文理俱优者。"上曰:"并答时务策,观其议论,材自可见,卿等其议之。"

二十年,谓宰臣曰:"朕尝谕进士不当限数,则对以所取之外无合格文,故中选者少,岂非题难致然耶。若果多合格,而有司妄黜之,甚非理也。"又曰:"古者乡举有行者,授以官。今其考满,察乡曲实行出伦者擢之。"又曰:"旧不选策,今兼选矣。然自府会两试不须试策,已中策后,则试以制策,试学士院官。"

二十二年,谓宰臣曰:"汉进士魁,例授应奉,若行不副名,不习制诰之文者,即与外除。"

二十三年,谓宰臣曰:"汉进士,皇统间人材殆不复见,今应奉以授状元,盖循资尔。制诰文字,各以职事铺叙,皆有定式,故易。至撰敕诏,则鲜有能者。"参知政事粘哥斡特剌对曰:"旧人已登第尚为学不辍,今人一及第辄废而不学,故尔。"

上于听政之隙,召参知政事张汝霖、翰林直学士李晏读新进士所对策,至"县令阙员取之何道"? 上曰:"朕夙夜思此,未知所出。"晏对曰:"臣窃念久矣。国朝设科,始分南北两选,北选词赋进士擢第一百五十人,经义五十人,南选百五十人,计三百五十人。嗣场北选词赋进士七十人,经义三十人,南选百五十人,计二百五十人。

以入仕者多,故员不阙。其后南北通选,止设词赋科,不过取六七十人,以入仕者少,故县令员阙也。"上曰:"自今文理可采者取之,毋限以数。"二十八年,复经义科。

章宗明昌元年正月,言事者为"举人四试而乡试似为虚设,固当罢去。其府会试乞十人取一人,可以群经出题,而注示本传。"上是其言,诏免乡试,府试以五人取一人,仍令有司议外路添考试院,及群经出题之制。有司言:"会试所取之数,旧止五百人,比以世宗敕中格者取,乞依此制行之。府试旧六处,中有地远者,命特添三处,上京、咸平府路则试于辽阳,河东南北路则试于平阳,山东东路则试于益都。以《六经》、《十七史》、《孝经》、《论语》、《孟子》及《荀》、《扬》、《老子》内出题,皆命于题下注其本传。"又谕有司曰:"举人程文所用故事,恐考试官或遽不能忆,误失人材,可自注出处。注字之误,不在涂注乙之数。"

明昌二年,敕官或职至五品者,直赴御试。平章政事守贞言:"国家官人这路,惟女直、汉人进士得人居多。诸司局承应,旧无出身,自大定后始叙使,至今鲜有可用者。近来放进士第数稍多,此举更宜增取,若会试止以五百人为限,则廷试虽欲多取,不可得也。"上乃诏有司,会试毋限人数,文合格则取。

六年,言事者谓"学者率恃有司全注本传以示之,故不勉读书,乞减子史注本传之制。又经义中选之文多肤浅,乞择学官,及本科人充试官。"省臣谓若不与本传,恐硕学者有偶忘之失,可令但知题意而已。遂命择前经义进士为众所推者、才识优长者为学官,遇差考试官之际,则验所治经参用。词赋进士,题注本传,不得过五十字。经义进士,御试第二场,试论日添试策一道。

承安四年,上谕宰臣曰:"一场放二状元,非是。后场廷试,令词赋、经义通试时务策,止选一状元。余虽有明经、法律等科,止同诸科而已。"至宋王安石为相,作新经,始以经义取人。且词赋、经义,人素所习之本业,策论则兼习者也。今舍本取兼习,恐不副陛下公选之意。"遂定御试同日各试本业,词赋依旧,分立甲次,第一名为状元,经义魁次之,恩例与词赋第二人同,余分为两甲中下人,并在词赋之下。

五年,诏考试词赋官各作程文一道,示为举人之式,试后赴省藏之。

时宰臣奏:"自大定二十五年以前,词赋进士不过五百人,二十八年以不限人数,取至五百八十六人。先承圣训合格则取,故承安二年取九百二十五人。兼今有四举终场恩例,若会试取人数过多,则涉泛滥。"遂定策论、词赋、经义人数,虽多不过六百人,少则听其阙。

时太常丞郭人杰转对言,词赋举人,不得作别名兼试经义,及入学生精加试选,无至滥补。上敕宰臣曰:"近已奏定,后场词赋经义同日试之。若府会试更不令兼试,恐试经义者少,是虚设此科也。别名之弊,则当禁之。补试入学生员,已有旧条,恐行之灭裂尔,宜严防闲。"

张行简转对言:"拟作程文,本欲为考试之式,今会试考试官、御试读卷官皆居显职,擢第后离笔砚久,不复常习,今临试拟作之文,稍有不工,徒起谤议。"诏罢之。

泰和元年,平章政事徒单镒病时文之弊,言:"诸生不穷经史,唯事末学,以致志行浮薄。可令进士试策日,自时务策外,更以疑难经旨相参为问,使发圣贤之微旨、古今之事变。"诏为永制。

先尝敕乐人不得举进士,而奴免为良者则许之。尚书省奏:"旧称工乐,谓配隶之色及倡优之家。今少府监工匠,太常大乐署乐工,皆民也,而不得与试。前代令诸选人身及祖、父曾经免为良者,虽在官不得居清贯及临民,今反许试。诚玷清论。"诏遂定制,放良人不得应诸科举,其子孙则许之。

上又谓,德行才能非进士科所能尽,可通行保举之制。省臣奏:"在《周礼》,'大司徒以乡三物教万民而宾兴之',所谓万民,农工商贾皆是也。前代立贤无方,如版筑之士、鼓刀之叟,垂光简策者不可胜举。今草泽隐逸才行兼备者,令谋克及司县举,按察司具闻,以旌用之,既有已降令文矣。"上命复宣旨以申之。

宣宗贞祐二年,御史台言,明年省试以中都、辽东、西北京等路道阻,宜于中都、南京两处试之。

三年,谕宰臣曰:"国初设科,素号严密,今闻会试至于杂坐喧哗,何以防弊。"命治考官及监察罪。

兴定二年,御史中丞把胡鲁言:"国家数路取人,惟进士之选最为崇重,不求备数,惟务得贤。今场会试,策论进士不及二人取一人,词赋、经义二人取一。前虽有圣训,当依大定之制,中选即收,无问多寡。然大定间赴试者或至三千,取不过五百。泰和中,策论进士三人取一,词赋、经义四人取一。向者贞祐初,诏免府试,赴会试者几九千人,而取八百有奇,则是十之一而已。时已有依大定之制,亦何尝二人取一哉。今考官泛滥如此,非所以为求贤也。宜于会试之前,奏请所取之数,使恩出于上可也。"诏集文资官议,卒从泰和之例。

又谓宰臣曰:"从来廷试进士,日晡后即遣出宫,恐文思迟者不得尽其才,令待至暮时。"

特赐经义进士王彪等十三人及第,上览其程文,爱其辞藻,咨叹久之。因怪学者益少,谓监试官左丞高汝砺曰:"养士学粮,岁稍丰熟即以本色给之,不然此科且废矣。"

五年,省试经义进士,考官于常格外多取十余人,上命以特恩赐第。又命河北举人今府试中选而为兵所阻者,免后举府试。

策论进士,选女直人之科也。始大定四年,世宗命颁行女直大小字所译经书,每谋克选二人习之。寻欲兴女直字学校,猛安谋克内多择良家子为生,诸路至三千人。九年,选异等者得百人,荐于京师,廪给之,命温迪罕缔达教以古书,作诗、策,后复试,得徒单镒以下三十余人。十一年,始议行策选之制,至十三年始定每场策一道,以五百字以上成,免乡试府试,止赴会试御试。且诏京师设女直国子学,诸路设女真府学,拟以新进士充教授,以教士民子弟之愿学者。俟行之久、学者众,则同汉进士三年一试之制。乃就悯忠寺试徒单镒等,其策曰:"贤生于世,世资于贤。世未尝不生贤,贤未尝不辅世。盖世非无贤,惟用与否,若伊尹之佐成汤,傅说之辅高宗,吕望之遇文王,皆起耕筑渔钓之间,而其功业卓然,后世不能企及者,盖殷、周之君能用其人,尽其才也。本朝以神武定天下,圣上以文德绥海内,文武并用,言小善而必从,事小便而不弃,盖取人之道尽矣。而尚忧贤能遗于草泽者,今欲尽得天下之贤而用之,又俾贤者各尽其能,以何道而臻此乎?"悯忠寺旧有双塔,进士入院之夜半,闻东塔上有声如音乐,西入宫。考试官侍御史完颜蒲涅等曰:"文路始开而有此,得贤之祥也。"中选者得徒单镒以下二十七人。

十六年,命皇家两从以上亲及宰相子,直赴御试。皇家袒免以上亲及执政官之子,直赴会试。至二十年,以徒单镒等教授中外,其学大振。遂定制,今后以策、诗试三场,策用女直大字,诗用小字,程试之期皆依汉进士例。省臣奏,汉人进士来年三月二十日乡试,八月二十日府试,次年正月二十日会试,三月十二日御试。敕以来年八月二十五日于中都、上京、咸平、东平府等路四处府试,余从前例。

上曰:"契丹文字年远,观其所撰诗,义理深微,当时何不立契丹进士科举。今虽立女直字科,虑女直字创制日近,义理未如汉字深奥,恐为后人议论。"丞相守道曰:"汉文字恐初亦未必能如此,由历代圣贤渐加修举也。圣主天姿明哲,令译经教天下,行之久亦可同汉人文章矣。"上曰:"其同汉人进士例,译作程文,俾汉官览之。"

二十二年三月,策试女直进士。至四月癸丑,上谓宰臣曰:"女直进士试已久矣,何尚未考定?"参知政事斡特剌对曰:"以其译付看故也。"上命速之。

二十三年,上曰:"女直进士设科未久,若令积习精通,则能否自见矣。"

二十八年,谕宰臣曰:"女直进士惟试以策,行之既久,人能预备。今若试以经义可乎?"宰臣对曰:"《五经》中《书》、《易》、《春秋》

已译之矣，俟译《诗》、《礼》毕，试之可也。"上曰："大经义理深奥，不加岁月不能贯通。今宜于经内姑试以论题，后当徐试经义也。"

章宗大定二十九年，诏许诸人试策论进士举。七月省奏，如诗、策、论俱作一日程试，恐力有不逮。诗、策作一日，论作一日，以诗、策合格为中选，而以论定其名次。上曰："论乃新添，至第三举时当通定去留。"

明昌元年，猛安谋克愿试进士者拟依余人例，不可令直赴御试。上曰："是止许女直进士毋令试汉进士也。"又定制，余官第五品散阶，令直赴会试，官职俱至五品，令直赴御试。

承安二年，敕策论进士限丁习学。遂定制，内外官员、诸局分承应人、武卫军、若猛安谋克女直及诸色人，户止一丁者不许应试，两丁者许一人，四丁二人，六丁以上止许三人。三次终场，不在验丁之限。

三年，定制，女直人以年四十五以下，试进士举，于府试十日前，委佐贰官善射者试射。其制，以六十步立垛，去射者十五步对立两竿，相去二十步，去地二丈，以绳横约之。弓不限强弱，不计中否，以张弓巧便、发箭迅正者为熟闲。射十箭中两箭，出绳下至垛者为中选。余路委提刑司，在都委监察体究。如当赴会试御试者，大兴府佐贰官试验，三举终场者免之。

四年，礼部尚书贾铉言："策论进士程试弓箭，其两举终场及年十六以下未成丁者，若以弓箭退落，有失贤路。乞于及第后试之，中者别加任使，或升迁，否者降之。"省臣谓："旧制三举终场免试，今两举亦免之，未可。若以未成丁免试，必有妄匿年者，如果幼，使徐习未晚也。至于及第后试验升降，则已有定格矣。"诏从旧制。

在泰和格，复有以时务策参以故事，及疑难经旨为问之制。

宣宗南迁，兴定元年，制中都、西京等路，策论进士及武举人权于南京、东平、婆速、上京四处府试。

五年，上赐进士斡勒业德等二十八人及第。上览程文，怪其数少，以问宰臣，对曰："大定制随处设学，诸谋克贡三人或二人为生员,赡以钱米。至泰和中,人例授地六十亩。所给既优,故学者多。今京师虽存府学,而月给通宝五十贯而已。若于诸路总管府、及有军户处置学养之,庶可加益。京师府学已设六十人,乞更增四十人。中京、亳州、京兆府并置学官于总府,以谋克内不隶军籍者为学生,人畀地四十亩。汉学生在京者亦乞同此,余州府仍旧制。”上从之。

凡会试之数,大定二十五年,词赋进士不得过五百人。二十八年,以不限人数,遂至五百八十六人。章宗令合格则取,故承安二年至九百二十五人。时以复加四举终场者,数太滥,遂命取不得过六百人。泰和二年,上命定会试诸科取人之数,司空襄言:“试词赋经义者多,可五取一。策论绝少,可四取一。恩榜本以优老于场屋者,四举受恩则太优,限以年则碍异材,可五举则受恩。”平章徒单镒等言:“大定二十五年至明昌初,率三四人取一。”平章张汝霖亦言:“五人取一,府试百人中才得五耳。”遂定制,策论三人取一,词赋经义五人取一,五举终场年四十五以上、四举终场年五十以上者受恩。

凡考试官,大定间,府试六处,各差词赋试官三员,策论试官二员。明昌初,增为九处,路各差九员,大兴府则十一员。承安四年,又增太原为十处。有司请省之,遂定策论进士女直经童千人以上差四员,五百人以上三员,不及五百二员。各以职官高者一人为考试官,余为同考试官。词赋进士与律科举人共及三千以上五员,二千四员,不及二千三员。经义进士及经童举人千人四员,五百以上三员,百人以上二员。不及百人以词赋考官兼之。

后又定制,策论试官,上京、咸平、东平各三员,北京、西京、益都各二员,律科,监试官一员,试律官二员,隶词赋试院。经童,试官一员,隶经义考试院,与会试同。其弥封、并誊录官、检搜怀挟官,自余修治试院,监押门官,并如会试之制。大定二十年,上以往岁多以远地官考试,不便,遂命差近者。

凡会试,知贡举官、同知贡举官,词赋则旧十员,承安五年为七员。经义则六员,承安五年省为四员。诠读官二员。泰和三年,上以弥封官渫语于举人,敕自今女直司则用右选汉人封,汉人司则以女直司封。宣宗贞祐三年,以会试赋题已曾出,而有犯格中选者,复以考官多取所亲,上怒其不公,命究治之。

凡御试,读卷官,策论、词赋进士各七员,经义五员,余职事官各二员。制举宏词共三员。泰和七年,礼部尚书张行简言:"旧例,读卷官不避亲,至有亲人,或有不敢定其去留,或力加营护,而为同列所疑。若读卷官不用与进士有亲者,则读卷之际得平心商确。"上遂命临期多拟,其有亲者汰之。

凡府试策论进士,大定二十年定以中京、上京,咸平、东平四处,至明昌元年,添北京、西京、益都为七处,兼试女直经童。凡上京、合懒、速频、胡里改、蒲与、东北招讨司等路者,则赴会宁府试。咸平、隆州、婆速、东京、盖州、懿州者,则赴咸平府试。中都、河北东西路者,则赴大兴府试。西京并西南、西北二招讨司者,则赴大同府试。北京、临潢、宗州、兴州、全州者,则赴大定府试。山东西、大名、南京者,则赴东平府试。山东东路则试于益都。

凡词赋、经义进士及律科、经童府试之处,大定间,大兴、大定、大同、开封、东平、京兆凡六处。明昌初,增辽阳、平阳、益都为九处。承安四年复增太原为十。中都、河北则试于大兴府,上京、东京、咸平府等路则试于辽阳府,余各试于其境。

凡乡试之期,以三月二十日

府试之期,若策论进士则以八月二十日试策,间三日试诗。词赋进士则以二十五日试赋及诗,又间三日试策论。经义进士又间词赋后三日试经义,又三日试策。次律科,次经童,每场皆间三日试之。

会试，则策论进士以正月二十日试策，皆以次间三日，同前。

御试，则以三月二十日策论进士试策，二十三日试诗论，二十五日词赋进士试赋诗论，而经义进士亦以是日试经义，二十七日乃试策论。若试日遇雨雪，则候晴日。御试唱名后，试策则禀奏，宏词则作二日程试。旧制，试女直进士在再试汉进士后，大定二十九年以复设经义科，更定是制。

凡监检之制，大兴府则差武卫军，余府则于附近猛安内差摘，平阳府则差顺德军。凡府会试，每四举人则差一人，复以官一人弹压。御试策进士则差弩手及随局承应人，汉进士则差亲军，人各一名，皆用不识字者，以护卫十人，亲军百人长、五十人长各一人巡护。

泰和元年，省臣奏：“搜检之际虽当严切，然至于解发袒衣，索及耳鼻，则过甚矣，岂待士之礼哉。故大定二十九年已尝依前故事，使就沐浴，官置衣为之更之，既可防滥，且不亏礼。”上从其说，命行之。

恩例。明昌元年，定制，省元直就御试，不中者许缀榜末。解元但免府试，四举终场依五举恩例，所试文卷惟犯御名庙讳、不成文理者则黜之，余并以文之优劣为次。仍一日试三题，其五举者止试赋诗，女直进士亦同此例。

承安五年，敕进士四举该恩，词赋经义当以各科为场数，不得通数。又恩榜人应授官者，监试官于试时具数以奏，特恩者授之。

泰和三年，以经义会元与策论词赋进士不同，若御试被黜则附榜末，为太优，若同恩例，又与四举者不同。遂定制，依曾经府试解元免府试之例，会试下第，再举直赴御试。

律科进士，又诸为诸科，其法以律令内出题，府试十五题，每五人取一人。大定二十二年定制，会试每场十五题，三场共通三十六条以上，文理优、拟断当、用字切者，为中选。临时约取之，初无定数。其制始见于海陵庶人正隆元年，至章宗大定二十九年，有司言："律科止知读律，不知教化之源，可使通治《论语》、《孟子》以涵养其气度。"遂令自今举后，复于《论语》、《孟子》内试小义一道，府会试作一日引试，命经义试官出题，与本科通考定之。

经童之制，凡士庶子年十三以下，能诵二大经、三小经，又诵《论语》诸子及五千字以上，府试十五题通十三以上，会试每场十五题，三场共通四十一以上，为中选。所贵在幼而诵多者，若年同，则以诵大经多者为最。

初，天会八年时，太宗以东平童子刘天骥，七岁能诵《诗》、《书》、《易》、《礼》、《春秋左氏传》及《论语》、《孟子》，上命教养之，然未有选举之制也。熙宗即位之二年，诏避贡举，始备其列，取至百二十二人。天德间，废之。

章宗大定二十九年，上谓宰臣曰："经童岂遽无人，其议复置。"明昌元年，益都府申，"童子刘住儿年十一岁，能诗赋，诵大小六经，所书行草颇有法，孝行夙成，乞依宋童子李淑赐出身，且加以恩诏。"上召至内殿，试《凤凰来仪赋》、《鱼在藻》诗，又令赋《旱》诗，上嘉之，赐本科出身，给钱粟官舍，令肄业太学。

明昌三年，平章政事完颜守贞言："经童之科非古也，自唐诸道表荐，或取五人至十人。近代宋仁宗以为无补，罢之。本朝皇统间取及五十人，因以为常，天德时复废。圣主复置，取以百数，恐久积多，不胜铨拟，乞谕旨约省取之。"上曰："若所诵皆及格，何如？"守贞曰："视最幼而诵不讹者精选之，则人数亦不至多也。"复问参知政事胥持国，对曰："所诵通否易见，岂容有滥。"上曰："限以三十或四十人，若百人皆通，亦可复取其精者。"持国曰："是科盖资教之术耳。夫幼习其文，长玩其义，使之莅政，人材出焉。如中选者，加之修习进士举业，则所记皆得为用。臣谓可勿令遽登仕途，必习举业，而后官使之可也。若能擢进士第,自同进士任用。如中府荐或会试,视其次数,优其等级。几举不得荐者,从本出身,又可以激劝而后得人矣。"诏议行之。

制举有贤良方正、能直言极谏、博学宏材、达于从政等科,试无常期,上意欲行,即告天下。听内外文武六品以下职官无公私过者,从内外五品以上官荐于所属,诏试之。若草泽士,德行为乡里所服者,则从府州荐之。凡试,则先投所业策论三十道于学士院,视其词理优者,委官以群经子史内出题,一日试论三道,如可,则庭试策一道,不拘常务,取其无不通贯者,优等迁擢之。

宏词科试诏、诰、章、表、露布、檄书,则皆用四六;诫、谕、颂、箴、铭、序、记,则或依古今体,或参用四六。于每举赐第后进士及在官六品以下无公私罪者,在外官荐之,令试策官出题就考,通试四题,分二等迁擢之。二科皆章宗明昌元年所创者也。

武举,尝设于皇统时,其制则见于《泰和式》,有上中下三等。能挽一石力弓,以重七钱竹箭,百五十步立贴,十箭内,府试欲中一箭,省试中二箭,程试中三箭。又远射二百二十步埒,三箭内一箭至者。又百五十步内,每五十步设高五寸长八寸卧鹿二,能以七斗弓、二大凿头铁箭驰射,府试则许射四反,省试三反,程试二反,皆能中二箭者。又百五十步内,每三十步,左右错置高三尺木偶人戴五寸方板者四,以枪驰刺,府试则许驰三反,省试二反,程试三反,左右各刺落一板者。又依荫例问律一条,又问《孙》、《吴》书十条,能说五者为上等。凡程试,若一有不中者,皆黜之。若射贴弓八斗,远射二百一十步,射鹿弓六斗,《孙》、《吴》书十条通四,为中等。射贴弓七斗,远射二伯伍步,射鹿弓五斗,《孙》、《吴》书十条通三,为下等。解律、刺板,皆欲同前。凡不知书者,虽上等为中,中则为下。凡试中中下,愿再试者听。

旧制,就试上等不中,不许再试中下等。泰和元年,定制,不分旧等,但从所愿,试中则以三等为次。

二年,省奏,武举程式当与进士同时,今年八月府试,欲随路设考试所,临期差官,恐以创立未见应试人数,遂权令各处就考之。

宣宗贞祐三年,同进士例,赐敕命章服。时以随处武举入试者,自非见居职任及已用于军前者,令郡县尽遣诣京师,别为一军,以备缓急。其被荐而未授官者,亦量材任之。

元光二年,东京总帅纥石烈牙吾塔言:“武举入仕,皆授巡尉军辖,此曹虽善骑射,不历行阵,不知军旅,一旦临敌,恐致败事。乞尽括付军前为长校,俟有功则升之。”宰臣奏:“国家设此科与进士等,而欲尽置军中,非奖进人材之道。”遂籍丁忧、待阙、去职者付之。

试学士院官　大定二十八年,敕设科取士为学士院官。礼部下太常,按唐典,初入学士院例先试,今若于进士已仕者,以随朝六品、外路五品职事官荐,试制诏诰等文字三道,取文理优者充应奉。由是翰苑之选为精。明昌五年,以学士院撰文字人少,命尚书省访有文采者勾取权试。

凡司天台学生,女直二十六人,汉人五十人,听官民家年十五以上、三十以下试补。又三年一次,选草泽人试补。其试之制,以《宣明历》试推步,及《婚书》、《地理新书》试合婚、安葬,并《易》筮法、六壬课、三命五星之术。

凡医学十科,大兴府学生三十人,余京府二十人,散府节镇十六人,防御州十人,每月试疑难,以所对优劣加惩劝,三年一次试诸太医,虽不系学生,亦听试补。

金史卷五二
志第三三

选举二

文武选

　　金制，文武选皆吏部统之。自从九品至从七品职事官，部拟。正七品以上，呈省以听制授。凡进士则授文散官，谓之文资官。自余皆武散官，谓之右职，又谓之右选。文资则进士为优，右职则军功为优，皆循资，有升降定式而不可越。

　　凡铨注，必取求仕官解由，撮所陈行绩资历之要为铨头，以定其能否。其有犯公私罪赃污者，谓之犯选格，则虽遇恩而不得与。旧制，犯追一官以至追四官，皆解任周年，而复仕之。承安二年，定制，每追一官则殿一年，凡罢职会赦当叙者，及降殿当除者，皆具罪以闻，而后仕之。凡增课升至六品者，任回复降。既廉升而再任复察不同者，任回亦降。

　　自进士、举人、劳效、荫袭、恩例之外，入仕之途尚多，而所定之时不一。若牌印、护卫、令史之出职，则皇统时所定者也。检法、知法、国史院书写，则海陵庶人所置者也。若宗室将军、宫中诸局承应人、宰相书表、太子护卫、妃护卫、王府祗候郎君、内侍、及宰相之子，并译史、通事、省祗候郎君、亲军骁骑诸格，则定于世宗之时，及章宗所置之太常检讨、内侍寄禄官，皆仕进之门户也。

　　凡官资以三十月为考，职事官每任以三十月为满，群牧使及管课官以三周岁为满，防御使以四十月、三品以上官则以五十月、转运则以六十月为满。

司天、太医、内侍官皆四品止。

凡外任循资官谓之常调，选为朝官谓之随朝，随朝则每考升职事一等，若以廉察而升者为廉升，授东北沿边州郡而升者为边升。

凡院务监当差使则皆同从九品。

凡品官任都事、典事、主事、知事、及尚书省令史、覆实、架阁司管勾、直省直院局长副、检法、知法、院务监当差使、及诸令史、译史、掌书、书吏、书史、译书、译人、通事、并诸局分承应有出身者皆为流外职。凡此之属，或以尚书省差遣，或自本司判补，其出职或正班、杂班，则莫不有当历之名职。既仕则必循升降之定式，虽或前后略有损益之殊，而定制则莫能渝焉。

凡门荫之制，天眷中，一品至八品皆不限所荫之人。贞元二年，定荫叙法，一品至七品皆限以数，而削八品用荫之制。世宗大定四年五月，诏："皇家袒免以上亲，就荫者依格引试，中选者勿令当儤使。"五年十月，制："亡宋官当荫子孙者，并同亡辽官用荫。"又曰："教坊出身人，若任流内职者，与文武同用荫。自余有勤劳者，尝赐而已。昔正隆时常使教坊辈典城牧民，朕甚不取。"又更定冒荫及取荫官罪赏格。

七年五月，命司天台官四品以上官改授文武资者，并听如太医例荫。其制，凡正班荫亦正班，杂班荫杂班。

明昌元年，以上封事者乞六品官添荫，吏部言："天眷中，八品用荫，不限所荫之人。贞元中，七品用荫，方限以数。当是时，文始于将仕，武始于进义，以上至七品儒林、忠显，各七阶，许荫一名。至六品承直、昭信，计九阶，许荫二人。自大定十四年，文武官从下各增二阶，其七品视旧为九阶，亦荫一名，至五品凡十七阶，方荫二人，其五品至三品并无间越，唯六品不用荫。乞依旧格，五品以上增荫一名，六品荫子孙弟兄二人，七品仍旧为格。"时又以旧格虽有已子许荫兄弟侄,盖所以崇孝悌也,而新格禁之,遂听让荫。

旧制,司天、太医、内侍、长行虽至四品,如非特恩换授文武官资者,不许用荫,以本人见充承应,难倅系班故也。泰和二年,定制,以年老六十以上退、与患疾及身故者,虽至止官,拟令系班,除存习本业者听荫一名,止一子者则不须习即荫。

凡诸色出身文武官一品,荫子孙至曾孙及弟兄侄孙六人,因门荫则五人。二品则子孙至曾孙及弟兄侄五人,因门荫则四人。三品子孙兄弟侄四人,因门荫则三人。四品、五品三人,因门荫则二人。六品二人,七品子孙兄弟一人,因门荫则六品、七品子孙兄弟一人。旧格,门荫惟七品一人,余皆加一人。明昌格,自五品而上皆增一人。

凡进纳官,旧格正班三品荫四人,杂班三人。正班武略子孙兄弟一人,杂班明威一人,怀远以上二人,镇国以上三人。

司天、太医迁至四品诏换文武官者,荫一人。

凡进士所历之阶,及所循注之职。贞元元年,制南选,初除军判、丞、簿,从八品。次除防判、录事,正八品。三除下令,从七品。四中令、推官、节察判,正七品。五六皆上令。从六品。北选,初军判、簿、尉,二下令,三中令,四上令,已后并上令,通注节察判、推官。

正隆元年格,上甲者初上簿军判、丞、簿、尉,中甲者初中簿军判、丞、簿、尉,下甲者初下簿军判、丞、簿、尉。第二任皆中簿军判、丞、簿、尉。三、四、五、六、七任皆县令,回呈省。

大定二年,诏文资官不得除县尉。

八年格,历五任令即呈省。

十三年,制第二任权注下令。

旧制,状元授承德郎,以十四年官制,文武官皆从下添两重,命状元更授务郎,次旧授儒林郎,更为承事郎。第二甲以下旧授从仕郎,更为将仕郎。

十五年,敕状元除应奉,两考依例授六品。十八年,敕状元行不顾名者与外除。十九年,命本贯察其行止美恶。

二十一年,复命第三任注县令。

二十二年,敕进士章服后,再试时务策一道,所谓策试者也。内才识可取者籍其名,历任后察其政,若言行相副则升擢任使。是年九月,复诏今后及第人,策试中者初任即升之。

二十三年格,进士,上甲,初录事、防判,二下令,三中令。中甲,初中簿,二上簿,三下令。下甲,初下簿,二中簿,三下令。试中策者,上甲,初录事、防判,二中令,三上令。中甲,初上簿,二下令,三中令。下甲,初中簿,二录事、防判,三中令。又诏今后状元授应奉,一年后所撰文字无过人者与外除。

二十六年格,以相次合为令者减一资历。二十六年格,三降两降免一降,文资右职外官减最后,上令一任通五任回呈省。遂定格,上甲,初录事、防判,二中令,三、四、五上令。中甲,初中簿,二下令,三中令,四、五上令。策试进士,初录事、防判,二、三、四、五上令。其次。初上簿,二中令,三、四、五上令。又次,初中簿,二下令,三中令,四、五上令。下甲,初下簿,二下令,三中令,四、五上令。

二十七年,制进士阶至中大夫呈省。

明昌二年,罢勘会状元行止之制。

七年格,县令守阙各依旧格注授。

泰和格,诸进士及第合授资任须历遍乃呈省,虽未尽历,官已至中大夫亦呈省。又诸词赋、经义进士及第后,策试中选,合授资任历遍呈省,仍每任升本首铨选。

贞祐三年,状元授奉直大夫,上甲儒林郎,中甲以下授征事郎。

经义进士。皇统八年,就燕京拟注。六年,与词赋第一人皆拟县令,第二人当除察判,以无阙遂拟军判。第二、第三甲随各人住贯拟为军判、丞、簿。旧制,《五经》及第未及十年与关内差使,已十年者与关外差使,四十年除下令。正隆三年,不授差使,至三十年则除县令。大定二十八年始复设是科,每举专主一经。

女直进士。大定十三年,皆除教授。二十二年,上甲第二第三人初除上簿,中甲则除中簿,下甲则除下簿。大定二十五年,上甲甲首迁四重,余各迁两重。第二第三甲授随路教授,三十月为一任,第二任注九品,第三、第四任注录事、军防判,第五任下令。寻复令第四任注县令。二十六年,减一资历注县令。二十八年,添试论。后皆依汉人格。

宏词,上等迁两官,次等迁一官,临时取旨授之。

恩榜,章宗大定二十九年,敕今后凡五次御帘进士,可一试而不黜落,止以文之高下定其次,谓之恩榜。女直人迁将仕,汉人登仕,初任教授,三十月任满,依本格从九品注授。

明昌元年,敕四举终场,亦同五举恩例,直赴御试。

明昌五年,敕神童三次终场,同进士恩榜迁转。两次终场,全免差使。第六任与县令,依本格迁官。如一次终场,初入仕则一除一差。其余并依本门户,仍使应三举,然后入仕。每举放四十人。

凡恩例补荫同进士者,谓大礼补致仕、遗表、阵亡等恩泽,补承袭录用,并与国王并宗室女为婚者。正隆二年格,初下簿,二中簿,三上簿,四下令,五中令,六、七上令,回呈省。

凡特赐同进士者,谓进粟、出使回、殁于王事之类,皆同杂班,补荫亦以杂班。正隆元年格,初授下簿,二中簿,三县丞,四军判,五、六防判,七、八下令,九中令,十上令。寻复更初注下等军判、丞、簿、尉,次注中等军判、丞、簿、尉,第三注上等军判、丞、簿、尉,四下令,五中令,六上令。

律科、经童。正隆元年格,初授将仕郎,皆任司候,十年以上并一除一差,十年外则初任主簿,第二任司候,第三主簿,四主簿,五警判,六市丞,七诸县丞,八次赤丞,九赤县丞,十下县令,十一中县令,五任上县令,呈省。三年制,律科及第及七年者与关内差使,七年外者与关外差。诸经及第人未十年者关内差,已十年关外差。律科四十年除下令。经童及第人视余人复展十年,然后理算月日。

大定十四年,以从下新增官阶,遂定制,律科及第者授将仕佐郎。十六年特旨,以四十年除下令太远,其以三十二年不犯赃罪者授下令。十七年,敕诸科人仕至下令者免差。二十年,省拟,无赃罪及廉察无恶者减作二十九年注下令,经童亦同此。二十六年,省拟,以相次当为县令者减一资历选注。敕命诸科人累任之余月日至四十二月,准一除一差。又敕,旧格六任县令呈省,遂减为五任。二十八年,减赤县丞一任。

明昌五年,制仕二十六年之上者,如该廉升则注县令。六年,减诸县丞、赤县丞两任后吏格,十年内拟注差使,十年外一除一差。若历八任,或任至三十二年注下令,则免差须遍历而后呈省。所历之制,初、二下簿,三、四中簿,五、六、七上簿,犯选格者又历上簿两任,第九则注下令,十中令,十一、十二上令。

凡武举,泰和三年格,上甲第一名迁忠勇校尉,第二、第三名迁忠翊校尉。中等迁修武校尉,收充亲军,不拘有无荫,视旧格减一百月出职。下等迁敦武校尉,亦收充亲军,减五十月出职。

承安元年格,第一名所历之职,初都巡、副将,二下令,三中令,四、五上令。第二、第三名,初巡尉、部将,二上簿,三下令,四中令,五、六上令。余人,初副巡、军辖,二中簿,三下令,四中令,五、六上令。

凡军功有六,一曰川野见阵,最出当先,杀退敌军。二曰攻打抗拒州县山寨,夺得敌楼。三曰争取船桥,越险先登。四曰远探捕得喉舌。五曰险难之间,远处报事情成功。六曰谋事得济,越众立功。

皇统八年格,凡带官一命昭信校尉正七品以上者,初除主簿及诸司副使,正九品。二主簿及诸司使,正八品。三下令,从七品。四中令,正七品。五上令,或通注镇军都指挥使正七品及正将。其官不至昭信及无官者,自初至三任通注丞、簿,四下令,五中令,六上令及知城寨。从七品。

章宗二十九年,迁至镇国者取旨升除后,吏格之所定,女直人昭信校尉以上者,初下簿,二下令,三中令,四、五上令。女直一命迁至昭信校尉、余人至昭信已上者,初下簿,二中簿,三下令,四中令,五、六上令。凡至宣武将军以上者,初下令,二中令,三、四上令。

凡劳效,谓年老千户、谋克也。大定五年,制河南、陕西统军司,千户四十年以上拟从七品,三十年千户、四十年以上之谋克从八品,二十年以上千户、三十年以上谋克从九品,二十年以上谋克与正班、与差使,十年以上赏银绢,皆以所历千户、谋克、蒲辇月日通算。

二十年,制以先曾充军管押千户、谋克、蒲辇二十年以上、六十五岁放罢者,视其强健者与差除、令系班,不则量加迁赏。后更定吏格,若一命迁宣武将军以上,当授从七品职事者,初下令,二中令,三、四上令。官不至宣武,初授八品者授录事,二赤剧丞,三下令,四中令,五、六上令。初授九品官者,初下簿,二中簿,三上簿,四下令,五中令,六、七上令。

大定九年格,三虞候顺德军千户四十年以上者与从八品,三十年千户、四十年以上谋克从九品,二十年以上千户、三十年以上谋克与正班,以下赏银绢。

大定十四年,定随路军官出职,以新制从下创添两重,旧迁忠武校尉者今迁忠勇校尉。中都永固军指挥使及随路埽兵指挥使出职,旧迁敦武校尉者今迁进义校尉。

武卫军,大定十七年定制,其猛安曰都将,谋克曰中尉,蒲辇曰队正。都将三十月迁一官,至昭信注九品职事。以队正升中尉,中尉升都将。

省令史选取之门有四，曰文资，曰女直进士，曰右职，曰宰执子。其出仕之制各异。

文资者，旧惟听左司官举用，至熙宗皇统八年，省臣谓，若止循旧例举勾，久则善恶不分而多侥幸。遂奏定制，自天眷二年及第榜次姓名，从上次第勾年至五十已上、官资自承直郎从六品。至奉德大夫从五品、无公私过者，一阙勾二人试验，可则收补，若皆可即籍名令还职待补。官至承直郎以上，一考者除正七品以上、从六品以下职事，两考者除从六品已上、从五品已下。奉直大夫从六品。以上，一考者除从六品以上、从五品以下，两考者除从五品以上、正五品以下，节运同。

正隆元年，罢是制，止于密院台及六部吏人令史内选充。

大定元年，世宗以胥吏既贪墨，委之外路干事又不知大体，徒多扰动，至二年，罢吏人而复皇统选进士之制。承直郎以上者，一考正七品，除军判、节察判、军刺同知。两考者从六品，除京运判、总府判、防御同知。奉直大夫已上，一考者从六品，除同前。两考从五品，除节运副、京总管府留守司判官。

七年，以散阶官至五品亦勾充，不愿者听。

十一年，以进士官至承直者众，遂不论官资但以榜次勾补。

二十七年，以外多阙官，论者以为资考所拘，难以升进，乃命不论官资，凡一考者与六品，次任降除正七品，第三任与六品，第四任升为从五品。两考者与从五品，次任降除六品，第三、四任皆与从五品，五任升正五品。

承安二年，以习学知除、刑房知案、及兵兴时边关令史，三十月除随朝阙。

泰和八年以习学知除十五月以上，选充正知除，一考后理算资考。

大安三年，以从榜次则各人所历月日不齐，遂以吏部等差其所历岁月多寡为次，收补知除，考满则授随朝职。

贞祐五年，进士未历任者，亦得充补，一考者除上县令，再任上县令升正七品，如已历一任丞簿者，旧制除六品，乃更为正七品，一任回降从七品，再任正七品升六品，如历两任丞簿者，一考旧除六品，乃更为正七品，一任回免降，复免正七一任，即升六品。曾历令一任者，依旧格六品，再任降除七品，还升从五品。

兴定二年，敕初任未满及未历任者，考满升二等为从七品。初任未满者两任、未历任者四任、回升正七品，两任正七皆免回降。凡不依榜次勾取者同随朝升除，俟榜次所及日听再就补。

兴定五年，定进士令史与右职令史同格，考满未应得从七者与正七品，回降从七一任。所勾诸府令史不及三考出职者除从七品，回降除八品。若一任应得从七品者除六品，回降正七品，若一任应得正七品者免降。

女直进士令史，二十七年格，一考注正七品，两考注正六品。二十八年，敕枢密院等处转省者，并用进士。明昌元年，敕至三考者与汉人两考者同除。明昌三年，罢契丹令史，其阙内增女直令史五人。五年，以与进士令史辛苦既同，资考难异，遂定与汉进士一考与从六品，两考与从五品。

宰执子弟省令史，大定十二年，制凡承荫者，呈省引见，除特恩任用外，并内奉班收，仍于国史院署书写、太常署检讨、秘书监置校勘、尚书省准备差使，每三十月迁一重，百五十月出职。如承应一考以上，许试补省令译史，则以百二十月出职，其已历月日皆不纽折，如系终场举人，即听尚书省试补。

十七年，定制，以三品职事官之子，试补枢密院令史。遂命吏部定制，宰执之子、并在省宗室郎君，如愿就试。令译史每年一就试，令译史考试院试补外，缌麻祖免宗室郎君密院收补。

大定二十八年，制以宗室第二从亲并宰相之子，出职与六品外，宗室第三从亲并执政之子，出职与正七品。其出职皆以百五十月,若见已转省之余人,则至两考止与正七品。二十九年,四从亲亦许试补。

金史卷五三
志第三四

选举三

右职吏员杂选

右职。省令史、译史。皇统八年格,初考迁一重,女直人依本法外,诸人越进义,第三十月各迁两重,百二十月出职,除正六品以下,正七品以上职官。

正隆二年,更为五十月迁一重。初考,女直人迁敦武校尉,余人迁保义校尉,百五十月出职,系正班与从七品。若自枢密院台六部转省者,以前已成考月数通算出职。

大定二年,复以三十月迁一官,亦以百二十月出职,与正、从七品。院台六部及它府司转省而不及考者,以三月折两月,一考与从七,两考正七品,三考与六品。

三年,定格,及七十五月出职者,初上令,二中令,三下令,四、五年录事,六下令,七中令,八上令。百五十月出职者,初刺同、运判、推官等,二、三中令,四上令,回呈省。

大定二十七年,制一考及不成考者,除从七品,须历县令三任,第五任则升正七品。两考以上除正七品,再任降除县令,三、四皆与正七品,第五任则升六品。三考以上者除六品,再任降正七品,三任、四任与六品,第五任则升从五品。

省女直译史。大定二十八年,制以见任从七、从八人内,勾六十岁以上者相视用之。

明昌三年,取见役契丹译史内女直、契丹字熟闲者,无则以前省契丹译史出职官及国史院女直书写,见任七品、八品、九品官充。

省通事。大定二十年格,三十月迁一重,百二十月出职。一考两考与八品,三考者从七品,余与部令译史一体免差。

御史台令史、译史。皇统八年迁考之制,百二十月出职,正隆二年格,百五十月出职,皆九品、系正班。大定二年,百二十月出职。皆以三十月迁一官。其出职,一考、两考皆与九品,三考与八品。

明昌三年,截罢见役吏人,用三品职事官子弟试中者、及终场举人本台试补者,若不足,于密院六部见役品官、及契丹品官子孙兄弟选充。

承安三年,敕凡补一人必询于众,虽为公选,亦恐久渐生弊。况又在书史之上,不试而即用,本台出身门户似涉太优。遂令除本台班内祗、令译史名阙外,于试中枢密院令译史人内以名次取用,不足,即于随部班祗令译史上名转充。若须用终场举人之阙,则令三次终场举人,每科举后与它试书史人同程试验,榜次用之。女直十三人,内班内祗六人,终场举人七人。汉人十五人,内班内祗七人,终场举人八人。译史四人,内班内祗二人,终场举人二人。

枢密院令史、译史。令史。正隆二年,制迁考与省同,出职除系正班正、从八品。

大定二十一年,定元帅府令译史三十月迁一官,百二十月出职,一考、两考与八品除授,三考与从七品。

十四年,遂命内祗、并三品职事官承荫人、与四品五品班祗、及吏员人通试,中选者用之。

十六年,定一考、两考者,初录事、军判、防判,再除上簿,三中簿,四同初,五、六下令,七、八中令,九、十上令。二十六年,*两考者免*

下令一任。三考以上，初上令，二中令，三下令，四禄事，军防判，二十六年，免此除。五下令，二十六年，亦免此除。六、七中令，八上令。

十七年，制试补缌麻袒免以上宗室郎君。又定制，三品职事子弟设四人，吏员二人。

睦亲府、宗正府、统军司令译史，迁考出职，与台部同。

部令史、译史，皇统八年格，初者三十月迁一重，女直人依本格，余人越进义，第二、第三考各迁一重，第四者并迁两重，百二十月出职八品已下。

正隆二年，迁考与省右职令史同，出职九品。

大定二十一年，宗正府、六部、台、统军司令史，番部译史，元帅府通事，皆三十月迁一重，百二十月出职系班，一考、两考与九品，三考已上与八品除授。

十四年，以三品至七品官承荫子孙一混试充，寻以为不伦，命以四品五品子孙及吏员试中者，依旧例补，六品以下不与。十五年，命免差使。

十六年格，一考两考者，初除上簿，再除中簿，三下簿，四上簿，五录事、军防判，六、七下令，八、九中令，十上令。三考以上者，初除录事、军防判，再除上簿，三中簿，四如初，五下令，后免此除。六七下令，八中令，九上令。

按察司书吏，以终场举人内选补，迁加出职同台部。

凡内外诸吏员之制，自正隆二年，定知事孔目出身俸给，凡都目皆自朝差。海陵初，除尚书省、枢密院、御史台吏员外，皆为杂班，乃召诸吏员于昌明殿，谕之曰："尔等勿以班次稍降为歉，果有人才，当不次擢用也。"又定少府监吏员，以内省司旧吏员、及外路试中司吏补。

大定二年，户部郎中曹望之言，随处胥吏猥多，气减其半。诏胥吏仍旧，但禁用贴书。又命县吏阙，则令推举行止修举为乡里所重者充。三年，以外路司吏久不升转，往往交通豪右为奸，命与孔目官每三十月则一转，移于它处。七年，敕随朝司属吏员通事译史勾当过杂班月日，如到部者并不理算。又诏，吏人但犯赃罪罢者，虽遇赦，而无特旨，不许复叙。又命，京府州县及转运司胥吏之数，视其户口与课之多寡，增减之。

十二年，上谓宰臣曰："外路司吏，止论名次上下，恐未得人。若其下有廉慎、熟闲吏事，委所属保举。试不中程式者，付随朝近下局分承应，以待再试。彼既知不得免试，必当尽心以求进也。"

章宗大定二十九年，上封事者言："诸州府吏人不宜试补随朝吏员，乞以五品以上子孙试补。盖职官之后清勤者多，故为可任也。"尚书省谓："吏人试补之法，行之已久，若止收承荫人，复恐不闲案牍，或致败事。旧格惟许五品职官子孙投试，今省部试者尚少，以所定格法未宽故也。"遂定制，散官五品而任七品，散官未至五品而职事五品，其兄弟子孙已承荫者并许设试，而六部令史内吏人试补者仍旧。

泰和四年，签河东按察司事张行信言："自罢移转法后，吏势浸重，恣为豪夺，民不敢言。今又无朝差都目，止令上名吏人兼管经历六案文字，与同类分受贿赂。吏目通历三十年始得出职，常在本处侵渔，不便。"遂定制，依旧三十月移转，年满出职，以杜把握州府之弊。

八年，以金东京按察司事杨云翼言，书吏书史皆不用本路人，以别路书吏许特荐申部者类试，取中选者补用。

凡右职官，天德制，忠武以下与差使，昭信以上两除一差。大定十二年，敕镇国以上即与省除。十三年，制明威注下令，宣威注中令，广威注上令，信武权注下令，宣武、显武免差，权注丞簿。又制宣武、显武，功酬与上簿，无亏与中簿。二十六年，制迁至宣武、显武始令出职。又以旧制通历五任令呈省，诏减为四任。

明昌三年，以诸司除授，守阙近三十月，于选调窒碍。今后依旧两除一差，候员阙相副，则复旧制。

泰和元年，以县令见阙，近者十四月，远者至十六月，盖以见格，官至明威者并注县令，或犯选并亏永人，若带明威人亦注，是无别也。遂令曾亏永及犯选格，女直人展至广威，汉人至宣武，方注县令。又以守阙簿丞，近者十九月、远者二十一月，依见格官至宣武、显武、信武者合注丞簿，遂命但曾亏永，直至明威方注丞簿。又吏格，凡诸右职正杂班，谓无资历者，班内祗同。皆验官资注授。带忠武以下者与监当差使，昭信以上拟诸司除授，仍两除一差。宣武以上与中簿，功酬人与上簿。明威注下令，宣威注中令，广威注上令，通历县令四任，如带定远已历县令三任者，皆呈省。若但曾亏永及犯选格，诸曾犯公罪追官、私罪解任、及犯脏、廉访不好、并体察不堪临民，谓之犯选格。女直人迁至武义，汉人诸色人武略，并注诸司除授，皆两除一差。若至明威方注丞簿，女直人迁至广威，汉人、诸色人迁至宣威者，皆两任下令，一任中令，回呈省。

贞祐三年，制迁至宣武者，皆与诸司除授，亦两除一差。凡不犯选格者，若怀远方注丞簿，至安远则注下令、上令各一任，呈省。四年，复以官至怀远注下令，定远注中令，安远注上令，四任呈省。

检法、知法。正隆二年，尝定六部所用人数及差取格法，初考、两考皆除司候，三考者除上簿。五年，定制，十年内者初考除下簿，两考除中簿，三考除警判。十年外者初考除第二任司候，两考除上簿，三考则除市丞。大定二年，制曾三考者，不拘十年内外，皆与八品录事、市令，拟当合得本门户。

除授，旧授札付，大定三年始命给敕，以律科人为之。七年，定制，验榜次勾取，如勾省令史之制。二十六年，命三考除录事，以后则两除一差。

女直知法、检法。大定三年格，以台部统军司出职令译史，曾任县佐市令差使人内奏差,考满比元出身升一等,依随路知事例给敕,以三十月为任。明昌五年,以省院台部统军司令译史书史内拟,年五十以下、无过犯、慎行止,试一月,以能者充,再勒留者升一等,一考者初上令,二、三中令,四上令,两考升二等,呈省。

太常寺检讨二人。正隆二年,五十月迁一重,女直迁敦武,余人进义,百五十月出职,系杂班。大定二年,制以三十月迁一重,百二十月出职,系正班九品。

省祗候郎君。大定三年,制以祖免以上亲愿承应已试合格而无阙收补者及一品官子,已引见,止在班祗候,三十月循迁。初任与正、从七品,次任呈省。内祗在班,初、次任注正、从八品,三、四注从七品,而后呈省。班祗在班,初九品,三、四从八品,四、五从七品,而后呈省。已上三等,并以六十月为满,各迁一重。

八年,定制,先役六十月以试验其才,不能干者进一官黜之。才干者再理六十月。每三十月迁加,百二十月为满,须用识女直字者。十六年,定制,以制文试之,能解说得制意者为中选。

十八年,制一品官子,初都军,二录事、军防判,三都军,四下令,五、六上令,回呈省。内祗,初录事、军防判,二上簿,三同初,四录事,五都军,六下令,七中令,八上令,回呈省。班祗,初上簿,二中簿,三同初,四录事、军防判,五录事,六都军,七下令,八中令,九上令,回呈省。

国史院书写。正隆元年,定制,女直书写。试以契丹字书译成女直字,限三百字以上。契丹书写,以熟于契丹大小字,以汉字书史译成契丹字三百字以上,诗一首,或五言七言四韵,以契丹字出题。汉人则试论一道。迁考出职同太常检讨。

宗室将军。六十月为任,初刺同,二都军,三刺同,四从六。副将军以七品出职人充。明昌元年,以九十月为满,中都、上京初从七,二录事、军防判,三入本门户。余路,初录事、军防判,二上簿,三入本门户。承安二年改司属令作随朝。

内侍御直。内直六十四人,正隆二年格,长行人五十月迁一重,女直人迁敦武,余人迁进义,无出身。大定二年格,同上。

大定六年,更定收补内侍格,能诵一大经、以《论语》、《孟子》内能诵一书、并善书札者,月给奉八贯石,稍识字能书者七贯石,不识字六贯石。

泰和二年,以参用外官失防微之道,乃创寄禄官名,以专任之,既足以酬其劳,而无侵官之弊。

凡宫中诸局分,大定元年,世宗谓诸局分承应人,班叙俸给涉于太滥,正隆时乃无出身,涉于太刻,又其官品不以劳逸为制,遂命更定之。大定六年,谕有司曰:"宫中诸局分承应人,有年满数差使者,往往苦于稽留,而卒不得。其差者,复多不解文字而不干,故公私不便。今后愿出局者听,愿留者各增其秩,依旧承应。其十人长,虽老愿留者亦增秩,作长行承应,余依例放还。"七年,诏宰臣曰:"女直人自来诸局分不经收充祗候。可自今除太医、司天、内侍外,余局分并令收充勾当。"

护卫,正隆二年格,每三十月迁一重,初考,女直迁敦武,余迁保义,百五十月出职,与从五品以下、从六品以上除。大定二年格,更为初迁忠勇,百二十月出职。大定十四年官制,从下添两重,遂命女直初迁修武,余人敦武。十八年,制初除五品者次降除六品,第三复除从五品。初任六品者不降,第四任始授从五品,再勒留者各迁一官。明昌元年资格,初任不算资历,不勒留者,初从六品,二、三皆同上,第四任升从五。勒留者,初从五,二、三同上,第四正五品。再勒留者,初正五品,二同上,三少尹,四刺史。明昌四年,降作六品、七品除。贞祐制,一考八品,两考除县令,三考正七品,四考六品。五年,定一考者注上令。两考者一任正七品回降从七,两任正七回升六品。三考者正七一任回，再任正七升六品。四考者，三任六品升从五品。

符宝郎，十二人，正隆二年格，皆同护卫，出职与从七品除授。大定二年格，并同护卫。十四年，初收。余人迁进义。二十一年，英俊者与六品除，常人止与七品除。

奉御，十六人，以内驸马充，旧名入寝殿小底。大定十二年，更今名。正隆二年格，同符宝郎。大定二年，出职从七品。

奉职，三十人，旧名不入寝殿小底，又名外帐小底。大定十二年更今名。正隆二年格，女直迁敦武，余人历进义，无出身。大定二年格，出职正班九品。大定十四年定新官制，从下添两重，女直初考进义，余人进义副尉。十七年格，有荫者初中簿，二下簿，无荫者注县尉，已后则依格。明昌元年格，有荫者每勒留一考则减一资。二年，以八品出职。六年定格，初录事、军防判、正从八品丞，二上簿，三中簿，四正从八品，若不犯选格者则免此除，五下令，六、七中令，八上令。勒留一考者升下令，四、五中令，六上令，回呈省。勒留两考者升上令，二中令，三、四上令，回呈省。凡奉御奉职之出职，大定十二年增为百五十月，二十九年复旧，承安四年复增。

东宫护卫，正隆二年，出职正班从八品。大定二年，正从七品。初收女直迁敦武，余人保义。

阁门祗候，正隆二年格，女直初迁敦武，余人保义，出职正班从八品。大定二年格，出职从七品。八年定格，初录军，二录事，三军防判，四都军，五下令，六中令，七上令。已带明威者即与下令，二录事、军防判，三都军，四下令，五中令，六上令。泰和四年格，初都军，二录事、军防判，三下令，四中令，五上令。

笔砚承奉，旧名笔砚令史，大定三年，更为笔砚供奉，后以避显宗讳，复更今名。正隆二年，女直人迁敦武，余历进义，无出身。大定二年格，初考女直迁敦武，余保义，出职正班从七品。吏格，初都军，二、三下令，四、五中令，六上令。

妃护卫，正隆二年格，与奉职同。大定二年，出职与八品。

符宝典书,四人,旧名牌印令史,以皇家袒免上亲、有服外戚、功臣子孙为之。正隆二年格,出职九品。大定二十八年,出职八品,二上簿,回验官资注授。

尚衣承奉,天德二年格,以班内祗人选充。大定三年,女直人迁敦武,余人迁进义,出职九品。

知把书画,十人,正隆二年格,与奉职同。大定二年,出职九品。十四年格,同奉职。二十一年定格,有荫者,初中簿,二军器库副,后依本门户差注;无荫者,与差使。

凡已上诸局分承应人,正隆二年格,有出身者皆以五十月为一考,五考出职,无出身者五十月止迁一官。大定二年、三年格,皆三十月为考,迁一重,四考出职。十二年,复加为五考。大定二十九年,又为四考。承安四年,复为五考。自大定十二年,凡增考者,惟护卫则否。

随局内藏四库本把,二十八人,正隆二年格,同奉职。大定二年格,十人长,每三十月迁一重,四考出职九品。长行,每五十月迁一重,初考女直敦武,余人进义。转十人长者其后依亲军例,转五十人长者以三十月迁加,虽未至十人长而迁加至敦武者,依本门户出职。十二年,加为五考。二十一年格,与知把书画同。二十八年,以合数监同人内,从下选差。明昌元年,如八贯石本把阙,六贯石局内选。六年,半于随局承应人内选。

左右藏库本把,八人,格同内藏。大定二十九年设,三十月迁一重,百二十月出职。

仪鸾局本把,大定二十七年,三人。明昌元年,设十五人,格比内藏本把。

尚食局本把,四人,大定二十八年设,格同仪鸾。

尚辇局本把,六人,二十八年设,格同仪鸾。

典客署书表,十八人,大定十二年,以班内祗、并终场举人慎行止者,试三国奉使接送礼仪、并往复书表,格同国史院书写。十四年,以女直人识汉字班内祗一同试补。大定二十四年,终场举人出职八品上簿，次下簿，三迁依本门户。明昌五年，复许终场举人材质端伟、言语辩捷者，与内班祗同试，与正九除。

捧案，八人，大定十九年，以已承三品官荫人，命宣徽院拣试仪观修整者，格同尚衣承奉。二十一年，格同知把书画。

擎执傔使，大定四年，以内职及承奉班内选。明昌六年，以皇家袒免以上亲、不足则于外戚、并三品已上散官、五品以上职事官应荫子孙弟兄侄，以宣徽院选有德而美形貌者。

奉辇，旧名拽辇儿，大定二十九年更名，格同擎执。

妃奉事，旧名不入寝殿小底，大定十一年又名妃奉职，大定十八年更今名。格同知把书画。

东宫妃护卫，十人，大定十三年，格同亲王府祗候郎君。二十八年，有荫人与副巡检、讥察，无荫人与司军、军辖等除。

东宫入殿小底，三十月迁一重。初考，女直人迁敦武，余人迁保义。吏格，有荫无荫其出职，初八品，二上簿，三中簿，四八品，五下令，六中令，八上令，回呈省。

东宫笔砚，五十月迁一重，百五十月出职正班九品。无荫人差使。有荫人，二十一年格，与二十一年知把书画格同。

正班局分，尚药、果子本把、奉膳、奉饮、司褥、仪鸾、武库本把，掌器、掌辇、习骑、群子都管、生料库本把。大定二十一年格，有荫人，知把书画格同。章宗大定二十九年，诸局分长行并历三百月、十人长九十月出职。

杂班局分，鹰坊子、尚食局厨子、果子厨子、食库车本把、仪鸾典幄、武库枪寨、司兽、钱帛库官、旗鼓笛角唱曲子人、弩手，伞子。贞元元年，制弩手、伞子、尚厩局小底、尚食局厨子，并授府州作院都监。大定二十九年，长行三百月、十人长九十月出职，弩手、伞子四百月出职。

其他局分，若秘书监楷书及琴、棋、书、阮、象、说话待诏，尚厩局医兽、驼马牛羊群子,酪人,皆无出身。

　　侍卫亲军长行,初收,迁一重,女直敦武,余人进义。每五十月迁一重,以次转五十人长者,则每三十月迁一重。如五十人长内迁至武义者,以五十人长本门户出职。五十人长每三十月迁一重,六十月出职,系正班,与九品除授,有荫者八品除授。如转百人长者,则三十月迁一重,六十月出职,系正班八品,有荫者七品。大定六年,百户任满,有荫者注七品都军、正将,无荫及五十户有荫者,注八品刺郡、都巡检、副将。五十户无荫者及长行有荫者,注县尉,无荫注散巡检。十六年,有荫百户,初中令,二都军、正将,三、四录事,五下令,六中令,七上令,回呈省。无荫者,初都军,正将,二绿事,三、四副将、巡检,五都军、正将,六下令,七中令,八上令,回呈省。此言识字者也;不识字者,初止县尉,次主簿。二十一年,有荫者初中簿,二县尉。无荫者初县尉,二散巡检。已后,依本门户,识字、不识字并用差注。二十九年,定女直二百五十月出职,余三百月出职。吏格,先察可亲民、及不可者,验其资历,若已任回带明威、怀远者,验资拟注。

　　拱卫直,正隆名龙翔军,无出身。大定二年,改龙翔军为拱卫司。定格,军使、什将、长行,每五十月迁一重,女直人敦武,余人进义。迁至指挥使,则三十月出职,迁一重,系正班,与诸司都监。虽未至指挥使,迁至武义出职,系杂班,与差使。

　　司天长行,正隆二年,定五十月迁一重,女直敦武,余人进义,无出身。

　　太医,格同。贞元元年,尝罢去六十余人。正隆二年格,五十月迁一重,女直人敦武,余人进义,无出身。

　　教坊,正隆间有典城牧民者,大定间罢,遂定格同上。

金史卷五四
志第三五

选举四

部选　省选　廉察　荐举
功酬亏永

　　凡吏部选授之制，自太宗天会十二年，始法古立官，至天眷元年，颁新官制。及天德四年，始以河南、北选人并赴中京，吏部各置局铨注。又命吏部尚书萧赜定河南、北官通注格，以诸司横班大解、并大将军合注差人，依年例一就铨注，余求仕人分四季拟授，遂为定制。贞元二年，命拟注时，依旧令，求仕官明数，谓面授也。不许就本乡，若衰病年老者毋授繁剧处。

　　世宗大定元年，敕从八品以下除授，不须奏闻。又制，求仕官毋入权门，违者追一官降除，有所馈献而受之者，奏之。

　　二年，诏随季选人，如无过或有功酬者，依格铨注。有廉能及污滥者，约量升降，呈省。

　　七年，命有司，自今每季求仕人到部，令本部体问，政迹出众者，及赃污者，申省核实以闻，约量升擢惩断，年老者勿授县令。又谓宰臣曰："随朝官能否，大率可知。若外路转运司幕官以至县令，但验资考，其中纵有忠勤廉洁者，无路而进，是此人终身不敢望三品矣，岂进贤退不肖之道哉。自今通三考视其能否，以定升降为格。"又曰："今用人之法甚弊，其有不求闻达者，入仕虽久，不离小官,至三四十年不离七品者,而新进者结朝贵,致显达,此岂示激劝之道。卿等当番于用人,以革此弊。”

时清州防御使常德辉上言:“吏部格法,止叙年劳,是以虽有才能,拘于法而不得升,以致人材多滞下位。又刺史县令亲民之职,多不得人,乞加体察,然后公行廉问,庶使有惧心。且今酒税使尚选能者,况承流宣化之官,可不择乎。自今宜以能吏当任酒使者授亲民之职。”从之。

十年,上谓宰臣曰:“守令以下小官,能否不能遍知。比闻百姓或请留者,类皆不听,凡小官得民悦,上官多恶之,能承事上官者,必不得民悦。自今民愿留者,许直赴部,告呈省。遣使复实,其绩果善可超升之,如丞簿升县令之类,以示激劝。”

二十六年,以阙官,敕“见行格法合降资历内,三降两降各免一降,一降者勿降。省令译史合得县令资历内,免录事及下县令各一任。密院令史三考以上者,同前免之。台、部、宗正府、统军司令译史,合历县令任数,免下令一任。外路右职文资诸科,合历县令亦免一任。当过检法知法,三考得录事者,已后两除一差。”

明昌三年,上曰“旧制,每季到部求仕人,识字者试以书判,不识字者问以疑难三事,体察言行相副者,其令自今随季部人并令依条试验。”宰执奏曰:“既体察知与所举相同,又试中书判,若不量与升除,无以示劝。”遂定制,若随朝及外路六品以上官则随长任用,外路正七品官拟升六品县令一等除授,任满合降者免降,从七品以下于各等资历内减两任拟注,以后体察相同即依已升任使,若体察不同者本等注授,若见任县令升中上令者、并掌钱谷及丁忧去者,候解由到部。诸局分人亦候将来出职日准上拟注。猛安谋克拟依前提刑司保举到升任例,施行时尝令随门户减一资历。明昌七年,敕复令如旧。

泰和元年,上以县令见守阙,近者十四月,远者十六月,又以县令丞簿员阙不相副,敕省臣,“右选官见格,散官至明威者注县令,宣武者注丞簿,虽曾犯选格及亏永者亦注,是无别也。”遂定制,曾犯选格及亏永者，广威注令，明威注丞簿。

卫绍王大安元年，以县令阙少，令初入上中下令者，与其守阙可令再注丞簿一任，俟员阙相副则当复旧。

宣宗贞祐二年，以播越流离，官职多阙，权命河朔诸道宣抚司得拟七品以下，寻以所注吏部不知，季放之阙多至重复，乃奏罢之。时李英言："兵兴以来，百务烦冗，政在用人，旧虽有四善、十七最之法，而拔擢蔑闻，几为徒设。大定间，以监察御史及审录官分诣诸路，考核以拟，号为得人，可依已试之效，庶几使人自励。"诏从之。

三年，户部郎中奥屯阿虎言："诸色迁官并与女直一体，而有司不奉，妄生分别，以至上下相疑。"诏以违制禁之。

初，宣宗之南迁也，诏吏部以秋冬于南京、春夏于中都置选，而赴调者惮于北行，率皆南来，遂并于南京设之。三月，命汰不胜官者，令五品以上官公举，今季赴部人内，先择材干者量缓急易之。

兴定元年，诏有司议减冗员。又诏，自今吏部每季铨选，差女直、汉人监察各一员监视，又尽罢前犯罪降除截罢、及承应未满解去而复为随处官司委使者。又定制，权依剧县例俱作正七品，令随朝七品、外路六品以上职事官，举正七品以下职事官年未六十无公私罪堪任使者，岁一人，仍令兼领枢密院弹压之职，以镇军人。凡上司不得差占及凌辱决罚。到任半年，委巡按官体访具申籍记。又半年复察，考满日分等升用。如六事备为上等，升职一等，四事为中等，减二资历，其次下等减一资历，不称者截罢。

凡省选之制，自熙宗皇统八年以上京僻远，始命诣燕京拟注，岁以为常。贞元迁都，始罢是制。其常调制，正七品两任升六品，六品三任升从五品，从五品两任升正五品，正五品三任升刺史。凡内外官皆以三十月为考，随朝官以三十月为任，升职一等。自非制授，尚书选在外官，命左司移文勾取。承安三年，始命置簿勾取。

大定十五年，制凡二品官及宰执枢密使不理任，每及三十月则书于贴黄，不及则附于阙满簿。内外三品官以五十月为任。

　　泰和三年,制凡文资右职官应迁三品职事者,五品以上历五十月,六品以下及门荫杂流职事至四品以上而散官应至三品者,皆历六十月,方许告迁。

　　七年,自按察使副依旧三十月理考外,内外四品以四十月理考,通八十月迁三品。

　　泰和八年,诏以门荫官职事至四品者甚少,自今至刺史而散官应至三品者,即许告迁三品。此省选资考之制也。

　　世宗大定元年,上谓宰臣曰:"朕昔历外任,不能悉知人之优劣,每除一官必以不称职为忧。夫荐贤乃相职,卿等其各尽乃心,勿贻笑天下。"又曰:"凡拟注之际当为官择人,勿徒任亲旧,庶无旷官矣。"又曰:"守令之职当择材能,比闻近边残破多用年老及罪降者,是益害边民也。若资历高者不当任边远,可取以下之才能者升授,回不复降,庶可以完复边陲也。"边升之制,盖始于此。

　　三年,诏监当官迁散官至三品尚任县令者,与省除。

　　四年,敕随朝六品以繁剧局分官有阙者,省不得拟注,令具阙及人以闻。

　　六年,制官至三品除,朝廷约量劳绩岁月,特恩迁官。

　　七年,制内外三品官遇拟注,其历过成考以上月日,不曾迁加,或经革拨,可于除目内备书以闻。又敕,外路四品以上职事官、并五品合升除官,皆具阙及人以闻。六品以下官,命尚书省拟定而复奏。上又谓宰臣曰:"拟注外官,往往未当。州县之官良则政举,否则政隳。卿宜辨论人材,优劣参用,则递相勉励,庶几成治矣。"又曰:"从来顿舍人例为节副,今宣徽院同签银术可以特收顿舍,然后授以沧州同知,此亦何功,但其人有足任使,故授以同签也。且如自护卫、符宝、顿舍考满者与六品五品之职,而与元苦辛特收顿舍者例除,则是不伦也。"

　　十年,谓宰臣曰:"凡在官者,若不为随朝职任,便不能离常调。若以卿等所知任使恐有滞,如验入仕名项或廉等第用之亦可。若不称职,即与外除。"

十一年，上谓宰臣曰："随朝官多自计所历，一考谓当得某职，两考又当得某职，故但务因循而已。及被差遣，又多稽违。近除大理司直李宝为警巡使，而奏谢言：'臣内历两考'，意谓合得五品而除六品也。朕以此人干事，尝除监察御史，及为大理司直，未尝言情见一事，由是除长官，欲视其为政，故授是职。自今外路与内除者，察其为政公勤则升用，若但务苟简者，不必待任满即当依本等出之。不明赏罚，何以示劝勉也。"

十二年，上谓宰臣曰："朕尝取尚书省百官行止观之，应任刺史知军者甚少，近独深州同知辞不习为可，故用之。即今居五品者皆再任当例降之人，故不可也。护卫中有考满者，若令出职，虑其年幼不闲政事，兼宿卫中如今日人材亦难得也。若勒留承应，累其资考，令至正五品可乎？"皆曰："善"。

十六年，敕宰臣，选调拟注之际，须引上路求仕人，引至尚书省堂量材受职。

二十一年，谓宰臣曰："海陵时，与人本官太滥，今复太隘"，令散官小者奏之。

二十四年，以旧资考太滞，命各减一任，临时量人材、辛苦、资历、年甲，以次奏禀。

章宗大定二十九年，定制，自正七品而上皆以两任而后升。

明昌四年，以前制有职官已带三品者不许告迁，有司因之不举，以致无由迁叙。上虑其滞，遂定制，已带三品散官实历五十月，从有司照勘，格前进官一阶，格后为始再算。

五年，命宰臣拟注之际，召赴选人与之语，以观其人。

六年，命随朝五品之要职、及外路三品官，皆具人阙进呈，以听制授。

七年，敕随朝除授必欲至三十月，如有急阙，则具阙及人奏禀。寻复令，不须待考满后，当通算其所历而已。

承安四年，敕宰臣曰："凡除授，恐未尽当。今无门下省，虽有给事中而无封驳司，若设之，使于拟奏未受时详审得当，然后授之可也。"乃立审官院,凡所送令详审者,以五日内奏或申省。

承安五年,以六品、从五品阙少,敕命历三任正七品而后升六品。

泰和元年,谕旨宰臣曰:"凡遇急阙,与其用资历未及之人,何如止起复丁忧旧人也。"命内外官通算,合得升等而少十五月者,依旧在职补足,而后升除,或有余月日以后积算。遇阙而无相应人,则以资历近者奏禀。

二年,命少五月以下者本任补,六月至十四月者本任或别除补之。是制既行之后,至六年,以一例递升复恐太滥,命量材续禀。

卫绍王大安元年,定文资本职出身内,有至一品职事官应迁一品散官者,实历五十月方许告迁。二品三品职事官应告本品循迁者,亦历五十月,不得过本品外。四品以下职事官如迁三品者,亦历五十月,止许告迁三品一资。六品以下职事官历六十月告迁,带至三品更不许告。犯选格者皆不许。如已至三品以上职事者,六十月亦听。凡迁三品官资及致仕并横迁三品者,则具行止以闻。四品则六十月告迁,杂班则否。

宣宗兴定元年,徒单顽僧言:"兵兴以来,恩命数出,以劳进阶者比年尤多。贱职下僚散官或至极品,名器之轻莫此为甚。自今非亲王子及职一品,余人虽散官至一品乞皆不许封公。若已封者,虽不追夺其仪卫,亦当降从二品之制。"从之。

凡选监察御史,尚书省具才能者疏名进呈,以听制授。任满,御史台奏其能否,仍视其所察公事具书于解由,以送尚书省。如所察事皆无谬戾为称职,则有升擢。庸常者临期取旨,不称者降除,任未满者不许改除。大定二十七年前,尝令六十以上者为之。后,台官以年老者多废事为言,乃敕尚书省于六品七品内取六十以下廉干者备选。二十九年,令台官得自辟举。

明昌三年,复命尚书省拟注,每一阙则具三人或五人之名,取旨授之。

承安三年,敕监察给由必经部而后呈省。

泰和四年，制以给由具所察事之大小多寡定其优劣。

八年，定制，事有失纠察者以怠慢治罪。

贞祐二年，定制以所察大事至五、小事至十为称职，数不及且无切务者为庸常，数内有二事不实者为不称职。

四年，命台官辟举，以名申省，定其可否。

廉察之制，始见于海陵时，故正隆二年六月有廉罢官复与差除之令。大定三年，命廉到廉能官第一等进官一阶升一等，其次约量注授。污滥官第一等殿三年降二等，次二年，又次一年，皆降一等。诏廉问猛安谋克，廉能者第一等迁两官，其次迁一官。污滥者第一等决杖百，罢去，择其兄弟代之。第二等杖八十，第三等杖七十，皆令复职。蒲辇决则罢去，永不补差。

八年，省臣奏御史中丞移剌道所廉之官，上曰：“职官多贪污，以致罪废，其余亦有因循以苟岁月者。今所察能实可甄奖，若即与升除，恐无以慰民爱留之意，且可迁加，候秩满日升除。”

十年正月，上谓宰臣曰：“今天下州县之职多阙员，朕欲不限资历用人，何以遍知其能。拟欲遣使廉问，又虑扰民而未得其真。若令行辟举之法，复恐久则生弊。不若选人暗察明廉，如其相同，然后升黜之，何如？”宰臣曰：“当如圣训。”

十一年，奏所廉善恶官，上曰：“罪重者遣官就治，所犯细微者盖不能禁制妻孥耳，其诫励而释之。凡廉能官，四品以下委官复实，同则升擢。三品以上以闻，朕自处之。”时陈言者有云“每三年委宰执一员廉问”者，上以大臣出则郡县动摇，谁复敢行事者。今默察明问之制，盖得其中矣。又谓宰臣曰：“朕以欲遍知天下官吏善恶，故每使采访，其被升黜者多矣，宜知劝也。若常设访察，恐任非其人以之生弊，是以姑罢之。”皆曰：“是官不设，何以知官吏之善恶也？”左丞相良弼曰：“自今臣等尽心亲察之。”上曰：“宜加详，勿使名实淆混。”

十二年，以同知山阳军山和尚等清强，上曰：“此辈，暗察明访皆著政声。夫赏罚必信,则善者劝、恶性者惧,此道久行庶可得人也。其第其政绩旌赏之。"三月,诏赃官既已被廉,若仍旧在职必复害民,其遣驿使遍诣诸道,即日罢之。

大定二十八年,制以阁门祗候、笔砚承奉、奉职、妃护卫、东宫入殿小底、宗室郎君、王府郎君、省郎君,始以选试才能用之,不须体察。内藏本把、不入殿小底、与入殿小底、及知把书画,则亦不体察。

三年,以所廉察则有清廉之声,而政绩则平常者,敕命不降注。以石仲渊等四人,虽清廉为百姓所喜,而复有行事邀顺人情之语,则与公正廉能人不同,敕命降注。凡治绩平常者,夺元举官俸一月。

明昌四年,上曰:"凡被举者,或先察者不同,其后为人再举而察者同,或先察者同,而后察者不同,当何以处之?其议可久通行无窒之术以闻。"省臣奏曰:"保举与体察不一者,可除不相摄提刑司境内职事,再令体察,如果同则依格用,不同则还本资历。"时有议"凡当举人之官,岁限以数,减资注受"者,是日,省臣并奏,以谓如此恐滋久长求请侥幸之弊。遂拟"被举官如体察相同,随长升用,不如所举者元举官约量降除。如自嘱求举,或因势要及为人请嘱而举之者,各追一官,受贿者以枉法论,体察官亦同此。岁举不限数,不举不坐罪,但不如所举则有降罚,如此则必不敢滥举,而实材可得。"上曰:"是可止作条理,施行一二年,当别思其法。"

承安四年,以按察司不兼采访,遂罢平倒别路除授之制。

泰和元年,定制,自第一等阙外,第二等阙满,合注县令者升上令,少一任与中令,少二任与下令,少三任以上者与录事军防判,仍减一资,注令。少五任以上者注丞簿。第三等任满,合注县令者升中令,少一任与下令,少二任以上者与录事防判,亦减一资,注令。少四任以上者并注丞簿。已入县令者,秩满日与上令,仍依各等资考内通减两任呈省。已任七品、六品者减一资注授,经保充县令,明问相同,依资考不待满升除,见随朝者考满升注,既升除后将来复察公正廉能者不降。

宣宗南迁，尝以御史巡察。兴定元年，以县官或非材，监察御史一过不能备知，遂令每岁两遣监察御史巡察，仍别选官巡访，以行黜陟之政。

哀宗正大元年，设司农司，自卿而下迭出巡察吏治臧否，以升黜之。

举荐　大定二年，诏随朝六品、外路五品以上官，各举廉能官一员。三年，定制，若察得所举相同者，即议旌除。若声迹秽滥，所举官约量降罚。

九年，上曰："朕思得忠廉之臣，与之共治，故尝命五品以上各举所知，于今数年矣。以天下之大，岂无其人，由在上者知而不举也。"参知政事魏子平奏曰："可令当举官者，每任须举一人，视其当否以为旌赏。"上曰："一任举一人，则人材或难，恐涉于滥。又少有所犯则罪举者，故人益畏而不敢举。宋国被举之官有犯罪者，所举官虽宰执亦不免降黜，若有能名，则被迁赏。且人情始慕进，故多廉慎，既得任用，或失所守。宰执自掌黜陟之权，岂可因所举而置罪耶。"左丞相纥石列良弼曰："已申前令，命举之矣。"

十年，上曰："举人之法，若定三品官当举几人，是使小官皆谄媚于上也。惟任满询察前政，则得人矣。"

十一年，上谓宰臣曰："昨观贴黄，五品以下官多阙，而难于得人。凡三品以上，朕则自知，五品以下，不能尽识，卿等曾无一言见举者。国家之务，朕岂能独尽哉。盖尝思之，欲画久安之计，兴百姓之利，而无良辅佐，虽有所行皆寻常事耳。"

十九年，时朝廷既取民所誉望之官而升迁之，后，上以随路之民赴都举请者，往往无廉能之实，多为所使而来沽名者，不须举行。

章宗大定二十九年，上以选举十事，命奉御合鲁谕尚书省定拟。

其一曰："旧格，进士、军功最高，尚且初除丞簿，第五任县令升正七品，两任正七品升六品，三任六品升从五品，两任从五升正五品，正五三任而后升刺史，计四十余年始得至刺史也，其他资格出职者可知矣。拘于资格之滞，至于如此。其令提刑司采访可用之才，减资考而用之，庶使可用者不至衰老。"省臣遂拟，凡三任升者减为两任，于此资历内，遇各品阙多，则于第二任未满人内，选人材、苦辛可以超用者，及外路提刑司所采访者，升擢之。

其二曰："旧格，随朝苦辛验资考升除者，任满回日而复降之。如正七满回降除从七品，从五品回降为六品之类。今若其人果才能，可为免降。"尚书吏部遂拟，今随朝考满，迁除外路五品以下职事，并应验考次职满有才能者，以本官任满已前十五月以上、二十月以内，察访保结呈省。

其三曰："随路提刑所访廉能之官，就令定其堪任职事，从宜迁注。"

其四曰："从来宰相不得与求仕官相见，如此何由知天下人材优劣。其许相见，以访才能。"尚书刑部谓，"在制，求仕官不得于私第谒见达官，违者追一官降等奏除。若有求请馈遗，则以奏闻，仍委御史纠察。"上遂命削此制。

其五曰："旧时，臣下虽知亲友有可用者，皆欲远嫌而不引荐。古者举贤不避亲雠，如祁奚举雠，仁杰举子，崔祐甫除吏八百皆亲故也。其令五品以上官，各举所知几人，违者加以蔽贤之罪。"吏部议，内外五品以上职事官，每岁保廉能官一人。外路五品、随朝六品愿举者听。若不如所举者，各约量降罚。今拟贤而不举者，亦当约量降罚。

其六曰："前代官到任之后，即举可自代者，其令自今五品以上官，举自代以备交承。"吏部按《唐会要》，建中元年赦文，文武常参官外，节度、观察、防御、军使、刺史、赤令、畿令，并七品以上清官、大理司直评事，受命之三日，于四方馆上表，让一人以自代，外官则驰驿奏闻。表付中书门下，每官阙即以所举多者量授。今拟内外官五品以上到任，须举所知才行官一员以自代。太傅、丞相、平章谓，"自古人材难得，若令举以自代，恐滥而不得实材。"参政谓，"自代非谓即令代其人也,止类姓名,取所举多者约量授之尔,此盖舜官相让,《周官》推贤之遗意。"上以参政所言与吏部同,从之。

其七曰:"随朝、外路长官,一任之内足知僚属之能否,每任可令举几人。"吏部拟,今内外五品以上职事官长,于僚属内须举才能官一人,数外举者听。

其八曰:"人才随色有之,监临诸物料及草泽隐逸之士,不无人材,宜荐举用之。"吏部拟,监临诸物料内,以外路五品、随朝六品以上,举廉能者,直言所长,移文转申省,差官察访得实,随材任使。草泽隐逸,当遍下司县,以提刑司察访呈省。随色人材,令内外五品以上职官荐之。

其九曰:"亲军出职,内有尤长武艺、勇敢过人者,其令内外官举、提刑司察,如资考高者,可参注沿边刺史、同知、县令。"吏部拟,若依本格资历,恐妨才能,若举察得实者,依本格减一资历拟注。尚书省拟,依旨升品拟注。

其十曰:"内外官所荐人材,即依所举试之,委提刑司采访虚实,若果能称职,更加迁擢,如或碌碌,即送常调。古者进贤受上赏,进不肖有罚,其立定赏罚条格,庶使人不敢徇私也"省臣议,随款各欲举人,则一人内所举不下五七人。自古知人为难,人材亦自难得,限数多则猥避责罚、务苟简,不副圣主求贤之意。拟以前项各款,随色能举一人,即充岁举之数。如此则不滥,而实材得矣。每岁贡人数,尚书省复察相同,则置簿籍之,如有阙则当随材奏拟。

明昌元年,敕齐民之中有德行才能者,司县举之,特赐同四举五举人下。明昌元年,制如所举碌碌无过人迹者,元举官依例治罪。

宣宗兴定元年,令随朝七品、外路六品以上职事官,举正七品以下职事官年未六十、不犯赃、堪任使者一人。

三年,定辟举县令制。称职,则元举官减一资历。中平,约量升除。不称,罚俸一月。犯免官,免所居官。及官当私罪解任、杖罪、赃污者,约量降除。污赃至徒以上及除名者,一任不理资考。三品以上举县令,称职者约量升除,不称夺俸一月。若被举者犯免官等罪,夺俸两月。赃污至徒以上及除名者,夺俸三月。狱成,而会赦原者,亦原之。

五年,制辟举县令考平者,元举者不得复举,他人举之者听。又旧制,保举县令秩满之后,以六事论升降,三事以下减一资历,四事减两资历,六事皆备则升职一等。既而御史张升卿言:"进士中下甲及第人、及监官至明威当入县丞主簿,而三事以下减一资历注下令,四事减注中令,令皆七品也,若复八品矣。轻重相庚,宜更定之。"遂定制,自今四事以下如前条,六事完者,进士中下甲及第、监官当入县丞主簿人,减三资历,注上令。余出身亦同此。任二十月以上,虽未秩满,若以理去官,六事之迹已经复察,论升如秩满例。

五年,以举官或私其亲、或徇于请求、或谬于鉴裁而妄举,数岁之间以滥去者九十余人,乃罢辟举县令之制。

至哀宗正大元年,乃立法,命监察御史、司农司官,先访察随朝七品、外路六品以上官,清慎明洁可为举主者,然后移文使举所知,仍以六事课殿最,而升黜举主。故举主既为之尽心,而被举者亦为之尽力。是时虽迫危亡,而县令号为得人,由作法有足取云。

功酬亏永之制 凡诸提点院务官,三十月迁一官,周岁为满,止取无亏月日用之。大定四年,定制,一任内亏一分以上降五人,二分以上降十人,三分以上降十五人,若有增羡则依此升迁,其升降不尽之数,于后任充折。

二十一年,以旧制监当官并责决,而不顾廉耻之人,以谓已决即得赴调,不以刑罚为畏。拟自今,若亏永及一酬以上,依格追官殿一年外,亏永不及酬者,亦殿一年。

章宗大定二十九年,罢年迁之法,更定制,比永课增及一酬迁一官,两酬迁两官,如亏课则削亦如之,各两官止。又罢使司小都监与使副一体论增亏者,及罢余前升降不尽之数后任充折之制。

泰和元年,制犯选及亏永者,右职汉人至宣武将军从五品、女直至广威将军正五品,方注县令。又吏格,曾犯选及亏永者,女直至武义从六、汉人及诸色人至武略从六,皆注诸司,亦两除一差,至明威方注丞簿。

贞祐三年,制曾亏永、犯选者,迁至宣武,注诸司,至怀远从四下,方注丞簿,至安远从四上,注下令。

正大元年,制曾犯选、曾亏永者,至广威与诸司,两除一差,至安远注丞簿,三任,其至镇国从三品下,方注下令。群牧官三周岁为满,所牧之畜以十为率,驼增二头,马增二匹,牛亦如之,羊增四口,而大马百死十五匹者,及能征前官所亏,三分为率,能尽征及征二分半以上,为上等,升一品级。驼增一,马牛增二,羊增三,大马百死二十五,征前官所亏二分以上,为中等,约量升除。驼不增,马牛增一,羊增二,大马百死三十,征亏一分以上,为下等,依本等除。余畜皆依元数,而大马百死四十,征亏不及一分者,降一等。此明昌四年制也。

五年,制马牛羊亏元数十之一,骡马百死四十,征亏不及一分者,降一等,决四十。若驼马牛羊亏元数一分、马百死四十,征亏不得者,杖八十,降同前。

金史卷五五
志第三六

百官一

三师　三公　尚书省　都元帅府
枢密院　大宗正府　御史台
宣抚司　劝农使司　司农司　三司
国史院　翰林学士院　审官院
太常寺

　　金自景祖始建官属,统诸部以专征伐,嶷然自为一国。其官长,皆称曰勃极烈,故太祖以都勃极烈嗣位,太宗以谙版勃极烈居守。谙板,尊大之称也。其次曰国论忽鲁勃极烈,国论言贵,忽鲁犹总帅也。又有国论勃极烈,或左右置,所谓国相也。其次诸勃极烈之上,则有国论、乙室、忽鲁、移赉、阿买、阿舍、昊、迭之号,以为升拜宗室功臣之序焉。其部长曰孛堇,统数部者曰忽鲁。凡此,至熙宗定官制皆废。

　　其后惟镇抚边民之官曰秃里,乌鲁骨之下有扫稳脱朵,详稳之下有么忽、习尼昆,此则具于官制而不废,皆踵辽官名也。

　　汉官之制,自平州人不乐为猛安谋克之官,始置长吏以下。天辅七年以左企弓行枢密院于广宁,尚踵辽南院之旧。天会四年,建尚书省,遂有三省之制。至熙宗颁新官制及换官格,除拜内外官,始定勋封食邑入衔，而后其制定。然大率皆循辽、宋之旧。海陵庶人正隆元年罢中书门下省。止置尚书省。自省而下官司之别，曰院、曰台、曰府、曰司、曰寺、曰监、曰局、曰署、曰所，各统其属以修其职。职有定位，员有常数，纪纲明，庶务举，是以终金之世守而不敢变焉。

大定二十八年，在仕官一万九千七百员，四季赴选者千余，岁数监差者三千。明昌四年奏，周岁，官死及事故者六百七十，新入仕者五百一十，见在官万一千四百九十九，内女直四千七百五员，汉人六千七百九十四员。至泰和七年，在仕官四万七千余，四季部拟授者千七百，监官到部者九千二百九十余，则三倍世宗之时矣。

若宣宗之抬贤所，经略司，义宗之益政院，虽危亡之政亦必列于其次，以著一时之事云。

三师　太师、太傅、太保各一员，皆正一品，师范一人，仪刑四海。

三公　太尉、司徒、司空各一员，皆正一品，论道经邦，变理阴阳。

尚书省　尚书令一员，正一品，总领纪纲，仪刑端揆。

左丞相、右丞相各一员，从一品，平章政事二员，从一品，为宰相，掌丞天子，平章万机。

左丞、右丞各一员，正二品，参知政事二员，从二品，为执政官，为宰相之贰，佐治省事。

左司

郎中一员，正五品，国初置左、右司侍郎，天眷三年始更今名。旧凡视朝，执政官亲执奏目，天德二年诏以付左、右司官，为定制。员外郎一员，正六品，掌本司奏事，总察吏、户礼三部受事付事，兼带修起居注官，回避其间记述之事。每月朔朝，则先集是月秩满者为簿，名曰阙本，及行止簿、贴黄簿、并官制同进呈，御览毕则受而藏之。每有除拜，凡尚书省所不敢拟注者，则一阙具二三人以听制授焉。都事二员，正七品，贞元二年，左右司官，宫中出身、并进士、令史三色人内通选。三年，以监察御史相应人取次禀奏，不复拟注。掌本司受事付，检勾稽失、省署文牒，兼知省内宿直，检校架阁等事。右司所掌同。

右司

郎中一员，正五品，员外郎一员，正六品，掌本司奏事，总察兵、刑、工三部受事付事，兼带修注官，回避其间记述之事。都事二员，正七品。

尚书省祗候郎君管勾官，从七品，掌祗候郎君，谨其出入及差遣之事。承安二年以前，走马郎君拟注。《泰和令》，以左右女直都事兼。正大间，改用亲从人。

架阁库大定二十一年六月设，仍以都事提控之。

管勾，旧二员，正大省一员。正八品，同管勾，旧二员，正大省一员。从八品，掌总察左右司大程官追付文牒，并提控小都监给纸笔，余管勾同。女直省令史三十五人，左二十人，右十五人。大定二十四年为三十人。进士十人，宰执子、宗室子十人，密院台部统军司令史十人。汉令史三十五人，左二十一人、右十四人。省译史十四人，左右各七人。女直译史同。通事八人，左右各四人。高丽、夏国、回纥译史四人，左右各二人。诸部通事六人。曳剌二十人。走马郎君五十人。

提点岁赐所

左右司郎中、员外郎兼之，掌提点岁赐出入钱币之事。

堂食公使酒库

使一员，从八品，掌受给岁赐钱，总领库事。

副一员，正九品，掌贰使事。

直省局

局长，从八品，掌都堂之礼及官员参谢之仪。

副局长，正九品，掌贰局长。

管勾尚书省乐工，从九品。

行台之制。熙宗天会十五年，罢刘豫，置行台尚书省于汴。天眷元年，以河南地与宋，遂改燕京枢密为行台尚书省。天眷三年，复移置于汴京。皇统二年，定行台官品皆下中台一等。

六部，国初与左、右司通署，天眷三年始分治。

吏部

尚书一员，正三品。

侍郎一员，正四品。

郎中二员，从五品。天德二年，增作四员，后省。

员外郎，从六品。天德二年，增作四员，后省。

掌文武选授、勋封、考课、出给制诰之政。以才行劳效，比仕者之贤否；以行止、文册、贴黄簿，制名阙之机要。正七品以上，以名上省，听制授。从七品以下，每至季月则循资格而拟注，自八品以上则奏，以下则否。侍郎以下，皆为尚书之贰。郎中掌文武选、流外迁用、官吏差使、行止名簿、封爵制诰。一员掌勋级酬赏、承袭用荫、循迁、致仕、考课、议谥之事。员外郎分判曹务及参议事。所掌与郎中同。

文官九品，阶凡四十有二：

从一品上曰开府仪同三司，中曰仪同三司，中次曰特进，下曰崇进。

正二品上曰金紫光禄大夫，下曰银青荣禄大夫。

从二品上曰光禄大夫，下曰荣禄大夫。

正三品上曰资德大夫，中曰资政大夫，下曰资善大夫。

从三品上曰正奉大夫，中曰通奉大夫，下曰中奉大夫。

正四品上曰正议大夫。中曰通议大夫，下曰嘉议大夫。

从四品上曰大中大夫，中曰中大夫，下曰少中大夫。

正五品上曰中议大夫，中曰中宪大夫，下曰中顺大夫。

从五品上曰朝请大夫，中曰朝散大夫，下曰朝列大夫。旧曰奉德大夫，天德二年更。

正六品上曰奉政大夫，下曰奉议大夫。

从六品上曰奉直大夫，下曰奉训大夫。

正七品上曰承德郎，下曰承直郎。

从七品上曰承务郎，下曰儒林郎。

正八品上曰文林郎，下曰承事郎。

从八品上曰征事郎，下曰从仕郎。

正九品上曰登仕郎，下曰将仕郎。

从九品上曰登仕佐郎，下曰将仕佐郎。此二阶，大定十四年创增。

武散官，凡仕至从二品以上至从一品者，皆用文资。自正三品以下，阶与文资同：

正三品上曰龙虎卫上将军，中曰金吾卫上将军，下曰骠骑卫上将军。

从三品上曰奉国上将军。中曰辅国上将军，下曰镇国上将军。

正四品上曰昭武大将军，中曰昭毅大将军，下曰昭勇大将军。

从四品上曰安远大将军，中曰定远大将军，下曰怀远大将军。

正五品上曰广威将军，中曰宣威将军，下曰明威将军。

从五品上曰信武将军，中曰显武将军，下曰宣武将军。

正六品上曰武节将军，下曰武德将军。

从六品上曰武义将军，下曰武略将军。

正七品上曰承信校尉，下曰昭信校尉。

从七品上曰忠武校尉，下曰忠显校尉。

正八品上曰忠勇校尉，下曰忠翊校尉。

从八品上曰修武副尉，下曰敦武校尉。

正九品上曰保义校尉，下曰进义校尉。

从九品上曰保义副尉，下曰进义副尉。此二皆，大定十四年创增。

封爵：

正从一品曰郡王，曰国公。

正从二品曰郡公。

正从三品曰郡侯。

正从四品曰郡伯。旧曰县伯，承安二年更。

正五品曰县子,从五品曰县男。

凡勋级:

正二品曰上柱国,从二品曰柱国。

正三品曰上护军,从三品曰护军。

正四品曰上轻车都尉,从四品曰轻车都尉。

正五品曰上骑都尉,从五品曰骑都尉。

正六品曰骁骑尉,从六品曰飞骑尉。

正七品曰云骑尉,从七品曰武骑尉。

凡食邑:

封王者万户,实封一千户。

郡王五千户,实封五百户。

国公三千户,实封三百户。

郡公二千户,实封二百户。

郡侯一千户,实封一百户。

郡伯七百户,县子五百户,县男三百户,皆无实封。

自天眷定制,凡食邑,同散官入衔。

司天翰林官,旧制自从七品而下止五阶,至天眷定制,司天自从四品而下,立为十五阶:

从四品上曰钦象大夫,中曰正仪大夫,下曰钦授大夫。

正五品上曰灵宪大夫,中曰明时大夫,下曰颁朔大夫。

从五品上曰云纪大夫,中曰协纪大夫,下曰保章大夫。

正六品上曰纪和大夫,下曰司玄大夫。

从六品上曰探赜郎,下曰授时郎。

正七品上曰究微郎,下曰灵台郎。

从七品上曰明纬郎,下曰候仪郎。

正八品上曰推策郎,下曰司正郎。

从八品上曰校景郎,下曰平秩郎。

正九品上曰正纪郎,下曰挈壶郎。

从九品上曰司历郎,下曰司辰郎。

太医官,旧自从六品而下止七阶,天眷制,自从四品而下,立为
十五阶:

从四品上曰保宜大夫,中曰保康大夫,下曰保平大夫。

正五品上曰保颐大夫,中曰保安大夫,下曰保和大夫。

从五品上曰保善大夫,中曰保嘉大夫,下曰保顺大夫。

正六品上曰保合大夫,下曰保冲大夫。

从六品上曰保愈郎,下曰保全郎。

正七品上曰成正郎,下曰成安郎。

从七品上曰成顺郎,下曰成和郎。

正八品上曰成愈郎,下曰成全郎。

从八品上曰医全郎,下曰医正郎。

正九品上曰医效郎,下曰医候郎。

从九品上曰医痊郎,下曰医愈郎。

内侍,天德创制,自从四品以下,十五阶:

从四品上曰中散大夫,中曰中尹大夫,下曰中侍大夫。

正五品上曰中列大夫,中曰中御大夫,下曰中仪大夫。

从五品上曰中常大夫,中曰中益大夫,下曰中卫大夫。

正六品上曰中良大夫,天德作中亮。下曰中涓大夫。

从六品上曰通禁郎,下曰通侍郎。

正七品上曰通掖郎,下曰通御郎。

从七品上曰禁直郎,下曰侍直郎。

正八品上曰掖直郎,下曰内直郎。

从八品上曰司赞郎,下曰司谒郎。

正九品上曰司阍郎,下曰司仆郎。

从九品上曰司奉郎,下曰司引郎。

教坊,旧用武散官,大定二十九年以为不称,乃创定二十
五阶。明昌三年,自从四品以下,更立为十五阶:

从四品上曰云韶大夫,中曰仙韶大夫,下曰成韶大夫。

正五品上曰章德大夫,中曰长宁大夫,下曰德和大夫。

从五品上曰景云大夫,中曰云和大夫,下曰协律大夫。

正六品上曰庆喜大夫,下曰嘉成大夫。

从六品上曰肃和郎,下曰纯和郎。

正七品上曰舒和郎,下曰调音郎。

从七品上曰比音郎,下曰司乐郎。

正八品上曰典乐郎,下曰协乐郎。

从八品上曰掌乐郎,下曰和乐郎。

正九品上曰司音郎,下曰司律郎。

从九品上曰和声郎,下曰和节郎。

凡内外官之政绩,所历之资考,更代之期,去就之故,秩满皆备陈于解由,吏部据以定能否。又撮解由之要,于铨拟时读之,谓之铨头。又会历任铨头,而书于行止簿。行止簿者,以姓为类,而书各人平日所历之资考功过者也。又为簿,列百司官名,有所更代,则以小黄绫书更代之期,及所以去就之故,而制其铨拟之要领焉。

凡县令,则省除、部除者通书而各疏之。

泰和四年,定考课法,准唐令,作四善、十七最之制。四善之一曰德义有闻,二曰清慎明著,三曰公平可称,四曰勤恪匪懈。十七最之一曰礼乐兴行,肃清所部,为政教之最。二曰赋役均平,田野加辟,为牧民之最。三曰决断不滞,与夺当理,为判事之最。四曰钤束吏卒,奸盗不滋,为严明之最。五曰案簿分明,评拟均当,为检校之最。以上皆谓县令、丞簿、警巡使副、录事、司候、判官也。六曰详断合宜,咨执当理,为幕职之最。七曰盗贼消弭,使人安静,为巡捕之最。八曰明于出纳,物无损失,为仓库之最。九曰训导有方,生徒充业,为学官之最。十曰检察有方,行旅无滞,为关津之最。十一曰隄防坚固,备御无虞,为河防之最。十二曰出纳明敏,数无滥失,为监督之最。十三曰谨察禁囚,轻重无怨,为狱官之最。十四曰物价得实,奸滥不行,为市司之最,谓市令也。十五曰戎器完肃,扞守有方,为边防之最,谓正副部队将、镇防官也。十六曰议狱得情,处断公平,为法官之最。十七曰差役均平,盗贼止息,为军职之最,谓都军、军辖也。

凡县令以下，三最以上有四善或三善者为上，升一等；三最以上有二善者为中，减两资历；三最以上有一善为下，减一资历。节度判官、防御判官、军判以下，一最而有四善或三善为上，减一资历；一最而有二善为中，升为榜首；一最而有一善为下，升本等首。又以明昌四年所定，军民俱称为廉能者是为廉能官之制，参于其间而定其甄擢焉。

宣宗兴定元年，行辟举县令法，以六事考之，一曰田野辟，二曰户口增，三曰赋役平，四曰盗贼息，五曰军民和，六曰词讼简。六事俱备为上等，升职一等；兼四事者为中等，减二资历；其次为下等，减一资历；否则为不称职，罢而降之，平常者依本格。

凡封王：

大国号二十，曰：恒、旧为辽，明昌二年以汉、辽、唐、宋、梁、秦、殷、楚之类，皆昔有天下者之号，不宜封臣下，遂皆改之。邵、旧为梁。汴、旧为宋。镐、旧为秦。并、旧为汉。益、旧为汉。彭、旧为齐。赵、越、谯、旧为殷。郢、旧为楚。鲁、冀、豫、绛、旧为唐。兖、鄂、旧为吴。夔、旧为蜀。宛、旧为陈。曹。

次国三十，曰：泾、旧为隋。郑、卫、韩、潞、幽、沈、岐、代、泽、徐、胜、薛、纪、升、旧为原。邢、翼、丰、毕、邓、郓、霍、蔡、瀛、按金格，葛当在此。沂、荆、荣、英、寿、温。

小国三十：濮、遂、旧曰济。道、定、景、后改为邹。申、崇、宿、息、莒、邺、郜、舒、淄、郦、莱、旧为宗，以避讳改。郧、郯、杞、向、管、旧曰郇，兴定元年改。密、胙、任、戴、巩、蒋、《士民须知》云，旧为葛。萧、莘、芮。

封王之郡号十：金源、广平、平原、南阳、常山、太原、平阳、东平、安定、延安。

封公主之县号三十：乐安、清平、蓬莱、荣安、栖霞、寿光、灵仙、寿阳、锺秀、惠和、永宁、庆云、静乐、福山、隆平、德平、文安、福昌、顺安、乐寿、静安、灵寿、大宁、闻喜、秀容、宜芳、真宁、嘉祥、金乡、华原。

凡白号之姓，完颜、温迪罕、夹谷、陁满、仆散、术虎、移剌苔、斡勒、斡准、把、阿不罕、卓鲁、回特、黑罕、会阑、沈谷，塞蒲里、吾古孙、石敦、卓陀、阿厮准、匹独思、潘术古、谙石剌、石古苦、缀罕、光吉剌皆封金源郡；裴满、徒单、温敦、兀林荅、阿典、纥石烈、纳阑、孛术鲁、阿勒根、纳合、石盏、蒲鲜、古里甲、阿迭、聂摸栾、抹捻、纳坦、兀撒惹、阿鲜、把古、温古孙、耨碗、撒合烈、吾塞、和速嘉、能偎、阿里班、兀里坦、聂散、蒲速烈皆封广平郡；吾古论、兀颜、女奚烈、独吉、黄掴、颜盏、蒲古里、必兰、斡雷、独鼎、尼庞窟，窟亦作古。拓特、盖散、撒苔牙、阿速、撒划、准土谷、纳谋鲁、业速布、安煦烈、爱申、拿可、贵益昆，温撒、梭罕、霍域皆封陇西郡。

黑号之姓，唐括，旧书作同古。蒲察、术甲、蒙古、蒲速、粘割、奥屯、斜卯、准葛、谙蛮、独虎、术鲁、磨辇、益辇、贴暖、苏孛辇皆封彭城郡。

亲王母妻，封一字王者旧封王妃，为正从一品，次室封王夫人。承安二年，敕王妃止封王夫人，次室封孺人。郡王母妻封郡王夫人，国公母妻封国公夫人，郡公母妻封郡公夫人，郡侯母妻封郡君，承安二年更为郡侯夫人。四品文散少中大夫、武散怀远大将军以上母妻封县君，承安二年为郡君。五品文散朝列大夫、武散宣武将军以上母妻封乡君。承安二年为县君。

皇统五年，以古官曰"牧"曰"长"，各有总名，今庶官不分类为名，于文移不便。遂定京府尹牧、留守、知州、县令、详稳、群牧为"长官"，同知、签院、副使、少尹、通判、丞曰"佐贰官"，判官、推官、掌书记、主簿、县尉为"幕职官"，兵马司及它司军者曰"军职官"，警巡、市令、录事、司候、诸参军、知律、勘事、勘判为"厘务官"，应管仓库院务者曰"监当官"，监当官出大定制。知事孔目以下行文书者为"吏"。

凡除拜，尚书令、左右丞相以下，品不同者，则带"守"字。左右丞则带"行守"字。凡台官、御史、部官、京尹、少尹、守令、丞、簿、尉、录事、诸卿少至协律、评事、谏官、国子监学官、诸监至丞郎、符宝郎、东宫詹事、率府、仆正副、令丞、王府官、散官高于职事者带"行"字，职事高于散官一品者带"守"字、二品者带"试"字，品同者皆否。

猛安、谋克、翰林待制、修撰、判、推、勘事官、都事、典事、知事、内承奉、押班、通事舍人、通进、编修、勾当、顿舍、部役、厢官、受给管勾、巡河官、直省直院长副、诸检法、知法、司正、教授、司狱、司候、东宫谕德、赞善、掌宝、典仪以下，王府文学、记事参军，并带"充"字。枢密、宣徽、劝农、诸军都指挥、统军、转运使、招讨、提刑、节度、群牧、防御、客省、引进、四方馆、合门、太医、教坊、鹰坊、警巡、巡检、诸司局仓库务使副，皆带"充"字及"知某事"。

凡带"知"、"判"、"签书"字者，则不带"行""守""试"字。以上所带字，品同者则否。

自三师、三公、平章政事、元帅以下至监军、东宫三师、三少、点检至振肃、承旨、学士、王傅、副统、招讨、及前所不载者，皆不带"行"、"守"、"试"、"知"、"充"字。

主事四员，从七品，掌知管差除、校勘行止，分掌封勋资考之事，惟选事则通署，及掌受事付事、检勾稽失省署文牍，兼知本部宿直、检校架阁。余部主事，自受事付事以下，所掌并同此。皇统四年，六部主事始用汉士人。大定三年，用进士，非特旨不得拟吏人，如宰执保奏人材，不入常例。承安五年，增女直主事一员。令史六十九人，内女直二十九人。译史五人，通事二人，与令史同。泰和八年，令史增十人。

架阁库大定二十一年六月设，仍以主事提控之。

管勾，正八品，掌吏、兵两部架阁，兼检校吏部行止。以识女直、契丹、汉字人充。如无，拟识女直、汉字人充。

同管勾一员。

官诰院

提举二员，掌署院事。以吏部郎中、翰林修撰各一人充。

户部，尚书一员，正三品。

侍郎二员，正四品。泰和八年减一员，承安二年复增。

郎中三员,从五品,天德二年置五员,泰和省作二员,又作四员,贞祐四年置八员,五年作六员。

员外郎三员,从六品。

郎中而下,皆以一员掌户籍、物力、婚姻、继嗣、田宅、财业、盐铁、酒曲、香茶、矾锡、丹粉、坑冶、榷场、市易等事、一员掌度支、国用、俸禄、恩赐、钱帛、宝货、贡赋、租税、府库、仓廪、积贮、权衡、度量、法式、给授职田、拘收官物、并照磨计帐等事。《泰和令》作二员,后增一员,贞祐四年作六员,又作八员,五年作四员。

主事五员,从七品,直女司二员,通掌户度金仓等事,汉人司三员,同员外郎分掌曹事,泰和八年减一员,贞祐四年作八员,五年六员。兼提控编附条格、管勾架阁等事。令史七十二人,内女直人十七人。译史五人,通事二人。泰和八年增八人。

架阁库

管勾一员,正八品,掌户、礼两部架阁。大安三年以主事各兼之。

同管勾,从八品。

检法,从八品。

勾当官五员,正八品。

贞元二年,设干办官十员,从七品。三年,置四员,寻罢之。四年,更设为勾当官,专提控支纳、管勾勘复、经历交钞及香、茶、盐引、照磨文帐等事。承安二年作四员,贞祐四年作十五员,五年作十员,兴定元年五员,二年复作十员。

礼部

尚书一员,正三品。

侍郎一员,正四品。

郎中一员,从五品。

员外郎一员,从六品。

掌凡礼乐、祭祀、燕享、学校、贡举、仪式、制度、符印、表疏、图书、册命、祥瑞、天文、漏刻、国忌、庙讳、医卜、释道、四方使客、诸国进贡、犒劳张设之事。凡试僧、尼、道、女冠,三年一次,限度八十人,差京府幕职或节镇防御佐贰官二员、僧官二人、道官一人、司吏一名、从人各一人、厨子二人、把门官一名、杂役三人。僧童能读《法华》、《心地观》、《金光明》、《报恩》、《华严》等经共五部，计八帙。《华严经》分为四帙。每帙取二卷，卷卷四题，读百字为限。尼童试经半部，与僧童同。道士、女冠童行念《道德》、《救苦》、《玉京山》、《消灾》、《灵宝度人》等经，皆以诵成句，依音释为通。中选者试官给据，以名报有司。凡僧尼官见管人及八十、道士女冠及三十人者放度一名，死者令监坛以度牒申部毁之。

主事二员，从七品。令史十五人，内女直五人。译史二人，通事一人。

左三部检法司

司正二员，正八品，掌拔详法状。兴定二年，右部额外设检、知法及掌法，四年罢。

检法二十二员，从八品，掌检断各司取法文字。

右三部检法职事同。元受札付，大定三年命给敕。

兵部

尚书一员，正三品。

侍郎一员，正四品。

郎中一员，从五品。

员外郎二员，从六品。

掌兵籍、军器、城隍、镇戍、厩牧、铺驿、车辂、仪仗、郡邑图志、险阻、障塞、远方归化之事。凡给马者，从一品以上，从八人，马十匹，食钱三贯十四文。从二品以上，从五人，马七匹，食钱二贯九十八文。从三品以上，从三人，马五匹，钱一贯五百十一文。从五品以上，从二人，马四匹，钱九百六十八文。从七品以上，人一人，马三匹，钱六百十七文。从九品以上，从一人，马二匹，钱四百六十四文。无从人。减七十八文。御前差无官者，视从五品。省差若有官者，人支钱四百五十一文，有从人加六十八文。走马人支钱百五十七文。敕书日行五百里。此《天兴近鉴》所载之制也。泰和六年置递铺，其制，该军马路十里一铺，铺设四人，内铺头一人，铺兵三人，以所辖军射粮军内差充，腰铃日行三百里。凡元帅府、六部文移，以敕递、省递牌子，入铺转送。

主事二员，从七品。贞祐五年以承发司管勾兼汉人主事。令史二十七人，内女直十二人。译史三人，通事二人。

刑部

尚书一员,正三品。

侍郎一员,正四品。

郎中一员,从五品。

员外郎二员,从六品,一员掌律令格式、审定刑名、关津讥察、赦诏勘鞫、追征给没等事,一员掌监户、官户、配隶、诉良贱、城门启闭、官吏改正、功赏捕亡等事。

主事二员,从七品。令史五十一人,内女直二十二人。译史五人,通事二人。

架阁库

管勾一员,正八品,掌刑、工两部架阁。大安二年以主事各兼。

同管勾一员,从八品。

工部

尚书一员,正三品。

侍郎一员,正四品。

郎中一员,从五品。

掌修造营建法式、诸作工匠、屯田、山林川泽之禁、江河堤岸、道路桥梁之事。

员外郎一员,从六品。贞祐五年,兼复实司官。天德三年,增二员。

主事二员,从七品。令史十八人内女直人四人。译史二人,通事一人。

复实司

管勾一员,从七品,隶户、工部,掌复实营造材物、工匠价直等事。大安元年,隶三司、工部,罢同管勾。贞祐五年并罢之,以二部主事兼。兴定四年复设,从省拟,不令户、工部举。

右三部检法司

司正二员,正八品。

检法,从八品,二十二员。

都元帅府掌征讨之事，兵罢则省。天会二年，伐宋始置。泰和八年，复改为枢密院。

都元帅一员，从一品。

左副元帅一员，正二品。

右副元帅一员，正二品。

元帅左监军一员，正三品。

元帅右监军一员，正三品。

左都监一员，从三品。

右都监一员，从三品。

经历一员，都事一员，知事一员，见兴定三年。正七品。

检法一员，从八品。元帅府女直令史十二人，承安二年十六人，汉人令史六人。译史三人，女直译史一人，承安二年二人。通事，女直三人，后作六人，承安二年复作三人，汉人二人。

正隆六年，海陵南伐，立三道都统制府及左右领军大都督，将三十二总管，有神策、神威、神捷、神锐、神毅、神翼、神勇、神果、神略、神锋、武胜、武定、武威、武安、武捷、武平、武成、武毅、武锐、武扬、武翼、武震、威定、威信、威胜、威捷、威烈、威毅、威震、威略、威果、威勇之号。

泰和六年伐宋，权设平南抚军上将军，正三品，至珍寇果毅都尉，从六品，凡九阶，曰平南抚军上将军、平南冠军大将军、平南龙骧将军、平南虎威将军、平南荡江将军、珍寇中郎将、珍寇郎将、珍寇折冲都尉、珍寇果毅都尉，军还罢。置令译史八十人，正三十三人，余四十七人从本府选擢。

元光间，招义军，置总领使，从五品。副使，从六品。训练官，从八品。正大二年，更总领名都尉，升秩为四品。四年，又升为从三品，有建威、折冲、振武、荡寇、果毅、珍寇、虎贲、鹰扬、破虏之名。

枢密院 天辅七年，始置于广宁府。天会三年下燕山，初以左企弓为使，后以刘彦宗。初犹如辽南院之制，后则否。泰和六年尝改为元帅府。

枢密使一员,从一品,掌凡武备机密之事。

构密副使一员,从二品,泰和四年置二人,后不为例。

签书枢密院事一员,正三品。

同签枢密院事一员,正四品。大定十七年增一员,寻罢。明昌初,复增一员,寻又省。三年九月复增一员。

经历一员,从五品。兴定三年见。

都事一员,正七品,掌受事付事、检勾稽失省署文牍、兼知宿直之事。

架阁库管勾一员,正八品。

知法二员,从八品,掌检断各司取法之事。余检法同。

枢密院令史,女直十二人,汉人六人,三品官子弟四人,吏员转补二人。译史三人,通事三人,回纥译史一人,曳剌十五人。

大宗正府　泰和六年避睿宗讳,改为大睦亲府。

判大宗正事一员,从一品,以皇族中属亲者充,掌敦睦纠率宗属钦奉王命,泰和六年改为判大睦亲事。

同判大宗正事一员,从二品,泰和六年改为同判大睦亲事。

同签大宗正事一员,正三品,宗室充,大定元年置。泰和六年改同签大睦亲事。

大宗正丞二员,从四品,一员于宗室中选能干者充,一员不限亲疏,分司上京长贰、兼管治临潢以东六司属,泰和六年改为大睦亲丞。

知事一员,从七品。

检法,从八品。

诸宗室将军,正七品。上京、东温忒二处皆有之。世宗时始命迁官,其户凡百二十。明昌二年更名曰司属,设令、丞。承安二年以令同随朝司令,正七品,丞正八品,中都、上京、扎里瓜、合古西南、梅坚寨、蒲与、临潢、泰州、金山等处置,属大宗正府。

御史台　登闻检院隶焉。见《士民须知》。《总格》、《泰和令》皆不载。

御史大夫，从二品，旧正三品，大定十二年升。掌纠察朝仪、弹劾官邪、勘鞫官府公事。凡内外刑狱所属理断不当，有陈诉者付台治之。

御史中丞，从三品，贰大夫。

侍御史二员，从五品。以上官品皆大定十二年递升。掌奏事、判台事。

治书侍御史二员，从六品，掌同侍御史。

殿中侍御史二员，正七品，每遇朝对立于龙墀之下，专劾朝者仪矩，凡百僚假告事具奏目进呈。

监察御史十二员，正七品，掌纠察内外非违、刷磨诸司察帐并监祭礼及出使之事。参注诸色人，大定二年八员，承安四年十员，承安五年两司各添十二员。

典事二员，从七品。

架阁库管勾一员，从八品。

检法四员，从八品。

狱丞一员，从九品。

御史台令史，女直十三人，内班内祗六人，终场举人七人。汉人十五人，内班内祗七人，终场举人八人。译史四人，三人内班祗二人，终场举人二人。通事三人。

宣抚司　泰和六年置陕西路宣抚使，节制陕西右监军、右都监兵马公事，八年，改陕西宣抚司为安抚司。山东东西、大名、河北东西、河东南北、辽东、陕西、咸平、隆安、上京、肇州、北京凡十处置司。

使，从一品。

副使，正三品。

劝农使司　泰和八年罢，贞祐间复置。兴定六年罢劝农司，改立司农司。

使一员,正三品。

副使一员,正五品。

掌劝课天下力田之事。

司农司　兴定六年置,兼采访公事。

大司农一员,正二品。

卿三员,正四品。

少卿三员,正五品。

知事二员,正七品。

兴定六年,陕西并河南三路置行司农司,设官五员。正大元年,归德、许州、河南、陕西各置,作三员。卿一员,正四品。少卿一员,正五品。丞一员,正六品。卿以下迭出巡案,察官吏臧否而升黜之。使节所过,奸吏屏息,十年之间民政修举,实赖其力。

三司　泰和八年,省户部官员置三司,谓兼劝农、盐铁、度支,户部三科也。贞祐罢之。

使一员,从二品。

副使一员,正三品。

签三司事一员,正四品。

同签三司事一员,正五品。

掌劝农、盐铁、度支。

判官三员,从六品,本参干官,大安元年更参议。

规措审计官三员,正七品,掌同参干官。

知事二员,从七品。以识女直、汉字以充。

勾当官二员,正八品。大安元年置三员,照磨吏员七人。

管勾架阁库一员,正八品。三司令史五十人,内女直十人,汉人四十人。大定元年增八人。译史二人,大安元年增一人。通事二人。

知法三员,从八品。女直知法一员大安元年增二员。

国史院　　先尝以谏官兼其职,明昌元年诏谏官不得兼,恐于其奏章私溢己美故也。

监修国史,掌监修国史事。

修国史,掌修国史,判院事。

同修国史二员。女直人、汉人各一员。承安四年更拟女直一员,罢契丹同修国史。

编修官,正八品,女直、汉人各四员。明昌二年罢契丹编修三员,添女直一员。大定十八年用书写出职人。

检阅官,从九品。书写。女直、汉人各五人。

修《辽史》刊修官一员,编修官三员。

翰林学士院天德三年,命翰林学士院自侍读学士至应奉文字,通设汉人十员,女直、契丹各七员。

翰林学士承旨,正三品,掌制撰词命。凡应奉文字,衔内带"知制诰"。直学士以上同。贞祐三年升从二品。

翰林学士,正三品。

翰林侍读学士,从三品。

翰林侍讲学士,从三品。

翰林直学士,从四品,不限员。

翰林待制,正五品,不限员,分掌词命文字,分判院事,衔内不带"知制诰。"

翰林修撰,从六品,不限员,掌与待制同。

应奉翰林文字,从七品。

审官院　　承安四年设,大安二年罢之,若注拟失当,止令御史台官论列。

知院一员,从三品,掌奏驳除授失当事。随朝六品,外路五品以上官除授,并送本院审之。补阙、拾遗、监察虽七品,亦送本院。或御批亦送禀,惟部除不送。

同知审官院事一员,从四品。

掌书四人。女直、汉人各二人,以御史台终场举人辟充。

太常寺 皇统三年正月始置。太庙、廪牺、郊社、诸陵、大乐等署隶焉。

卿一员,从三品。

少卿一员,正五品。

丞一员,正六品。

掌礼乐、郊庙、社稷、祠祀之事。

博士二员,正七品,掌检讨典礼。

检阅官一员,从九品,掌同博士。泰和元年置,四年罢。

检讨二员,从九品。明昌元年置,以品官子孙及终场举人,同国史院汉人书写例,试补。

太祝,从八品,掌奉祀神主。

奉礼郎,从八品掌设版位,执仪行事。

协律郎,从八品,掌以麾节乐,调和律吕,监视音调。

太庙署。皇统八年太庙成,设署,置令丞,仍兼提举庆元、明德、永祚三宫。

令一员,从六品,掌太庙、衍庆,坤宁宫殿神御诸物,及提控诸门关键,扫除、守卫、兼廪牺令事。

丞一员,从七品,兼廪牺署丞。

直长,明昌三年罢。

廪牺署。令、丞,以太庙令、丞兼,掌荐牺牲及养饲等事。

郊社署承安三年设祝史、斋郎百六十人,作班祗僸使,周年一替。大安元年,奏兼武成王庙署。

令一员,从六品。

丞一员,从七品。

掌社稷、祠祀、祈祷并厅舍祭器等物。

直长,明昌三年废。

武成王庙署。大安元年置。

令,从六品。

丞,从七品。

掌春秋祀享,以郊社令、丞兼。

诸陵署大安四年同随朝。

提点山陵,正五品,涿州刺史兼。

令,从六品。丞一员,从七品。掌守山陵。

直长,正八品。

园陵署。

令,宛平县丞兼。贞祐二年以园陵迁大兴县境,遂以大兴县令、丞兼。

大乐署,兼鼓吹署。乐工百人。

令一员,从六品。丞,从七品。掌调和律吕,教习音声并施用之法。

乐工部籍直长一员,正八品。

大乐正,从九品,掌祠祀及行礼陈设乐县。

大乐副正,从九品。

右属太常寺。

金史卷五六
志第三七

百官二

殿前都点检司　宣徽院　秘书监
国子监　太府监　少府监　军器监
都水监　谏院　大理寺　弘文院
登闻鼓院　登闻检院　记注院
集贤院　益政院
武卫军都指挥使司　卫尉司
六部所辖诸司
三路检察司及外路仓库围牧等职

殿前都点检司　天眷元年置。掌亲军，总领左右卫将军、符宝郎、宿直将军、左右振肃、宫籍监、近侍等诸局署、鹰坊、顿舍官隶焉。

殿前都点检，正三品，兼侍卫将军都指挥使。掌行从宿卫，关防门禁，督摄队仗，总判司事。

殿前左副都点检，从三品，兼侍卫将军副都指挥使。

殿前右副都点检，从三品，兼侍卫将军副都指挥使，掌宫掖及行从。

殿前都点检判官,从六品。大定十二年设。

知事一员,从七品。

殿前左卫将军,殿前右卫将军,殿前左卫副将军,殿前右卫副将军,掌宫禁及行从宿卫警严,仍总领护卫。右卫同此。

符宝郎四员,掌御宝及金银等牌。旧名牌印祗候,大定二年改为符宝祗候,改牌印令史为符宝典书,四人。

左右宿直将军,从五品,掌总领亲军,凡宫城诸门卫禁、并行从宿卫之事,八员。大定二十九年作十员,复作十一员。

左右振肃,正七品,掌妃嫔出入总领护卫导从。本妃嫔护卫之长,大定二年改今名。

宫籍监

提点,正五品。监,从五品。副监,从六品。丞,从七品。掌内外监户、及地土钱帛小大差发。

直长二员,正八品,掌同丞。

近侍局。

提点,正五品。泰和八年创设。使,从五品。副使,从六品。掌侍从,承敕令,转进奏帖。

直长,正八品。大定十八年增二员。奉御十六人,旧名入寝殿小底。奉职三十人,旧名不入寝殿小底,又名外帐小底,皆大定十二年更。

器物局

提点,正五品。使,从五品。副使,从六品。掌进御器械安簪诸物。

直长,正八品。

都监,正九品。明昌三年省罢。

同监,从九品。泰和四年设。

尚厩局

提点,正五品。使,从五品。副使,从六品,掌御马调习牧养,以奉其事。大定二十九年添副使一员,管小马群。

直长一员,司马牛群。

掌厩都辖,正九品。不限员。

副辖,从九品。不限员数资考。

尚辇局

使,从五品。副使,从六品。掌承奉舆辇等事。

直长,正八品。不限资考,大定十九年,除年六十以下人充。

典舆都辖,从九品。不限资考。

收支都监,正九品,大定二十年设,掌给受之事。

同监,泰和四年设。大安二年省。

本把,四人。

鹰坊

提点,正五品。使,从五品。副使,从六品。掌调养鹰鹘"海东青"之类。

直长,正八品。不限员。

管勾,从九品。不限员数资考。

武库署

令,从六品,掌收贮诸路常课甲仗。以晓军器女直人充。

丞,从七品。

直长二员,正八品。大定二年省一员。

武器署

提点,从五品。令,从六品。丞,从七品。掌祭祀、朝会、巡幸及公卿婚葬卤簿仪仗旗鼓笛角之事。

直长,正八品。或二员。

顿舍官二员,《泰和令总格》作四员。正八品。直长。见《土民须知》,《泰和令》无。

右属殿前都点检司。

宣徽院　左宣徽使,正三品。

右宣徽使,正三品。

同知宣徽院事,正四品。

同签宣徽院事,正五品。

宣徽判官,从六品。

掌朝会、燕享,凡殿庭礼仪及监知御膳。所隶弩手、伞子二百三十九人,控鹤二百人。

拱卫直使司,威捷军隶焉。旧名龙翔军,正隆二年更为神卫军,大定二年更名为拱衙司。

都指挥使,从四品。旧曰使。副都指挥使,从五品,旧曰副使。掌总统本直,谨严仪衙。大定五年,诏以使为都指挥使,副使为副都指挥使。

什将。

长行。

威捷军承安二年,签弩手千人。泰和四年,以之备边事。钤辖,正六品。都辖,从九品。不奏。

客省

使,正五品。副使,从六品。掌接伴人使见辞之事。

引进司

使,正五品。副使,从六品。掌进外方人使贡献礼物事。

阁门明昌五年,阁门官以次排转陈授。

东上阁门使二员,正五品。明昌六年省一员,作从五品。西同。副使二员,正六品。明昌年六年,省一员,西同。签事一员,从六品,掌签判阁门事。西同。明昌六年,以减副使置。

西上阁门使二员,正五品。副使二员,正六品。签事一员,从六品,掌赞导殿庭礼仪。西阁门余副贰同。

阁门祗候二十五人。正大间三十二人。

阁门通事舍人二员,从七品,掌通班赞唱、承奏劳问之事。

承奉班都知,正七品,掌总率本班承奉之事。旧置判官,后罢。

内承奉班押班,正七品,掌总率本班承奉之事。

御院通进四员,从七品,掌诸进献礼物及荐享编次位序。

尚衣局

提点，正五品。使，从五品。副使，从六品。掌御用衣服、冠带等事。

都监，正九品。旧设，后罢。

直长，正八品。

同监，从九品。

仪鸾局泰和四年，或以少府监官兼，或兼少府监官。

提点，正五品。使，从五品。副使，从六品。掌殿庭铺设、帐幕、香烛等事。

直长四员，正八品。《泰和令》三员。

收支都监，正九品，二员，一员掌给受铺陈诸物，一员掌万宁宫收支库。大定七年置，明昌二年增一员。

同监二员，从九品。司吏二人，如内藏库知书例。

尚食局

元光二年，参用近侍、奉御、奉职。

提点，正五品。使，从五品。副使，从六品。掌总知御膳、进食先尝、兼管从官食。

直长一员，正八品。不限资考。

都监三员，正九品。不限资考。

生料库都监、同监各一员，掌给受生料物色。

收支库都监、同监各一员，掌给受金银裹诸色器皿。以外路差除人内选充。

尚药局

提点，正五品。使，从五品。出职官内选除。副使，从六品。掌进汤药茶果。

直长，正八品。

都监，正九品。

果子都监、同监各一员，掌给受进御果子。本局本把四人。

太医院

提点，正五品。使，从五品。副使，从六品。判官，从八品，掌诸医药,总判院事。

管勾,从九品,随科至十人设一员,以术精者充。如不至十人并至十人置。不限资考。

正奉上太医,一百二十月升除。副奉上太医,不算月日。长行太医,不算月日。十科额五十人。

御药院

提点,从五品。直长,正八品,掌进御汤药。明昌五年设,以亲信内侍人充。

都监,正九品。不限员,《泰和令》四员。

同监,从九品。不常除,《泰和令》无。

教坊

提点,正五品。使,从五品。副使,从六品。判官,从八品。掌殿庭音乐,总判院事。

诸音郎,从九品。不限资考、员数。

内藏库大定二年,分为四库。

使,从五品。副使,从六品。掌内府珍宝财物,率随库都监等供奉其事。

直长一员。承安三年增。

头面库

都监,正九品。

同监,从九品。本把七人,大定二年定出身,依不入寝殿小底例。

段匹库

都监,正九品。

同监,从九品。本把十二人。

金银库

都监,正九品。本把八人。

杂物库

都监,正九品。

同监,从九品。本把八人。每库知书各二人。

宫闱局旧史宫闱司，大定二年改为局，旧设令、丞，改为使、副。

提点，正五品。使，从五品。副使，从六品。掌宫中阁门之禁，率随位都监、同监及内直各给其事。

直长，正八品，内直一百七十人。后作百七十九人。

内侍局

令二员，从八品。兴定五年，升作从六品。丞二员，从九品。兴定五年，升从七品。掌正位阁门之禁，率殿位者监、同监及御直各给其事。

局长二员，从九品，兴定五年升正八品。御直、内直共六十四人。明昌元年，分宫闱局正位内直置，初隶宫闱局。

东门都监、同监。诸随殿位承应都监、同监，掌各位承应及门禁管钥。

昭明殿都监、同监。大定二十九年设，各一员。

承徽殿都监、同监。丽妃位。

隆徽殿都监、同监。本隆和殿，系皇后位。

鸾翔殿都监、同监。

崇仪殿都监、同监。

迎晖殿都监、同监。七妃充容，泰和三年罢。

蕊珠殿都监、同监。

瑞宁殿都监、同监。

回春殿都监、同监。

芸香殿都监、同监。

瑞像殿都监、同监。系佛殿。以上"殿"字下无"位"字。

凝福、改绍景。温芳二位都监、同监。

瑶华、柔则二位都监、同监。以上无"殿"字及"承应"字。

嘉福等殿位都监、同监。四位。

广仁殿都监、同监。

睿思殿都监、同监。以上有"承应"字。

滋福殿都监、同监。本以隆庆改，无"位"字。

咨正殿都监、同监。

迩英殿都监、同监。

长庆院都监、同监。

仙韶院都监、同监。

贞和门都监、同监。应系钱帛经此门出入。明昌四年添一员。

右升平门都监、同监。

长乐门都监、同监。

琼林苑都监、同监。各二员。

广乐园都监、同监。

顺仪位提控、都监、同监。旧宝林位。

瑞华门俗名金骨朵门。都监一员,同监三员。

太师位提控、都监、同监。

宝昌门都监、同监。

会昌门都监、同监。

东京孝宁宫都监、同监。

崇妃位提控。世宗夫人,兴陵。

惠妃位提控、都监、同监。裕陵。

温妃位提控、都监、同监。裕陵二位,明昌四年添。

报德寺提控、都监、同监。世宗御容。光泰门街。

报恩寺提控、都监、同监。世宗御容。清夷门街。明昌三年设,三。

孝严寺都监、同监。在南京,安宣宗御容,改兴国感诚寺。正大元年设,三。以下皆在南京。

宁福殿都监、同监。三。

纯和殿都监、同监。三。

仁安殿都监、同监。三。

真妃位都监、同监。二。

丽妃位都监、同监。

宣仪位都监、同监。

庄献妃位都监、同监。

三庙都监、同监。贞祐二年设。

西华门都监、同监。

京后园都监、同监。

内侍寄禄官，泰和二年设，初隶宫闱局，寻直录宣徽院。所以升用内侍局御直、内直有年劳者。

中常侍。正五品。

给事中。从五品。

内殿通直。正六品。先名内殿给使。

黄门郎。从六品。

内谒者。正七品。

内侍殿头。从七品。

内侍高品。正八品。不限员。

内侍高班。从八品。

典卫司大定二十九年，世宗才人、宝林位各设。泰和五年闰八月，以崇妃薨罢。兴定元年复设。世宗妃、才人、宝林位各设防卫军导从人。

令，正七品。

丞，从七品。

直长。见《士民须知》。

孝靖宫章宗五妃位。大安元年以有监同、无总领者，故设。

令，从八品。

丞，正九品。

端妃位同监。真妃徒单氏。

慧妃位同监。丽妃徒单氏。

贞妃位同监。柔妃唐括氏。

靓仪位同监。昭仪夹谷氏。

才媛位同监。修仪吾古论氏。

懿安家贞祐三年，为庄献太子设。

令，从八品。

丞，正九品。

宫苑司

令，从六品。丞，从七品。掌宫庭修饬洒扫、启闭门户、铺设毡席之事。

直长，正八品一员。《泰和令》二员。

都监、同监二员。泰和元年设。泰和四年罢同监。

尚醖署

令，从六品。丞，从七品。掌进御酒醴。

直长，正八品，二员。

典客署

令，从六品。

丞，从七品。

直长，后罢。书表十八人。

侍仪司旧名擎执局，大定元年改为侍仪局，大定五年升局为司。

令，从六品。旧曰局使。掌侍奉朝仪，率捧案、擎执、奉辇各给其事。

直长，正七品。旧设局副，品从七。

右属宣徽院。

秘书监　著作局、笔砚局、书画局、司天台隶焉。

监一员，从三品。

少监一员，正五品。

丞一员，正六品。

秘书郎二员，正七品。泰和元年定为二员。

通掌经籍图书。

校书郎一员，从七品。承安五年二员。泰和五年以翰林院官兼，大定二年省一员。专掌校勘在监文籍。

著作局

著作郎一员，从六品。著作佐郎一员，正七品。掌修日历。皇统六年，著作局设著作、佐郎各二员，编修日历，以学士院兼领之。

笔砚局

直长二员,正八品,掌御用笔墨砚等事。泰和七年以女直应奉兼。旧名笔砚令史,大定三年改为笔砚供奉,以避讳改为承奉。

书画局

直长一员,正八品,掌御用书画纸札。

都监,正九品,二员或一员。

司天台

提点,正五品。监,从五品,掌天文历数、风云气色,密以奏闻。

少监,从六品。

判官,从八品。

教授,旧设二员,正大初省一员。系籍学生七十六人,汉人五十人,女直二十六人,试补长行。

司天管勾,从九品。不限资考、员数,随科十人设一员,以艺业尤精者充。

长行人五十人。未授职事者,试补管勾。

天文科,女直、汉人各六人。

算历科,八人。

三式科,四人。

测验科,八人。

漏刻科,二十五人。

铜仪法物旧在法物库。贞元二年始付本台。

右属秘书监。

国子监　国子学、太学隶焉。

祭酒,正四品。司业,正五品,掌学校。

丞二员,从六品,明昌二年增一员,兼提控女直学。

国子学。

博士二员,正七品,分掌教授生员、考艺业。太学同。明昌二年添女直一员,泰和四年减,大安二年并罢。

助教二员,正八品。女直、汉人各一员。教授四员,正八品。分掌教诲诸生。明昌二年,小学各添二员,承安五年一员不除。

国子校勘,从八品,掌校勘文字。

国子书写官,从八品,掌书写实录。

太学

博士四员,正七品。大安二年减二员。

助教四员,正八品。明昌二年不除一员,大安二年减二员。

右属国子监。

太府监　左右藏、支应所、太仓、酒坊、典给署、市买司隶焉。

监,正四品。

少监,从五品。

丞二员,从六品。

掌出纳帮国财用钱谷之事。

左藏库

使,从六品。副使,从七品。兴定三年增一员。掌金银珠玉、宝货钱币。本把四人。

右藏库

使,从六品。副使,从七品。兴定三年增一员。掌锦帛丝绵毛褐、诸道常课诸色杂物。本把四人。

支应所又作支承所。

都监二员,正九品,掌宫中出入、御前支赐金银币帛。大安三年省。

太仓

使,从六品,掌九谷廪藏、出纳之事。预除人。

副使,从七品。

酒坊部除。

使,从八品。副使,正九品。掌酝造御酒及支用诸色酒醴。

典给署,本钩盾署,明昌三年更。

令,从六品,旧曰钩盾使。丞,从七品,旧曰钩盾副使。掌宫中所用薪炭冰烛、并管官户。

直长一员,正八品。

市买司,天德二年更为市买局。

使,从八品。副使,正九品。掌收买宫中所用果实生料诸物。

右属太府监。

少府监　尚方、织染、文思、裁造、文绣等署隶焉。泰和四年,选能干官兼仪鸾局近上官。

监,正四品。

少监,从五品。

丞二员,从六品。大定十一年省,二十一年复置。

掌邦国百工营造之事。

尚方署

令,从六品。丞,从七品。掌造金银器物、亭帐、车舆、床榻、帘席、鞍辔、伞扇及装钉之事。大定二十年,令不专除人,令人兼。

直长,正八品。

图书署明昌七年,省入祗应司。令,从六品。丞,从七品。掌图画缕金匠。

直长,正八品。明昌三年罢。

裁造署

令,从六品。丞,从七品。掌造龙凤车具、亭帐、铺陈诸物,宫中随位床榻、屏风、帘额、绦结等,及陵庙诸物并省台部内所用物。《泰和令》有画绘之事。

直长,从八品。明昌三年省。裁造匠六人,针工妇人三十七人。

文绣署

令,从六品。丞,从七品。掌绣造御用并妃嫔等服饰、及烛笼照道花卉。贞祐二年,止设官一员。

直长,正八品。绣工一人,都绣头一人,副绣头四人,女四百九十六人,内上等七十人,次等凡四各二十六人。

织染署

令,从六品。丞,从七品。直长,正八品。掌织纴、色染诸供御及宫中锦绮币帛纱縠。

文思署 明昌七年,省入祇应司。

令,从六品。丞,从七品。掌造内外局分印合、伞浮图金银等尚辇仪鸾局车具亭帐之物并三国生日等礼物,织染文绣两署金线。

直长正八品。明昌三年省去。

右属少府监。

军器监　承安二年设,泰和四年罢,复并甲坊、利器两署为军器署,置令、丞、直长,直隶兵部。至宁元年复为军器监,军器库、利器署隶焉。旧辖甲坊、利器两署。

监,从五品。少监,从六品。丞,从七品。掌修治帮国戎器之事。

直长,正八品。《泰和令》无,《总格》有。

军器库,至宁元年隶大兴府,贞祐三年来属。

使,正八品。副使,正九品。省拟,不奏。掌收支河南一路并在京所造常课横添和买军器。大定五年设。

甲坊署,泰和四年废,旧置令、丞、直长。

利器署,本都作院,兴定二年更今名,同随朝来属。

令,从六品。丞,从七品。掌修弓弩刀槊之属。

直长,正八品。

右属军器监。

都水监　街道司隶焉。分治监,专规措黄、沁河,卫州置司。

监,正四品,掌川泽、津梁、舟辑、河渠之事。兴定五年兼管勾沿河遭运事,作从五品,少监正六品以下皆同兼漕事。

少监,从五品。明昌二年增一员,卫州分治。

丞二员,正七品,内一员外监分治。贞元元年置。

掾,正八品,掌与丞同,外监分治。大定二十七年添一员,明昌五年并罢之,六年复置二员。

勾当官四员,准备分治监差委。明昌五年以罢掾设二员,兴定五年设四员。

街道司。

管勾,正九品,掌洒扫街道、修治沟渠。旧南京街道司,隶都水外监,贞元二年罢归京城所。

都巡河官,从七品,掌巡视河道、修完堤堰、栽植榆柳、凡河防之事。分治监巡河官同此。

其泸沟、崇福上下埽都巡河兼石桥使,通济河节巡官兼建春宫地分河道。诸都巡河官,掌提控诸埽巡河官、明昌五年设,以合得县令人年六十者选充。大定二年设漳沱河巡河官二员。散巡河官。于诸局及丞簿廉举人,并见勾当人六十以下者充。

黄汴都巡河官,下六处河阴、雄武、荣泽、原武、阳武、延津各设散巡河官一员。

黄沁都巡河官,下四处怀州、孟津、孟州、城北各设黄沁散巡河官各一员。

卫南都巡河官,下四处崇福上、崇福下、卫南、淇上,散巡河官各一员。

滑浚都巡河官,下四处武城、白马、书城、教城散巡河官各一员。

曹甸都巡河官,下四处东明、西佳、孟华、淩城散巡河官各一员。

曹济都巡河官,下四处定陶、济北、寒山、金山散巡河官各一员。凡二十五埽,埽兵万二千人。诸埽物料场官,掌受给本场物料。分治监物料场官同此。惟崇福上、下埽物料场官与当界官通管收支。

南京延津渡河桥官,兼讥察事。

管勾一员,同管勾一员,掌桥船渡口讥察济渡、给受本桥诸物等事,内讥察事隶留守司。余浮桥官同此。

右属都水监。皇统三年四月,怀州置黄沁河堤大管勾司,未详何年罢。正大二年，外监东置于归德，西置于河阴。

谏院　左谏议大夫、右谏议大夫，皆正四品。

左司谏、右司谏，皆从五品。

左补阙、右补阙正七品。

左拾遗、右拾遗正七品。

大理寺　天德二年置。自少卿至评事，汉人通设六员，女直、契丹各四员。

卿，正四品。少卿，从五品。正，正六品。丞，从六品。掌审断天下奏案，详谳疑狱。

司直四员，正七品，掌参议疑狱、拨详法状。旧有契丹司直一员，明昌二年罢。

评事三员，正八品，掌同司直。明昌二年省契丹评事一员，大安二年省汉人一员。

知法十一员，从八品，女直司五员，汉人司六员。掌检断刑名事。

明法二员，从八品，兴定二年置，同流外，四年罢之。

弘文院　知院，从五品。同知弘文院事，从六品。校理，正八品。掌校译经史。

登闻鼓院　知登闻鼓院，从五品。同知登闻鼓院事，正六品。掌奏进告御史台、登闻检院理断不当事，承安二年以谏官兼。

知法二员，从八品。女直、汉人各一员。

登闻检院　知登闻检院，从五品。同知登闻检院，正六品。掌奏御进告尚书省、御史台理断不当事。

知法，从八品。女直、汉人各一员。

记注院　修起居注,掌记言、动。明昌元年,诏毋令谏官兼或以左右卫将军兼。贞祐三年,以左右司首领官兼,为定制。

集贤院　贞祐五年设。

知集贤院,从四品。正大元年,受马璘额外兼吏部郎中。

同知集贤院,从五品。

司议官,正八品。不限员。

咨议官,正九品。不限员。

益政院　正大三年置于内庭,以学问该博、议论宏远者数人兼之。日以二人上直,备顾问,讲《尚书》、《通鉴》、《贞观政要》。名则经筵,实内相也。末帝出,遂罢。

武卫军都指挥使司　隶尚书兵部。

都指挥使,从三品。大定二十九年,以武卫军六十人,兵马一员、副都二员其职低,故设使,品正四,承安三年升。

副都指挥使二员,从四品。

副都一员,从四品。初正五品,承安三年升。

判官一员。承安三年设。

掌防卫都城、警捕盗贼。

钤辖司

钤辖十员,正六品。初设二员。

都钤辖四员,从七品。兴定三年权设,巡把两宅。

都将二十员,从九品。大定十六年立名。

掌管辖军人、防卫警捕之事。承安元年设万人,内军八千九百四十九人,忠卫二百人,队正四百人。

右属武卫军都指挥使司。

卫尉司　大安元年，拟隆庆宫人数定之。

中卫尉，从三品，掌总中宫事务。

副尉，从四品。

左常侍，从五品。掌周护导从议仗之事。

右常侍，从五品。

常侍官：护卫三十人，同东宫。奉引八十人，同控鹤。伞子四人，同控鹤。执旗二人。同仪鸾。

给事局

使，正七品。

副使，正八品。

内谒者兼司宝二员，从六品。内直充。

奉阁一十人。同东宫入殿小底。

阁直二十人。同宫闱局内直。

掖庭局

令，正九品，内直充。掌皇后宫事务。

丞，从九品。内直充。

宫令。宫苑司、仪鸾局兼。

食官。尚食局兼。

饮官。尚酝署兼。

医官。尚药局、太医院兼。

主藏。内藏、典给署兼。

主廪。太仓兼。

右属卫尉司。

榷货务在京诸税系中运司，见钱皆权于本务收。

使，从六品。副使，从七品。掌发卖给随路香茶盐钞引。

交钞库

使，旧正八品，后升从七品，贞祐复。掌诸路交钞及检勘钱钞、换易收支之事。

副使,从八品,掌书押印合同。

判官,正九品。贞祐二年作从九品。

都监,二员。见《泰和令》。

印造钞引库大定二年兼抄纸坊。

使,从八品。副,正九品。判,正九品。掌监视印造勘复诸路交钞、盐引,兼提控抄造钞引纸。承安四年,罢四小库,并罢库判四员。至宁元年设二员。贞祐二年作从九品。

抄纸坊大安二年以印造钞引库兼。贞祐二年复置,仍设小都监二员。

使,从八品。贞祐二年同随朝。

副使,正九品。

判,从九品。

交钞库物料场至宁元年置。

场官,旧正八品,后作正九品。掌收支交钞物料。

随处交钞库抄纸坊

使,从八品。贞祐二年,设于上京、西京、北京、东平、大名、益都、咸平、真定、河间、平阳、太原、京兆、平凉、广宁等府,瑞、蔚、平、清、通、顺、蓟等州,贞祐三年罢之。

平准务元光二年五月设,十月罢。

使,从六品。

副使,从七品。

勾当官六员。

右自榷货务以下,皆属尚书户部。

惠民司

令,从六品,掌修合发卖汤药。旧又设丞一员。大定三年,有司言,惠民岁入息钱不偿官吏俸,上曰:"设此本欲济民,官非人,怠于监视药物,财费何足计哉,可减员而已。

直长,正八品。

都监,正九品。

右属尚书礼部。

四方馆

使,正五品。副使,从六品,掌提控诸路驿舍驿马并陈设器皿等事。

法物库元兼管大乐,贞元二年改付太常寺。

使,从六品。副使,从七品。掌卤簿仪仗车辂法服等事。

直长,正八品。泰和三年省。

承发司

管勾,从七品。同管勾,从八品。掌受发省部及外路文字。

右属尚书兵部。

万宁宫提举司旧太宁宫,更名寿安宫,又更今名。

提举,从六品。同提举,从七品。掌守护宫城殿位。本把十五人。

庆宁宫提举司

提举,正七品,兼龙门县令。

同提举,正八品,兼仪鸾监。

右属尚书刑部。

修内司大定七年设。

使,从五品。副使,从六品。掌宫中营造事。兵匠一千六十五人,兵夫二千人,仍命少府监长官提控。

直长二员,正八品。部役官四员,正八品。掌监督工役。

受给官二员,正八品,掌支纳诸物。

都城所

提举,从六品。同提举,从七品。掌修完庙社及城隍门钥、百司公廨、系官舍屋并栽植树木工役等事。

左右厢官各二员,正八品,掌监督工役。

受给官二员,正八品。掌支纳诸物及埏埴等事。

祗应司

提点,从五品。令,从六品。丞,从七品。掌给宫中诸色工作。

直长,正八品。

收支库都监、同监,泰和元年置。

甄官署

令,从六品。丞,从七品。直长,正八品。掌斸石及埏埴之事。

上林署

提点,从五品。泰和八年创,大安二年省。令,从六品。掌诸苑园池沼、种植花木果蔬及承奉行幸舟船事。

丞,从七品。大定七年,增一员,分司南京,以勾判兼之。大安三年复省一员。

直长二员,正八品。

花木局都监、同监。旧设接手官四人,泰和元年罢,复以诸司人内置都监、同监二员。

贞祐三年罢都、同监,以同乐园管勾兼。

熙春园都监、同监三员。泰和四年置,贞祐三年省。

同乐园管勾二员,每年额办课程,隶南运司。宣宗南迁,罢课,改为随朝职,正八品。

右皆属尚书工部。

东京、西、南三路检察司兴定四年置。

使,从六品。副使,正七品。掌检察支散军粮,验军户实给,均军户差役,劝农种,毋犯私杀马牛、私盐酒曲。

南京丰衍东西库隶运司,贞祐二年同随朝。

使,正八品。

副使,从八品。

判二员,正九品。

监支、纳各一员,正八品。

提举南京榷货司_{贞祐四年置。}

提举，从五品。

同提举，从六品。

勾当官三员，正九品。

提举仓场司_{贞祐五年置，先吏部辟举，后省拟。}

使，从五品。副使，从六品。掌出纳公平及毋致亏败。

监支纳官，八品，十六员。以年六十以下廉干人充，女直、汉人各一。广盈仓、丰盈仓、永丰仓、广储仓、富国仓、广衍仓、三登仓、常盈仓、西一场、西二场、西三场、东一场、东二场、南一场、北一场、北二场。通济仓与在京仓，置监支纳使副各一员。丰备仓、丰赡仓、广济仓、潼关仓，兴定五年创置潼关仓监支纳一员，兼枢密院弹压。陈州仓四员。洧川仓二员。

八作左右院

设官同上，掌收军须、军器。

军须库_{至宁二年置。}

使，从八品。

副，从九品。

典牧司_{贞祐年置。}

使，正七品。

副，从八品。

判官，正九品。

围牧司_{兴定二年置。}

使，正七品。

副，正八品。

判官，正九品。

提举围牧所_{泰和二年置，隶各路统军司。}河南东路、河南西路、陕西路皆设提举、同提举，山东路止设提举。

金史卷五七
志第三八

百官三

内命妇品　　宫人女官
皇后位下女职　　东宫官
亲王府属官　　太后两宫官属
大兴府　　诸京留守司及诸京城宫苑
提举都监等职　　按察司
诸路总管府
诸节镇防御刺史县镇等职
诸转运泉谷等职
诸府镇兵马巡检关津边将等职
诸猛安部族及郡牧等职

内命妇品　　元妃、贵妃、淑妃、德妃、贤妃,正一品。

昭仪、昭容、昭媛、修仪、修容、修媛、充仪、充容、充媛曰九嫔,
正二品。

婕妤,正三品。美人,正四品。才人,正五品。各九员,曰二十
七世妇。

宝林,正六品。御女,正七品。采女,正八品。各二十七员,曰八十一御妻。

按金格,贞祐后之制,贵妃下有真妃,淑妃下有丽妃、柔妃,而无德妃、贤妃。九嫔同。婕妤下有丽人、才人为正三品。顺仪、淑华、淑仪为正四品,尚宫夫人、尚宫左夫人、尚宫右夫人、宫正夫人、宝华夫人、尚仪夫人、尚服夫人、尚寝夫人、钦圣夫人、资明夫人为正五品,尚仪御侍、尚服御侍、尚寝御侍、尚正御侍、宝符宸侍、奉恩令人、奉光令人、奉徽令人、奉美令人为正六品,司正御侍、宝符御侍、司仪御侍、司符御侍、司寝御侍、司饰御侍、司设御侍、司衣御侍、司膳御侍、司药御侍、仙韶使、光训良侍、明训良侍、遵训良侍、从训良侍为正七品,典仪御侍、典膳御侍、典寝御侍、典饰御侍、典设御侍、典衣御侍、典药御侍、仙韶副使、承和良侍、承惠良侍、承宜良侍为正八品,掌仪御侍、掌服御侍、掌寝御侍、掌饰御侍、掌设御侍、掌衣御侍、掌膳御侍、掌药御侍、仙韶掌音、祗肃良侍、祗敬良侍、祗愿良侍为正九品。

宫人女官 职员品秩,皆同唐制。

尚宫二人,掌导引皇后,管司记、司言、司簿、司闱,仍总知五尚须物出纳等事。

司记二人、典记二人、掌记二人,掌在内诸文书出入目录,为记审讫付行县印等事。女史六人,掌职文簿。

司言二人、典言二人、掌言二人、女史四人,掌宣传启奏之事。

司簿二人、典簿二人、掌簿二人、女史六人,掌宫人名簿廪赐之事。

司闱六人、典闱六人、掌闱六人、女史四人,掌宫闱管钥之事。

尚仪二人,掌礼仪起居,管司籍、司乐、司宾、司赞事。

司籍二人、典籍二人、掌籍二人、女史十人,掌经籍教学纸笔几案之事。

司乐四人、典乐四人、掌乐四人、女史二人,掌音乐之事。

司宾二人、典宾二人、掌宾二人、女史二人,掌宾客参见、朝会引导之事。

司赞二人、典赞二人、掌赞二人、女史二人、彤史二人,掌礼仪班序、设板赞拜之事。

尚服二人、掌管司宝、司衣、司饰、司仗之事。

司宝二人、典宝二人、掌宝二人、女史四人，掌珍宝符契图籍之事。

司衣二人、典衣二人、掌衣二人、女史四人，掌御衣服首饰之事。

司饰二人、典饰二人、掌饰二人、女史二人、掌膏沐巾栉服玩之事。

司仗二人、典仗二人、掌仗二人、女史二人、掌仗卫兵器之事。

尚食二人，掌知御膳、进食先尝，管司膳、司酝、司药、司馆事。

司膳四人、典膳四人、掌膳四人、女史四人，掌膳羞器皿。

司酝二人、典酝二人、掌酝二人、女史二人，掌酒醴。

司药二人、典药二人、掌药二人、女史二人，掌医药。

司馆二人、典馆二人、掌馆二人、女史二人，掌宫人食并柴炭之事。

尚寝二人，管司设、司舆、司苑、司灯事。

司设二人、典设二人、掌设二人、女史二人，掌帷帐、床褥、枕席、洒扫、铺设。

司舆二人、典舆二人、掌舆二人、女史二人，掌舆伞扇羽仪。

司苑二人、典苑二人、掌苑二人、女史二人，掌苑囿种植蔬果。

司灯二人、典灯二人、掌灯二人、女史二人，掌灯油火烛。

尚功二人，掌女功，管司制、司珍、司彩，司计事。

司制二人、典制二人、掌制二人、女史二人、掌裁缝衣服篆组之事。

司珍二人、典珍二人、掌珍二人、女史二人，掌金珠玉宝财货之事。

司彩二人、典彩二人、掌彩二人、女史二人，掌锦文绯彩丝帛之事。

司计二人、典计二人、掌计二人、女史二人，掌支度衣服饮食柴炭杂物之事。

宫正二人,掌总知宫内格式、纠正推罚之事。司正二人,同掌。典正二人,纠察违失。女史四人。

皇后位下女职　依隆庆宫所设人数,大安元年定。

司闱一员,八品,掌宫内诸事并给散宫人俸给食料。

秉仪一员,八品。丞仪一员,九品。掌左右给事、宣传启奏、经籍纸笔之事。

直阁一员,司陈一员,九品,掌帐幕床褥舆伞、洒扫铺陈、薪炭灯烛之事。

秉衣一员,奉衣一员,九品,掌首饰衣服器玩诸宝财货、裁制缣彩之事。

掌馔一员,八品。奉馔一员,九品。掌饮食汤药酒醴蔬果之事。

东宫官

宫师府

太子太师、太子太傅、太子太保,正二品。

太子少师、太子少傅、太子少保,正三品。

掌保护东宫,导以德义。海陵天德四年,始定制宫师府三师、三少,詹事院詹事、三寺、十率府皆隶焉。左右谕德,为东宫僚属。

詹事院太子詹事,从三品。少詹事,从四品。掌总统东宫内外庶务。

左右卫率府率,从五品,掌周卫导从仪仗。

左右监门,正六品,掌门卫禁钥。

仆正,正六品。副仆,正七品。仆丞,正九品。掌车马厩牧弓箭鞍辔器物等事。

掌宝二人,从六品,掌奉宝,谨其出入。

典仪,从六品。赞仪,从七品。司赞礼仪。

侍正,正七品。侍丞,正八品。掌冠带衣服、左右给使之事。

典食令,正八品。丞,正九品。承奉膳羞。

侍药,正八品。奉药,正九品。承奉医药。

掌饮令,正八品。丞,正九品。承奉赐茶及酒果之事。

家令,正八品。丞,正九品。掌营缮栽植铺设及灯烛之事。

司经,正八品。副,正九品。掌经史图籍笔砚等事。

司藏,从八品。副,从九品。掌谓藏财货出入之事。

司仓,从八品。副,从九品。掌仓廪出纳薪炭等事。

中侍局都监,正九品。同监,从九品。掌东阁内之禁令、省察宫人广廪赐给纳诸物、辖侍人等。

左谕德、右谕德,正五品。左赞善、右赞善,正六品。掌赞论道德、侍从文章。

内直郎,正七品。

右属宫师府。

亲王府属官　傅,正四品,掌师范辅导、参议可否,若亲王在外,亦兼本京节镇同知。

府尉,从四品。本府长史,从五品,明昌三年改,掌警严侍从、兼总统本府之事。

司马,从六品,同检校门禁、总统府事。

文学二人,从七品,掌赞导礼义、资广学问。

记室参军,正八品,掌表笺书启之事。大定七年八月始置。二十年,不专除,令文学兼之。

诸驸马都尉,正四品。

提举卫绍王家属

提举,从六品。同提举,从七品。旧为东海郡侯邑令、丞。

提举镐厉王家属

提举。同提举。以上二宅,天兴元年始听自便。

提控巩国公家属。

提控。同提控。

太后两宫官属　正大元年置。

卫尉,从三品。副卫尉,从四品。

左典禁、右典禁,从五品。

奉令,正七品。奉丞,正八品。

太仆,正六品。副仆,正七品。

门卫二员,正六品。

典宝二员,正六品。

谒者二员,从六品。

阁正,从七品,阁丞,正八品。

食官令,正八品。食官丞,正九品。

宫令,正八品。宫丞,正九品。

医令,正八品。医丞,正九品。

饮官令,正八品。饮官丞,正九品。

主藏,从八品。副主藏。

主廪,从八品。副主廪。

大兴府　尹一员,正三品,掌宣风导俗、肃清所部,总判府事。余府尹同。兼领本路兵马都总管府事。车驾巡幸,则置留守同知、少尹、判官。惟留判不别置,以总判兼之。

同知一员,从四品,掌通判府事。余府同知同此。

少尹一员,正五品,掌同同知。

总管判官一员,从五品,掌纪纲总府众务,分判兵案之事。

府判一员,从五品,掌咨议参佐、纠正非违、纪纲众务,分判吏、礼、工案事。

推官二员,从六品,掌同府判,分判户、刑案事,内户推掌通检推排簿籍。旧一员,大定五年增一员。

知事,正八品。掌付事勾稽省署文牍、总录诸案之事。

都孔目官,女直司一员,汉人司一员,职同知事,掌监印、监受案牍。余都孔目官同此。不常置,省则吏目摄。六案司吏七十五人,内女直十五人,汉人六十人。司吏分掌六案,各置孔目官一员,掌呈复纠正本案文书。余分前后行,其他处应设十人以下、六人以上者,置孔目官三人,及置提点所处仍旧。女直司吏若十二人以上,分设六案,不及者设三案,五人以下设一案,通掌六案事。以上名充孔目官。

知法三员,从八品,女直一员,汉人二员,掌律令格式、审断刑名。抄事一人,掌抄事目、写法状,以前后行吏人选。公使百人。

女直教授一员。

东京、北京、上京、河东东西路、山东东西路、大名、咸平、临潢、陕西统军司、西南招讨司、西北路招讨司、婆速路、曷懒路、速频、蒲与、胡里改、隆州、泰州、盖州并同此。皆置医院,医正一人,医工八人。

诸京留守司　留守一员,正三品,带本府尹兼本路兵马都总管。

同知留守事一员,正四品,带同知本府尹兼本路兵马都总管。

副留守一员,从四品,带本府少尹兼本路兵马副都总管。

留守判官一员,从五品。都总管判官一员,从五品。掌纪纲总府众务、分判兵案之事。

推官一员,从六品,掌同府判,分判刑案之事,上京兼管林木事。

司狱一员,正八品。司吏。女直司吏,上京二十人,北京十三人,东京十人,南京、西京各五人。汉人司吏,三十万户以上六十人,二十五万户五十五人,十万户以上四十人,七万户以上三十五人,五万户以上三十人,三万户以上二十四人,不及万户十人。译人,上京、北京各三人,东京、西京、南京各二人。通事二人

知法,女直、汉人各一员,南京汉人二员。抄事一人,掌抄录事目、书写法状。公事百人。

京城门收支器物使。贞祐元年置，每城一面设一员。五年，南京随门添设。旧有小都监，后省。正八品，十四员，户部辟举。开阳门、宣仁门、安利门、平化门、通远门、宜照门、利川门、崇德门、迎秋门、广泽门、顺义门、迎朔门、顺常门、广智门、以已上各门副尉兼职。贞祐五年制，乃罢小都监。

十四门尉，从七品。

副尉，正九品。

上京提举皇城司

提举一员，从六品。

同提举一员，从七品。司吏一人。

南京提举京城所

提举一员，正七品。同提举一员，从七品。掌本京城壁及缮修等事，不常置。上京同此。

管勾一员，正八品，掌佐缮治。

受给官一员，掌收支之事。

壕寨官一员，掌监督修造。

皇城使一员，正八品。副使一员，正九品。掌宫阙缮修之事，不掌置。

管勾北太一宫、同乐园二员，正八品，掌守宫园缮修之事。

庆元宫小都监三员，掌铺陈祭器诸物。余宫同。

花园小都监二员。

东京宫苑使一员。西京、北京同。

东京、西京御容殿、阁门各二员，掌享祀礼数、铺陈祭器。

东京万宁宫小都监一员。

按察司　本提刑司，承安三年以上京、东京等提刑司并为一提刑使，兼宣抚使劝农采访事，为官称。副使、判官以兼宣抚副使、判官为名。复改宣抚为安抚，各设安抚判官一员、提刑一员，通四员。安抚司，掌镇抚人民、讥察边防军旅、审录重刑事。安抚判官则衔内不带"劝农采访事"，令专管千户谋克。安抚使副内，差一员于咸平、一员于上京分司。承安四年罢咸平分司，使在上京，副在东京，各设签事一员。承安四年改按察司，贞祐三年罢，止委监察采访。

使一员，正三品，掌审察刑狱、照刷案牍、纠察滥官污吏豪猾之人、私盐酒曲并应禁之事，兼劝农桑，与副使、签事更出巡案。

副使，正四品，兼劝农事。

签按察司事，正五品，承安四年设。

判官二员，从六品，大定二十九年设。明昌元年以陕西地阔，添一员。

知事，正八品。

承安三年，上京者兼经历安抚司使。泰和八年十一月，省议以转运司权轻，州县不畏，不能规措钱谷，遂诏中都都转运，依旧专管钱谷事，自余诸路按察使并兼转运使，副使兼同知，签按察并兼转运副，添按察判官一员，为从六品。中都、西京路按察司官止兼西京路转运司事。辽东路惟上京按察安抚使司事，转运副使兼按察及签事依旧署本司事。辽东转运使兼按察副使，同知转运使兼签按察判官，添知事一员。

知法二员，从八品。书史四人，书吏十人，抄事一人，公使四十人。

右中都、西京并依此置。陕西、上京两路设签按察司事二员，上京签安抚司事。

上京、东京等路按察司并安抚司。

使，正三品，镇抚人民，讥察边防军旅之事，仍专管猛安谋克，教习武艺及令本土纯愿风俗不致改易。

副使二员，正四品。

签安抚司事，正五品。

签按察司事,正五品。

知事兼安抚司事,正八品。

知法四员,从八品。书史四人。上京、东京书吏十八人,女直十二人、汉人六人。中都、西京,女直五人、汉人五人。北京、临潢,女直三人、汉人五人。南京,女直二人、汉人七人。山东,女直三人、汉人七人。大名,女直三人、汉人六人。抄事人一,公使十人也。

右按察使于上京、副使于东京各路设签事一员,分司勾当。惟安抚司不带"劝农"字,内知事于上京、自余并于两处分减存设。

诸总管府　　谓府尹兼领者。

都总管一员,正三品,掌统诸城隍兵马甲仗,总判府事。

同知都总管一员,从四品,掌通判府事,惟婆速路同知都总管兼来远军事兵马。

副都总管一员,正五品,所掌与同知同。

总管判官一员,从六品,掌纪纲总府众务,分判兵案之事。

府判一员,从六品,掌纪纲众务,分判户、礼案,仍掌通检推排簿籍。

推官一员,正七品,掌同府判,分判工、刑案事。

知法一员。司吏,女直,山东西路十五人,大名十四人,山东东路、咸平府、临潢各十二人,曷懒路、河北西路各十人,婆速路十一人,河北东路八人,河东南北路、京兆、庆阳、临洮、风翔、延安各四人。汉人,户十八万以上四十二人,十五万以上四十人,十三万以上三十八人,十万以上三十五人,七万以上三十二人,五万以上二十八人,三万以上二十二人,不及三万户二十人,婆速路、曷懒路各二人。译人,咸平三人,河北东西、山东东西、曷懒、大名、临潢各二人,余各一人。通事,婆速、曷懒路高丽通事一人,临潢北部通事一人、部落通事一人、小部落通事二人,庆阳府通事一人。抄事一人。公使八十人。临潢别置移剌十五人。凡诸府置员并同,惟曷懒路无府事。

诸府谓非兼总管府事者。

尹一员,正三品。同知一员,正四品。少尹一员,正五品。

府判一员,从六品,掌纪纲众务,分判吏、户、礼案事,专掌通检推排簿籍。

推官一员,正七品,掌同府判,兵、刑、工案事。

府教授一员。

知法一员。司吏,女直皆三人,汉人,若管十六万户四十人,十四万以上三十八人,十二万以上三十五人,十万以上三十二人,七万以上三十人,五万以上二十五人,三万户以上二十人,不及三万户十七人。译人一人,通事一人,抄事一人,公使七十人。

诸节镇　节度使一员,从三品,掌镇抚诸军防刺,总判本镇兵马之事,兼本州管内观察使事。其观察使所掌,并同府尹兼军州事管内观察使。

同知节度使一员,正五品。通判节度使事,兼州事者仍带同知管内观察使。

副使一员,从五品。

节度判官一员,正七品,掌纪纲节镇众务、佥判兵马之事,兼制兵、刑、工案事。

观察判官一员,正七品,掌纪纲观察众务,分判吏、户、礼案事,通检推排簿籍。

知法一员,州教授一员,司狱一员,正八品。司吏,女直,隆州十四人,盖州十二人,泰州十一人,速频、胡里改各十人,蒲与八,平、宗、懿、定、卫、莱、密、沧、冀、邢、同、雄、保、兖、郯、泾、朔、奉圣、丰、云内、许、徐、邓、巩、鄜、全、肇各三人,余各二人。汉人,依府尹数例。译人一人,通事二人,抄事一人。公使人,上镇七十、中六十五、下六十,惟蒲与、胡里改、速频各二十人。曷速馆路、蒲与路、胡里改路、速频路四节镇,省观察判官而无州事。

诸防御州

防御使一员,从四品,掌防捍不虞、御制盗贼,余同府尹。

同知防御使事一员,正六品,掌通判防御使事。

判官一员,正八品,掌签判州事,专掌通检推排簿籍。

知法,从九品。

州教授一员。

司军,从九品。

军辖兼巡捕使,从九品。司吏,女直一人,汉人管户五万以上二十人,以率而减。译人一人,通事一人,抄事一人。公使,上州六十人、中五十五人、下五十人。

诸刺史州

刺史一员,正五品,掌同府尹兼治州事。

同知一员,正七品,通判州事。

判官一员,从八品,签判州事,专掌通检推排簿籍。

司军,从九品。

知法一员。

军辖兼巡捕使,从九品。司吏,女直,韩、庆、信、滦、蓟、通、澄、复、沈、贵德、涿、利、建州、来远军各二人,余各一人,抄事一人。公使,上州五十、中四十五、下四十。惟来远军同下州。省同知。凡诸州以上知印,并于孔目官内轮差,运司押司官并同。无孔目官,以上名司吏充,司、县同此。

诸京警巡院

使一员,正六品,掌平理狱讼、警察别部,总判院事。

副一员,从七品,掌警巡之事。

判官二员,正九品,掌检稽失,签判院事。司吏,女直,中都三人,上、东、西三京各二人,余各一人。汉人,中都十五人,南京九人,西京八人,东京六人,北京五人,上京四人。惟东、西、北、上京无副使。

诸府节镇录事司

录事一员,正八品。判官一员,正九品。掌同警巡使。司吏,户万以上设六人,以下为率减之。凡府镇二千户以上则依此置,以下则止设录事一员,不及百户者并省。

诸防刺州司候司

司候一员,正九品。

司判一员,从九品。司吏、公使七人。然亦验户口置。

赤县谓大兴、宛平县。

令一员,从六品,掌养百姓、按察所部、宣导风化、劝课农桑、平理狱讼、捕除盗贼、禁止游惰,兼管常平仓及通检推排簿籍,总判县事。

丞一员,正八品,掌贰县事。

主簿一员,正九品,掌同县丞。

尉四员,正八品,专巡捕盗贼。余县置四尉者同此。司吏十人,内一名取识女直、汉字者充。公使十人。

次赤县又曰剧县

令一员,正七品。

丞一员,正九品。

主簿一员,正九品。

尉一员,正九品。

诸县

令一员,从七品。

丞一员,正九品。

主簿一员,正九品。

尉一员,正九品。

凡县二万五千户以上为次赤、为剧,二万以上为次剧,在诸京倚郭者曰京县。自京县而下,以万户以上为上,三千户以上为中,不满三千为下。中县而下不置丞,以主簿与尉通领巡捕事。下县则不置尉,以主簿兼之。中县司吏八人,下县司吏六人,公使皆十人。

诸知镇、知城、知堡、知寨,皆从七品。其设公使皆与县同,惟验户口置司吏。

诸司狱

司狱一员,正九品,提控狱囚。司吏一人。公使二人。典狱二人,防守狱囚门禁启闭之事。狱子,防守罪囚者。

市令司　唯中都置。

令一员,正八品。南迁以左、右警巡使兼。丞一员,正九品。掌平物价,察度量权衡之违式、百货之估直。司吏四人,公使八人。

军器库

使一员，正八品。副使一员，从九品。掌甲胄兵仗。司吏二人。库子，掌出纳之数、看守巡护。中都、南京依此置，西京省副使，北京惟副使，仍兼八作使。随府节镇设使、副，若军器兼作院，军资兼军器库，及防刺郡，则置都监一员，以军资监兼者如旧。

作院

使一员，副使一员，掌监造军器，兼管徒囚，判院事。

都监一员，掌收支之事。

牢长，监管囚徒及差设牢子。中都、南京依此置，仍加“都”字。南京省都监一员，东京、西京置使或副一员，上京并省。随府节镇作院使副，并以军器使副兼之。其或置一员，或以军资库兼之，若元设甲院都监处，并蓟州专设使副者，并仍旧。

都转运司　使，正三品，掌税赋钱谷、仓库出纳、权衡度量之制。

同知，从四品。

副使，正五品。

都勾判官，从六品，纪纲众务、分判勾案，惟南京勾判兼上林署丞。

户籍判官二员，从六品，旧止一员，承安四年增置一员，不许别差，专管拘收征克等事。

支度判官二员，从六品，掌勾判、分判支度案事。

盐铁判官一员，从六品。

都孔目官二员，勾稽文牍。

知法二员，从八品。

都勾案、户籍案、盐铁案、支度案、开拆案司吏，女直八人，汉人九十人。抄事一人，译史三人，通事一人，押递五十人，监运诸物公使八十人。惟中都路置都转运司，余置转运司，省户、度判官各一员。南京、西京、北京、辽东、山东西路、河北东路则置女直知法、汉知法各一员。山东东路、河东南路北路、河北西路、陕西东西路则置汉知法一员。余官皆同中都置。女直司，司吏，辽东路十人,西京、北京、山东西路各五人,余路皆四人。译史,辽东路三人,余各二人。通事各一人,汉人司,司吏,课额一百八十万贯以上者五十人,百五十万贯以上四十五人,百二十万贯以上四十人,九十万贯以上三十五人,六十万贯以上三十人,三十万贯以上二十五人,不及三十万贯二十人。公使人,各七十人。押递,南京、山东东西路、河东南路、河北西路各五十人,西京、河东北路、河北东路各四十人,余路各三十人。

山东盐使司　　与宝坻、沧、解、辽东、西京、北京凡七司。

使一员,正五品,他司皆同。副使二员,正六品。它司皆一员。判官三员,正七品。泰和作四员,宝坻、解州设二员,余司皆一员。掌干盐利以佐国用。

管勾二十二员,正九品,宝坻、解、西京则设六员,北京、辽东、沧州则设四员。同管勾、都同监皆省。掌分管诸场发买收纳恢办之事。

同管勾五员。

都监八员。

监、同各七员。

知法一员。司吏二十二人,女直三人、汉人十九人。译人一人,抄事、公使四十人,它司皆同。

中都都曲使司酒使司、院务、税醋使司,榷场兼酒使司附。

使,从六品。副使,正七品。掌监知人户酝造曲蘖。办课以佐国用。余酒使监酝办课同此。

都监二员,正八品,掌签署文簿、检视酝造。司吏四人,公使十人。

凡京都及真定皆为都曲酒使司,设官吏同此。它处置酒使司,课及十万贯以上者设使、副、小都监各一员,五万贯以上者设使、副各一员,以上皆设司吏三人。二万贯以上者设使及都监各一员,司吏二人。不及二万贯者为院务。设都监、同监各一员,不及千贯之院务止设都监一员。其它税醋使司、及榷场与酒税相兼者,视课多寡设官吏,皆同此。诸酒税使三万贯以上者正八品,诸酒榷场使从七品,五万贯以上副使正八品。

提举南京路榷货事,从六品。

中都都商税务司

使一员,正八品。副使一员,正九品。正大元年升为从七品。掌从实办课以佐国用。

都监一员,从九品,掌签署文簿、巡察匿税。司吏四人,公使十人。余置官吏同酒使司。

中都广备库

使一员,从七品。副使一员,从八品。判官一员,正九品。掌匹帛颜色、油漆诸物出纳之事。攒典四人。库子十四人,内十二人收支,二人应办。掌排数出纳、看守巡护之事,与库官通管。

永丰库　镀铁院都监隶焉。

使一员,从七品。副使一员,从八品。判官一员,正九品。掌泉货金银珠玉出纳之事。

攒典三人。库子十二人,内十人收支,二人应辨。凡岁收二十五万贯者置库子十人,不及二万贯者置二人。

镀铁院都监二员,管勾生熟铁钉线。攒典一人。京、府、镇、通州并依此置,判官、都监皆省。或兼军器并作院,或设使若副一员。防刺郡设都监一员,仍兼军器库。

南京交钞库

使一员,正八品。副使一员,正九品。掌出入钱钞兑便之事。攒典二,攒写计帐、娄会合同。库子八人,掌受纳钱数、辨验交钞、毁旧注簿历。

中都流泉务大定十三年,上谓宰臣曰:“闻民间质典,利息重者至五七分,或以利为本,小民苦之。若官为设库务,十中取一为息,以助官吏廪给之费,似可便民。卿等其议以闻。”有司奏于中都、南京、东平、真定等处并置质典库,以流泉为名,各设使、副一员。凡典质物,使、副亲评价直,许典七分,月利一分,不及一月者以日计之。经二周年外,又逾月不赎,即听下架出卖。出帖子时,写质物人姓名,物之名色,金银等第分两,及所典年月日钱贯,下架年月之类。若亡失者,收赎日勒合干人,验元典官本,并合该利息,赔偿入官外,更勒库子,验典物日上等时估偿之,物虽故旧,依新价偿。仍委运司佐贰幕官识汉字者一员提控,若有违犯则究治。每月具数,申报上司。大定二十八年十月,京府节度州添设流泉务,凡二十八所。

明昌元年,皆罢之。二年,在都依旧存设。

使一员,正八品。副使一员,正九品。掌解典诸物、流通泉货。勾当一员。攒典二人。

中都店宅务

管勾四员,正九品,各以二员分左右厢,掌官房地基、征收官钱、检料修造摧毁房舍。攒典,左右厢各五人,掌征收及检料修造房屋之事。库子,左右厢各三人。催钱人,左右厢各十五人。又别设左厢平乐楼花园子一名,右厢馆子四人。

南京店宅务同。

中都左右厢别贮院

使一员,从八品。副使一,正九品。判官,从九品。掌拘收退朴等物及出给之事。攒典、库子,同前。

中都木场

使一员,从八品。副使一员,判官一员,皆正九品。掌拘收材木诸物及出给之事。司吏一人,库子四人,花料一人,木匠一人。

中都买物司

使一员,从八品。副使一员,正九品。掌收买官中所用诸物。都监四员,从九品。掌支应等事。司吏二人。

京兆府司竹监

管勾一员,从七品,掌藉养竹园采斫之事。司吏一人。监兵百人,给藉养采斫之役。

诸绫锦院置于真定、平阳、太原、河间、怀州。

使一员,正八品。副使一员,正九品。掌织造常课匹段之事。

规措京兆府耀州三白渠公事

规措官,正七品,掌灌溉民田。

点检渠堰官一员,掌点检启闭泾阳等县渠堰。司吏二人。

漕运司

提举一员,正五品,景州刺史兼领,掌河仓漕运之事。

同提举一员,正六品。勾当官,从八品,掌摧督起运纲船。司吏六人,分掌课使、起运两科,各设孔目官,前后行各一人。傔使科,掌吏、户、礼案。起运科,掌兵、刑、工案。公使八十一人,押纲官七十六人。

景州依此置。肇州以提举兼本州同知,同提举兼州判。

诸仓

使,正八品。副使,正九品。掌仓廪畜积、受纳租税、支给禄廪之事。攒典,掌收支文历、行署案牍。岁收一万石以上设二人。仓子,掌斛斗盘量、出纳看守之事。

草场

使,副使,掌储积受给之事。攒典二人。场子,掌积垛、出纳、看守、巡护之事,岁收五万以上设四人。中都、南京、归德、河南、京兆、凤翔依此置。西京省副使,余京节镇科设使副一员,防刺仍旧,置都监一员。

南京诸仓监支纳官、草场监支纳官,正八品。

南京提控规运柴炭场。

使,从五品。

副使,正六品。

京西规运柴炭场

使,从八品。

副使,正九品。

诸总管府节镇兵马司　都指挥使一员,正五品,巡捕盗贼,提控禁夜,纠察诸博徒、屠宰牛马,总判司事。

副都指挥使二员,正六品,贰使职,通判司事,分管内外,巡捕盗贼。军典十二人,掌本库名籍、差道文簿、行署文书、巡捕等事,余军典同此。司吏一人,译人一人,公使十人。

指挥使一员,从六品,钤辖四都之兵以属都指挥使,专署本指挥使事。

军使一员,正七品,指挥之职,左右什将各一人,共管一都。军典二人,营典一人,左、右承局各一人,左、右押官各一人。

以上军员每百人为一指挥使,各一员分四都,每都设左右什将、承局、押官各一人。若人数不及,附近相合者,并依上置。如无可相合者,三百人以上为一指挥,二百人以上止设指挥使,一百人止设军使,仍每百人以上立为一都,不及百人设什将、承局、押官各一。其指挥下军使,什将下军典、营典,各同此置。惟北京、西京止设使、副各一员。

诸府镇都军司

都指挥使一员,正七品,节镇军都指挥使则从七品。掌军率差役、巡捕盗贼,总判军事,仍兴录事同管城隍。军典二人,公使六人。凡诸府及节镇并依此置。

诸防刺州

军辖一员,掌同都军,兼巡捕,仍与司候同管城壁。军典二人。

诸府州

兵马钤辖一员,从六品,掌巡捕盗贼。若有盗,则总押随处巡尉,并力擒捕。司吏二人。京兆、咸平、济南、凤翔、莱、密、懿、巩州并依此置。惟京兆、咸平府置兵马都钤辖,余并省。

诸巡检

中都东北都巡检使一员,正七品,通州置司,分管大兴、漷阴、昌平、通、顺、蓟、盈州界盗贼事。司吏一人,掌行署文书。马军十五人,于武卫马军内选少壮熟闲弓马人充。

西南都巡检一员,正七品,良乡县置司,分管良乡、宛平、安次、永清县并涿、易州界盗贼事。

诸州都巡检使各一员,正七品。

副都巡检使各一员,正八品。司吏各一人。右宿、泗、唐、邓、蔡、亳、陈、颍、德、华、河、陇、泰等州并西北路依此置,余不加"使"字。

散巡检,正九品。内泗州以管勾排岸兼之。皆设副巡检一员,为之佐。右地险要处置司。

唐、邓、宿、泗、颍、寿、蔡等州及缘边二十五处置。大定二十二年,广宁府大斧山置巡检司。明昌五年七月,升蔡州刘辉村置巡检。

潼关

关使兼讥察官,正七品,掌关禁、讥察奸伪及管钥启闭。

副讥察,正九品,掌任使之事。司吏二人,女直、汉人各一。

居庸关、紫荆关、通会关、会安关及他关

皆设使,从七品。

大庆关

管勾河桥官兼讥察事一员,正八品,掌解击浮桥、济渡舟楫、巡视河道、修完埽岸、兼率埽兵四时功役、栽植榆柳、预备物料,讥察奸伪等事。

同管勾一员。司吏二人,女直、汉人各一人。九鼎、大阳津渡,惟置讥察官一员。

孟津渡

讥察一员,正八品,掌讥察奸伪。

副讥察一员,正九品。司吏二人。

提举讥察使,正五品。副使,从五品。陕西一员,河南二员。南迁置讥察使,从七品。副使,正八品。南迁后,陕西置于秦州,河南置于唐、邓、息、寿、泗五州。

提举秦、蓝两关,提举,从五品。同提举,正六品。南迁后置。

提举三门、集津南北岸,正六品。南迁后置。

沿淮讥察使,从五品。

管勾泗州兼排岸巡检,正九品。

诸边将

正将一员,正七品,掌提控部保将、轮番巡守边境。

副将一员,正八品。部将一员,正九品,轮番巡守边境。

队将,正九品。

鄜延九将,庆阳十将,临洮十四将,凤翔十六将,河东三将,并依此置。

统军司河南,山西,陕西,益都。

使一员,正三品,督领军马,镇摄封陲、分营卫、视察奸。

副统军一员,正四品。

判官一员,从五品,纪纲庶务、签判司事。大定九年置。

知事一员,从七品。

知法二员，从八品，女直、汉人各一。书史十三人，女直八人。汉人五人，掌行署文牍，上名监印。守当官四人，译书四人，通事一人，抄事一人，公使五十人。河南依此置，山东不设判官，知法以益都府知法兼之。

诏讨司三处置，西北路、西南路、东北路。

使一员，正三品。副招讨使二员，从四品，招怀降附、征讨携离。

判官一员，从六品，纪纲职务、签判司事。

勘事官一员，从七品。

知事一员，正八品。

知法二员，从八品，女直、汉人各一。司吏十九人。译人三人。通事六人，内诸部三人、河西一人。移剌三十人，以上名充都管。抄事一人。公使五十人。西北路增勘事官一员。东北路不置汉人知法。

诸猛安　谋克隶焉。

猛安，从四品，掌修理军务，训练武艺，劝课农桑，余同防御，司吏四人，译一人，挞马、差役人数并同旧例。

诸谋克，从五品，掌抚辑军户，训练武艺。惟不管常平仓，余同县令。女直司吏一人，译一人，挞马。

诸部族节度使

节度使一员，从三品，统制各部，镇抚诸军，余同州节度。

副使一员，从五品。

判官一员。

知法一员。司吏四人，女直、汉人各半。通事一人，译人一人，挞马。右部罗火部族、土鲁浑部族并依此置。

诸乣

详稳一员，从五品，掌守戍边堡，余同谋克。皇统八年六月，设本班左右详稳，定为从五品。

么忽一员，从五品，掌贰详稳。司吏三人。习尼昆，掌本乣差役等事。挞马，随从也。咩乣、唐古乣、移剌乣、木典乣、骨典乣、失鲁乣并依此置。惟失鲁乣添设译人一名。《士民须知》有苏谟典乣、胡都乣、霞马乣、无失鲁乣、移典乣。

诸移里董司

移里董一员,从八品,分掌部族村寨事。司吏,女直一人、汉人一人。习尼昆,掌本纠差役等事。挞马。右土鲁浑部族南北移里董司依此置。部罗火部族左右移里董司置女直司吏一人。

诸秃里

秃里一员,从七品,掌部落词讼、防察违背等事。女直司吏一人,通事一人。

诸群牧所,又国言谓"乌鲁古"。

提控诸乌鲁古一员,正四品,明昌四年置。是年以安远大将军尚厩局使石抹贞兼庆州刺史为之,设女直司吏二人,译一人,通事一人。

使一员,从四品。国言作乌鲁古使。副使一员,从六品。掌检校群牧畜养蕃息之事。

判官一员,正八品,掌签判本所事。

知法一员,从八品。女直司吏四人,译人一人,挞马十六人,使八人,副五人,判三人,又设扫稳脱朵,分掌诸畜,所谓牛马群子也。

惟板底因、乌鲜、忒恩、蒲鲜群牧依此置。

金史卷五八
志第三九

百官四

符制　印制　铁券　官诰
百官俸给

符制　初，穆宗之前，诸部长各刻信牌，交互驰驿，讯事扰人。太祖献议，自非穆宗之命，擅制牌号者置重法。自是，号令始一。收国二年九月，始制金牌，后又有银牌、木牌之制，盖金牌以授万户，银牌以授猛安，木牌则谋克、蒲辇所佩者也。故国初与空名宣头付军帅，以为功赏。

递牌，即国初之信牌也，至皇统五年三月，复更造金银牌，其制皆不传。大定二十九年，制绿油红者，尚书省文字省递用之。朱漆金字者，敕递用之。并左右司掌之，有合递文字，则牌送各部，付马铺转递，日行二百五十里。如台部别奉圣旨文字，亦给如上制。

虎符之制，承安元年制，以礼官言，汉与郡国守相为铜虎符，唐以铜鱼符，起军旅、易守长等用之。至是，斟酌汉、唐典故，其符用虎，并五左一右，左者留御前，以侍臣亲密者掌之，其右付随路统军司、招讨司长官主之，阙则次官主之。若发兵三百人以上及征兵、召易本司长贰官，从尚书省奏请左第一符，近侍局以囊封付主奏者，尚书备录圣旨，与符以函同封，用尚书省印记之，皆专使带牌驰送至彼。主符者视其封，以古符勘合，然后奉行，若一有参差者，不敢承用。主者复用囊封贮左符,上用职印,具发兵状与符以本司印封,即日还付使者,送尚书省以进,乃更其封,以付内掌之人。若复有事,左符以次出,周而复始,仍各置历注付受日月。若盗贼急速不容先陈者,虽三百人以上,其掌兵官司亦许给付,随即言上,诏即施行之。

贞祐三年,更定枢密院用鹿符,宣抚司用鱼符,统军司用虎符。

若发银牌,若省付部及点检司者,左右司用匣封印,验封交受。若发于他处,并封题押,以匣贮之。

印制　太子之宝。大定二十二年,世宗幸上京,铸“守国之宝”以授皇太子。二十八年,世宗不豫,以皇太孙摄政,铸“摄政之宝”。贞祐三年十二月,以皇太子守绪控制枢密院,诏以金铸“抚军之宝”,如世宗时制,于启禀之际用之。

百官之印。天会六年,始诏给诸司,其前所带印记无问有无新给,悉上送官,敢匿者国有常宪。至正隆元年,以内外官印新旧名及阶品大小不一,有用辽、宋旧印及契丹字者,遂定制,命礼部更铸焉。

三师、三公、亲王、尚书令并金印,方二寸,重八十两,驼纽。一字王印,方一寸七分半,金镀银,重四十两,镀金三字。诸郡王印,方一寸六分半,金镀银,重三十五两,镀金三字。国公无印。一品印,方一寸六分半,金镀银,重三十五两,镀金三字。二品印,方一寸六分,金镀铜,重二十六两。东宫三师、宰执与郡王同。三品印,方一寸五分半,铜,重二十四两。四品印,方一寸五分,铜,重二十两。五品印,方一寸四分,铜,重二十两。六品印,一寸三分,铜,重十六两。七品印,一寸二分,铜,重十六两。八品印,一寸一分半,铜,重十四两。九品印,一寸一分,铜,重十四两。凡朱记,方一寸,铜,重十四两。

天德二年行尚书省以其印小,遂命拟尚书省印小一等改铸。大定二十四年二月,铸行尚书省、御史台、并左右三部印,以从幸上京。

泰和元年八月，安国军节度使高有邻言："本州所掌印三，曰'安国军节度使之印'，曰'邢州观察使印'，吏、户、礼案用之；曰'邢州之印'，兵、刑、工案用之。以名实不正，乞改铸。"宰臣奏谓："节度使专行之事自当用节度使印、观察使亦如之，其六曹提点所军兵民讼，则当用本州印，著为定制"上从之。

泰和八年闰四月，敕殿前都点检司，依总管府例铸印，以"金"、"木"、"水"、"火"、"土"五字为号，如本司差人则给之。

铁券　以铁为之，状如卷瓦。刻字画栏，以金填之。外以御宝为合，半留内府，以赏殊功也。

官诰　亲王，红遍地云气翔鸾锦褾，金鸾五色罗十五幅，宝装犀轴。一品，红遍地云鹤锦褾，金云褾五色罗十四幅，犀轴。二品、三品，红遍地龟莲锦褾，素五色绫十二幅，玳瑁轴。四品、五品、红遍地水藻戏鳞锦褾，大白绫十幅，银裹间镀轴，元牙轴承安四年改之，大安二年复改为金缕角轴。六品、七品红遍地草锦褾，小白绫八幅角轴，大安加银缕。

公主、王妃与亲王同。郡主、县主、夫人、红遍地瑞莲鸿鹣锦褾。金莲鸿鹣五色罗十五幅。

郡王夫人、国夫人，红遍地芙蓉花锦褾，金花五色绫十二幅，玳瑁轴。

县君、孺人、乡君，红遍地杂花锦褾，素五色小绫十幅，银裹间镀轴。轴之制，如径二寸余大钱贯枢之，两端复以犀象为钿以辖之，可圆转如轮。金格，一品，红罗画云气盘龙锦褾，金龙五色罗十七幅，宝装玉轴。二品，翔凤褾，金凤罗十六幅，犀轴。三品、四品。盘凤褾，金凤罗十五幅。五品，翔鸾锦褾，金鸾罗十四幅。以上幅皆用五色罗，轴皆用犀。六品御仙花锦褾，金花五色绫十二幅。七品、八品、九品，太平花锦褾，金花五色小绫十幅。轴皆用玳瑁。凡褾皆红，幅皆五色。夫人以上制授，余敕授，皆给本色锦囊。

百官俸给　正一品：三师，钱粟三百贯石，曲米麦各五十称石，春衣罗五十匹，秋衣绫五十匹，春秋绢各二百匹，绵千两。三公，钱粟二百五十贯石，曲米麦各四十称石，春衣罗四十匹，秋衣绫四十匹，春秋绢各一百五十匹，绵七百两。亲王、尚书令，钱粟二百二十贯石，曲米麦各三十五称石，春衣罗三十五匹，秋衣绫三十五匹，春秋绢各一百二十匹，绵六百两。皇统二年，定制，皇兄弟及子封一字王者为亲王，给二品俸，余宗室封一字王者以三品俸给之。天德二年，以三师、宰臣以下有以一官而兼数职者，及有亲王食其录而复领他事者，前此并给以俸，今宜从一高，其兼职之俸并不重给。至大定二十六年，诏有一官而兼数职，其兼职得罪亦不能免，而无廪给可乎。遂以职务烦简定为分数，给兼职之俸。

从一品：左右丞相、都元帅、枢密使、郡王、开府仪同，钱粟二百贯石，曲米麦各三十称石，春秋衣罗绫各三十匹，绢各一百匹，绵五百两。平章政事，钱粟一百九十贯石，曲米麦各二十八称石，春罗秋绫各二十五匹，绢各九十五匹，绵四百五十两。大宗正，钱粟一百八十贯石，曲米麦各二十五称石，罗绫同上，绢各九十匹，绵四百两。

正二品：东宫三师、副元帅、左右丞，钱粟一百五十贯石，曲米麦各二十二称石，春罗秋绫各二十二匹，绢各八十匹，绵三百五十两。

从二品：钱粟一百四十贯石，曲米麦各二十称石，春罗秋绫各二十匹，绢各七十五匹，绵三百两。同判大宗正，钱粟一百二十贯石，曲米麦各十八称石，春罗秋绫各十八匹，绢各七十匹，绵二百五十两。

正三品：钱粟七十贯石，曲米麦各十六称石，春罗秋绫各十二匹，绢各五十五匹，绵二百两。外官，钱粟一百贯石，曲米麦各十五称石，绢各四十匹，绵二百两，公田三十顷。统军使、招讨使、副使，钱粟八十贯石，曲米麦十三称石，绢各三十五匹，绵百六十两，公田二十五顷。都运、府尹，钱粟七十贯石，曲米麦十二称石，绢各三十匹，绵百四十两。天德二年，省奏：“职官公田岁入有数，前此百姓各随公宇就输，而吏或贪冒，多取以伤民。且送之官仓，均定其数，与月俸随给。"

从三品：钱粟六十贯石，曲米麦各十四称石，春秋衣罗绫各十匹，绢各五十匹，绵百八十两。外官，钱粟六十贯石，曲米麦各十称石，绢各二十五匹，绵一百二十两，公田皿二十一顷。皇统元年二月，诏诸官、职俱至三品而致仕者，俸禄、傔人，各给其半。

正四品：钱粟四十五贯石，曲米麦各十二称石，春秋衣罗绫各八匹，绢各四十匹，绵一百五十两。外官，钱粟四十五贯石。副统军，钱粟五十贯石，绢各二十二匹，绵八十两，职田十七顷。余同下：曲米麦各八称石，绢各二十匹，绵七十两，公田十五顷，许带酒三十瓶、盐三石。

从四品：钱粟四十贯石，曲米麦各十称石，春秋罗绫各六匹，绢各三十匹，绵一百三十两。外官，钱粟四十贯石，曲米麦各七称石，绢各十八匹，绵六十两，公田十四顷。猛安，钱粟四十八贯石，余皆无。乌鲁古使，同，无职田，大定二十年，诏猛安谋克俸给，令运司折支银绢。省臣议："若估粟折支，各路运司储积多寡不均，宜令依旧支请牛头税粟。如遇凶年尽贷与民，其俸则于钱多路府支放，钱少则支银绢亦未晚也。"从之。

正五品：钱粟三十五贯石，曲米麦各八称石，春秋衣罗绫各五匹，绢各二十五匹，绵一百两。外官，刺史、知军、盐使，钱粟三十五贯石，曲米麦各六称石，绢各十七匹，绵五十五两，公田十三顷。余官，钱粟三十贯石，曲米麦同上，绢各十六匹，绵五十两，职田十顷。

从五品：钱粟三十贯石，曲米麦六称石，春秋罗绫各五匹，绢各二十匹，绵八十两。外官，钱粟二十五贯石，曲米麦各四称石，绢各十匹，绵四十两，公田七顷。谋克，钱粟二十贯石，余皆无。乔家部族都铃辖，无职田。

正六品：钱粟二十五贯石，麦五石，绢各十七匹，绵七十两。外官与从六品，皆钱粟二十贯石，曲米麦三称石，绢各八匹，绵三十两，公田六顷。

从六品：钱粟二十二贯石，麦五石，春秋绢各十五匹，绵六十两。乌鲁古副使，同，无职田。

正七品：钱粟二十二贯石，麦四石，衣绢各一十二匹，绵五十五两。外官，诸同知州军、都转运判、诸府推官、诸节度判、诸观察判、诸京县令、诸剧县令、提举南京京城、规措渠河官、诸都巡检、诸酒曲盐税副、诸正将，钱粟一十八贯石，曲米麦各二称石，春秋衣绢各七匹，绵二十五两。诸司属令、诸府军都指挥，俸同上，无职田。潼关使，钱粟一十八贯石，曲米麦各一称石，衣绢各六匹，绵三十两，无职田。

从七品：钱粟一十七贯石，麦四石，衣绢各一十匹，绵五十两。外官、统军司知事，钱粟一十七贯石，麦四石，衣绢各一十匹，绵五十两。诸镇军都指挥使，钱粟一十八贯石，曲米麦各二称石，衣绢各七匹，绵二十五两。诸招讨司勘事官、诸县令、诸警巡副、京兆府竹监管勾、五品盐使司判、诸部秃里、同提举上京皇城司、同提举南京京城所、黄河都巡河官、诸河税榷场使，钱粟一十七贯石，曲米麦各二称石，衣绢各七匹，绵二十五两，职田五顷。会安关使，诸知镇城堡寨，钱粟一十五贯石，曲米麦各一称石，衣绢各六匹，绵二十两，职田四顷。

正八品：朝官，钱粟一十五贯石，麦三石，衣绢各八匹，绵四十五两。外官，市令、诸录事、诸防御判、赤县令、诸剧县令、崇福埽都巡河官、诸酒税使、醋使、榷场副、诸都巡检，钱粟一十五贯石，曲米麦各一称石，衣绢各六匹，绵二十两，职田四顷。乌鲁古判官，俸同上，无职田。按察司知事、大兴府知事、招讨司知事、诸副都巡检使，钱粟一十三贯石，曲米麦各一称石，衣绢各六匹，绵二十两，职田二顷。诸司属丞，俸同上，无职田。诸节镇以上司狱、诸副将，钱粟一十三贯石，衣绢各三匹，绵一十两，职田二顷。南京京城所管勾、京府诸司使管勾、河桥诸关渡讥察官、同乐园管勾、南京皇城使、通州仓使，钱粟一十二贯石，衣绢各三匹，绵一十两。节镇诸司使、中运司柴炭场使，钱粟一十贯石，衣绢各二匹，绵八两。

从八品：朝官，钱粟一十三贯石，麦三石，衣绢各七匹，绵四十两。外官，南京交钞库使，诸统军按察司知法，钱粟一十三贯石，麦三石，衣绢各七匹，绵四十两。诸州军判官、诸京县丞、诸次剧县丞、诸三品盐司判官、漕运司管勾、永丰广备库副使、左右别贮院木场使，钱粟一十三贯石，曲米麦各一称石，衣绢各六匹，绵二十两，职田三顷。诸么忽、诸移里堇，钱粟一十三贯石，麦二石，衣绢各五匹，绵一十五两，职田三顷。

正九品：朝官，钱粟一十二贯石，麦二石，衣绢各六匹，绵三十五两。外官，南京交钞库副，钱粟一十二贯石，麦二石，衣绢六匹，绵三十五两。诸警巡判官，钱粟一十三贯石，曲米麦各一称石，衣绢六匹，绵一十两，职田三顷。诸县丞、诸酒税副使，钱粟一十二贯石，麦一石五斗，衣绢各五匹，绵一十七两，职田三顷。市丞、诸司侯、诸主簿、诸录判、诸县尉、散巡河官、黄河埽物料场官，钱粟一十二贯石，麦一石，衣绢各三匹，绵一十两，职田二顷。管勾泗州排岸兼巡检、副都巡检、诸巡检，俸例同上，并无麦及职田。诸盐场管勾、左右别贮院木场副、永丰广备库判，钱粟一十二贯石，衣绢各三匹，绵一十两，职田二顷。诸部将、队将，钱粟一十二贯石，麦一石，衣绢各三匹，绵一十两，职田二顷。店宅务管勾，钱粟一十二贯石，绵绢同上。京府诸司副、南京皇城副、通州仓副、同管勾河桥、诸副讥察，钱粟一十一贯石，衣绢各二匹，绵八两。诸州军司狱，钱粟一十一贯石，衣绢各二匹，绵八两，职田二顷。节镇诸司副、中运司柴炭场副，钱粟一十贯石，衣绢各二匹，绵八两。

从九品：朝官，钱粟一十贯石，麦二石，衣绢各五匹，绵三十两。外官，诸教授，钱粟一十二贯石，麦一石，衣绢各三匹，绵一十两，职田二顷。三品以上官司知法，钱粟一十贯石，麦一石，衣绢各三匹，绵一十两。司候判官，钱粟一十贯石，衣绢各二匹，绵八两，职田二顷。诸防次军辖，俸同上，无职田。诸榷场同管勾、左右别贮院木场判，钱粟一十贯石，衣绢各三匹，绵六两。诸京作院都监，通州仓判，五品以上官司知法，钱粟九贯石，衣绢各二匹，绵六两。诸府作院都监、诸埽物料场都监,钱粟八贯石,衣绢各一匹,绵六两。诸节镇作院都监、诸司都监,钱粟八贯石,衣绢各二匹。诸司同监,钱粟七贯石,绢同上。陕西东路德顺州世袭蕃巡检,分例月支钱粟一十贯石,衣绢各二匹,绵一十两。陕西西京原州世袭蕃巡检,月支钱二贯三百九十文,米四石五斗,绢三匹。河东北路葭州等处世袭蕃巡检,月支钱粟一十贯石,绢二匹,绵一十两。

宫闱岁给。太后、太妃宫,每岁各给钱二千万,彩二百段,绢千匹,绵五千两。诸妃,岁给钱千万,彩百段,绢三百匹,绵三千两。嫔以下,钱五百万,彩五十段,绢二百匹,绵二千两。贞元元年,妃、嫔、婕妤、美人、及供膳女侍、并仙韶、长春院供应人等,岁给钱帛各有差。

凡内职,贞祐之制,正一品,岁钱八千贯,币百段,绢五百匹,绵五千两。正二品,岁钱六千贯,币八十段,绢三百匹,绵四千两。正三品,岁钱五千贯,币六十段,绢二百匹,绵三千两。正四品,岁钱四千贯,币四十段,绢百五十匹,绵二千两。正五品,尚宫夫人,岁钱二千贯,币二十段,绢百匹,绵千两。尚宫左右夫人至宫正夫人,钱千五百贯,币十九段,绢九十匹,绵九百两。宝华夫人以下至资明夫人,钱千贯,币十八段,绢八十匹,绵八百两。有大、小令人,大、小承御,大、小近侍,俸各异。正六品,尚仪御侍以下,钱五百贯,币十六段,绢五十匹,绵二百两。正七品,司正御侍以下,钱四百贯,币十四段,绢四十匹,绵百五十两。正八品,典仪御侍以下,钱三百贯,币十二段,绢三十匹,绵百两。正九品,掌仪御侍以下,钱二百五十贯,币十段,绢二十六匹,绵百两。

百司承应俸给。省令史、译史,钱粟一十贯石,绢四匹,绵四十两。省通事、枢密令史译史,钱粟十二贯石,绢三匹,绵三十两。枢密通事、六部御史台令译史,钱粟一十贯石,衣绢三匹,绵三十两。六部等通事、诰院令史、国史院书写、随府书表、亲王府祇候郎君、典客署引接书表,钱粟八贯石,绢二匹,绵二十两。走马郎君、一品子孙十贯石,内祗八贯石,班祗七贯石,并绢二匹,绵二十两。护卫长,支正六品俸。长行,从六品俸。符宝郎、奉御、东宫护卫长,钱粟十七贯石,绢八匹,绵四十两。东宫护卫长行,十五贯石,绢四匹,绵四十两。笔砚承奉、阁门祗候、侍卫亲军百户,十二贯石,绢四匹,绵三十两。妃护卫、奉职、符宝典书、东宫入殿小底,十贯石,绢三匹,绵三十两,勒留则添二贯石。尚衣、奉御、捧案、擎执、奉辇、知把书画、随库本把、左右藏库本把、仪鸾局本把、尚辇局本把、妃奉事,八贯石,绢三匹,绵三十两。侍卫亲军五十户,九贯石,绢三匹,绵三十两。未系班,绢三匹,绵二十两。长行,七贯石,绢二匹,绵二十两。弩伞什将,八贯石。伞子,五贯石。太医长行,八贯石。正奉上太医,十贯石。副奉上,同。随位承应都监,未及十五岁者六贯石,从八品七贯石。从七品八贯石,从六品九贯石,从五品十贯石,从四品十二贯石,止掌文书者添支三贯石,牌子头等添支二贯石。司天四科人,九品六贯石,八品七贯石,六品九贯石,五品十贯石,四品十二贯石,止教授管勾十贯石,学生钱三贯、米五斗。典客、书表,八贯石,绢二匹,绵二十两。东宫笔砚,六贯石。尚厩兽医、秘书监楷书,六贯石。秘书琴棋等待诏,七贯石。驼马牛羊群子、挤酪人,皆三贯石。

诸使司都监食直,二十万贯以上六十贯,十万贯已上五十贯,五万贯已上四十贯,三万贯已上三十贯,二万贯已上二十五贯。诸院务监官食直,五千贯已上监官二十贯、同监十五贯,二千贯已上监官十五贯、同监十贯,一千贯已上监官十五贯,一千贯已下监官十贯。

旧制,凡监临使司、院务之商税,增者有赏,亏者克俸。大定九年,上以吏非禄无以养廉,于是止增亏分数为殿最,乃罢克俸、给赏之制,而监官酬赏仍旧。二十年,诏十万贯以上盐酒等使,若亏额五厘,克俸一分。奏随处提点院务官资格。其省除以上提点官、并运司亲管院务,若能增者十分为率以六分入官,二分与提点所官、二分与监官充赏,若亏亦依此例克俸,若能足数则全给。大定二十二年,定每月先支其半外,如不亏则全支,亏一分则克其一分,补足贴支。随路使司、院务并坊场,例多亏课,上曰:“若其实可减处,约量裁减,亦公私两便也。”二十三年,以省除提控官、与运司置司处,亏课一分克俸一分,其罚涉重。亦命先给月俸之半,余半验所亏分数克罚补,公田则不在克限。二十六年四月,奏定院务监官亏永陪赏格。

　　诸京府运司提刑司节镇防刺等,汉人、女直、契丹司吏、译史、通事、孔目官,八贯。押司官,七贯。前后行,六贯。诸防刺已上女直、契丹司吏、译史、通事、不问千里内外,钱七贯,公田三顷。诸盐使司都目,十四贯。司吏,六贯。诸巡院司县司狱等司吏,有译史、通事者同,钱五贯。凡诸吏人,月支大纸五十张,小纸五百张,笔二管,墨二锭。

　　诸职官上任,不过初二日,罢任过初五日者,给当月俸。或受差及因公干未能之官者,计程外听给到任禄。若文牒未至,前官在任,及后官已到,前官差出,其禄两支,职田皆给后官。凡职田,亩取粟三斗、草一秤。仓场随月俸支俸,曲则随直折价。诸亲王授任者,禄从多,职田从职。朝官兼外者同。六十以上及未六十而病致仕者,给其禄半。承应及军功初出职未历致仕,虽未六十者亦给半禄。内外吏员及诸局分承应人,病告至百日则停给。除程给假者俸禄职田皆以半给,衣绢则全给。皇家祖免以上亲户另给,夫亡、妻亦同。若同居兄弟收充猛安谋克及历任承应人者,不在给限。大功以上,钱粟一十三贯石,春秋衣绢各四匹。小功,粟一十贯石,春秋衣绢各三匹。缌麻、祖免,钱粟八贯石,春秋衣绢二匹。

　　诸驰驿及长行马,职官日给,谓奉宣省院台部委差、或许差者,下文置所等官同。一品三贯文,二品二贯文,三品一贯五百文。四品一贯二百文,五品一贯文,六品八百文,七品六百文,八品九品四百文。

有职事官日给，外路官往回口券，依上款给，一品二贯五百文，二品一贯六百文，三品一贯二百文，四品一贯文，五品九百文，六品七百文，七品六百文，八品九品四百文。

无职事官并验前职日给，无前职者以应仕及待阙职事给之。四品一贯三百文，五品一贯二百文，六品九百文，七品七百文，八品九品五百文。

随朝吏员宣差及省部差委官踏逐者，引者亦同。及统军司按察司书吏译人、本局差委及随逐者，日给钱各一百五十文。

燕赐各部官僚以下，日给米粮分例，无草地处内，亲王给马二十五匹草料，亲王料一石，宰执七斗，王府三斗，府尉二斗，员外郎、司马各一斗六升，监察御史、尚书省都事、大理司直、六部主事各八升，检、知法七升，省令、译史六升，院台令译史、省通事各五升，院台通事、六部令译史通事、省祗候郎君、使库都监各四升，诰院令史、枢密院移剌各三升，王府直府、王府及省知印直省、御史台通引、王府教读、王傅府尉等下司吏、外路通事、省医工调角匠、招讨司移剌各二升，写诰诸祗候人、本破人同。大程官院子酒匠柴火各一升，万户一斗六升，猛安八升，谋克四升，蒲辇二升，正军阿里喜、旗鼓吹笛司吏各一升。

诸外方进贡及回赐、并人使长行马，每匹日给草一称、粟一斗。

宫中东宫同。承应人因公差出，皆验见请钱粟贯石、口给食料，若系本职者住程不在给限，其常破马草料局分，如被差长行马公干本支草料，即听验日克除，若特奉宣差勾当者，依本格：十八贯石以上九百文，十七贯石八百六十文，十五贯石以上五百四十文，七贯石以上四百六十文，六贯石四百二十文，五贯石三百八十文，四贯石三百三十文，三贯石二百八十文，二贯石二百三十文。

诸试护卫亲军，听自起发日为始，计程至都，比至试补，其间各日给口券，若拣退还家者，亦验回程给之。未起闲住口数不在支限。其正收之后再拣退者，亦给人三口米粮钱一百文、马二匹草料。诸签

军赴镇防处、及班祗充押递横差别路勾当千里以上者,沿路各日给
米一升、马一匹草料。无马有驴者,各支依本格。车驾巡幸,顾工,马夫
三百文,少夫二百三十文。围鹅夫、随程干办人各二百文,传递果子
夫一百五十文。车驾巡幸,若于私家内安置行宫者,约量给赐段匹。
太庙神厨祠祭度勾当人、少府监随色工匠、部役官受给官司吏,钱
粟二贯石,春秋衣绢各一匹。

诸局作匠人请俸,绣女都管钱粟五贯石,都绣头钱粟四贯石,
副绣头三贯五百石,中等细绣人三贯石,次等细绣人二贯五百石,
习学本把正办人钱支次等之半,描绣五人钱粟三贯石,司吏二人三
贯石。修内司,作头五贯石,工匠四贯石,春秋衣绢各二匹,军夫除
钱粮外,日支钱五十、米一升半。百姓夫每日支钱一百、米一升半。
国子监雕字匠人,作头六贯石,副作头四贯石,春秋衣绢各二匹。长
行三贯石,射粮军匠钱粟三贯石,春秋衣绢各二匹,习学给半。初习
学匠钱六百,米六斗,春秋绢各一匹,布各一匹。民匠日支钱一百八
十文。

诸随朝五品以下职事官身故,因公差出、及以理去任、未给解由者,
身故同。验品,从去乡地里支给津遣钱。并受职事给之,下条承应人准
此。若外路官员在任依理身故者,各依上官品地里减半给之。若系
五百里内不在给限,五百里外,五品一百贯,六品七品八十贯,八品
九品六十贯。一千里外,五品一百二十贯,六品七品一百贯,八品九
品八十贯。二千里外,五品一百七十贯,六品七品一百五十贯,八品
九品一百贯。三千里外,五品二百五十贯,六品七品二百贯,八品九
品一百五十贯。

诸随朝承应人身故应给津遣钱者,护卫、东宫护卫同。奉御、符
宝、都省枢密院御史台令译史同九品官,通事、宗正府六部令译史、
统军司书史译书,按察司书史,同。亲军减九品官五分之二,通事、随朝
书表、吏员、译人,统军司通事,守当官,按察司书史、译人,分治都水监典

吏，同。及诸局分承应人武卫军同。减五分之三。

天寿节设施老疾贫民钱数，在都七百贯，官籍监给。诸京二十五贯，此以上并系省钱给。诸府二十贯文。诸节镇一十五贯文，诸防刺州军一十贯文，诸外县五贯文。城寨系保镇同。

诸孤老劝疾人，各月给米二斗、钱五百文，春秋衣绢各一匹，五岁以下三分给二。身死者给钱一贯埋殡。

诸因灾伤或遭贼惊却饥荒去处，良民典顾、冒卖为驱，遇恩官赎为良分例，若元价钱给。男子一十五贯文，妇人同，老幼各减半。六岁已下即听出离，不在赎换之限。

诸士庶陈言利害，若有可采，行之便于官民者，依验等第给赏，上等银绢三十两匹，中等二十两匹，下等一十两匹，其陈数事，止从一支，若用大事应补官者，从吏部格。

宣宗贞祐元年十二月，以粮储不足，诏随朝官、承应人俸，计口给之，余依市直折之。谕旨省臣曰："闻亲军俸，粟每石以麦六斗折之，所省能几，而失众心，今给本色。"二年八月，始给京府州县及转运司吏人月俸有差。旧制惟吏案孔目官有俸，余止给食钱，故更定焉。

三年，诏损宫中诸位岁给有差。监察御史田迥秀言："国家调度，行才数月，已后停滞，所患在支太多、收太少，若随时裁损所支，而增其收，庶可久也。"因条五事，"一曰朝官及令译史、诸司吏员、诸局承应人，太冗滥宜省并之。随处屯军皆设寄治官，徒费俸给，不若令有司兼总之。且沿河亭障各驻乡兵，彼皆白徒，皆不可用，不若以此军代之。以省其出。"

四月，以调度不及，罢随朝六品以下官及承应人从己人力输庸钱。减修内司所役军夫之半。经兵处，州、府、司吏减半，司、县三分减一，其余除开封府、南京转运司外，例减三分之一。有禄官吏而不出境者，并罢给券，出境者给其半。

兴定二年正月，诏"陕州等处司、县官征税不足，阁其俸给何以养廉，自今不复阁俸。"彰化军节度使张行信言："送宣之使，其视五品而上各有定数，后竟停罢。今军官以上奉待使者有所馈献，至六品以下亦不免如例，而莫能办，则敛所部以与之，至有获罪者。保举县尹，特增其俸，然法行至今，而关以西尚有未到任者，岂所举少而不敷耶，宜广选举，以补其阙。且丞簿亦亲民者也，而独不增，安能禁其侵牟哉。"

金史卷五九

表第一

宗　室

古者太史掌叙邦国之世次，辨其姓氏，别其昭穆，尚矣。金人初起完颜十二部，其后皆以部为氏，史臣记录有称完颜者，有称"宗室"者，有称完颜者。称完颜者亦有二焉，有同姓完颜，盖疏族，若石土门、迪古乃是也；有异姓完颜，盖部人，若欢都是也。大定以前称"宗室"，明昌以后避睿宗讳称"内族"，其实一而已。书名不书氏，其制如此。宣宗诏宗室皆称完颜，不复识别焉。大定、泰和之间，祖兔以上亲皆有属籍，以叙授官，大功以上，毙卒辍朝，亲亲之道行焉。贞祐以后，谱牒散失，大概仅存，不可殚悉，今掇其可次第者著于篇。其上无所系，下无所承者，不能尽录也。

斡鲁		匡本名撒速。八世孙。 大师，尚书令。

右始祖子，与德帝凡二人。

辈鲁		胡剌　特进。

右德帝子，与安帝凡三人。

信德		拔达仪同三司。
谢库德	盆纳开府仪同三司。	
谢夷保		
谢里忿		

右安帝子，与献祖凡五人。婆卢火称安帝五代孙，不称谁子，不可以世，置之卷末。

					朴都
					阿保寒
					敌酷
					敌古乃
					撒里辇
					撒葛冑

右献祖子，与昭祖凡七人。

					乌骨出
		宗享　宁州刺史。			薛不夹买勃极烈
		宗贤　尚书左丞相。	昂本名奉睹。大保、兼		
	崇浩　右丞相、兼都元帅。		都元帅。		跋黑
					跋里黑安
					斡里里安
					胡失答

右昭祖子，与景祖凡六人。付吉称昭祖曾孙，崇成称昭祖玄孙，不称谁子，不可以世，置之卷末。

劾者韩国公。	撒改国论、悠鲁勃极烈、怂鲁勃极烈、金源郡王。	宗翰本名粘没喝。大保、领三省事、晋国王。		秉德左丞相。
				斜哥
		扎保迪特进。		
		宗宪尚书右丞相。		
	斡鲁西南路都统、金源郡王。	撒八银青光禄大夫。	赛里	阿鲁
劾孙沂国公。	昱本名蒲家奴。大司空			
劾真保代国公。				
麻颇襄国公。	谩都本金紫光禄大夫。	谩睹		

阿离合懑。	賽也。	宗尹平章政事。			固韩州刺史。
		宗宁平章政事。	而里乃		
谩都诃阿舍勃极烈、郑谋里也工部尚书。国公。	晏本名斡论。太尉、左丞相。	宗道河南路统军使。			

右景祖子,与世祖、肃宗、穆宗凡九人。洽诃、鲁朴称系出景祖,不称准子,不可以世,置之卷末。

斡带魏王。	昊本名斜也。诸班勃极烈、辽王。	宗义本名字吉。平章政事。			
		蒲马龙虎卫上将军。			
		宇论出龙虎卫上将军。			
		阿鲁龙虎卫上将军。			
		偎喝龙虎卫上将军。			

阿虎里袅猛安。		斡赛郑王。
宗永震武军节度使。		斡者鲁王。
璋本名胡麻愈。御史大夫。		乌故乃汉王。
神土懑骠骑上将军。		
宗叙参知政事。		阇母鲁王。
		查剌沂王。
郑家益都尹。		昂本名乌特。平章政事，邠王。
承晖右丞相。		
鹤寿耶鲁瓦群牧使。		

右世祖子，与康宗、太祖、太宗凡十一人。

撒酷款温国公。	
蒲鲁虎崇国公。	

右肃宗子二人。

右穆宗子五人。胡八鲁称穆宗孙，不称诸子，不可以世，置之卷末。

谋良虎	余里也				蒲带上京路提刑使。
	蒲鲁虎娄室安。	桓端金紫光禄大夫。			囊颊
	按荅海太子大保、金源郡王。				
	燕京				
	阿邻兵部尚书。				
同刮茁昭武大将军。					
限可龙虎卫上将军。					

勖本名乌也。太师，领宗秀刑部尚书、三省事。
挞懒左副元帅。
蒲察齐国公。
蒲里选崇国公。
撒祝银青光禄大夫。

宗X	子	孙	曾孙
			檀奴归德军节度使。
	充左丞相,代王。	永元本名元奴。	
		耶朴同知济南尹。	
		阿里白辅国上将军。	
	兖大尉,领三省事。	阿合同知定武军节度使。	
宗干本名斡本。太师,领三省事,辽王。	襄辅国上将军。	和尚应国公。	
	衮西京留守。		
	齐	嫩住袭猛安。	
宗望本名斡里不。左副元帅,宋王。	京西京留守。		
	文大名尹,荆王。		
宗弼本名兀术。太师,亭广宁尹,韩王。			

右康宗子三人。史载常春、胡里剌、胡剌、鹘鲁、荼札、怕八、讹出皆称良虎孙,不称谁子,不可以世。

			阿懒	
			拔懒	
	羊蹄			
领三省事，梁王。				
乌烈丰王。				
宗简会宁牧，邓王。				
宗俊右丞相，陈王。				
讹鲁沈王。				
讹鲁朵蔺王。				
宗强卫王。	爽本名阿邻。太子太傅，荣王。			
	可喜兵部尚书。			
	阿琐济南尹。			
宗敏左丞相，曹王。	褒齐国公。			
	阿里罕密国公。			
习泥烈纪王。				
宁吉息王。				
燕孙莒王。				

斡忽郲王。

右太祖子，与景宣、睿宗凡十六人。辽王宗干子与海陵五人。

宗磐太师、领三省事、宋王。

宗固左丞相、齐王。

宗雅代王。

阿鲁朴虞王。

斛沙虎滕王。

宗懿薛王。

宗本左丞相、原王。　阿里虎

鹘懒襄王。

宗美丰王。

神土门郧王。

斛孛束霍王。

斡列烈蔡王。

宗哲毕王。
宗顺徐王。

右太宗子十四人。史载北京留守卞、平阳尹禀皆大宗孙，不称准子，不可以世。

元本名常胜。昨王。
查剌安武军节度使。

右景宣子，与熙宗，凡三人。

济安皇太子。
道济魏王。

右熙宗子二人。

光英皇太子。
元寿岐王。

朐思阿不宿王。		
广阳滕王。		

右海陵子四人。

吾里朴豳王。	

右睿宗子，与世宗凡二人。

永中镐王。	瑜石古乃。
	璋神土门。
	玘阿思懑。
	璲阿离合懑。
执葦赵王。	
斜鲁越王。	
永功越王。	昭福孙。奉国上将军。
	璹寿孙。密国公。

琳粘没局。

峙仁寿。

塘仁安。

碰灰睹。

按春

阿辛

琢晬论。

永成豫王。

永升夔王。

永蹈邶王。

永德曹王。

右世宗子，与显宗、卫绍王凡十人。

琮承庆。郓王。

环灰睹。瀛王。

蹟阿邻。霍王。

㛤吾里朴。瀛王。

阶袜良虎。温王。

右显宗子，与章宗、宣宗凡七人。

洪裕绛王。
洪靖阿虎懒。荆王。

洪熙斡鲁不。荣王。
洪衍撒改。英王。
洪辉讹论。寿王。
忒邻葛王。

右章宗子，凡六人。

从恪皇太子。
踞猛安。
瑄按出。
璪按辰。

右卫绍王子，史称六子，可以名见者四人。

守忠皇太子，谥庄献。	铿皇太孙，谥冲怀。
玄龄	
守纯荆王。	讹可曹王。
	孛德巩王。

右宣宗子，与末帝凡四人。他书载守纯子三人，可以名见者二人。

阿古迺始祖兄。	不知世次。	挞不也辽大尉。	胡十门骠骑卫上将军。钧室
	不知世次。	合住辽领辰，复二州。	蒲速越辽中正防御使。
			余里也曹州防御使。
			布辉顺天军节度使。
保活里始祖弟。	四世孙滓不乃	石土门金源郡王。	习失特进。
			思敬平章政事。
	阿斯懑		
	迪古乃同中书门下平章事。		
婆卢火安帝五代孙。	婆速	吾扎忽	

泰州都统。							
胡特孛山姿卢火族兄弟。	宗安御史大夫。						
什古昭祖曾孙。东京留守。	杲本名撒离喝。行台尚书，左丞相。						
崇成昭祖玄孙。武卫军都指挥使。							
	阿鲁带参知政事。襄尚书左丞相。						
冶河系出景祖。银青光禄大夫。	阿鲁补元帅右将军。						
	胃撒天德军节度使。	喜哥					
	讹古乃西南路招讨使。						
	撒合						
阿鲁补系出景祖。行台左丞相。	乌带尚书左丞相。行	蒲查西南路招讨使。					
	方签书枢密院事。						
胡八鲁穆宗孙。宁州刺史。	齐利涉军节度使。						

	银术可拔离骨子。同中书门下平章事。	毅英平章政事。	
	麻吉银术可弟。银青光禄大夫。	沃侧西北路招讨使。	
拔离速宗室子。元帅左监军。	宗贤本名阿鲁。大祖从侄。婆速路兵马都总管。		

右诸宗室可谱者凡十一族，虽称系出某帝，而不能世次，不谱于各帝之下，所以慎也。

金史卷六〇

表第二

交聘上

天下之势，易有常哉。金人日寻干戈，抚制诸部，保其疆圉，以求逞志于辽也，岂一日哉。及太祖再乘胜，已即帝位，辽乃招之使降，是犹龙蒸虎变，欲谁问而止之。厥后使人九往反，终不能定约束，何者，取天下者不徇小节，成不算既定矣，终不为卑辞厚礼而辍攻。

辽人过计，末人亦过计，海上之书曰："克辽之后，五代时陷人契丹汉地愿畀下邑。"此何计之过也。血刃相尚百战而得之，卑辞厚币以求之，难得而易与之，岂人之情哉。末之失计有三，撤三关不能塞不能固燕山塞，汴京城下之盟竭公私之帑以约质，立梁楚而不力战而不力战而左称臣。策既屈矣，名既屈矣，假使高宗立归德，不得河北，可保河南，山东，不然，亦不失为晋元帝，其势能亡之。金人岂爱末人而和哉！金不能奄有四海，而末人以尊称与之，是谁强之邪。

金人出于高丽，始通好为敌国，后称臣。夏国始称臣，末年为兄弟。于其国自为帝。宋于金初或以臣礼称"表"，终以侄礼往复称"书"。故识其通好与同有兵争之岁，其盛衰大指可观也已。使者或书来通好，或用借授，两国各因因旧史，不必强同云。

	宋	夏	高丽
始通好。			穆宗时，高丽医者自完颜部归，谓高丽人曰："女直居黑水部族日强，兵益精悍，年谷屡稔。"高丽王闻之，乃遣使来通好。
太祖收国元年			
二年			闰正月，高丽遣使来贺捷，且请保州，太祖曰："尔自取之。"高丽遣蒲马请保州，诏谕高丽曰："保州近尔边境，听尔自取。"
天辅元年	十二月，宋遣登州防御使马政来聘，请石晋时陷入契丹汉地。		

年	高丽	夏	宋
二年	十二月，遣李童术孛以胜辽报谕高丽，仍赐马一匹。		正月，遣散睹报聘于宋，所请之地，与宋夹攻得有之，本朝自取，不在分割之议。
三年			六月，宋遣马政及其子宏来聘。
四年	诏使习显以报辽国州郡谕高丽。高丽使谓习显曰："此与先父王之书。"习显就馆，即依旧礼接见，而以表来贺，并贡方物。		四月，宋复遣赵良嗣以书来议燕京、西京之地。
五年			
六年		六月，夏遣李良辅率兵三万救辽，斡鲁、娄室败之于野谷。	
七年			正月，宋复遣赵良嗣来议燕京、西京地，答书如初约，合攻随得者有之，今自我得，理应有报。赵良嗣言，奉命若得燕京，即纳银二十万两，绢二万匹，以代燕地之租税。

太宗天会元年	十一月，割武、朔二州与宋。是月庚午，宗望败张觉于南京城东，觉夜遁奔于宋。	宗望至阴山，以便宜与夏国议和，许以割地。

二月，宋复遣赵良嗣来定议，加岁币代燕地租税，并议画疆，遣使、置榷场，复请西京等事。癸卯，遣宇文虚中绎剌报聘于宋，许以武、应、朔、蔚、奉圣、归化、儒、妫等州，其于西北一带接连山川及州县，不在许与之限。戊申，诏平州与宋使一同分割所与燕京六州之地。

三月，宋使卢益、赵良嗣、马宏以誓书来。

四月，复誓书于宋。

五月甲寅，南京留守张觉以南京叛入于宋。

十二月，高随、斜野奉使高丽，至境上，接待之礼不尽，随等不敢任。太宗曰："高丽世臣于辽，

		当以事辽之礼事我。而我国有新丧，辽主未获，勿遽强之。”命随等还。 十二月，遣孛堇李靖告哀于来。
二年	正月，夏人奉誓表，请以事辽之礼称藩。 三月，夏使把里公亮等来上誓表。 闰三月，遣王阿悔、杨天吉等赐誓诏于夏。 十月，夏使谢赐誓诏。 戊午，夏使贺天清节。	四月，来始遣道大常少卿连南夫等来吊。以高木仆古等充遗留国信使，高兴辅、刘兴嗣即位国信使如来。 八月，以学董乌爪乃、李用马为贺来生日使。 十月戊午，来使贺天清节。 十二月，学董高居庆、大理卿丘忠为贺来正旦使。
三年	正月癸酉朔，夏使贺正旦。乙未，夏使奉表致谢于和陵。 十月壬子，夏使贺天清节。	正月癸酉朔，来使贺正旦。 辛丑，来龙图阁直学士许亢宗等贺即位。 六月，遣李用和等以灭辽告庆于来。

		六月，高丽使奉表称藩，优诏答之，仍以保州地赐。 七月，遣高伯淑、乌至忠使高丽。 十月丁未，高丽贺天清节。 十一月，遣高随等为赐高丽生日使。
	正月丁卯朔，夏使贺正旦。 十月丁未，夏使贺天清节。	
四年	七月，以耶律固等为报谢宋国使。 十月壬子，宋使贺天清节。是月，诏诸将伐宋。 十二月，宋给事中李邺等奉金百链，请复修好。是月甲辰，宗望败宋兵于白河，遂取燕山州县。 正月己巳，宗望诸军渡河，使吴孝民入汴，问宋取首谋平山者。癸酉，诸军围汴。甲戌，宋知枢密院事李梲等奉书谢罪，且请修好。丙子，宗望许宋修好，约割三镇地，增岁币，载书称伯侄。戊寅，宋以康王构、少宰张邦昌为质。辛巳，宋使沈晦等赍所上誓书，三镇地图，至军	

中。癸未，诸军解围。

二月丁酉朔夜，宋姚平仲以兵四十万袭宗望军。己亥，复进兵围汴。辛丑，宋遣资政殿学士宇文虚中以书来，辩姚平仲兵非出宋主意。改肃王枢为质，遣康王构归。壬子，宗望渡河，以滑州、濬州与宋。

七月戊子，宋以蜡书阴构右都监耶律余睹、萧仲恭献其书。

八月，诸军复伐宋，元帅府遣杨天吉、王汭以书责宋。

十一月丙戌，宗望军至汴。

闰月壬辰朔，宗望败宋兵于汴城下。癸巳，宗翰至汴。辛酉，宋帝诣宗翰、宗望军，舍青城。

十二月癸亥，以表降，是日归于

五年	汴城。 正月庚子，宋帝夏至青城。 二月丁卯，宋上皇至青城。是月，降宋二帝为庶人。 四月，执宋二帝以归。 五月庚寅朔，宋康王构即位于归德。 十二月丙寅，宗辅伐宋。	正月辛卯朔，夏使贺正旦。 十月辛未，夏使贺天清节。	正月辛卯朔，高丽使贺正旦。 八月，以耶律居谨、张准为宣庆高丽使。 十月辛未，高丽使贺天清节。
六年	正月，宋康王奔扬州。 七月乙巳，宋康王贬号称臣，遣使奉表。 十月，宗翰、宗辅会军于濮。	正月丙戌朔，夏使贺正旦。 十月丙寅，夏使贺天清节。	正月丙戌朔，高丽使贺正旦。 十月丙寅，高丽使贺天清节。
七年	十月己亥，宋寿春安抚使马世元以城降。 十一月壬戌，宗弼渡江。 丁卯，宋知江宁府陈邦光以城降。	正月庚辰朔，夏使贺正旦。 十月庚寅，夏使贺天清节。	正月庚辰朔，高丽使贺正旦。 十月庚寅，高丽使贺天清节。

年	宋	夏	高丽
八年	十二月丁亥，宗弼克杭州。阿里、蒲卢浑追宋康王于明州，宋康王入于海。	正月甲辰朔，夏使贺正旦。十月甲申，夏使贺天清节。	正月甲辰朔，高丽使贺正旦。十月甲申，高丽使贺天清节。
九年		正月己亥朔，夏使贺正旦。十月戊寅，夏使贺天清节。	正月己亥朔，高丽使贺正旦。二月乙亥，高丽使上表，乞免索保州亡入边户事。十月戊寅，高丽使贺天清节。
十年		正月癸巳朔，夏使贺正旦。十月壬寅，夏使贺天清节。	正月癸巳朔，高丽使贺正旦。十月壬寅，高丽使贺天清节。
十一年		正月丁巳朔，夏使贺正旦。十月丙申，夏使贺天清节。	正月丁巳朔，高丽使贺正旦。十月丙申，高丽使贺天清节。
十二年		正月辛亥朔，夏使贺正旦。十月庚寅，夏使贺天清节。	正月辛亥朔，高丽使贺正旦。十月庚寅，高丽使贺天清节。
熙宗天会十三年		正月，遣使如夏报哀。	正月，遣使如高丽报哀。三月己卯，高丽使祭奠吊慰。

年	宋	夏	高丽
			四月戊午，高丽使贺登宝位。
十四年		正月己巳朔，夏使贺正旦。乙酉，夏使贺万寿节。	正月己巳朔，高丽使贺正旦。乙酉，高丽使贺万寿节。十月甲寅，以乾文阁待制吴激为赐高丽生日使。
十五年		正月癸亥朔，夏使贺正旦。己卯，夏使贺万寿节。	正月癸亥朔，高丽使贺正旦。己卯，高丽使贺万寿节。
天眷元年	天眷元年八月，以河南地赐宋。右司侍郎张通古等诏谕江南。	正月戊子朔，夏使贺正旦。甲辰，夏使贺万寿节。	正月戊子朔，高丽使贺正旦。甲辰，高丽使贺万寿节。十二月甲戌，高丽使入贡。
二年	四月己卯，宋遣其端明殿大学士韩肖胄等奉表，谢赐河南地。九月壬寅，宋端明殿学士王伦、保信军节度使蓝公佐奉表乞归父丧。	正月壬午朔，夏使贺正旦。戊戌，夏使贺万寿节。十月癸酉，夏国王李乾顺薨，子仁孝嗣位，遣使来告丧。	正月壬午朔，高丽使贺正旦。戊戌，高丽使贺万寿节。
三年	四月癸亥，宋礼部尚书莫将等来迎护梓宫。	正月丁丑朔，夏使贺正旦。癸巳，夏使贺万寿节。	正月丁丑朔，高丽使贺正旦。癸巳，高丽使贺万寿节。

年	宋	夏	高丽
皇统元年	二月，宗弼克庐州。五月己卯，诏复取河南、陕西。九月，宗弼渡淮，宋乞罢兵，宗弼以便宜与宋画淮为界。十二月乙亥，复伐宋淮南。	正月辛丑朔，夏使贺正旦。丁巳，夏使请上尊号。丁巳，夏使贺万寿节。九月，夏使谢赙赠，复谢封册。	正月辛丑朔，高丽使贺正旦。丁巳，高丽使请上尊号。丁巳，高丽使贺万寿节。十一月己酉，高丽使贺尊号。
二年	二月辛卯，宋端明殿学士何铸、容州观察使曹勋以誓表来进。三月丙辰，遣光禄大夫左宣徽使刘筈册宋康王为宋帝，以故天水郡王赵楷三丧及宋帝母韦氏归于宋。五月乙卯，遣使赐宋誓诏。八月丁卯，诏遣宋使朱弁、张邵、洪皓等归。十二月庚午，宋使来上表，谢归三丧及母韦氏。	正月乙未朔，夏使贺正旦。辛亥，夏使贺万寿节。	正月乙未朔，高丽使贺正旦。乙巳，诏加高丽国王王楷开府仪同三司、上柱国。辛亥，高丽使贺万寿节。十二月乙丑，高丽使谢赐封册。

年	宋	夏	高丽
三年	乙。正月己丑朔，宋使贺正旦。巳，宋使贺万寿节。	乙。正月己丑朔，夏使贺正旦。巳，夏使贺万寿节。	乙。正月己丑朔，高丽使贺正旦。己巳，高丽使贺万寿节。
四年	己。正月癸丑朔，宋使贺正旦。巳，宋使贺万寿节。	己。正月癸丑朔，夏使贺正旦。巳，夏使贺万寿节。	己。正月癸丑朔，高丽使贺正旦。己巳，高丽使贺万寿节。
五年	癸。正月丁未朔，宋使贺正旦。亥，宋使贺万寿节。	癸。正月丁未朔，夏使贺正旦。亥，夏使贺万寿节。四月庚辰，以右卫将军撒海，兵部郎中耶律福为横赐夏国使。	癸。正月丁未朔，高丽使贺正旦。亥，高丽使贺万寿节。
六年	丁。正月辛未朔，宋使贺正旦。亥，宋使贺万寿节。	丁。正月辛未朔，夏使贺正旦。亥，夏使贺万寿节。	丁。正月辛未朔，高丽使贺正旦。亥，高丽使贺万寿节。五月壬申，高丽国王王楷薨，子睍嗣位，遣使来报丧。六月乙丑，遣使祭吊高丽。
七年	辛。正月乙丑朔，宋使贺正旦。巳，宋使贺万寿节。	辛。正月乙丑朔，夏贺正旦。巳，夏使贺万寿节。	辛。正月乙丑朔，高丽使贺正旦。巳，高丽使贺万寿节。三月戊寅，高丽使来谢吊祭。
八年	丙。正月庚申朔，宋使贺正旦。	丙。正月庚申朔，夏使贺正旦。	丙。正月庚申朔，高丽使贺正旦。

	宋	夏	高丽
九年	子，宋使贺万寿节。	子，夏使贺万寿节。	子，高丽使贺万寿节。六月，高丽使谢赐封册。
海陵天德元年	正月甲申朔，宋使贺正旦。子，宋贺万寿节。十二月，宋贺正旦使至广宁，遣人谕以废立之事，于中路遣还。	正月甲申朔，夏使贺正旦。子，夏使贺万寿节。十二月，夏贺正旦使至广宁，遣人谕以废立之事，于中路遣还。	正月甲申朔，高丽使贺正旦。子，高丽使贺万寿节。十二月，高丽贺正旦使至广宁，遣人谕以废立之事，于中路遣还。
二年	正月辛巳，以名讳告谕宋。是月，遣侍卫亲军步军都指挥使完颜思恭、翰林直学士罾永固为报谕宋国使。二月甲子，以兵部尚书完颜宴元宜、修起居注高怀贞为贺宋生日使。三月丙戌，宋参知政事余唐弼、保信军节度使郑藻贺即位。余唐弼等归，以天水郡王王带归。	正月辛巳，以名讳告谕夏。再遣使报谕夏国。七月戊戌，夏御史中丞杂辣公济、中书舍人李崇德贺登宝位。再遣开封尹苏执义、秘书监王举贺受尊号。	正月辛巳，以名讳告谕高丽。再遣使报谕高丽。三月丙戌，高丽遣知枢密院事文公裕、殿中监朴纯冲贺登宝位。

三年	于宋主。正月癸酉朔，宋使贺正旦。三月庚寅，以翰林学士中奉大夫刘长言、少府监耶律五哥为贺宋生日使。六月，宋使奉表祈请山陵地，不许。十月，以右副点检不术鲁阿海、翰林侍讲学士萧永祺为贺宋正旦使。	正月癸酉朔，夏使贺正旦。夏使贺生辰，请不去尊号。以经武将军修起居注萧彭哥为夏生日使。	正月癸酉朔，高丽使贺正旦。九月，以东京路兵马都总管府判官萧子敏为高丽生日使。
四年	正月丁酉朔，宋使贺正旦。壬子，宋使贺生辰。三月，刑部尚书田秀颖、东上阁门使大诚为贺宋生日使。十月甲申，以太子詹事张用直、左司郎中温都铧带为贺宋正旦使。	正月丁酉朔，夏使贺正旦。壬子，夏使贺生辰。九月，吏部郎中萧中立为夏生日使。	正月丁酉朔，高丽使贺正旦。壬子，高丽使贺生辰。九月，都水使者完颜麻波为高丽生日使。

	宋	夏	高丽
庆元元年	十二月辛未，以张用直卒，改遣汴京路都转运使左瀛为贺宋正旦使。正月辛卯，以皇弟充藡，不视朝，命有司受宋贡献。四月，以右宣徽使纥石烈散合辇、广威将军兵部郎中萧简为贺宋生日使。十一月，以户部尚书蔡松年、右司郎中娄室为贺宋正旦使。	正月辛卯，以皇弟充藡，不视朝，命有司受夏贡献。九月丁亥朔，以翰林待制谋良虎为夏生日使。	正月辛卯，以皇弟充藡，不视朝，命有司受高丽贡献。九月，以吏部郎中宓合山充高丽生日使。
二年	正月甲寅朔，以疾不视朝，宋使贺就馆燕。己巳，宋使贺生辰。四月辛卯，工部尚书耶律安礼、史部侍郎许霖为贺宋生日使。十月，以刑部侍郎白彦恭为贺宋正旦使。十二月丁未，宋使贡方物。	正月甲寅朔，以疾不视朝，赐夏使就馆燕。己巳，夏使贺生辰。三月戊辰，夏使王公佐贺迁都。九月辛亥朔，夏使谢恩、旦清节儒，释书。十二月丁未，夏使贡方物。	正月甲寅朔，以疾不视朝，赐高丽使就馆燕。己巳，高丽使贺生辰。六月己亥，高丽使谢横赐。十一月戊辰，高丽使谢赐生日。十二月丁未，高丽使贡方物。

三年	正月己酉朔，宋使贺正旦。甲子，宋使贺生辰。三月庚午，以左司郎中李通、同知南京路都转运司事耶律隆为贺宋生日使。十月己亥，翰林学士承旨耶律归一为贺宋正旦使。	正月己酉朔，夏使贺正旦。甲子，夏使贺生辰。五月癸亥，夏使谢恩。	正月己酉朔，高丽使贺正旦。甲子，高丽使贺生辰。
正隆元年	正月癸卯朔，宋使贺正旦。戊午，宋使贺生辰。三月庚申，以左宣徽使敬嗣晖、大理卿中立为贺宋生日使。十一月己巳朔，以右司郎中梁铢、左将军耶律湛为贺宋正旦使。	正月癸卯朔，夏使贺正旦。戊午，夏使贺生辰。	正月癸卯朔，高丽使贺正旦。戊午，高丽使贺生辰。
二年	正月戊辰朔，宋使贺正旦。癸未，宋使贺生辰。六月，以礼部尚书耶律守素、刑	正月戊辰朔，夏使贺正旦。癸未，夏使贺生辰。四月，宿直将军温敦斡喝为横	正月戊辰朔，高丽使贺正旦。癸未，高丽使贺生辰。三月丙寅，高丽使贺受尊号。

年	宋	夏	高丽
	部侍郎许竑为贺宋生日使。十一月,侍卫亲军马步军副都指挥使高助不古、户部侍郎阿勒根粘斡产为贺宋正旦使。	九月乙丑,以宿直将军仆散乌里黑为夏生日使。赐夏国使。	四月,以签书宣徽院事张谥为横赐高丽使。
三年	正月壬戌朔,宋使贺正旦。丁丑,宋使贺生辰。三月辛巳,以兵部尚书萧恭、太府监魏子平为贺宋生日使。十一月辛酉,以工部尚书苏保衡、吏部侍郎阿典和实懑为贺宋正旦使。	正月壬戌朔,夏使贺正旦。丙寅,夏奏告使,命左宣徽使敬嗣晖谕之,云云。丁丑,夏使贺生辰。九月庚午,以宿直将军阿鲁保为夏生日使。	正月壬戌朔,高丽使贺正旦。丁丑,高丽使贺生辰。九月丁丑,以教坊提点高存福为高丽生日使。
四年	正月丙辰朔,宋使贺正旦。辛未,宋使贺生辰。四月,遣资德大夫秘书监王可道、朝散大夫左司郎中王蔚为贺宋生日使。七月甲辰,宋使上表,谢赐戒。	正月丙辰朔,夏使贺正旦。辛未,夏使贺生辰。三月丙辰朔,遣兵部尚书萧恭经画夏国边界。九月,昭毅大将军宿直将军加古挞懒为夏生日使。	正月丙辰朔,高丽使贺正旦。辛未,高丽使贺生辰。九月,遣宣武将军翰林待制完颜达纪为高丽生日使。

年	宋	夏	高丽
五年	正月庚辰朔，宋使贺生辰。乙未，宋使贺正旦。二月壬子，宋参知政事贺允中等为宋后遗献使。四月，宋使叶义问等来谢吊祭。十一月，以济南尹仆散乌者、翰林直学士韩汝嘉为贺宋正旦使。谕。十一月甲辰，以翰林侍讲学士施宜生、宿州防御使耶律阃里剌为贺宋正旦使。十二月乙卯，宋使来告其母韦氏哀。乙丑，以左副点检大怀忠、大兴少尹耨盌都㮣为宋吊祭使。	正月庚辰，夏使贺生辰。乙未，夏使贺正旦。	正月庚辰朔，高丽使贺生辰。乙未，高丽使贺正旦。
六年	正月甲戌朔，宋使贺正旦。	正月甲戌朔，夏使贺正旦。	正月甲戌朔，高丽使贺正旦。

己丑，高丽使贺生辰。

八月，遣太常博士张崇为高丽
生日使。

己丑，夏使贺生辰。

己丑，宋使贺生辰。

四月，以签书枢密院事高景山
为贺宋生日使。

九月，以三十二总管兵伐宋。
甲午，发南京。

十月丁未，渡淮。癸亥，次和
州。宋人陷德顺州。

十一月，上驻军江北，遣武平
总管阿邻先渡至南岸，失利。
上进兵扬州。甲午，会师瓜洲
渡。乙未，遇弑。

金史卷六一
表第三

交聘中

	宋	夏	高丽
世宗大定	十一月，宋人破陕州。		十一月壬午，尚书右司员外郎完颜兀古出报谕高丽。
元年	十二月，元帅左监军高忠建、德昌军节度使张景仁以丧兵，归正隆所侵地，报谕宋国。		
二年	三月，徒单合喜败宋吴璘于德顺州。六月，宋翰林学士洪迈、镇东军	四月，夏左金吾卫上将军梁元辅、翰林学士焦景颜，押进枢密副都承旨任纯忠贺登宝位。再	十二月，高丽卫尉少卿丁应起贺正旦。

二月庚寅，高丽守司空金永胤、尚书礼部侍郎金淳奉夫进奉使、礼宾少卿许势修贺登宝位，秘书少监金居实谢宣谕。
三月壬辰朔，高丽卫尉少卿李

二月壬辰朔，夏武功大夫讹留元智、宣德郎程公济贺万春节。
五月，以宿直将军阿勒根和衍为横赐夏国使。
七月甲寅，诏市马于夏国。

遣武功大夫贺义忠、宣德郎高慎言贺万春节。
八月癸酉，夏左金吾卫上将军苏执礼、甄神使王琪，押进御史中丞赵良贺尊号。
九月庚子，以尚书左司员外郎完颜正臣为夏生日使。
十二月辛未，以夏乞兵来侵地，遣尚书吏部郎中完颜达吉休宪陕西利害。夏武功大夫芭里昌祖、宣德郎扬彦敬等贺正旦。

节度使张抡抢贺上，书词不依旧武，诏谕洪迈，使归谕宋主。
七月丁酉，复取原州。
丙午，宋主内禅。
九月，大败吴璘于德顺州。宗尹夏取汝州。
十月己丑，诏左副元帅纥石烈志宁伐宋。
十一月癸巳朔，右丞相仆散忠义节制伐宋诸军。志宁移书张浚，使依皇统旧式通好，浚复书曰："谨遣遣使者至麾下议之。"

五月，宋人破宿州。是月，志宁复取宿州。宋洪遵与志宁书，约为叔侄国。志宁渡淮，取盱眙，濠、庐、和、滁等州。宋使胡昉以汤思退与忠义书，称侄国，乃诏罢兵。

三年

	不肯加世字,忠义执胡昉,诏释之。	九月癸巳,以宿直将军仆散习尼列为夏生日使。十月己巳,夏遣金吾卫上将军苏执礼,甄匣毡使李子美谢横赐。	公老贺万春节。四月己卯,以引进使韩纲为横赐高丽使。十月丙寅,以许王府长史移剌天佛留为高丽生日使。十二月乙酉,高丽使殿中少监金存夫谢横赐。
四年	十一月,徒单克宁败宋兵于十八里口,克楚州。宋周葵、王之望与忠义书,约世为侄国,书仍书名再拜,不称"大"字,并以宋书副本来上,和议始定。	正月丁亥朔,夏遣武功大夫冀略执信,宣德郎李师白贺正旦。三月丙戌朔,宣德郎武功大夫纽卧文忠,宣德郎陈师古贺万春节。九月,以宿直将军宗室乌里雅为夏生日使。十二月,夏奏告使殿前大树梁惟忠,翰林学士枢密都承旨焦景颜上章奏告,乞免征索正隆末年所俘人口。	正月丁亥朔,高丽礼宾少卿高处约贺正旦。三月丙戌朔,高丽遣秘书少监崔孝温进奉使,朝散大夫卫尉少卿郑孝俯贺万春节。九月,以太子少詹事乌古论三合为高丽生日使。十二月,高丽礼宾少卿金庄谢赐生日。

五年	正月癸亥,宋通问使礼部尚书魏杞,崇信军承宣使康湉奉国书及誓书人见。 二月,以殿前左副都点检完颜仲,太子詹事杨伯雄报问宋国。 三月庚戌,宋礼部尚书洪适、崇信军承宣使龙大渊贺万春节。 八月,宋吏部尚书李若川、宁国军承宣使曾觌等贺尊号。 九月,以吏部尚书高衍、移剌道为宋生日使。 十一月,以殿前右副都点检乌古论粘没曷、尚书礼部侍郎刘仲渊为贺宋正旦使。	正月辛亥朔,夏武功大夫讹罗世,宣德郎高岳贺正旦。 三月庚戌,夏使贺万春节。 九月,以宿直将军木虎蒲查为夏生日使。	正月辛亥朔,高丽卫尉少卿高珍缨贺正旦。 三月庚戌,高丽殿中少监陈力升进奉使,秘书少监元颐冲贺万春节。 十月,以大宗正丞璋为高丽生日使。 十二月,高丽遣吏部尚书李知深,中书舍人尹敦信贺尊号,卫尉少卿王辅赐谢赐生日。
六年	正月丙午朔,宋户部尚书方滋、福州观察使王抃贺正旦。 三月甲辰朔,宋吏部尚书王晔、	正月丙午朔,夏武功大夫高遵义,宣德郎安世等贺正旦。 三月甲辰朔,夏武功大夫曹公	正月丙午朔,高丽太府少卿李世仪贺正旦。 三月甲辰朔,高丽国子司业赵

仁贵进奉使,秘书少监李复基等贺万春节。

四月戊戌,以尚书右司郎中移剌道为横赐高丽使。

十月己卯,以尚书兵部侍郎移剌按答为高丽生日使。

十二月戊戌,高丽礼宾少卿崔椿谢赐生日,卫尉少卿金资用谢横赐。

达,宣德郎孟伯达,押进知中兴府赵衍贺万春节。戊申,夏御史中丞李克勤,翰林学士焦景颜奏告,乞免亲正朝,许之。

四月戊戌,以宿直将军斜卯捅剌为横赐使。

九月辛亥,以翰林待制移剌熙载为夏御史中丞贺义

十二月戊戌,夏御史中丞贺义忠,翰林学士杨彦敬横赐。

利州观察使魏仲昌贺万春节。

九月,以户部尚书魏子平,殿前左卫将军夹谷查谷剌为贺生日使。

十一月,以殿前右副都点检驸马都尉乌古论元忠,少府监张仲愈为贺正旦使。

七年

正月庚子朔,夏武功大夫刘志真,宣德郎李师白等贺正旦。

三月己亥朔,夏武功大夫任得仁,宣德郎李澄等贺万春节。

九月乙亥,以宿直将军唐括鹘鲁为夏生日使。

正月庚子朔,高丽司宰少卿潘咸有贺正旦。

三月己亥朔,高丽尚书户部侍郎柳德容贺万春节。

十二月壬戌,高丽礼宾少卿崔偓谢赐生日使。

正月庚子朔,宋试工部尚书薛良朋,昭庆军承宣使张说贺正旦。

三月己亥朔,宋翰林学士克克家,安庆军承宣使赵应熊等贺万春节。

	宋	夏	高丽
	九月，以劝农使蒲察迻鲁曾窝、东上閤门使梁彬为贺宋生日使。	十二月壬戌，夏遣殿前太尉芭里昌祖、枢密都承旨赵衍奏告，以其臣任得敬有疾，乞遣良医诊治。诏赐之医。	
八年	正月甲子朔，宋试户部尚书唐琢、保宁军承宣使宋钧贺正旦。三月癸亥朔，宋试工部尚书王沦贺万春节。九月，以右宣徽使移剌神独斡、大府监高彦佐为贺宋生日使。十一月，以同签大宗正事宗室阖合土、尚书右司郎中辛昌图为贺宋正旦使。	正月甲子朔，夏武功大夫利守信、宣德郎李穆贺正旦。三月癸亥朔，夏武功大夫咩布师道、宣德郎严立本等贺万春节。四月戊午，夏遣任慝聪谢恩使，诏却其礼物。九月丁卯，以引进使高希甫为夏生日使。	正月甲子朔，高丽司宰少卿金起贺正旦。三月癸亥朔，高丽尚书户部侍郎金光利进奉使、朝散大夫秘书少监赵诞贺万春节。十月乙未，以翰林待制兼同修国史宗室靖为高丽生日使。
九年	正月戊午朔，宋试工部尚书郑闻、明州观察使董诚等贺正旦。三月丁巳朔，宋翰林学士胡元质、保康军承宣使宋直温等贺万春节。	正月戊午朔，夏武功大夫庄浪义显、宣德郎刘裕等贺正旦。三月丁巳朔，夏武功大夫浑进忠、宣德郎王德昌等贺万春节。	正月戊午朔，高丽司宰少卿陈玄光、礼宾少卿徐琰等贺正旦。三月丁巳朔，高丽秘书少监金利诚贺万春节、朝散大夫大卫寺

十年	正月壬子朔，宋试吏部尚书汪大猷、宁国军承宣使曾觌贺正旦。 三月壬子朔，宋试工部尚书马定远等贺万春节。 闰五月丁酉，尚书省奏宋来祈请使，诏以九月十一日使赴阙日期。	万春节。 九月，以刑部尚书高德基为贺宋生日使。 十一月，以京兆尹宗室毅、尚书司郎中德昌为贺宋正旦使。	正月壬子朔，夏武功大夫刘志直、宣德郎韩德等贺正旦。 三月壬子朔，夏武功大夫张集兼普、宣德郎李师白等贺万春节。 丁丑，诏以夏奏告于闰五月十六就行在。 闰五月乙未，夏权臣任得敬中分其国，胁其主李仁孝遣左枢	五月丙辰，以宿直将军完颜赛也为横赐夏国使。 九月，以宿直将军仆散守忠为夏生日使。	正月壬子朔，高丽礼宾少卿陈升贺正旦。 三月壬子朔，高丽卫尉少卿崔优进奉使，尚书礼部侍郎崔光涉等贺万春节。 十月己酉，以大宗正丞宗室厶为高丽生日使。 十一月己卯，高丽翼阳公晧废	少卿崔偓为进奉使。 五月，以符宝郎徒单怀贞为横赐高丽使。 九月丙辰，以提点司天台马贵中为高丽生日使。 十二月戊戌，高丽边报称王晛诞得继孙，欲遣使奏告。庚戌，高丽大府少卿裴衍谢赐生日，司宰少卿李世美谢横赐。

	宋	夏	高丽
（续）	朝见。 九月，以签书枢密院事移剌子敬、宫籍监张汝言为贺宋生日使。 丙戌，宋祈请使资政殿大学士范成大、崇信军节度使康湑至，求免起立接受国书，诏不许。 十一月，以太子詹事蒲察速越、同知宣徽院事韩纲为贺宋正旦使。	密使浪讹进忠、参知政事杨彦敬，押进翰林学士焦景颜等上表为得敬求封，诏不许，遣使详问。 七月庚子，宋人以蜡丸书遗任得敬，夏执其人并书以来。 九月庚寅，以尚书户部郎中夹古阿里朴为夏生日使。 十一月癸巳，夏以诛任得敬，遣同知宣徽院大尉芭里昌祖、枢密直学士高岳等上表陈谢。	觊自立，不肯接受赐王觊生日使，王暗称兄觊让国，求封册。诏遣使详问。
十一年	正月丙子朔，宋试工部尚书吕正己、利州观察使辛弃之贺正旦。 三月乙亥，宋翰林学士赵雄、泉州观察使赵伯骕等贺万春节。 八月，以尚书刑部侍郎驸马都	正月丙子朔，夏遣武功大夫煞执直、宣德郎马子才贺正旦。 三月乙亥，夏使贺万春节。 八月丁卯，以近侍局使刘玭为夏生日使。	正月壬辰，高丽王暗报称，前王久病，昏耗不治，以母弟王暗权摄国事。 四月丁卯，权军国事王暗上表，并以兄觊表求封。 五月，以尚书吏部侍郎室靖

十二年				
正月庚午朔，宋试工部尚书莫濙、利州观察使孙显祖贺正旦。三月己巳朔，宋龙图阁学士翟土糮、宜州观察使俎士絮等贺万春节。四月，宋试吏部尚书姚宪、安德军承宣使曾觌贺加上尊号。九月，以殿前都点检夹谷清臣、尚书左司郎中张汝弼为	正月庚午朔，夏武功大夫嵬愿恶执忠、宣德郎刘昭等贺正旦。三月己巳朔，夏武功大夫党得敬、宣德郎田公懿贺万春节。殿前马步军太尉罗绍甫、枢密直学士吕子温、押进甄匦匣使密直学士吕信等贺加上尊号。芭里直信等贺加上尊号。四月癸亥，以宿直将军庸括阿忽里为横赐夏国使。	尉乌林答天锡、御史中丞李文蔚为贺来生日使。十一月，以西南路招讨使宗室宗宁、户部侍郎程辉为贺来正旦使。	正月庚午朔，高丽使贺正旦。三月己巳朔，权高丽国王睍遣尚书户部侍郎金黄裕等贺万春节。卫尉少卿蔡祥正贺加上尊号。丁丑，宿直将军乌古思力，尚书右司员外郎张享为封册王睍使。四月丁卯，高丽户部尚书李著、	为宣问高丽王睍使。靖至高丽，睍称睍避位出居他所，病加无损，不能就位拜命，任夏险远，非使者所宜往，乃以王睍表附奏。其表大概与前表同。十二月丁卯，权高丽国事王睍告奏使，尚书礼部侍郎张襄明以王睍表求封。

国子祭酒崔诵贺尊号。

十月，高丽检校大尉金子蕃、太府少卿金瑄谢谢封册。

正月乙丑朔，高丽国王王晤遣司宰少卿史正儒贺正旦。

三月乙朔，高丽太府少卿李应求贺万春节。

十一月甲午，以引进使大洞为高丽生日使。

九月辛巳，以殿前右卫将军粘割斡特剌为夏生日使。

十二月癸亥，夏殿前太尉闾荣忠、枢密直学士严立本等谢横赐。

正月乙丑朔，夏武功大夫卧蹽绍昌、宣德郎张希道等贺正旦。

三月癸巳朔，夏武功大夫芭里安仁、宣德郎焦蹽等贺万春节。

九月辛卯朔，以宿直将军胡什贲为夏生日使。

贺宋生日使。

十一月，以户部尚书曹望之、尚书右司郎中纥石烈石热哲为贺宋正旦使。

十三年

正月乙丑朔，宋试吏部尚书冯樟、泉州观察使龙云等贺正旦。

三月癸巳朔，宋试礼部尚书韩元吉、利州观察使郑兴裔等贺万春节。

八月，以殿前左副都点检兼侍卫将军副都指挥使宗室襄、国子司业兼尚书户部郎中张汝霖为贺宋生日使。

十一月，以大兴尹璋、客省使兼东上阁门使高翊为贺宋正旦使。

| 十四年 | 正月己丑朔，宋翰林学士留正、利州观察使张嶷等贺正旦。癸巳，宋使靳薛、尚书省奏，宋来书语涉平易，遣人款馆谕宋使。大兴尹璋至宋，宋人款留夺其国书，璋乃赴其宴，受其私物，璋坐除名。二月，以刑部尚书梁肃、赵王府长史蒲察讹里剌为详问宋国使。三月戊子朔，宋遣户部尚书韩彦直、保信军承宣使刘炎等贺万春节。梁肃等至宋，宋主接书如旧仪。五月，梁肃等还，宋主以谢书附奏。九月，以兵部尚书完颜让、秘书 | 正月己丑朔，夏武功大夫敭进德、宣德郎李师日贺正旦。三月戊子朔，夏武功大夫芭里安仁、宣德郎焦蹈等贺万春节。九月乙未，以宿直将军宗室崇肃为夏生日使。 | 正月己丑朔，高丽遣尚书吏部侍郎崔均等贺正旦。二月丙戌，高丽遣尚书刑部侍郎车仁揆进奉。三月戊子朔，高丽尚书户部侍郎金链光等贺万春节。四月乙亥，以劝衣副使完颜蒲浥为横赐高丽使。十一月戊申，以仪鸾局使曹士元为高丽生日使。 |

年	宋	夏	高丽
	少监贾少冲为贺宋生日使。己酉，宋试工部尚书张子颜、明州观察使刘睿为报聘使，仍求免起立接书，诏不许。十一月，以御史中丞刘仲海、殿前左卫将军兼修起居注纥石烈奥也等为贺宋正旦使。	正月，夏武功大夫李嗣卿、宣德郎白庆明等贺正旦。九月己未，以符宝郎斜卯和尚为夏生日使。十二月丙午，夏遣中兴尹讹罗绍甫、翰林学士王师信等谢横赐。	七月丙申，葛懒路奏，得高丽边报，以其西京留守赵位宠作乱，欲遣告奏，而又州路梗不通，欲由定州人葛懒路，诏许之。九月，高丽西京留守赵位宠遣徐彦等进表，欲以慈岭以西、鸭绿江以东内附，诏不许。闰九月辛酉，高丽国王晧以平赵位宠之乱，遣秘书少监朴绍奉表告奏。
十五年	正月，宋试户部尚书蔡洸、江州观察使赵益等贺正旦。九月，以归德尹完颜王祥、客省使兼东上阁门使户玑为贺宋生日使。十一月，以右宣徽使宗室靖、拱卫直都指挥使高运国为贺宋正旦使。		

十六年	正月戊申朔，宋试户部尚书廓然、泉州观察使黄夷行等贺正旦。 三月丙午朔，宋试工部尚书张宗元、利州观察使谢纯孝等贺万春节。 壬子，宋翰林学士知制诰朝散大夫汤邦彦、昭信军承宣使陈雷等奉书申请。 丙辰，宋申请使朝辞，上以书答之。 九月，以殿前都点检蒲察通、尚书左司郎中张孝为贺宋生日	正月戊申朔，夏武功大夫鼋辛师宪、宣德郎宋弘等贺正旦。 三月丙午朔，夏武功大夫冒勒文昌、宣德郎王禹珏贺万春节。 九月癸丑，以宿直将军完颜觌古速为夏生日使。	正月戊申朔，高丽尚书吏部侍郎李章贺正旦。 三月丙午朔，高丽遣尚书户部侍郎蔡顺禧贺万春节。 十一月，以尚书兵部郎中移剌子元为高丽生日使。 十二月庚子，高丽遣礼宾少卿王珪谢赐生日。户部尚书吴光陟、尚书工部侍郎尹崇海等光以不许赵位宠内附，陈谢。	十一月戊辰，以宿直将军阿典蒲鲁虎为高丽生日使。 十二月丙午，高丽遣朝散大夫礼宾少卿赵永仁谢赐生日。

	宋	夏	高丽
	使。十一月，以同知宣徽院事刘球、近侍局使乌林答愿为贺未正旦使。		
十七年	正月壬寅朔，未遣试吏部尚书陶苍舒，江州观察使李可久等来贺正旦。三月辛丑，未遣试户部尚书张子正，明州观察使赵士藻等贺万春节。九月，以殿前右副都点检完颜习尼烈，提点太医院兼仪鸾使曹士元为贺未生日使。十一月，以延安尹完颜蒲剌睹，左谏议大夫兼翰林直学士郑子聃为贺未正旦使。	正月壬寅朔，夏武功大夫讹啰德昌，宣德郎杨彦和等贺正旦。三月辛丑朔，宣德郎梁字等贺万春节。九月丁酉朔，以尚书兵部郎中石抹忿土为夏生日使。十月，夏国献百头帐，诏不受。十一月，仁孝再以表上，曰："若不包纳，则下国深诚无所展效。"诏许与正旦使同来。十二月甲午，夏遣东经略使苏执礼横进。	正月壬寅朔，高丽尚书户部侍郎吴淑夫贺正旦。二月己亥，高丽遣朝散大夫尚书户部侍郎丁守弻进奉。三月辛丑朔，高丽遣尚书工部侍郎崔光远贺万春节。四月戊子，以滕王府长史徒单乌者为横赐高丽使。十二月戊辰，以宿直将军仆散怀忠为高丽生日使。甲午，遣礼宾少卿崔美树衔横赐。
十八年	正月丙申朔，未翰林学士钱良	正月丙申朔，夏武功大夫讹惠恧	正月丙申朔，高丽尚书户部侍

	臣、严州观察使延釐等贺正旦。三月乙未朔，宣州观察使郑樿等贺万春节。九月，以大理卿张九思、殿前左卫将军宗室崇肃为贺夏生日使。十一月，以静难军节度使乌延查剌、大府监王汝楫为贺夏正旦使。	存忠、宣德郎武用和等贺正旦。三月乙未朔，宣德郎赵崇道等贺万春节。四月己丑，以太子左赞善大夫兼翰林修撰阿不罕德甫为横赐夏国国信使。九月辛未，以侍御史完颜蒲鲁虎为夏生日使。十二月戊午，夏遣殿前大都督讹元智、翰林学士昭谢横赐。	郎孙应时贺正旦。二月癸巳，高丽遣吏部侍郎崔孝求进奉。三月乙未朔，高丽尚书刑部侍郎李仁成等贺万春节。十一月丙戌，以东上閤门使左光庆为赐高丽生日使。十二月戊午，高丽礼宾少卿奇世清谢赐生日。
十九年	正月庚申朔，宋遣户部侍郎宇文价、江州观察使赵彌等贺正旦。三月己未朔，潭州观察使刘咨等贺万春节。	正月庚申朔，夏遣武功大夫张兼善、宣德郎张希圣等贺正旦。三月己未朔，夏遣武功大夫子敬、宣德郎梁介等贺万春节。九月戊午，以太子左卫率府率裴满胡剌为夏生日使。	正月庚申朔，高丽刑部侍郎金节贺正旦。二月丁巳，高丽尚书吏部侍郎柳得仁进奉。三月己未朔，高丽尚书户部侍郎卢卓儒贺万春节。

十一月戊辰，以西上閤門使卢洪为赐高丽丽生日使。

十二月壬子，高丽遣朝散大夫礼宾少卿柳得义谢赐生日。

正月甲黄朔，高丽尚书户部侍郎尹东辅贺正旦。

二月辛亥，高丽尚书吏部侍郎金絃公进奉。

三月癸丑朔，高丽尚书户部侍郎孙颀贺万寿节。

四月己亥，以西上閤門使郭喜国为横赐高丽使。

十一月乙亥，以太常少卿任偁为高丽生日使。

十二月丙午，高丽礼宾少卿沈

正月甲黄朔，夏武功大夫安德信，宣德郎吴日休贺正旦。

三月癸丑朔，夏武功大夫禹万贺忠，宣德郎王禹玉贺万春节。

九月壬戌，少府少监宗室赛补为夏生日使。

十二月癸卯，诏有司，夏使入界，如遇当月小尽，限二十五日至都，二十七日朝见。

丙午，夏遣奉告御史中丞冏永德，枢密直学士刘昭等入见。

九月，以左宣徽使蒲察鼎寿、尚书刑部郎中高德裕为贺宋正旦使。

十一月，以御史中丞移剌慥、东上閤門使左光庆为贺宋正旦使。

二十年

正月甲黄朔，宋试礼部尚书陈岘、宜州观察使孔昇贺正旦。

三月癸丑朔，宋试工部尚书博淇、黎州观察使王公弼等贺万春节。

九月，以太府监李偁、尚书左司郎中完颜乌里也为贺宋生日使。

十一月，以真定尹驸马都尉徒单守素、左谏议大夫杨伯仁为贺宋正旦使。

二十一年正月戊申朔,宋龙图阁学士叶衡、福州观察使张诏贺正旦。	正月戊申朔,夏遣武功大夫谋宁好德、宣德郎郝处俊贺正旦。	晋升谢生日,礼宾少卿王度等谢横赐。
三月丁未朔,宋试户部尚书裴良能等贺万春节。	三月丁未朔,夏武功大夫苏志纯、宣德郎康忠义等贺万春节。	正月戊申朔,高丽尚书礼部侍郎贺正旦。
八月,以殿前右副都点检宗室胡什贵、尚书左司郎中邓俨为贺宋生日使。	四月戊辰,以滕王府长史把德固为横赐夏使。	二月甲辰,高丽尚书吏部侍郎李德基进奉。
二十二年三月辛未朔,宋使贺万春节。	八月乙丑,以尚书吏部郎中奥胡失海为夏生日使。	三月丁未朔,高丽尚书户部侍郎申至宝至贺万春节。
九月,以殿前左卫将军宗室宗禅赤、翰林直学士吕忠翰为贺宋生日使。	三月辛未朔,夏使贺万春节。	三月辛未朔,高丽使贺万春节。
十一月,以昭毅大将军吏部尚书术鲁阿鲁罕、中大夫都水监宋中为贺宋正旦使。	九月乙酉,以尚辇局使仆散葛速宇为夏生日使。	十一月甲申,以宿直将军仆散忠佐为高丽生日使。

二十三年	正月丁卯朔，宋试吏部尚书王蒲、明州观察使刘敂贺正旦。三月丙寅朔，宋试工部尚书贾选、武奉军宣奉使郑兴裔等贺万春节。九月，以同签大宗正事宗室方、同知宣徽院事刘拜为贺宋生日使。闰十一月，以西京留守宗室婆卢火、尚食局使李潭为贺宋正旦使。	正月丁卯朔，夏武功大夫刘进忠、宣德郎李国安等贺正旦。三月丙寅朔，夏武功大夫吴德昌、宣德郎刘忠等贺万春节。九月己巳，以宿直将军完颜斜里虎为夏生日使。	正月丁卯朔，高丽尚书礼部侍郎崔永濡贺正旦。二月甲子，高丽户部侍郎文章炜进奉。三月丙寅朔，高丽户部侍郎片孝致贺万春节。四月癸丑，以大理正纥石烈述列速为横赐高丽使。十二月丁亥，高丽使崔孝朝薨，以诏答王略。是岁，略母任氏薨。
二十四年	正月辛卯朔，宋显谟阁学士余端礼、宣州观察使王德显等贺正旦。三月庚寅朔，宋试吏部尚书陈居仁、随州观察使李锡来贺万春节。	正月辛卯朔，夏武功大夫刘执中、宣德郎李昌辅贺正旦。二月甲戌，以器物局使宗室回为横赐夏国使。三月庚寅朔，夏武功大夫兖里直信、宣德郎王庭彦等贺万春节。	正月甲戌，高丽王略以母忧未卒哭，请免今年万春节及进贡。诏以王略未经起复，不当陈贺，其进贡方物宜令随明年贺正旦使同来。丙戌，以高丽王略母丧，遣东上

闇门使完颜进儿、翰林修撰郡大仲俣为祭奠使，西上闇门使大仲尹为慰问使，虞王府长史永明为起复使。

十月丙朔，诏上京地远天寒，行人跋涉艰苦，进奉使、谢祭奠、慰问、起复三番人使，令以后随朝贺人使同来。

五月丙申，尚书省奏，夏国王以车驾幸上京，愿遣使入贺。上曰："往复万里，暑雨泥泞，不须遣使。"令谕止之。

八月癸亥，以侍御史遥里特末哥为夏生日使。

十月丙辰朔，诏上京地远天寒，来岁贺正旦、生日、谢横赐国使，权止一年。

十一月丙申，夏国以车驾还京，贺尊安使大夫李崇懿、中兴尹米崇苦，押进甄匦使李嗣卿等朝见。

十一月壬寅，以尚书礼部员外郎移剌履为高丽贺生日使。

十二月戊寅，高丽户部尚书梁翼京、府少监卿崔敖祭，司宰少卿卿康勇儒谢慰问、礼宾少卿崔仁谢贺起复。

八月，以太府监张大节、尚书左司郎中完颜进儿、翰林修撰郡火为贺宋生日使。

十一月甲午，诏上京地远天寒，行人跋涉艰苦，来岁宋国正旦、生日并不须遣使。

十一月，以临潢尹仆散守中、御史中丞马惠迪为贺宋正旦使。

十二月，未遣试礼部尚书王信、明州观察使吴璆使贺宋正旦。

正月庚辰朔，夏武功大夫大麻肯进德、宣德郎刘光国等贺正旦。

正月庚辰朔，尚书工部侍郎崔仁清贺正旦，以宣孝太子未太大。

正月庚辰朔，宋使贺正旦。

三月己卯朔，宋试户部尚书章。

二十五年

二十六年

烧饭，诏权停三日典宴礼，三国人使各赐在馆宴。

二月丁丑，高丽户部侍郎门义赪进奉。

三月己卯朔，高丽礼部侍郎柳公权贺万春节。

四月壬戌，以客省使李磐为横赐高丽使。

十二月庚子，高丽礼部侍郎任濡谢横赐，礼宾少卿卢元谢生日。

三月己卯朔，夏武功大夫麻胄德懋、宣德郎王庆崇等贺万春节。

八月己丑，以宿直将军李达可为夏生日使。

蔡、容州观察使吴曦等贺万春节。

八月，以益都尹宗浩、左谏议大夫黄久约为宋生日使。

十一月，以刑部尚书移剌子元、尚书左司郎中马琪为贺宋正旦使。

正月癸卯朔，高丽司辛少卿崔匡辅贺正旦。

二月辛丑，高丽礼宾少卿车若松进奉。

三月己卯朔，高丽户部侍郎李公约贺万春节。

正月癸卯朔，夏武功大夫德昭、宣德郎素逵德贺正旦。

三月癸卯朔，夏武功大夫退忠辅、宣德郎吕昌龄等贺万春节。

九月己酉，以武器署令斜卯阿土为夏生日使。

二十七年正月癸卯朔，宋遣试刑部尚书李嚯、漳州观察使赵多才贺正旦。

三月癸卯朔，宋遣试兵部尚书张淑春、鄂州观察使谢卓然等贺万春节。

十二月庚午，以翰林待制赵可为高丽生日使。

甲午，高丽礼宾少卿崔存谢赐生日。

十二月，夏殿前太尉沈罗绍先、枢密直学士严立本谢横赐。

正月丁酉朔，高丽司宰少卿崔迪元贺正旦。

二月乙未，高丽礼宾少卿昔仁进奉。

三月丁酉朔，高丽户部侍郎李禧贺万春节。

十二月丙寅，以大理正移剌彦拱为高丽谢贺生日使。

庚寅，高丽户部侍郎周匡美谢赐生日。

九月，以河中尹田彦秦、近侍局使宗室鹘杀虎为贺来生日使。

十月乙亥，来前主殂。

十一月，以殿前左副都点检崇安、翰林侍讲学士兼御史中丞李晏为贺来正旦使。

十二月壬午，宋敷文阁学士王㬇、鄂州观察使姜特立来告哀。

正月丁酉朔，夏武功大夫麻奴绍文、宣德郎安惟敬贺正旦。

三月丁酉朔，夏武功大夫浑进忠、宣德郎邓昌祖等来贺万春节。

九月甲午朔，以鹰坊使崇夔为夏国生日使。

二十八年正月丁酉朔，来试工部尚书万钟、宜州观察使赵不迁贺正旦。

是月，以左宣徽使驸马都尉蒲察克忠、户部尚书刘玮为来吊祭使。

二月，来试户部尚书高震来进其前主遗留礼物。

三月丁酉朔，来试户部尚书胡

赐生日。

正月壬辰朔，高丽礼宾少卿李尚儒等贺正旦。上大渐，高丽使遣还。

六月乙卯，高丽检校尚书右仆射户部尚书李英植、检校工部尚书户部侍郎黄清来奏会葬，并祭奠。

七月辛未，高丽检校太尉郑郑存

正月壬辰朔，夏武功大夫纽鲁尚德昌、宣德郎宇得贤贺正旦。上大渐，夏使遣还。

三月，夏殿前太尉李元贞、翰林学士馀良来陈慰。

四月，进奉使御史中丞邹显忠、枢密直学士李国安入贺。

五月，夏知兴中府事乃令忒敬、

晋臣、鄂州观察使郑康孙贺万春节。

五月甲辰，来试礼部尚书京镗、容州观察使刘端仁来报谢。

九月丙申，以安武军节度使王克温、近侍局使鹘杀虎为贺宋生日使。

十一月，以河中尹田彦奉、吏部侍郎移剌仲方为贺宋正旦使。

二十九年正月壬辰朔，来显阁学士郑侨、广州观察使张时修等贺正旦。上大渐，来正旦使遣还。

甲辰，遣大理卿王元德等报哀于来。

二月，来主内禅，子惇立。

四月辛未，来葛廷瑞、赵不慢来吊祭。

五月壬寅，宋遣罗点、谯熙载来报嗣位。戊午，遣东北路招讨使温迪罕速可等使来贺即位。

闰月庚辰，宋遣沈揆、韩侂胄来贺登位。

六月乙卯，敕有司移报来天寿节。

七月辛巳，遣刑部尚书完颜守贞等为贺生辰使。

八月丙辰，宋遣礼部尚书谢深甫、观察使赵昂贺天寿节。

十一月辛酉，遣右宣徽使裴满余庆等为贺正旦使。

秘书少监梁介贺登位，知中兴府事田周臣押进使。

八月丙辰，夏遣芒彦、刘文庆贺天寿节。

实，殿中监任冲来贺登位。

八月，高丽遣户部尚书崔膺庸贺天寿节。

十二月，高丽礼部侍郎闵冏遣谢生日，户部侍郎孙衍谢横赐。

金史卷六二
表第四

交聘下

	宋	夏	高丽
章宗明昌元年	正月丙辰朔，宋试户部尚书郭德麟、宜州观察使蔡锡贺正旦。七月己巳，遣礼部尚书王修等为贺宋生辰使。八月己酉，宋显谟阁学士丘崈、福州观察使蔡必胜贺天寿节。十一月乙卯，遣签书枢密院事	正月丙辰朔，夏武节大夫唐彦超、宣德郎扬彦直贺正旦。八月己酉，夏武节大夫搜枕守节、宣德郎张仲文贺天寿节，知中兴府闾进忠谢横赐。	八月己酉，高丽户部侍郎陈克修，及进奉使户部郑世鎏贺天寿节。十二月丁未，高丽户部侍郎卢湜谢生旦。

二年	把德德固等为贺宋正旦使。正月庚戌朔,宋试吏部尚书苏山、潭州观察使刘询贺正旦。丙黄,遣左副都点检完颜固等使来告哀。三月丁丑,宋遣试礼部尚书宋之端,严州观察使宋嗣祖为皇太后吊祭使,大常少卿王叔简读祭文。七月己巳,遣同签大睦亲府事完颜衮等为贺宋生辰使。八月乙巳,宋试户部尚书赵摅、黎州观察使田皋贺天寿节。十一月丁巳,遣幽王傅完颜宗璧等为贺宋正旦使。	正月庚戌朔,夏武节大夫王全忠、宣德张思义贺正旦。许使贸易三日。三月丁巳,夏左吾卫正将军李元膺、御史中丞高俊英为陈慰使。丁卯,夏进奉使知中兴府李嗣卿、枢密直学士水昌奉奠皇太后。八月丁丑,朔夏武节大夫王执乾英、宣德郎焦元昌贺天寿节。	正月庚戌朔,高丽礼宾少卿郑克温来贺正旦。三月乙亥,高丽检书右右仆射工部尚书韩正修、吏部侍郎崔敦礼奉慰,检校尚书文得品、礼部侍郎李世长祭奠。八月乙巳,高丽户部侍郎柳光寿来贺天寿节,户部侍郎宋弘迪进奉。十二月癸卯,高丽户部侍郎李至纯谢赐生日。
三年	正月乙巳朔,宋焕章阁学士黄申、明州观察使张宗益贺正旦。	正月乙巳朔,夏武节大夫赵好德郎史从礼贺正旦。	正月乙巳朔,高丽礼宾少卿洪孝忠贺正旦。

	七月辛卯，遣殿前都点检仆散端等为贺宋生辰使。八月，宋工部尚书钱之望、广州观察使杨大节贺天寿节。十一月庚寅，遣右副都点检温敦忠等为贺宋正旦使。	八月丁卯，夏武节大夫闾敦信、宣德郎韩伯容贺天寿节。	八月丁卯，高丽卫尉少卿朴初贺天寿节，秘书少监师威谢横赐，礼宾少卿右坡柱进奉。十二月丁卯，高丽遣户部侍郎丁光叙谢赐生日。
四年	正月己巳朔，宋显谟阁学士郑汝谐、均州观察使谯令雍贺正旦。七月己丑，遣御史中丞董师中等为贺宋生辰使。八月辛酉，宋吏部尚书许及之、明州观察使蒋介贺天寿节。十一月戊寅，遣翰林直学士完颜匡更名竞，为贺宋正旦使。	正月己巳朔，夏武节大夫吴略遂良、宣德郎高崇德贺正旦。八月辛酉，夏武节大夫庞静师德、宣德郎张崇师贺天寿节、御史中丞乃令思聪谢横赐。九月，仁孝薨，子纯佑立。十一月壬申，夏御史大夫李元吉、翰林学士李国安来讣告。十二月甲午朔，夏殿前太尉李铭友直、副使枢密直学士李昌辅奉遗进礼物。	正月己巳朔，高丽司宰少卿扬淑节贺正旦。八月辛酉，高丽礼宾少卿苏良美贺天寿节、吏部侍郎门候轼进奉。十二月庚申，高丽户部侍郎陈光卿等谢赐生日。

五年	正月癸亥朔,宋翰林学士倪思、知阁门使王知新贺正旦。六月戊戌,宋前主昚殂。七月甲子,宋主禅位于子扩。八月乙卯,宋试工部尚书梁总、明州观察使戴勋贺天寿节。九月壬申,宋显谟阁学士薛叔似、广州观察使谢渊来告哀。戊寅,以知大兴府事尼庞古鉴为宋吊祭使。十月庚寅,宋户部尚书林湜、泉州观察使游恭献遗留物。闰十月戊午朔,宋翰林学士郑湜、广州观察使范仲任报即位。甲戌,以河东南北路提刑使王启、广威将军殿前左副都点检石抹仲温为贺宋即位国信使。	正月癸亥朔,夏武散大夫恶愍世忠、宣德郎刘思同等贺正旦。辛巳,命中奉大夫大国子祭酒刘玑,尚书右司郎中乌古论庆裔等充夏国王李纯祐封册起复使。四月壬寅,夏御史中丞浪论文广,副使枢密直学士刘俊才,押进知中兴府野遇兑忠来报谢。八月乙卯,夏武散节大夫野遇恩文,宣德郎张公辅贺天寿节。	正月癸亥朔,高丽卫尉少卿李居正贺正旦。八月己丑朔,高丽礼宾少卿柳泽进偕贺天寿节,太府少监柳泽进奉。十二月丁巳朔,高丽户部侍郎刘邦氏谢赐生日。

六年	十一月庚子，以广威将军右宣徽使移剌敏，山东东路转运使高世忠为贺宋正旦使。 正月丁亥朔，宋试礼部尚书曾三复贺正旦。 二月癸未，宋焕章阁学士林季友，明州观察使郭正已报谢。 八月辛未，遣吏部尚书吴鼎枢等为贺宋生辰使。己卯，宋试吏部尚书汪义端，福州观察使韩佗胄贺天寿节。 十一月丙申，遣刑部尚书纥石烈贞等为贺宋正旦使。	正月丁亥朔，夏武节大夫王彦才，宣德郎高大节贺正旦。 三月丙申，夏御史大夫李彦崇、知中兴府事郝庭俊谢赐生日。 八月己卯，夏武节大夫宋克忠、宣德郎吴子正贺天寿节。	正月丁亥朔，高丽户部侍郎白存儒贺正旦。 八月己卯，高丽礼部侍郎徐谐贺天寿节，卫尉少卿周元迪谢横赐。 十二月丁丑，高丽尚书户部侍郎孙弘谢赐生日。
承安元年	承安元年正月辛巳朔，宋遣翰林学士黄艾，均州观察使柳正一贺正旦。 八月甲戌，宋试工部尚书吴宗旦，湖州观察使张卓贺天寿节。	正月辛巳朔，夏武节大夫员元享，宣德郎元叔等贺正旦。 八月甲戌，夏武节大夫同崇义、宣德郎吕昌邦贺天寿节。	正月辛巳朔，高丽礼宾少卿宋楚贺正旦。 八月甲戌，高丽尚书礼部侍郎赵冲贺天寿节，大府监刘应

二年		
九月癸未，遣吏部尚书张嗣等为贺宋生辰使。十一月甲午，遣陕西路统军使完颜崇道等为贺宋正旦使。	举进奉。十二月丙午朔，高丽户部侍郎金光当谢赐生日。	正月乙亥朔，高丽礼宾少卿牙应卿贺正旦。八月戊戌，高丽礼部侍郎赵谦贺天寿节，户部侍郎梁元进奉。
正月乙亥朔，宋焕章阁学士张贵谟，严州观察使郭倪贺正旦。辛丑，宋试礼部尚书赵介，利州观察使朱龟年以母丧告哀。八月戊戌，宋试工部尚书卫泾，泉州观察使陈奕贺天寿节。九月丁未，遣知归德府事完颜愈等为贺宋生辰节。		正月乙亥朔，夏武节大夫鬼名世安，宣德郎李师广贺正旦。八月戊戌，夏武节大夫罗晊守忠，宣德郎王彦国贺天寿节。知中兴府事李德冲，枢密直学士刘思问等奏告榷场。十二月丁酉，夏殿前太尉李嗣卿，知中兴府事高德谢复权场。

三年		
正月己亥朔，宋焕章阁学士曾炎，鄂州观察使郑挺贺正旦。乙丑，宋试礼部尚书赵介，利州观察使朱龟年以宋祖母丧告哀。	三月丙寅，王晤以国让其弟暐，礼宾少卿赵通来奏告，示封册暐。遣使宣问。是岁，暐薨，暐嗣立，遣礼宾少	正月己亥朔，夏武功大夫隗敏修，宣德郎钟伯达贺正旦。八月甲午，夏武节大夫折嗼俊义，宣德郎罗世昌贺天寿节。

四年					
四年	正月癸巳朔，来工部尚书马觉、广州观察使郑莹贺正旦。八月己丑，来试工部尚书大性、泉州观察使金汤棋贺天寿节。九月己未，遣知东平府事仆散畹等为贺来生辰使。十一月甲寅，遣知济南府事范	八月癸未，来试刑部尚书汤顿、福州观察使李汶襄等报谢。九月丙申，来显谟阁学士杨王休、利州观察使李安礼贺天寿节。遣中都路都转运使孙铎等为贺生辰使。十一月丁未，遣太常卿杨庭筠等为贺正旦使。	正月癸巳朔，夏武节大夫李庆源、宣德郎邓昌祖贺正旦。八月己丑，夏武节大夫纽尚德昌、宣德郎李公达贺天寿节。殿前太尉乃令思聪、枢密直学士杨德先谢横赐。	正月丁酉，高丽告哀。三月，遣使册高丽王晧。八月己丑，高丽王晧遣户部侍郎刘元顺贺天寿节，户部侍郎郑邦辅进奉。十二月乙酉，高丽知枢密院金肤侯、太府卿太仪谢封册。	卿白汝舟来奏告。

楫等为贺末正旦使。

| 五年 | 正月戊子朔,未焕章阁学士邓致知,福州观察使李师挈贺正旦。
八月壬子,未户部尚书赵善义、鄂州观察使厉仲祥贺天寿节。
是月,来前主簿程祖。
十月庚子,未试刑部尚书吴珦、利州观察使林可大来告母丧。
十一月己巳,未焕章阁学士李寅仲、福州观察使张良显来告前主丧。
乙卯,遣工部尚书乌古论道等为来吊祭使。
辛未,遣殿前右副点检纥石烈忠定等为贺末正旦使。
十二月癸未,遣河南南路统军使 | 正月戊子,夏武节大夫连都敦信,宣德郎丁师周贺正旦,附奏为母疾求医。诏遣太医时德元、王利贞往诊治,仍以御剂药赐焉。
八月壬子,夏武节大夫连都敦信,宣德郎丁师周贺天寿节,南院宣徽使刘忠亮、知中兴府高永昌来谢恩。 | 正月戊子朔,高丽礼宾少卿白元轼来贺正旦。
八月壬子,高丽户部侍郎池资深贺天寿节,户部侍郎申周锡等进奉。 |

年	宋使	夏	高丽
	完颜充等为宋来吊祭使。		
泰和元年	正月壬子朔,宋宝谟阁学士林楠、利州观察使王康成贺正旦。壬戌,宋试工部尚书丁常任、严州观察使郭俣进遗留物。三月乙亥,宋试刑部尚书虞俦、泉州观察使张仲舒等来报谢。八月丙申,宋试户部尚书俞烈、广州观察使李言等来报谢。丙申,福州观察使窦庆贺天寿节。宋遣试吏部尚书宗召,九月戊申,遣右宣徽使徒单怀忠等为贺宋生辰使。十一月庚申,遣殿前右卫将军纥石烈七斤等为贺宋正旦使。	正月壬子朔,夏武节大夫卧德忠、宣德郎刘筠国贺正旦。三月乙丑,夏左金吾卫上将军野遇思文、知中兴府田文徽等来谢恩。八月戊寅朔,夏武节大夫柔思义、宣德郎焦思元等贺天寿节。	正月壬子朔,高丽礼宾少卿李惟卿贺正旦。八月,高丽户部侍郎郑公顺贺天寿节,礼宾少卿赵淑进奉,卫尉卿秦彦匡谢赐生日。十二月乙巳,高丽礼宾少卿崔南敷进奉。
二年	正月丁未朔,宋焕章阁学士李景和、福州观察使陈有功贺正	正月丁未朔,夏武节大夫白克景和、宣德郎苏黄孙贺正旦。	正月丁未朔,高丽司宰少卿门孝轼贺正旦。

年	宋	夏	高丽
	旦。八月庚子，宋试工部尚书赵不艰，鄂州观察使黄卓然贺天寿节。丙辰，以完颜璹、张行简为贺宋生日使。十二月癸酉，遣武安军节度使公弼等为贺宋正旦使。	八月庚子，夏武节大夫天天籍莱黎，宣德郎王安道贺天寿节，殿前太尉李建德，知中兴府事杨绍直等谢横赐。	八月庚子，高丽户部侍郎史洪忠贺天寿节，礼宾少卿韩氏祐谢赐生日。闰十二月己巳，高丽礼宾少卿宋弘烈进奉。
三年	正月辛未朔，宋试吏部尚书鲁谊，利州观察使王处久贺正旦。八月甲子，宋试礼部尚书刘申，泉州观察使郭倬贺天寿节。九月壬申，遣刑部尚书承晖等为贺宋生辰使。十一月辛未，遣签枢密院事独吉思忠等为贺宋正旦使。	正月辛未朔，夏武节大夫崔元旦，宣德郎刘彦辅贺正旦。八月甲子，夏武节大夫嵬德元，宣德郎高大亨贺天寿节。	正月辛未朔，高丽户部侍郎郭公仪贺天寿节，礼宾少卿师公直谢赐生日。十二月癸亥，高丽礼宾少卿林德元进奉。是岁，王晫薨，子韺嗣位。
四年	正月乙丑朔，宋试吏部尚书张	正月乙丑朔，夏武节大夫梅汝	正月乙丑朔，高丽司宰少卿李

	孝曾,容州观察使伯成贺正旦。丁丑,张孝曾回至庆都县卒,赙赠绢、布各二百二十匹,差防御使女奚烈元款祭使,馆伴使张云护送以还。 八月癸丑,来试礼部尚书张嗣古,广州观察使陈涤贺天寿节。 乙卯,遣知真定府事完颜昌等为贺来生辰使。 十一月丁卯,遣殿前右副都点检乌林答教等为贺来正旦使。 癸未、宝鸡,鄠县诸杜娄被来抄掠。	字文,宣德郎师正贺正旦。 八月癸丑,夏武节大夫李德广、宣德郎韩承庆贺天寿节。	延寿贺正旦。 三月庚寅,礼部侍郎王永龄来告哀。 八月癸丑,高丽国王韹遣户部侍郎曹光寿贺天寿节,户部侍郎李献谢赐生日。 十二月丁巳,高丽礼宾少卿姜植材进奉,司宰少卿车富民谢横赐,户部尚书金庆夫、礼部侍郎崔克遇谢敕祭,工尉少卿门存谢慰问,礼宾少卿黄孝卿谢起复。
五年	正月己未朔,利州观察使皇甫友龙,利州观察使皇甫诚贺正旦。 庚申,来兵入遂平县,纵掠,出	正月己未朔,夏武功大夫遇惟德,宣德郎高大伦贺正旦。 闰八月辛巳,夏武节大夫赵公良,宣德郎米元懿贺天寿节,殿	正月己未朔,高丽司宰少卿林仁硕贺正旦。 闰八月辛巳,高丽司宰少卿崔义贺天寿节。

十二月辛巳，高丽卫尉卿吴应天进奉。

前太尉乃来思聪，知中兴府通判刘俊德来树横赐。

狄囚，火官舍，害令尉而去。

二月己酉，来兵掠泌阳，剽巡检家资，害其家人。

三月戊午朔，来兵攻平氏镇，剽民财。

庚午，来兵掠邓州白亭巡检家资，持其印去。

辛巳，来兵犯巩州来远镇。

丁亥，唐州来谍，言韩佗胄屯兵鄂州，将谋北侵。

四月命枢密院移文来人，依誓约，撤新兵，毋纵入境。

五月甲子，平章政事仆散揆宣抚河南，籍诸道兵备来。宣抚司移文来三省枢密，问用兵之故，来以镂诏臣为辞。乃罢宣抚司，仆散揆还京师。

六年	甲申，宋楚州安抚使戚拱遣其将高显以兵五百人破涟水县。 闰八月辛巳，宋试吏部尚书李璧、广州观察使林仲虎贺天寿节。 九月甲申，遣河南路统军使纥石烈子仁等为贺宋生辰使。 十一月乙酉，宋兵入乡。 己丑，遣太常卿赵之杰等为贺宋正旦使。 十二月，宋吴曦拥众兴元，欲窥关、陇。皇甫斌扰扰北。	正月癸未朔，夏武节大夫大夫纽尚德、宣德郎郑昜贺正旦。 乙丑，夏李安全废其主纯祐自立，令纯祐母罗氏为表，遣御史大夫阁佐执中等来奏求封册。		正月癸未朔，高丽礼宾少卿崔甫淳贺正旦。 八月丙子，高丽遣卫尉少卿李迪儒贺天寿节，卫尉卿金升谢赐生日，礼宾卿李侑谢起复，知
	正月癸未朔，宋试刑部尚书陈景俊、知阁门事吴璀贺正旦。 四月丙寅，诏平章政事小散揆行省于汴，督诸道兵伐宋。 十月庚戌，小散揆出颍、寿，			

枢密事韩奇、太府卿李承白等来谢封册。

十二月乙亥，高丽卫尉少卿庆裕升进奉。

六月戊戌，诏宣问罗氏所以废立之故，安全复以罗氏表来。

辛丑，以朝议大夫尚书左司郎中温迪罕思敬、朝请大夫太常少卿黄震为夏国王李安全封册使。

十二月乙丑，夏御史大夫谋宁光祖、翰林学士张公甫谢封册，押进使知中兴府梁德枢等入见。

十一月丁亥，克安丰军，壬辰，饮庐江。宋主密谕丘崈，使归罪韩侂胄，将乞盟。崈既送韩元靓归，遣忠训郎林拱持书乞和于小散揆。

癸卯，丘崈复遣武翼郎来显等以书币乞和于子揆。

十二月癸丑，来吴曦纳款于都大提举完颜纲，赐诏褒谕。宋签书枢密院事丘崈复遣陈璧奉书诣揆复乞和，揆以其辞尚倨，不见。

乙丑，小散揆班师，对吴曦为蜀国王。吴曦遣郭澄，任辛奉表及蜀地图志，吴氏谍牒来上。

正月庚寅，小散揆还至下蔡，有疾。

正月丁丑朔，夏武节大夫隈敏修、宣德郎邓昌福贺正旦。

正月丁丑朔，高丽户部侍郎师应瞻贺正旦。

七年

年	宋	夏	高丽
	丙申，以左丞相崇浩代揆行省于汴。二月，宋安丙杀吴曦。宋方信孺诣行省，以书乞和。五月丙申，宋张岩夏遣方信孺诣都元帅府，请增岁币。九月，宗浩薨，以平章政事完颜匡行省于汴。十一月丙子，宋韩侂胄遣道王柟以书诣元帅府。王辰，宋钱象祖、李璧移书行省议和。	八月甲辰朔，夏武节大夫啰哆思忠，宣德郎安礼贺天寿节。	四月壬子，以昭勇大将军宫籍副监杨序为横赐高丽使。八月壬申，高丽遣卫尉少卿徐琰贺天寿节，卫尉少卿金义元谢赐生日。十二月壬黄朔，高丽遣户部侍郎邦光习进奉。
八年	二月乙巳，宋钱象祖复遣王柟以书上行省。闰四月乙未，宋函韩侂胄、苏师旦首，赎淮南故地，元帅府露布以闻。宋请改叔侄为伯侄，增岁币至三十万。	正月辛未朔，夏武节大夫浑光中，宣德郎梁德懿贺正旦。三月甲申，夏枢密使李元吉，观文殿大学士罗世昌等奏告。五月辛亥，夏殿前太尉习勉遵义，枢密都承旨苏黄孙谢赐生	正月辛未朔，高丽户部侍郎郎林桂材贺正旦。十月己卯，高丽礼部侍郎郎林永祖贺天寿节，礼宾卿池利中谢赐生日。

年	宋	夏	高丽
卫绍王大安元年	六月癸酉，宋试礼部尚书许奕、福州观察使吴衡率书通谢。七月戊申，答宋誓书，以左副点检完颜讹侃为宋谕成使。己酉宋户部尚书、应龙泉州观察使李谦贺天寿节。八月己丑，遣户部尚书高汝砺等为贺生辰使。十月己卯，宋户部尚书邹应龙、泉州观察使李谦贺天寿节。	日。十月己卯，夏武节大夫大夫李世昌、宣德郎米元杰贺天寿节，衙史大夫权鼎雄、枢密直学士李文政谢横赐，参知政事田文徽光、光禄大夫田文徽等来奏告。	五月，高丽来贺即位。
二年	八月，宋使贺万秋节。		
三年	正月乙酉朔，宋使贺正旦。	正月乙酉朔，夏使贺正旦。	正月，高丽使贺正旦。
崇庆元年	正月，宋使贺正旦。	正月，夏使贺正旦。三月，遣使册李遵顼为夏国王。十二月，夏国王李遵顼遣使谢封册。	正月乙酉朔，高丽使贺正旦。

至宁元年	十二月癸亥，夏人陷巩州、泾州节度使夹谷守中死之。	
宣宗贞祐元年	九月辛未，奉国上将军武卫军都指挥使乌林答与、尚书户部侍郎高霖为报宋使。 十一月，宋贺正旦使人境有期，以大兵在近，姑停之，令有司移报。	十一月乙卯，兰州译人程陈僧叛入于夏。自是，连岁与夏交兵矣。
二年	正月丁丑，宋刑部尚书真德秀等贺即位，驻境上，以中都被围，谕罢之。	
三年	正月辛酉朔，宋显谟阁学士娄子述，广州观察使周师锐贺正旦。 三月壬申，宋宝谟阁学士丁焴、利州观察使侯忠信贺长春节。 是月丙子，宋使朝辞，因言宋主请减岁币如大定例。上以本自	

称贺，不宜别有祈请，谕遣之。
九月己巳，以左谏议大夫把胡
鲁、尚书工部侍郎徒单欧里白
为贺宋生日使。
十一月庚辰，以拱卫直都指挥
使蒲察五斤、尚书礼部侍郎杨
云翼为贺宋正旦使。

四年

正月乙卯朔，宋试工部尚书施
累、广州观察使陈万春贺正旦。
三月甲子，宋遣华文馆学士留
筠、宜州观察使右武卫上将军
师亮贺长春节。
九月乙未，以荣禄大夫中卫尉
完颜奴婢、太子少詹事纳坦谋
嘉为贺宋生日使。
十一月甲辰，以尚书工部侍郎
内族和尚、尚书右司郎中仆散

兴定元年	毅夫为贺宋正旦使。 兴定元年正月己卯朔,宋焕章阁学士陈伯震、福州观察使霍仪贺正旦。三月己丑,宋试工部尚书钱抚、漳州观察使冯柄贺长春节。四月丁未朔,以宋岁币不至,命乌古论庆寿经略南边。	
二年	十二月甲寅,朝议乘胜与宋议和,以开封治中吕子羽、南京路转运副使冯璧为详问宋国使,行至淮中流,宋人拒止之,自此和好遂绝。	四月癸丑,以诏付辽东行省真谷必兰,出谕高丽贷粮,开市二事,遣典客署书表刘丙从行。
三年		正月戊辰朔,辽东行省报,高丽有奉表朝贡之意,诏行省受其表章以闻,朝贡之礼俟他日徐议。
四年		

五年			
元光元年			
二年			
元年		十一月，夏遣使议和。	哀宗正大三月，以边帅意，遣忠孝军三百，送省令史李唐英往滁州通好。宋人宴犒旬日，以奏禀为辞，和事竟不成。 六月，遣枢密判官移剌蒲阿，以文榜遍谕宋界军民更不南伐，自是宋人亦敛兵。
二年		九月，夏国和议定，夏称弟，各用本国年号，遣光禄大夫吏部尚书李仲谔、南院宣徽使罗世昌，中书省左司郎李绍膺来聘。 十月，遣聂天骥、张天纲使夏讲和事。 十二月，夏使朝辞，国书报聘称	二年

	三年	四年	五年
"兄大金皇帝致书于弟大夏皇帝阙下",遣礼部尚书奥敦良弼、大理卿裴满钦甫,侍御史乌古孙弘毅充报成使。	正月丁巳朔,夏遣精鼎匦匣使武绍德、副仪增、御史中丞咩元礼贺正旦。 十月,夏使报哀。 十一月甲戌,夏遣人使夏贺正旦。 丙子,夏以兵事方殷,来报各停使。 是月,遣中奉大夫完颜履信、昭毅大将军太府监徒单居正为吊祭夏国使。	夏遣精方瓯匦匣使王立之来,未复命,国亡。	

六年	七年 扬州制置赵善湘遣黄渎诣京东帅府约和，朝廷以宁陵令王渥往议，凡再住，约竟不成。		八年	天兴元年 二年 八月己卯，假蔡州都军致仕内族阿虎带同签大陆亲府事，如宋借粮，末人不许。	
				三年 正月己酉，国亡。	

金史卷六三
列传第一

后妃上

始祖明懿皇后　　德帝思皇后
安帝节皇后　　献祖恭靖皇后
昭祖威顺皇后　　景祖昭肃皇后
世祖翼简皇后　　肃宗靖宣皇后
穆宗贞惠皇后　　康宗敬僖皇后
太祖圣穆皇后　　光懿皇后
钦宪皇后　　宣献皇后　　崇妃萧氏
太宗钦仁皇后　　熙宗悼平皇后
海陵嫡母徒单氏　　大氏　　徒单氏
昭妃阿里虎等诸嬖

　　古者天子娶后，三国来媵，皆有娣侄，凡十二女。诸侯一娶九女。所以正嫡妾，广继嗣，息妒忌，防淫慝，塞祸乱也。后亡，则媵为继室，各以其叙。无三媵，则娣侄继室，亦各以其叙。继室者，治其内政，不敢正其位号。礼，庙无两祔，不并尊也。鲁成风始两祔，宋国三媵，齐管氏三归，《春秋》皆讥之。《周礼》内宰，其属则内小臣、阍人、寺人次之,九嫔、世妇、女御、女祝、女史、典妇功、典丝、典枲、内司服又次之。《昏义》称"后立六宫、三夫人、九嫔、二十七世妇、八十一御妻",不与《春秋》、《周礼》合,后世因仍其说,后宫遂至数千。

金代,后不娶庶族,甥舅之家有周姬、齐姜之义。国初诸妃皆无位号,熙宗始有贵妃、贤妃、德妃之号。海陵淫嬖,后宫寝多,元妃、姝妃、惠妃、贵妃、贤妃、宸妃、丽妃、淑妃、德妃、昭妃、温妃、柔妃凡十二位。大定后宫简少,明昌以后大备。

内官制度:诸妃视正一品,三夫人。昭仪、昭容、昭媛、修仪、修容、修媛、充仪、充容、充媛视正二品,比九嫔。婕妤九人视正三品,美人九人视正四品,才人九人视正五品,比二十七世妇。宝林二十七人视正六品,御女二十七人视正七品,采女二十七人视正八品,比八十一御妻。又有尚宫、尚仪、尚服、尚食、尚寝、尚功,皆内官也。

太祖嫡后圣穆生景宣,光懿生宗干,有定策功,钦宪有保佑之功,故自熙宗时圣穆、光懿、钦宪皆祔。宣献生睿宗,大定祔焉。故太祖庙祔四后,睿、世、显、宣皆祔两后,惟太宗、景宣、熙宗、章宗室祔一后。贞、慈、光献、昭圣虽庶姓,皆以子贵。宣宗册温敦氏,乃赐姓,变古甚矣。故自初起至于国亡,列其世次,著其族里,可考鉴焉。其无与于世道者,置不录。

始祖明懿皇后,完颜部人。年六十余嫁始祖。天会十五年追谥。

德帝思皇后,不知何部人。天会十五年追谥。

安帝节皇后,不知何部人。天会十五年追谥。

献祖恭靖皇后,不知何部人。天会十五年追谥。

昭祖威顺皇后徒单氏,讳乌古论都葛,活剌浑水敌鲁乡徒单部人。其父拔炭都鲁海。后性刚毅,人莫敢以为室。献祖将为昭祖娶

妇，曰："此子勇断异常，柔弱之女不可以为配。"乃为昭祖娶焉。天
会十五年追谥。

景祖昭肃皇后，唐括氏，帅水隈鸦村唐括部人，讳多保真。父石
批德撒骨只，巫者也。后有识度，在父母家好待宾客，父母出，则多
置酒馔享邻里，迨于行旅。景祖饮食过人，时人名之"活罗"，解在
《景祖纪》。昭祖曰："俭啬之女吝惜酒食，不可以为配。"乌古乃闻后性
度如是，乃娶焉。

辽使同干来伐五国蒲聂部，景祖使后与劾孙为质于拔乙门，而
与同干袭取之，辽主以景祖为节度使。

后虽喜宾客，而自不饮酒。景祖与客饮，后专听之。翌日，枚数
其人所为，无一不中其綮肯。有醉而喧哄者，辄自歌以释其忿争。军
中有被笞罚者，每以酒食慰谕之。景祖行部，辄与偕行，政事狱讼皆
与决焉。

景祖没后，世祖兄弟凡用兵，皆禀于后而后行，胜负皆有惩劝。
农月，亲课耕耘刈获，远则乘马，近则策杖，勤于事者勉之，晏出蚤
休者训励之。

后往邑屯村，世祖、肃宗皆从。会桓赧、散达偕来，是时已有隙、
被酒，语相侵不能平，遂举刃相向。后起，两执其手，谓桓赧、散达
曰："汝等皆吾夫时旧人，奈何一旦遽忘吾夫之恩，与小儿子辈忿争
乎。"因自作歌，桓赧、散达怒乃解。其后桓赧兄弟起兵来攻，当是
时，肃宗先已再失利矣，世祖已退乌春兵，与桓赧战于北隘甸。部人
失束宽逃归，袒甲而至，告后曰："军败矣。"后方忧懑，会康宗来报
捷，后乃喜。既而桓赧、散达皆降。

后不妒忌，阔略女工，能辑睦宗族，当时以为有丈夫之度云。天
会十五年追谥。

世祖翼简皇后，拿懒氏。大安元年癸酉岁卒。天会十五年追谥。

肃宗靖宣皇后,蒲察氏。太祖将举兵,入告于后。后曰:"汝邦家之长,见可则行。吾老矣,无贻我忧,汝亦必不至是。"太祖奉觞为寿,即奉后出门,酹酒祷天。后命太祖正坐,号令诸将。自是太祖每出师还,辄率诸将上谒,献所俘获。天会十五年追谥。

穆宗贞惠皇后,乌古论氏。天会十五年追谥。

康宗敬僖皇后,唐括氏。天会十五年追谥。

太祖圣穆皇后,唐括氏。天会十三年追谥。仍赠后父留速太尉、荣国公,祖迭胡本司徒、英国公,曾祖劾乃司空、温国公。

太祖光懿皇后,裴满氏。天会十三年追谥。

太祖钦宪皇后,纥石烈氏。天会十三年,尊为太皇太后,官号庆元。十四年正月己巳朔,熙宗朝于庆元宫,然后御乾元殿,受群臣贺。是月丁丑,崩于庆元宫。二月癸卯,祔葬睿陵。

太祖宣献皇后,仆散氏,睿宗母也。天会十三年,追册曰德妃。大定元年追谥。

崇妃,萧氏。熙宗时封贵妃。天德二年正月,封元妃。是月,尊封太妃。海陵母大氏事萧氏甚谨。海陵篡立,尊大氏为皇太后,居永宁宫。每有宴集,太妃坐上座,大氏执妇礼。海陵积不能平,及杀宗义等,诬太妃以隐恶,杀之,并杀所生子任王隈喝。

大定十九年,诏改葬。大宗正丞宗安监护葬事,遣使致祭。上欲复太妃旧号,下礼官议。"前代称太妃者皆以子贵。古者入称'后'系夫,在朝称'太'系子,与今萧妃事不同,恐不得称'太',止当追封妃号。"诏从之,乃封崇妃云。

太宗钦仁皇后,唐括氏。熙宗即位,与太祖钦宪皇后俱尊为太皇太后,号明德宫。赠后父阿鲁束太尉、宋国公,祖实匹司徒、英国公,曾祖阿鲁琐司空、温国公。十四年正月己巳朔,上朝两宫太后,然后御乾元殿受贺,自后岁以为常。皇统元年,上自燕京还京师,朝谒于明德宫。明年,上如天开殿,皇子生,使使驰报太后。太后至天开殿,上与皇后亲迎之。三年,崩于明德宫。谥曰钦仁皇后,祔葬恭陵。

熙宗悼平皇后,裴满氏。熙宗即位,封贵妃。天眷元年,立为皇后。父忽达拜太尉,赠曾祖斜也司空,祖鹘沙司徒。皇统元年,熙宗受尊号,册为慈明恭孝顺德皇后。二年,太子济安生。是岁,熙宗年二十四,喜甚,乃肆赦,告天地宗庙。弥月,册为皇太子,未一岁薨。

熙宗在位,宗翰、宗干、宗弼相继秉政,帝临朝端默。虽初年国家多事,而庙算制胜,齐国就废,宋人请臣,吏清政简,百姓乐业。宗弼既没,旧臣亦多物故,后干预政事,无所忌惮,朝官往往因之以取宰相。济安薨后,数年继嗣不立,后颇挚制熙宗。熙宗内不能平,因无聊,纵酒酗怒,手刃杀人。左丞相亮生日,上遣大兴国以司马光画像、玉吐鹘、厩马赐之,后亦附赐生日礼物。熙宗闻之,怒,遂杖兴国而夺回所赐。海陵本怀觊觎,因之疑畏愈甚,萧墙之变,从此萌矣。近侍高寿星随例迁屯燕南,入诉于后,后激怒熙宗,杀左司郎中三合,杖平章政事秉德,而寿星竟得不迁。秉德、唐括辩之奸谋起焉,海陵乘之,以成逆乱之计。

久之,熙宗积怒,遂杀后,而纳胙王常胜妃撒卯入宫继之。又杀德妃乌古论氏,妃夹谷氏、张氏、裴满氏。明日,熙宗遇弑。海陵已弑熙宗,欲收人心,以后死无罪,降熙宗为东昏王,追谥后为悼皇后,封后父忽达为王。大定间,复熙宗帝号,加谥后为悼平皇后,祔葬思陵。

海陵嫡母，徒单氏。宗干之正室也。徒单无子，次室李氏生长子郑王充，次室大氏生三子，长即海陵庶人也。徒单氏贤，遇下有恩意，大氏事之甚谨，相得欢甚。徒单虽养充为己子，充与海陵俱为熙宗宰相，充嗜酒，徒单常责怒之，尤爱海陵。海陵自以其母大氏与徒单嫡妾之分，心常不安。及弑熙宗，徒单与太祖妃萧氏闻之，相顾愕然曰：“帝虽失道，人臣岂可至此。”徒单入宫见海陵，不曾贺，海陵衔之。

天德二年正月，徒单与大氏俱尊为皇太后。徒单居东宫，号永寿宫，大氏居西宫，号永宁宫。天德二年，太后父蒲带与大氏父俱赠太尉，封王。徒单太后生日，酒酣，大氏起为寿。徒单方与坐客语，大氏踞者久之。海陵怒而出。明日，召诸公主宗妇与太后语者皆杖之。大氏以为不可。海陵曰：“今日之事，岂能尚如前日邪。”自是嫌隙愈深。

天德四年，海陵迁中都，独留徒单于上京。徒单常忧惧，每中使至，必易衣以俟命。大氏在中都常思念徒单太后，谓海陵曰：“永寿宫待吾母子甚厚，慎母相忘也。”十二月十四日，徒单氏生日，海陵使秘书监纳合椿年往上京为太后上寿。贞元元年，大氏病笃，恨不得一见。临终，谓海陵曰：“汝以我之故，不令永寿宫偕来中都。我死，必迎致之，事永寿宫当如事我。”

三年，右丞相仆散师恭、大宗正丞胡拔鲁往上京奉迁山陵，海陵因命永寿宫太后与俱来。继使平章政事萧玉迎祭祖宗梓宫于广宁，海陵谓玉曰：“医巫闾山多佳致，祭奠礼毕，可奏太后于山水佳处游览。”及至沙流河，海陵迎谒梓宫，遂谒见太后。海陵命左右约杖二束自随，跪于太后前，谢罪曰：“亮不孝，久阙温清，愿太后痛笞之。不然，且不安。”太后亲扶起之，叱约杖者使去。太后曰：“今庶民有克家子，立百金之产，尚且爱之不忍笞。我有子如此，宁忍笞乎。”十月，太后至中都，海陵帅百官郊迎，入居寿康宫。是日，海陵及后宫、宰臣以下奉觞上寿，极欢而罢。

海陵侍太后于宫中，外极恭顺，太后坐起，自扶腋之，常从舆辇徒行，太后所御物或自执之。见者以为至孝，太后亦以为诚然。及谋伐宋，太后谏止之，海陵心中益不悦，每谒太后还，必忿怒，人不知其所以。

及至汴京，太后居宁德宫。太后使侍婢高福娘问海陵起居，海陵幸之，因使伺太后动静。凡太后动止，事无大小，福娘夫特末哥教福娘增饰其言以告海陵。及枢密使仆散师恭征契丹撒八，辞谒太后，太后与师恭语久之。大概言"国家世居上京，既徙中都，又自中都至汴，今又兴兵涉江、淮伐宋，疲弊中国，我尝谏止之，不见听。契丹事复如此，奈何"。福娘以告海陵。海陵意谓太后以充为子，充四子皆成立，恐师恭将兵在外，太后或有异图。乃召点检大怀忠、翰林待制斡论、尚衣局使虎特末、武库直长习失使杀太后于宁德宫，命护卫高福、辞勒、蒲速斡以兵士四十人从，且戒之曰："汝等见太后，但言有诏，令太后跪受，即击杀之，勿令艰苦。太后同乳妹安特，多口必妄言，当令速死。"及指名太后左右数人，皆令杀之。太后方樗蒲，大怀忠等至、令太后跪受诏。太后愕然，方下跪，虎特末从后击之，仆而复起者再。高福等缢杀之，年五十三。并杀安特及郡君白散、阿鲁瓦、叉察、乳母南撒、侍女阿斯、斡里保、宁德宫护卫温迪罕查剌、直长王家奴、撒八，小底忽沙等。海陵命焚太后于宫中，弃其骨于水。并杀充之子檀奴、阿里白、元奴，耶补儿逃匿，归于世宗。自军中召师恭还，杀之。及杀阿斯子孙、撒八二子、忽沙二子。封高福娘为郧国夫人，以特末哥为泽州刺史。海陵许福娘征南回以为妃，赐银二千两。敕戒特末哥："无酗酒殴福娘，殴福娘必杀汝。"

大定间，谥徙单氏曰哀皇后，自泽州械特末哥、福娘至中都诛之。其后贬海陵为庶人。宗干去帝号，复封辽王，徙单氏降封辽王妃云。

海陵母，大氏。天德二年正月，与徙单氏俱尊为皇太后。大氏居永宁宫。曾祖坚嗣赠司空，祖臣宝赠司徒，父昊天赠太尉、国公，兄兴国奴赠开府仪同三司、卫国公。十一月，昊天进封为王。

三年正月十六日，海陵生日，宴宗室百官于武德殿。大氏欢甚，饮尽醉。明日，海陵使中使奏曰："太后春秋高，常日饮酒不过数杯，昨见饮酒沉醉。儿为天子，固可乐，若圣体不和，则子心不安，其乐安在。至乐在心，不在酒也。"及迁中都，永寿宫独留上京，大氏常以为言。

贞元元年四月，大氏有疾，诏以钱十万贯求方药。及病笃，遗言海陵，当善事永寿宫。戊寅，崩。诏尚书省："应随朝官至五月一日方治事。中都自四月十九日为始，禁乐一月。外路自诏书到日后，官司三日不治事，禁乐一月，声钟七昼夜。"

贞元三年，大祥，海陵率后宫奠哭于菆宫。海陵将迁山陵于大房山，故大氏犹在菆宫也。九月，太祖、太宗、德宗梓宫至中都。尊谥曰慈宪皇后。海陵亲行册礼，与德宗合葬于大房山，升祔太庙。大定七年，降封海陵太妃，削去皇后谥号。及宗干降帝号，封辽王，诏以徒单氏为妃，而大氏与顺妃李氏、宁妃萧氏、文妃徒单氏并追降为辽王夫人。

废帝海陵后，徒单氏。太师斜也之女。初为岐国妃，天德二年封为惠妃，九月，立为皇后。三年十一月二十一日，后生日，百僚称贺于武德殿。久之，海陵后宫浸多，后宠颇衰，希得进见。沈璋妻张氏尝为光英保母，耶律彻在北京与海陵游从，海陵使璋妻及彻妻侯氏入宫侍后。彻本名神涅，负官钱二千六百余万，海陵皆免之。正隆六年，海陵幸南京。六月癸亥，左丞相张浩率百官迎谒。海陵备法驾，乘玉辂，与后及太子光英共载而入。海陵伐宋，后与光英居守。海陵遇害，陀满讹里也杀光英于汴。后至中都，居于海陵母大氏故宫。顷之，世宗怜其无依，诏归父母家于上京，岁赐钱二千贯，奴婢皆给官廪。大定十年卒。

海陵为人善饰诈，初为宰相，妾媵不过三数人。及践大位，逞欲无厌，后宫诸妃十二位，又有昭仪至充媛九位，婕妤美人才人三位，殿直最下，其他不可举数。初即位，封岐国妃徒单氏为惠妃，后为皇后。第二娘子大氏封贵妃,第三娘子萧氏封昭容,耶律氏封修容。其后贵妃大氏进封惠妃,贞元元年,进封姝妃,正隆二年,进封元妃。昭容萧氏,天德二年,特封淑妃,贞元二年,进封宸妃。修容耶律氏,天德四年,进昭媛,贞元元年,进昭仪,三年,进封丽妃。即位之初,后宫止此三人,尊卑之叙,等威之辨,若有可观者。及其侈心既萌,淫肆蛊惑,不可复振矣。

昭妃阿里虎,姓蒲察氏,驸马都尉没里野女。初嫁宗盘子阿虎迭。阿虎迭诛,再嫁宗室南家。南家死,是时南家父突葛速为元帅都监,在南京,海陵亦从梁王宗弼在南京,欲取阿里虎,突葛速不从,遂止。及篡位方三日,诏遣阿里虎归父母家。阅两月,以婚礼纳之。数月,特封贤妃,再封昭妃。阿里虎嗜酒,海陵责让之,不听,由是宠衰。

昭妃初嫁阿虎迭,生女重节。海陵与重节乱,阿里虎怒重节,批其颊,颇有诋訾之言。海陵闻之,愈不悦。阿里虎以衣服遗前夫之子,海陵将杀之,徒单后率诸妃嫔求哀,乃得免。

凡诸妃位皆以侍女服男子衣冠,号“假厮儿”。有胜哥者,阿里虎与之同卧起,如夫妇。厨婢三娘以告海陵,海陵不以为过,惟戒阿里虎勿笞箠三娘。阿里虎榜杀之。海陵闻昭妃阁有死者,意度是三娘,曰:“若果尔,吾必杀阿里虎。”问之,果然。是月,光英生月,海陵私忌,不行戮。阿里虎闻海陵将杀之也,即不食,日焚香祷祝,冀脱死。逾月,阿里虎已委顿不知所为,海陵使人缢杀之,并杀侍婢击三娘者。

贵妃定哥,姓唐括氏。有容色。崇义节度使乌带之妻。海陵旧尝有私,侍婢贵哥与知之。乌带在镇,每遇元会生辰,使家奴葛鲁、葛温诣阙上寿,定哥亦使贵哥候问海陵及两宫太后起居。海陵因贵哥传语定哥曰:“自古天子亦有两后者,能杀汝夫以从我乎。”贵哥归,具以海陵言告定哥。定哥曰:“少时丑恶,事已可耻。今儿女已成立,岂可为此。”海陵闻之,使谓定哥:“汝不忍杀汝夫,我将族灭汝家。"定哥大恐,乃以子乌答补为辞,曰:"彼常侍其父,不得便。"
海陵即召乌答补为符宝祗候。定哥曰:"事不可止矣。"因乌带醉酒,
令葛温、葛鲁缢杀乌带,天德四年七月也。海陵闻乌带死,诈为哀
伤。已葬乌带,即纳定哥宫中为娘子。贞元元年,封为贵妃,大爱幸,
许以为后。每同辇游瑶池,诸妃步从之。海陵嬖宠愈多,定哥希得
见。一日独居楼上,海陵与他妃同辇从楼下过,定哥望见,号呼求
去,诅骂海陵,海陵阳为不闻而去。

　　定哥自其夫时,与家奴阎乞儿通,尝以衣服遗乞儿。及为贵妃,
乞儿以妃家旧人,给事本位。定哥既怨海陵疏己,欲复与乞儿通。有
比丘尼三人出入宫中,定哥使比丘尼向乞儿索所遗衣服以调之。乞
儿识其意,笑曰:"妃今日富贵忘我耶。"定哥欲以计纳乞儿宫中,恐
阍者索之,乃令侍儿以大篋盛亵衣其中,遣人载之入宫。阍者索之,
见篋中皆亵衣,固已悔惧。定哥使人诘责阍者曰:"我,天子妃。亲
体之衣,尔故玩视,何也? 我且奏之。"阍者惶恐曰:"死罪。请后不
敢。"定哥乃使人以篋盛乞儿载入宫中,阍者果不敢复索。乞儿入宫
十余日,使衣妇人衣,杂诸宫婢,抵暮遣出。贵哥以告海陵。定哥缢
死,乞儿及比丘尼三人皆伏诛。封贵哥莘国夫人。

　　初,海陵既使定哥杀其夫乌带,使小底药师奴传旨定哥,告以
纳之之意。药师奴知定哥与阎乞儿有奸,定哥以奴婢十八口赂药师
奴使无言与乞儿私事。定哥败,杖药师奴百五十。先是,药师奴尝
盗玉带当死,海陵释其罪,逐去。及迁中都,复召为小底。及药师奴
既以匿定哥奸事被杖,后与秘书监文俱与灵寿县主有奸,文杖二百
除名,药师奴当斩。海陵欲杖之,谓近臣曰:"药师奴于朕有功,再杖
之即死矣。"丞相李睎等执奏药师奴于法不可恕,遂伏诛。海陵以葛
温、葛鲁为护卫,葛温累官常安县令,葛鲁累官襄城县令,大定初,
皆除名。

　　丽妃石哥者,定哥之妹,秘书监文之妻也。海陵私之,欲纳宫
中。乃使文庶母按都瓜主文家。海陵谓按都瓜曰:"必出而妇,不然
我将别有所行。"按都瓜以语文,文难之。按都瓜曰:"上谓别有所

行,是欲杀汝也。岂以一妻杀其身乎。"文不得已,与石哥相持恸哭而诀。是时,海陵迁都至中京,遣石哥至中都,俱纳之。海陵召文至便殿,使石哥秽谈戏文以为笑。定哥死,遣石哥出宫。不数日复召入,封为修容。贞元三年,进昭仪。正隆元年,进封柔妃。二年,进丽妃。

柔妃弥勒,姓耶律氏。天德二年,使礼部侍郎萧拱取之于汴。过燕京,拱父仲恭为燕京留守,见弥勒身形非若处女者,叹曰:"上必以疑杀拱矣。"及入宫,果非处女,明日遣出宫。海陵心疑萧拱,竟致之死。弥勒出宫数月,复召入,封为充媛,封其母张氏莘国夫人,伯母兰陵郡君萧氏为巩国夫人。萧拱妻择特懒,弥勒女兄也。海陵既夺文妻石哥,却以择特懒妻文。既而诡以弥勒之召,召择特懒入宫。乱之。其后,弥勒进封柔妃云。

昭妃阿懒,海陵叔曹国王宗敏妻也。海陵杀宗敏而纳阿懒宫中,贞元元年,封为昭妃。大臣奏"宗敏属近尊行,不可"。乃令出宫。

修仪高氏,秉德弟乣里妻也。海陵杀诸宗室,释其妇女。宗本子莎鲁剌妻、宗固子胡里剌妻、胡失来妻及乣里妻,皆欲纳之宫中,讽宰相奏请行之。使徒单贞讽萧裕曰:"朕嗣续未广,此党人妇女有朕中外亲,纳之宫中何如?"裕曰:"近杀宗室,中外异议纷纭,奈何复为此邪。"海陵曰:"吾固知裕不肯从。"乃使贞自以己意讽裕,必欲裕等请其事。贞谓裕曰:"上意已有所属,公固止之,将成疾矣。"裕曰:"必不肯已,唯上择焉。"贞曰:"必欲公等白之。"裕不得已,乃具奏,遂纳之。未几,封高氏为修仪,加其父高耶鲁瓦辅国上将军,母完颜氏封密国夫人。高氏以家事诉于海陵。自熙宗时,见悼后干政,心恶之,故自即位,不使母、后得预政事。于是,遣高氏还父母家。诏尚书省,凡后妃有请于宰相者,收其使以闻。

昭媛察八,姓耶律氏。尝许嫁奚人萧堂古带。海陵纳之,封为昭媛。堂古带为护卫,察八使侍女习捻以软金鹌鹑袋数枚遗之。事觉。是时,堂古带谒告在河间驿,召问之。堂古带以实对,海陵释其罪。海陵登宝昌门楼,以察八徇诸后妃,手刃击之,堕门下死,并诛侍女习捻。

寿宁县主什古，宋王宗望女也。静乐县主蒲剌及习捻，梁王宗弼女也。师姑儿，宗隽女也。皆从姊妹。混同郡君莎里古真及其妹余都，太傅宗本女也，再从姊妹。郕国夫人重节，宗磐女孙，再从兄之女。及母大氏表兄张定安妻奈剌忽、丽妃妹蒲鲁胡只，皆有夫，唯什古丧夫。海陵无所忌耻，使高师姑、内哥、阿古等传达言语，皆与之私。凡妃主宗妇尝私之者，皆分属诸妃，出入位下。奈剌忽出入元妃位，蒲鲁胡只出入丽妃位，莎里古真、余都出入贵妃位，什古、重节出入昭妃位，蒲剌、师姑儿出入淑妃位。海陵使内哥召什古。先于暖位小殿置琴阮其中，然后召之。什古已色衰，常讥其衰老以为笑。唯习捻、莎里古真最宠，恃势笞决其夫。海陵使习捻夫稍喝押护卫直宿，莎里古真夫撒速近侍局直宿。谓撒速曰：“尔妻年少，遇尔直宿，不可令宿于家，常令宿于妃位。”每召入，必亲伺候廊下，立久，则坐于高师姑膝上。高师姑曰：“天子何劳苦如此。”海陵曰：“我固以天子为易得耳。此等期会难得，乃可贵也。”每于卧内遍设地衣，傈逐以为戏。莎里古真在外为淫泆。海陵闻之大怒，谓莎里古真曰：“尔爱贵官，有贵如天下者乎。尔爱人才，有才兼文武似我者乎。尔爱娱乐，有丰富伟岸过于我者乎。”怒甚，气咽不能言。少顷，乃抚慰之曰：“无谓我闻知，便尔惭恶。遇燕会，当行立自如，无为众所测度也，恐致非笑。”后亦屡召入焉。余都，牌印松古剌妻也。海陵尝曰：“余都貌虽不扬，而肌肤洁白可爱。”蒲剌进封寿康公主，什古进封昭宁公主，莎里古真进封寿阳县主，重节进封蓬莱县主。重节即昭妃蒲察氏所生，蒲察怒重节与海陵淫，批其颊，海陵怒蒲察氏，终杀之者也。

凡宫人在外有夫者，皆分番出入。海陵欲率意幸之，尽遣其夫往上京，妇人皆不听出外。常令教坊番直禁中，每幸妇人，必使奏乐，撤其帏帐，或使人说淫秽语于其前。尝幸室女不得遂，使元妃以手左右之。或妃嫔列坐，辄率意淫乱，使共观。或令人效其形状以为笑。凡坐中有嫔御，海陵必自掷一物于地，使近侍环视之，他视者杀。诚宫中给使男子,于妃嫔位举首者刵其目。出入不得独行,便旋,须四人偕往,所司执刀监护,不由路者斩之。日入后,下阶砌行者死,告者赏钱二百万。男女仓猝误相触,先声言者赏三品官,后言者死,齐言者皆释之。

女使辟懒有夫在外,海陵封以县君,欲幸之,恶其有娠,饮以麝香水,躬自揉拉其腹,欲堕其胎。辟懒乞哀,欲全性命,苟得乳兔,当不举。海陵不顾,竟堕其胎。

蒲察阿虎迭女叉察,海陵姊庆宜公主所生,嫁秉德之弟特里。秉德诛,当连坐,太后使梧桐请于海陵,由是得免。海陵白太后欲纳叉察。太后曰:“是儿始生,先帝亲抱至吾家养之,至于成人。帝虽舅,犹父也,不可。”其后,嫁宗室安达海之子乙剌补。海陵数使人讽乙剌补出之,因而纳之。叉察与完颜守诚有奸,守诚本名遏里来,事觉,海陵杀守诚,太后为叉察求哀,乃释之。叉察家奴告叉察语涉不道,海陵自临问,责叉察曰:“汝以守诚死詈我邪?”遂杀之。

同判大宗正阿里虎妻蒲速碗,元妃之妹,因入见元妃,海陵逼淫之。蒲速碗自是不复入宫。

世宗为济南尹,海陵召夫人乌林答氏。夫人谓世宗曰:“我不行,上必杀王。我当自勉,不以相累也。”夫人行至良乡自杀,是以世宗在位二十九年,不复立后焉。

金史卷六四
列传第二

后妃下

睿宗钦慈皇后　　贞懿皇后

世宗昭德皇后　　元妃张氏

元妃李氏　　显宗孝懿皇后

昭圣皇后　　章宗钦怀皇后

元妃李氏　　卫绍王后徒单氏

宣宗皇后王氏　　明惠皇后

哀宗皇后徒单氏

睿宗钦慈皇后,蒲察氏。睿宗元配。后之母,太祖之妹也。睿宗为左副元帅,天会十三年薨,追封潞王,后封潞王妃。皇统六年,进号冀国王妃。天德间,进国号。正隆例,亲王止封一字王,睿宗封许王,后封许王妃。世宗即位,睿宗升祔,追谥钦慈皇后。赠后曾祖赛补司空、韩国公,祖蒲剌司徒、郑国公,父按补太尉、曹国公。大定二年,祔葬景陵。

世宗尝曰:"今之女直,不比前辈,虽亲戚世叙,亦不能知其详。太后之母,太祖之妹,人亦不能知也。"谓宗叙曰:"亦是卿父谭王之妹,知之乎!"宗叙曰:"臣不能知也。"上曰:"父之妹且不知,其如疏远何。"十九年,后族人劝农使莎鲁窝请致仕,宰相以莎鲁窝未尝历外,请除一外官,以均劳佚。上曰:"莎鲁窝不闲政事,不可使治民。虽太后戚属,富贵之可也。"不听。

贞懿皇后,李氏,世宗母,辽阳人。父雏讹只,仕辽,官至桂州观察使。天辅间,选东京士族女子有姿德者赴上京,后入睿宗邸。七年,世宗生。天会十三年,睿宗薨,世宗时年十三。后教之有义方,尝密谓所亲曰:"吾儿有奇相,贵不可言。"居上京,内治谨严,臧获皆守规矩,衣服饮食器皿无不精洁,敦睦亲族,周给贫乏,宗室中甚敬之。后性明敏,刚正有决,容貌端整,言不妄发。

旧俗,妇女寡居,宗族接续之。后乃祝发为比丘尼,号通慧圆明大师,赐紫衣,归辽阳,营建清安禅寺,别为尼院居之。贞元三年,世宗为东京留守。正隆六年五月,后卒。世宗哀毁过礼,以丧去官。未几,起复为留守。是岁十月,后弟李石定策,世宗即位于东京,尊谥为贞懿皇后,其寝园曰孝宁宫。

大定二年,改葬睿宗于景陵。初,后自建浮图于辽阳,是为垂庆寺,临终谓世宗曰:"乡土之念,人情所同,吾已用浮屠法置塔于此,不必合葬也。我死,毋忘此言。"世宗深念遗命,乃即东京清安寺建神御殿,诏有司增大旧塔,起奉慈殿于塔前。敕礼部尚书王竞为塔铭以叙其意。赠后曾祖参君司空、潞国公,祖波司徒、卫国公,父雏讹只太尉、隋国公。四年,封后妹为邢国夫人,赐银千两、锦绮二十端、绢五百匹。九年,神御殿名曰报德殿。诏翰林学士张景仁作《清安寺碑》,其文不称旨,诏左丞石琚共修之。十三年,东京垂庆寺起神御殿,寺地褊狭,诏买傍近民地,优与其直,不愿鬻者以官地易之。二十四年,世宗至东京,幸清安、垂庆寺。

世宗昭德皇后。乌林答氏,其先居海罗伊河,世为乌林答部长,率部族来归,居上京,与本朝为婚姻家。曾祖胜管。康宗时累使高丽。父石土黑,骑射绝伦,从太祖伐辽,领行军猛安。虽在行伍间,不嗜杀人。以功授世袭谋克，为东京留守。

后聪敏孝慈，容仪整肃，在父母家，宗族皆敬重之。既归世宗，事舅姑孝谨，治家有叙，甚得妇道。睿宗伐宋，得白玉带，盖帝王之服御也。睿宗没后，世宗宝畜之。后谓世宗曰："此非王邸所宜有也，当献之天子。"世宗以为然，献之熙宗，于是悼后大喜。熙宗晚年颇酒酗，独于世宗无间然。

海陵篡立，深忌宗室。乌带谮秉德以为意在葛王。秉德诛死，后劝世宗多献珍异以说其心，如故辽骨睹犀佩刀、吐鹘良玉茶器之类，皆奇宝也。海陵以世宗恭顺畏己，由是忌刻之心颇解。

后不妒忌，为世宗择后房，广继嗣，虽显宗生后而此心不移。后尝有疾，世宗为视医药，数日不离去。后曰："大王视妾过厚，其知者以为视疾，不知者必有专妒之嫌。"又曰："妇道以正家为大，第恐德薄，无补内治，安能效嫔妾所为，惟欲己厚也。"

世宗在济南，海陵召后来中都。后念若身死济南，海陵必杀世宗，惟奉诏，去济南而死，世宗可以免。谓世宗曰："我当自勉，不可累大王也。"召王府臣仆张谨言谕之曰："汝，王之腹心人也。为我祷诸东岳，我不负王，使皇天后土明鉴我心。"召家人谓之曰："我自初年为妇以至今日，未尝见王有违道之事。今宗室往往被疑者，皆奴仆不良，傲恨其主，以诬陷之耳。汝等皆先国王时旧人，当念旧恩，无或妄图也。违此言者，我死后于冥中观汝所为。"众皆泣下。后既离济南，从行者知后必不肯见海陵，将自为之所，防护甚谨。行至良乡，去中都七十里，从行者防之稍缓，后得间即自杀。海陵犹疑世宗教之使然。

世宗自济南改西京留守，过良乡，使鲁国公主葬后于宛平县土鲁原。大定二年，追册为昭德皇后，立别庙。赠三代，曾祖胜管司空、徐国公，曾祖母完颜氏徐国夫人，祖术思黑司徒、代国公，祖母完颜氏、代国夫人，父石土黑太尉、沈国公，母完颜氏沈国夫人。敕有司改葬，命皇太子致奠。以后兄晖子天锡为太尉，石土黑后授世袭猛安。上谓天锡曰："朕四五岁时与皇后定婚，乃祖太尉置朕于膝上曰：'吾婿七人，此婿最幼，后来必大吾门。'今卜葬有期，畴昔之言验矣。"

六年，利涉军节度副使乌林荅钞兀捕逃军受赃，当死。有司奏，钞兀，后大功亲，当议。诏论如法。

八年七月，章宗生，世宗喜甚。谓显宗曰："得社稷冢嗣，朕乐何极。此皇后贻尔以阴德也。"

十年十月，将改葬太尉石土黑，有司奏礼仪，援唐葬太尉李良器、司徒马燧故事，百官便服送至都门外五里。上曰："前改葬太后父母，未尝用此故事。但以本朝礼改葬之，惟亲戚皆送。"诏皇太子临奠。

十一年，皇太子生日，世宗宴于东宫。酒酣，命豫国公主起舞。上流涕曰："此女之母皇后，妇道至矣。朕所以不立中宫者，念皇后之德今无其比故也。"

十二年四月，立皇后别庙于太庙东北隅。是岁五月，车驾幸土鲁原致奠。十九年，改卜于大房山。十一月甲寅，皇后梓宫至近郊，百官奉迎。乙卯，车驾如杨村致祭。丙辰，上登车送，哭之恸。戊午，奉安于磐宁宫。庚申，葬于坤厚陵，诸妃祔焉。二十九年，祔葬兴陵。章宗时，有司奏太祖谥有"昭德"字，改谥明德皇后。

元妃张氏，父玄征。母高氏，与世宗母贞懿皇后葭莩亲。世宗纳为次室，生赵王永中，而张氏卒。大定二年，追封宸妃。是岁十月，追进惠妃。十九年，追进元妃。

大定二十五年，皇太子薨。永中于诸子最长，而世宗与徒单克宁议立章宗为太孙。世宗尝曰："克宁与永中有亲，而建议立太孙，真社稷臣也。"尚书左丞汝弼者，玄征子，永中母舅。汝弼妻高陀斡屡以邪言怵永中，画元妃像，朝夕事之，觊望微福，及挟左道。明昌五年，高陀斡诛死，事连汝弼及永中，汝弼以死后事觉，得不追削官爵，而章宗心疑永中，累年不释。谏官贾守谦、路铎上疏欲宽解上意，章宗愈不悦。平章政事完颜守贞持其事不肯决，章宗怒守贞，罢知济南府,诸谏官皆斥外,赐永中死。金代外戚之祸,惟张氏云。

元妃李氏,南阳郡王李石女。生郑王允蹈、卫绍王允济、潞王允德。豫王允成母昭仪梁氏早卒,上命允成为妃养子。大定元年,封贤妃。二年,进封贵妃。七年,进封元妃。世宗即位,感念昭德皇后,不复立后。尝曰:"朕所以不复立后者,今后宫无皇后之贤故也。"元妃下皇后一等,在诸妃上。石有定策功,世宗厚赏而深制之,宠以尚书令之位,而责成左右丞相以下,妃虽贵,不复预政,宫壸无事。

大定二十一年二月,上如春水,次长春宫。戊子,妃以疾薨。诏允成、允蹈、允济、允德皆服衰绖居丧。己丑,皇太子及扈从臣僚,奉慰于芳明殿。辛卯,留守官平章政事唐括安礼、曹王允功等上表奉慰。御史中丞张九思提控殡事,少府监左光庆、大兴少尹王脩典领卤簿仪仗。宫籍监别治殡所,还殡京师。乙未,入自崇智门,百官郊迎,亲戚迎奠道路,殡于兴德宫西位别室。庚子,上至京师,幸兴德宫致奠。比葬,三致奠焉。诏平章政事乌古论元忠监护葬事。癸未,启菆,上辍朝。皇太子、亲王、宗戚、百官送葬。甲申,葬于海王庄。丙戌,上如海王庄烧饭。二十八年九月,与贤妃石抹氏、德妃徒单氏、柔妃大氏俱陪葬于坤厚陵。卫绍王即位,追谥光献皇后,赠妃弟献可特进。贞祐三年九月,削皇后号。

显宗孝懿皇后,徒单氏。其先纥里辟剌人也。曾祖抄,从太祖取辽有功,命以所部为猛安,世袭之。祖婆卢火,以战功多,累官开府仪同三司,赠司徒、齐国公。父贞尚辽王宗干女梁国公主,加驸马都尉,赠太师、广平郡王。

后以皇统七年生于辽阳。母梦神人授以宝珠,光焰满室,既瘳而生,红光烛于庭。后性庄重寡言,父母尝令总家事,细大毕办,诸男不及也。

世宗初即位,贞为御史大夫,自南京驰见。世宗喜谓之曰:"卿虽废主腹心臣,然未尝助彼为虐,况卿家法可尚,其以卿女为朕子

妃。"及显宗为皇太子,大定四年九月,备礼亲迎于贞第。世宗临宴,
尽欢而罢。是年十一月,显宗生辰,初封为皇太子妃。

八年七月,上遣宣徽使移剌神独斡以名马、宝刀、御膳赐太子
及妃,仍谕之曰:"妃今临蓐,愿平安得雄。有庆之后,宜以此刀置左
右。"既而皇孙生,是为章宗。时上幸金莲川,次冰井,翌日,上临幸
抚视,宴甚欢。又赐御服佩刀等物,谓显宗曰:"祖宗积庆,且皇后阴
德至厚,而有今日,社稷之洪福也。"又谓李石、纥石烈志宁曰:"朕
诸子虽多,皇后止有太子一人而已。今幸得嫡孙,观其骨相不凡,又
生麻达葛山,山势衍气清,朕甚嘉之。"因以山名为章宗小字。

后素谦谨,每畏其家世崇宠,见父母流涕而言曰:"高明之家,
古人所忌,愿善自保持。"其后,家果以海陵事败,盖其远虑如此。世
宗尝谓诸王妃、公主曰:"皇太子妃容止合度,服饰得中,尔等当法
效之。"章宗即位,尊为皇太后,更所居仁寿宫名曰隆庆宫。诏有司
岁奉金千两、银五千两、重币五百端、绢二千匹、绵二万两、布五百
匹、钱五万贯。他所应用,内库奉之,毋拘其数。

上月或五朝六朝,而后愈加敬俭,见诸大长公主,礼如平时,敦
睦九族,恩纪皆合。尤恶闻人过,谀佞之言无所得入。恕以容物,未
尝见喜愠。然御下公平,虽至亲无所阿徇。尝诫诸侄曰:"皇帝以我
故,乃推恩外家,当尽忠图报。勿谓小善为无益而弗为,小恶为无伤
而弗去。毋藉吾之贵,辄肆非违,以干国家常宪。"一日,妹并国夫
人、嫂泾国夫人等侍侧,因谕之曰:"尔家累素重,且非丰厚,宜节约
财用,勿以吾为可恃。吾受天下之养,岂有所私积哉。况财用者,天
下之财用也。吾终不能多取以富尔之私室。"家人有以玉盂进者,却
之,且曰:"贵异物而殚财用,非我所欲也。况我之赐予有度,今尔以
此为献,何以自给。徒费汝财,我实无用,后勿复尔。"明昌元年,礼
官议以五月奉上册宝,后弗许。上屡为之请,后曰:"今世宗服未终,
遽衣锦绣、佩珠玉,于礼何安。当俟服阕行之。"上谕有司曰:"太后
执意甚坚,其待来年。"明昌二年正月,崩于隆庆宫,年四十五。谥曰
孝懿,祔葬裕陵。

后好《诗》、《书》，尤喜《老》、《庄》，学纯淡清懿，造次必于礼。逮嫔御以和平，其有生子而母亡者，视之如己所生，慈训无间。上时问安，见事有未当者，必加之严诫云。

昭圣皇后，刘氏，辽阳人。天眷二年九月己亥夜，后家若见有黄衣女子入其母室中者，俄顷，后生。性聪慧，凡字过目不忘。初读《孝经》，旬日终卷。最喜佛书。世宗为东京留守，因击球，见而奇之，使见贞懿皇后于府中，进退闲雅，无恣睢之色。大定元年，选入东宫，时年二十三。

三年三月十三日，宣宗生。是日，大雨震电，后惊悸得疾，寻卒。承安五年，赠裕陵昭华。宣宗即位，追尊为皇太后，升祔显宗庙，追谥昭圣皇后。

章宗钦怀皇后，蒲察氏，上京路曷速河人也。曾祖太神，国初有功，累阶光禄大夫，赠司空、应国公。祖阿胡迭，官至特进，赠司徒、谯国公。父鼎寿尚熙宗郑国公主，授驸马都尉、中都路昏得浑山猛安、曷速木单世袭谋克，累官至金吾卫上将军，赠太尉、越国公。

后之始生，有红光被体，移时不退。就养于姨冀国公主，既长，孝谨如事所生。大定二十三年，章宗为金源郡王，行纳采礼。世宗遣近侍局使徒单怀忠就赐金百两、银千两、厩马六匹、重彩三十端。拜命间，庆云见于日侧，观者异之。是年十一月，备礼亲迎。诏亲王宰执三品已上官及命妇会礼，封金源郡王夫人，后进封妃，崩。

后性淑明，风仪粹穆，知读书为文。帝即位，遂加追册，仍诏告中外，奉安神主于坤宁宫，岁时致祭。大安初，祔葬于道陵。

元妃李氏师儿，其家有罪，没入宫籍监。父湘，母王盼儿，皆微贱。大定末，以监户女子入宫。是时宫教张建教宫中，师儿与诸宫女皆从之学。故事，宫教以青纱隔障蔽内外，宫教居障外，诸宫女居障内，不得面见。有不识字及问义，皆自障内映纱指字请问，宫教自障外口说教之。诸女子中惟师儿易为领解，建不知其谁，但识其音声清亮。章宗尝问建，宫教中女子谁可教者。建对曰："就中声音清亮者最可教。"章宗以建言求得之。宦者梁道誉师儿才美，劝章宗纳之。章宗好文辞，妃性慧黠，能作字，知文义，尤善伺候颜色，迎合旨意，遂大爱幸。明昌四年，封为昭容。明年，进封淑妃。父湘追赠金紫光禄大夫、上柱国、陇西郡公。祖父、曾祖父皆追赠。

兄喜儿旧尝为盗，与弟铁哥皆擢进显近，势倾朝廷，风采动四方，射利竞进之徒争趋走其门。南京李炳、中山李著与通谱系，超取显美。胥持国附依以致宰相。怙财固位，上下纷然，知其奸蠹，不敢击之，虽击之，莫能去也。纥石烈执中贪愎不法，章宗知其跋扈，而屡斥屡起，终乱天下。

自钦怀皇后没世，中宫虚位久，章宗意属李氏。而国朝故事，皆徒单、唐括、蒲察、拿懒、仆散、纥石烈、乌林答、乌古论诸部部长之家，世为姻婚，娶后尚主，而李氏微甚。至是，章宗果欲立之，大臣固执不从，台谏以为言，帝不得已，进封为元妃，而势位熏赫，与皇后侔矣。一日，章宗宴宫中，优人玳瑁头者戏于前。或问："上国有何符瑞？"优曰："汝不闻凤皇见乎。"其人曰："知之，而未闻其详。"优曰："其飞有四，所应亦异。若向上飞则风雨顺时，向下飞则五谷丰登，向外飞则四国来朝，向里飞则加官进禄。"上笑而罢。

钦怀后及妃姬尝有子，或二三岁或数月辄夭。承安五年，帝以继嗣未立，祷祀太庙、山陵。少府监张汝猷因转对，奏"皇嗣未立，乞圣主亲行祀事之后，遣近臣诣诸岳观庙祈祷"。诏司空襄往亳州祷太清宫，既而止之，遣刑部员外郎完颜匡往焉。

泰和二年八月丁酉，元妃生皇子忒邻，群臣上表称贺。宴五品以上于神龙殿，六品以下宴于东庑下。诏平章政事徒单镒报谢太庙，右丞完颜匡报谢山陵，使使亳州报谢太清宫。既弥月，诏赐名，封为葛王。葛王，世宗初封，大定后不以封臣下，由是三等国号无葛。尚书省奏，请于瀛王下附葛国号，上从之。十二月癸酉，忒邻生满三月，敕放僧道度牒三千道，设醮于玄真观，为忒邻祈福。丁丑，御庆和殿，浴皇子。诏百官用元旦礼仪进酒称贺，五品以上进礼物。生凡二岁而薨。

兄喜儿，累官宣徽使、安国军节度使。弟铁哥，累官近侍局使、少府监。

至大定八年，承御贾氏及范氏皆有娠，未及乳月，章宗已得嗽疾，颇困。是时卫王永济自武定军来朝。章宗于父兄中最爱卫王，欲使继体立之，语在《卫绍王纪》。卫王朝辞，是日，章宗力疾与之击球，谓卫王曰：“叔王不欲作主人，遽欲去邪？”元妃在傍，谓帝曰：“此非轻言者。”十一月乙卯，章宗大渐，卫王未发，元妃与黄门李新喜议立卫王，使内侍潘守恒召之。守恒颇知书，识大体，谓元妃曰：“此大事，当与大臣议。”乃使守恒召平章政事完颜匡。匡，显宗侍读，最为旧臣，有征伐功，故独召之。匡至，遂与定策立卫王。丙辰，章宗崩，遗诏皇叔卫王即皇帝位。诏曰：“朕之内人，见有娠者两位。如其中有男，当立为储贰。如皆是男子，择可立者立之。”

卫绍王即位，大安元年二月，诏曰：“章宗皇帝以天下重器界于眇躬，遗旨谓掖庭内人有娠者两位，如得男则立为储贰。申谕多方，皎如天日。朕虽凉菲，实受付托，思克副于遗意，每曲为之尽心，择静舍以俾居，遣懿亲而守视。钦怀皇后母郑国公主及乳母萧国夫人昼夜不离。昨闻有爽于安养，已用轸忧而弗宁，爰命大臣专为调护。今者平章政事仆散端、左丞孙即康奏言，承御贾氏当以十一月免乳，今则已出三月，来事未可度知。范氏产期，合在正月，而太医副使仪师颜言，自年前十一月诊得范氏胎气有损，调治迄今，脉息虽和，胎形已失。及范氏自愿于神御前削发为尼。重念先皇帝重属大事，岂期闻此，深用怛然。今范氏既已有损，而贾氏犹或可冀，告于先帝，愿降灵禧，默赐保全，早生圣嗣。尚恐众庶未究端由，要不匮于播敷，使咸明于吾意。”

四月，诏曰：“近者有诉元妃李氏，潜计负恩，自泰和七年正月，章宗暂尝违豫，李氏与新喜窃议，为储嗣未立，欲令宫人诈作有身，计取他儿诈充皇嗣。遂于年前闰月十日，因贾承御病呕吐，腹中若有积块,李氏与其母王盼儿及李新喜谋,令贾氏诈称有身,俟将临月,于李家取儿以入,月日不偶则规别取,以为皇嗣。章宗崩,谋不及行。当先帝弥留之际,命平章政事完颜匡都提点中外事务,明有敕旨,'我有两宫人有娠',更令召平章,左右并闻斯语。李氏并新喜乃敢不依敕旨,欲唤喜儿、铁哥,事既不克,窃呼提点近侍局乌古论庆寿与计,因品藻诸王,议复不定。知近侍局副使徒单张僧遣人召平章,已到宣华门外,始发勘同。平章入内,一遵遗旨,以定大事。方先帝疾危,数召李氏,李氏不到。及索衣服,李氏承召亦不即来,犹与其母私议。先皇平昔或有幸御,李氏嫉妒,令女巫李定奴作纸木人、鸳鸯符以事魇魅,致绝圣嗣。所为不轨,莫可殚陈。事既发露,遣大臣按问,俱已款服。命宰臣往审,亦如之。有司议,法当极刑。以其久侍先帝,欲免其死。王公百僚,执奏坚确。今赐李氏自尽。王盼儿、李新喜各正典刑。李氏兄安国军节度使喜儿、弟少府监铁哥如律,仍追除复系监籍,于远地安置。诸连坐并依律令施行。承御贾氏亦赐自尽。"

盖章宗崩三日而称范氏胎气有损。章宗疾弥留,亦无完颜匡都提点中外事务敕旨。或谓完颜匡欲专定策功,构致如此。自后天下不复称元妃,但呼曰李师儿。

及胡沙虎弑卫王,立宣宗,请贬降卫王,降为东海郡侯。其诏曰:"大安之初,颁谕天下,谓李氏与其母王盼儿及李新喜同谋,令贾氏虚称有身,各正罪法。朕惟章宗皇帝圣德聪明,岂容有此欺绐。近因集议,武卫军副使兼提点近侍局完颜达、霍王傅大政德皆言贾氏事内有冤。此时,达职在近侍,政德护贾氏,所以知之。朕亲临问左证,其事暧昧无据,当时被罪贬责者可俱令放免还家。"由是李氏家族皆得还。

卫绍王后徒单氏,大安元年,立为皇后。至宁元年,胡沙虎乱,与卫王俱迁于卫邸。帝遇弑,宣宗即位,卫王降为东海郡侯,徒单氏削皇后号。贞祐二年,迁都汴,诏凡卫绍王及部厉王家人皆徙郑州,仍禁锢，不得出入。男女不得婚嫁者十九年。天兴元年，诏释禁锢。
是时，河南已不能守，子孙不知所终。

宣宗皇后王氏，中都人，明惠皇后妹也。其父微时尝梦二玉梳
化为月，已而生二后，及没，有芝生于柩。初，宣宗封翼王，章宗诏诸
王求民家子，以广继嗣。是时，后与庞氏偕入王邸，及见后姊有姿
色，又纳之。贞祐元年九月，封后为元妃，姊为淑妃，庞氏为真妃。淑
妃生哀宗，真妃生守纯，后无子，养哀宗为己子。贞祐二年七月，赐
姓温敦氏，立为皇后。追封后曾祖得寿司空、冀国公，曾祖母刘氏冀
国夫人，祖璞司徒、益国公，祖母杨氏益国夫人，父彦昌太尉、汴国
公，母马氏汴国夫人。

三年，庄献太子薨。哀宗为皇太子。宣宗崩，哀宗即位。正大
元年，尊后为皇太后，号其宫曰仁圣，进封后父曰南阳郡王。

或曰：宣宗为诸王时，庄献太子母为正妃，及即位，尊为皇后。
贞祐元年九月，诏曰："元妃某氏久奉侍于潜藩，已赐封于国号，可
立为皇后。"其名氏盖不可考也。或又曰：自王氏姊妹入宫而后宠
衰，寻为尼，王氏遂立为后，皆后姊明惠之谋也。

初，王氏姊妹受封之日，大风昏霾，黄气充塞天地。已而，后梦
丐者数万踵其后，心甚恶之。占者曰："后者，天下之母也。百姓贫
窭，将谁诉焉？"后遂敕有司，京城设粥与冰药。及壬辰、癸巳岁，河
南饥馑。大元兵围汴，加以大疫，汴城之民，死者百余万，后皆目睹
焉。

哀宗释服，将祫飨太庙，先期，有司奏冕服成，上请仁圣、慈圣
两宫太后御内殿，因试衣之以见，两宫大悦。上更便服，奉觞为两宫
寿。仁圣太后谕上曰："祖宗初取天下甚不易。何时使四方承平，百
姓安乐，天子服此法服，于中都祖庙行祫飨乎？"上曰："阿婆有此
意，臣亦何尝忘。"慈圣太后亦曰："恒有此心，则见此当有期矣。"遂
酌酒为上寿，欢然而罢。

天兴元年冬，哀宗迁归德。二年正月，遣近侍徒单四喜、术甲苔

失不奉迎两宫。后御仁安殿，出铤金及七宝金洗，分赐从行忠孝军。是夜，两宫及柔妃裴满氏等乘马出宫，行至陈留，城左右火起，疑有兵，不敢进。后亟命还宫。明日，入京憩四喜家。少顷，辇迎入宫。方谋再行，京城破，后及诸妃嫔北迁，不知所终。惟宝符李氏从至宣德州，居摩诃院。李氏自入院，止寝佛殿中，作为幡旆。会当同后妃北行，将发，佛像前自缢死，且自书门纸曰"宝符御侍此处身故"。

宣宗明惠皇后，王皇后之姊也。生哀宗。宣宗即位，封为淑妃。及妹立为后，进封元妃。哀宗即位，诏尊为皇太后，号其宫曰慈圣。

后性端严，颇达古今。哀宗已立为皇太子，有过尚切责之，及即位，始免棰楚。一日，宫中就食，尚器有玉碗楪三，一奉太后，二奉帝及中宫。荆王母真妃庞氏为玛瑙器进食，后见之怒，召主者责曰："谁令汝妄生分别，荆王母岂卑我儿妇耶。非饮食细故，已令有司杖杀汝矣。"是后，宫中奉真妃有加。或告荆王谋不轨者，下狱，议已决。帝言于后，后曰："汝止一兄，奈何以谗言欲害之。章宗杀伯与叔，享年不永，皇嗣又绝，何为欲效之耶。趣赦出，使来见我。移时不至，吾不见汝矣。"帝起，后立待，王至，涕泣慰抚之。

哀宗甚宠一宫人，欲立为后。后恶其微贱，固命出之。上不得已，命放之出宫，语使者曰："尔出东华门，不计何人，首遇者即赐之。"于是遇一贩缯者，遂赐为妻。点检撒合辇教上骑鞠，后传旨戒之云："汝为人臣，当辅主以正，雇乃教之戏耶。再有闻，必大杖汝矣。"

比年小捷，国势颇振，文士有奏赋颂以圣德中兴为言者。后闻不悦曰："帝年少气锐，无惧心则骄怠生。今幸一胜，何等中兴，而若辈谄之如是。"

正大八年九月丙申，后崩，遗命园陵制度，务从俭约。十二月己未，葬汴城迎朔门外五里庄献太子墓之西。谥明惠皇后。

哀宗皇后，徒单氏。宣宗及后有疾，后尝刲肤以进，宣宗闻而嘉之。兴定四年，后父镇南军节度使顽僧有罪，宣宗以后纯孝，因曲赦之，听其致仕。正大元年，诏立为皇后。哀宗迁归德，遣后弟四喜等诣汴奉迎，夜至陈留，不敢进，复归于汴。未几，城破北迁，不知所终。

　　赞曰：《周礼》"九嫔，掌妇学之法，妇德、妇言、妇容、妇功"。班昭氏论之曰："妇德，不必才明绝异也。妇言，不必便口利辞也。妇容，不必颜色美丽也。妇功，不必功巧过人也。清闲贞静，守节整齐，行己有耻，功静有法，是谓妇德。择辞而说，不道恶语，时然后言，不厌于人，是为妇言。盥浣尘秽，服饰鲜洁，沐浴以时，身不垢辱，是谓妇容。专心纺绩，不好戏笑，洁齐酒食，以奉宾客，是谓妇功。"后世妇学不修，丽色以相高，巧言以相倾，炫能以市恩，逢迎以固宠。是故悼平掣顿皇统，以陨其身；海陵蛊惑群嬖，几亡其国。道陵李氏擅宠蠹政，卒偾其宗。呜呼，可不戒哉。

金史卷六五
列传第三

始祖以下诸子上

斡鲁　　辈鲁　　谢库德　　谢夷保
谢里忽　　献祖六子　　乌古出　　跋黑
劾孙　　麻颇　　谩都诃　　斡带　　斡赛
斡者　　昂

　　始祖明懿皇后生德帝乌鲁,季曰斡鲁,女曰注思版,皆福寿之语也。以六十后生子,异之,故皆以嘉名名之焉。

　　德帝思皇后生安帝,季曰辈鲁。辈鲁与献祖俱徙海姑水,置屋宇焉。

　　辈鲁之孙胡率。胡率之子劾者,与景祖长子韩国公劾者同名。韩国公前死,所谓肃宗纳劾者之妻加古氏者是也。穆宗四年伐阿疏。阿疏走辽。辽使使来止伐阿疏军。穆宗阳受辽帝约束,先归国,留劾者守阿疏城。凡三年,卒攻破之。天会十五年赠特进。

　　安帝节皇后生献祖,次曰信德,次曰谢库德,次曰谢夷保,次曰谢里忽。

　　谢库德之孙拔达，谢夷保之子盆纳，皆佐世祖有功。盆纳勇毅善射，当时有与同名者，尝有贰志，目之曰“恶盆纳”。天会十五年，拔达赠仪同三司，盆纳赠开府仪同三司。在世祖时，欢都、冶诃及劾者、拔达、盆纳五人者，不离左右，亲若手足，元勋之最著者也。明昌五年皆配飨世祖庙廷。

　　准德、束里保者，皆加古部人。申乃因、丑阿皆驼满部人。富者粘没罕，完颜部人。阿库德、白达皆雅达澜水完颜部勃堇。此七人者，当携离之际，能一心竭力辅戴者也。

　　达纪、胡苏皆术甲部勃堇。胜昆、主保皆术虎部人。阿库德，温迪痕部人。此五人者，又其次者也。

　　世祖初年，跋黑为变，乌春盛强，使人召阿库德、白达。阿库德曰：“吾不知其他，死生与太师共之。”太师，谓世祖也。白达大喜曰：“我心正如此耳。乌春兵来，坚壁自守，勿与战可也。”达纪、胡苏居琶里郭水，乌春兵出其间，不为变，终拒而不从。胜昆居胡不干村，其兄滓不乃勃堇，乌春止其家，而以兵围胜昆。乌春解去，世祖杀滓不乃，胜昆请无孥戮，世祖从之。世祖破桓赧、散达，主保死焉。天会十五年，准德、申乃因、阿库德、白达皆赠金紫光禄大夫。束里保、丑阿、富者粘没罕、达纪、胡苏、胜昆、主保、温迪痕、阿库德皆赠银青光禄大夫，皆天会十五年追赠。

　　又有胡论加古部胜昆勃堇、蝉春水乌延部富者郭赧，畏乌春强，请世祖兵出其间，以为重也。世祖使斜列、跃盘将别军过之。郭赧教斜列取先在乌春军中二十二人，乌春觉之，杀二人，得二十人。郭赧又以土人益斜列军。穆宗他日嘉此功不能忘，以斜列之女守宁妻郭赧子胡里罕焉。

　　婆多吐水裴满部斡不勃堇附于世祖，桓赧焚之。斡不卒，世祖厚抚其家。因并录之，以见立国之艰难云。

　　谢里忽者，昭祖将定法制，诸父、国人不悦，已执昭祖，将杀之。

谢里忽亟往,弯弓注矢,射于众中,众乃散去,昭祖得免。国俗,有被
杀者,必使巫觋以诅祝杀之者,乃系刃于杖端,与众至其家,歌而诅
之曰:“取尔一角指天、一角指地之牛,无名之马,向之则华面,背之
则白尾,横视之则有左右翼者。”其声哀切凄婉,若《蒿里》之音。既
而以刃画地,劫取畜产财物而还。其家一经诅祝,家道辄败。

及来流水乌萨扎部杀完颜部人,昭祖往乌萨扎部以国俗治之,
大有所获,颁之于诸父昆弟而不及谢里忽。谢里忽曰:“前日免汝于
死者吾之力,往治乌萨扎部者吾之谋也。分不及我,何邪?”昭祖于
是早起,自赍间金列鞢往馈之。时谢里忽犹未起,拥寝衣而问曰:
“尔为谁?”昭祖曰:“石鲁先择此宝,而后颁及他人,敢私布之。”谢
里忽既扬言,初不自安,至是乃大喜。列鞢者,腰佩也。

献祖恭靖皇后生昭祖,次曰朴都,次曰阿保寒,次曰敌酷,次曰
敌古乃,次曰撒里辇,次曰撒葛周。

昭祖威顺皇后生景祖,次曰乌古出。次室达胡末,乌萨扎部人,
生跋黑、仆里黑、斡里安。次室高丽人,生胡失答。

乌古出初,昭祖久无子,有巫者能道神语,甚验,乃往祷焉。巫
良久曰:“男子之魂至矣。此子厚有福德,子孙昌盛,可拜而受之。若
生,则名之曰乌古乃。”是为景祖。又良久曰:“女子之魂至矣,可名
曰五鸦忍。”又良久曰:“女子之兆复见,可名曰斡都拔。”又久之,复
曰:“男子之兆复见,然性不驯良,长则残忍,无亲亲之恩,必行非
义,不可受也。”昭祖方念后嗣未立,乃曰:“虽不良,亦愿受之。”巫
者曰:“当名之曰乌古出。”既而生二男二女,其次第先后皆如巫者
之言,遂以巫所命名名之。

景祖初立,乌古出酗酒,屡悖威顺皇后。后曰:“巫言验矣,悖乱
之人终不可留。”遂与景祖谋而杀之。部人怒曰:“此子性如此,在国
俗当主父母之业,奈何杀之?”欲杀景祖。后乃匿景祖,出谓众曰:

“为子而悖其母，率是而行，将焉用之？吾割爱而杀之，乌古乃不知也，汝辈宁杀我乎？”众乃罢去。乌古出之子习不失，自有传。

　　跋黑及同母弟二人，自幼时每争攘饮食，昭祖见而恶之，曰：“吾娶此妾而生子如此，后必为子孙之患。”世祖初立，跋黑果有异志，诱桓赧、散达、乌春、窝谋罕离间部属，使贰于世祖。世祖患之，乃加意事之，使为勃堇而不令典兵。

　　跋黑既阴与桓赧、乌春谋计，国人皆知之，而童谣有“欲生则附于跋黑，欲死则附于劾里钵、颇剌淑”之语。世祖亦以策探得兄弟部人向背。乌春、桓赧相次以兵来攻，世祖外御强兵，而内畏跋黑之变。将行，闻跋黑食于其爱妾之父家，肉张咽而死，且喜且悲，乃迎尸而哭之。

　　崇成，本名仆灰，泰州司属司人，昭祖玄孙也。大定十八年收充奉职，改东宫入殿小底，转护卫。二十五年，章宗为原王，充本府祗候郎君。明年，上为皇太孙，复为护卫。上即位，授河间府判官，以忧去职。起复为宿直将军，累迁武卫军都指挥使。泰和三年卒，赙赠有加。崇成谨饬有守，宿卫二十余年，未尝有过，故久侍密近云。

　　景祖昭肃皇后生韩国公劾者，次世祖，次沂国公劾孙，次肃宗，次穆宗。次室注思灰，契丹人，生代国公劾真保。次室温迪痕氏，名敌本，生虞国公麻颇、隋国公阿离合懑、郑国公谩都诃。劾者、阿离合懑别有传。

　　劾孙。天会十四年大封宗室，劾孙追封王爵。正隆例降封郑国公。

　　子蒲家奴又名昱，尝从太祖伐留可、坞塔。太祖使蒲家奴招诈都，诈都即降。康宗八年，系辽籍女直纥石烈部阿里保太弯阻兵，招纳亡命，边民多亡归之。蒲家奴以偏师夜行昼止，抵石勒水，袭击破之,尽俘其孥而还。边氓自此无复亡者。后与宗雄视泰州地土,太祖因徙万家屯田于其地。

天辅五年,蒲家奴为昊勃极烈,遂为都统,使袭辽帝,而以雨潦不果行。既而,忽鲁勃极烈杲都统内外诸军以取中京,蒲家奴等皆为之副。辽帝西走,都统杲使蒲家奴以兵一千助挞懒击辽都统马哥,与挞懒不相及,蒲家奴与赛里、斜野降其西北居延之众。而降民稍复逃散,毗室部亦叛,遂率兵袭之。至铁吕川,遇敌八千,遂力战,兵败。察刺以兵来会,追及敌兵于黄水,获畜产甚众。是役也,奥炖按打海被十一创,竟败敌兵而还。军于旺国崖西。

赛里亦以兵会太祖,自草泺追辽帝,蒲家奴、宗望为前锋,戒之曰:"彼若深沟高垒,未可与战,即侦伺巡逻,勿令遁去,以俟大军。若其无备,便可击也。"上次胡离畛川,吴十、马和尚至小鱼泺,夜潜入辽主营,执新罗奴以还,遂知辽帝所在。蒲家奴等昼夜兼行,追及于石辇铎。我兵四千,至者才千人,辽兵围之。余睹指辽帝麾盖,骑兵驰之,辽帝遁去,兵遂溃,所杀甚众。

宗翰为西北西南两路都统,蒲家奴、斡鲁为之副。乌虎部叛,蒲家奴讨平之。天会间,为司空,封王。天眷二年,宗磐等诛,辞及蒲家奴,诏夺司空。是年,薨。天德初,配享太祖庙廷。正隆二年,例封豫国公。

麻颇,天会十五年封王,正隆例封虞国公。

长子谩都本,孝友恭谨,多谋而善战。年十五,隶军中,从攻窝卢欢。及系辽女直胡失答等为变,谩都本自为质,遂从胡失答归,中途以计杀守者而还。攻宁江州,取黄龙府,破高永昌,取春、泰州,皆有功,多受赏赉,遂为谋克。讨岭东未服州郡。过土河东山,败贼三千人。奚、契丹寇土河西,与猛安蒙葛、麻吉击之。谩都本对敌之中,推锋力战,破其众九万人。奚众万余保阿邻甸,复击败之,降其旁近居人。复以五百骑破辽兵一千,生擒其将以归。与阇母攻兴中府,中流矢卒,年三十七。天眷中,赠金紫光禄大夫,谥英毅。

谩都诃,屡从征伐,天会二年为阿舍勃极烈,参议国政,明年
薨。天会十五年,大封宗室,追封王。正隆例封郑国公,明昌五年,
谥定济。

蛮睹,袭父麻颇猛安。蛮睹卒,子扫合袭。扫合卒,子撒合辇袭。
撒合辇卒,子惟熔袭。

惟熔本名没烈,字子铸,骈胁多力,喜周急人。至宁初,守杨文
关有功,兼都统,护漕运。贞祐二年,佩金牌护亲军家属迁汴,遥授
同知祁州军州事,充提控。贞祐三年,破红袄贼于大沫堌,惟熔入自
北门,诸军继进,生获刘二祖,功最。迁泰安军节度副使,改遂王府
尉、都水少监、东平府治中。坐误以刃伤同知府事纥石烈牙吾塔,当
削降殿年,仍从军自效。讨花帽贼于曹、济间,行省蒙古纲奏其功,
复前职。迁邳州经略使,卒。子从杰袭猛安,累功遥授镇南军节度
副使。

世祖翼简皇后生康宗,次太祖,次魏王斡带,次太宗,次辽王斜
也。次室徒单氏生卫王斡赛,次鲁王斡者。次室仆散氏生汉王乌故
乃。次室术虎氏生鲁王阇母。次室术虎氏生沂王查剌。次室乌古
论氏生郓王昂。

斡带,年二十余,撒改伐留可,斡带与习不失、阿里合懑等俱为
裨将。诸将议攻取,斡带主攻城便。太祖将至军,斡带迎之,谓太祖
曰:"留可城且下,勿惑他议。"太祖从之。至军中,众议乃决。斡带
急起治攻具。其夜进兵攻城,迟明破之。及二涅囊虎路、二蠢出路
寇盗,斡带尽平之。

康宗二年甲申,苏滨水诸部不听命,康宗使斡带等往治其事。
行次活罗海川撒阿村,召诸部。诸部皆至,惟含国部斡豁勃堇不至。
斡准部狄库德勃堇、职德部厮故速勃堇亦皆遁去,遇坞塔于马纪
岭,坞塔遂执二人以降。于是,使斡带将兵伐斡豁,募军于苏滨水,

斡豁完聚固守,攻而拔之。进师北琴海辟登路,攻拔泓忒城,取畔者以归。

太祖于母弟中最爱斡带。斡带归自泓忒城,太祖以事如宁江州,欲与斡带偕行,斡带曰:"兵役久劳,未及息也。"遂不果行。太祖还,画寐于来流水傍,梦斡带之场圃火,禾尽焚,不可扑灭,觉而深念之,以为忧。是时,斡带已寝疾,太祖至,闻之,过家门不下马,径至斡带所问疾。未几薨,年三十四。太祖每哭之恸,谓人曰:"予强与之偕行,未必死也。"

斡带刚毅果断,服用整肃,临战决策,有世祖风。世祖之世,军旅之事多专任之。太祖平辽,叹曰:"恨斡带之不及见也。"天会十五年,追封仪同三司、魏王,谥曰定肃。

斡赛,穆宗初,斡准部族相钞略,遣纳根涅勃堇以其兵往治,纳根涅擅募苏滨水人为兵,不听,辄攻略之。其人来告,穆宗使斡赛及冶诃往问状。纳根涅虽伏而不肯偿所取,因遁去。冶诃等皆不欲追,斡赛督军而进。至把忽岭西毛密水,及之,大破其众,纳根涅死焉。斡赛抚定苏滨水民部,执纳根涅之母及其妻子而归。穆宗曰:"斡赛年尚幼,已能集事,可嘉也。"康宗二年甲申,斡带治苏滨水诸部,斡赛、斡鲁佐之,定诸部而还。

久之,高丽杀行人阿聒、胜昆,而筑九城于曷懒甸。斡赛将内外兵,劲古活你苗、蒲察狄古乃佐之。高丽兵数万来拒,斡赛分兵为十队,更出迭入,遂大破之。斡赛母和你隈疾笃,召还,以斡鲁代之。未几,斡赛复至军,再破高丽军,进围其城。七月,高丽请和,尽归前后亡命及所侵故地,退九城之戍,遂与之和。皇统五年,追封卫国王。

宗永,本名挑挞,斡赛子。长身美髯,忠确勇毅。天眷初,以宗室子预诛宗磐,擢宁远大将军。皇统初,充牌印祗候。五年,出为赵州刺史,秩满再任,转兴平军节度使,改大名尹。贞元三年,复为兴平军节度使,历昭德军、临洮、凤翔尹。

大定二年,入为工部尚书,与苏保衡、完颜余里也迁加伐宋士官赏。宗永性滞不习事,凡与土贼战者一概加之。世宗久乃知之,谓宰相曰:"若一概追还,必生怨望。若因循不问,则爵赏滥矣。其与土贼战者,有能以寡敌众,一人敌三十人以上者,依已迁为定。"改同签大宗正事、震武军节度使,卒。

斡者,天会十五年大封宗室,追封鲁王,正隆例改封公。子神土懑,骠骑卫上将军。

子璋本名胡麻愈,多勇略,通女直、契丹、汉字。年十八,左副元帅撒离喝引在麾下。以事如京师,见梁王宗弼与语,宗弼悦之。皇统六年,父神土懑卒,宗弼奏璋可袭谋克,诏从之。天德三年,充牌印祇候,以罪免,夺其谋克,寓居中都。

海陵伐宋,左卫将军蒲察沙离只同知中都留守,佩金牌掌留府事。世宗即位于辽阳,璋劝沙离只归世宗,沙离只不从。璋与守城军官乌林答石家奴、乌林答愿、徒单三胜、蒲察蒲查等以兵晨入留守府,遂杀沙离只及判官漫捻撒离喝,推宗强子阿璅为留守,璋行同知留守事。遣石家奴佩沙离只金牌与愿、蒲查、中都转运使左渊子贻庆、大兴少尹李天吉子磐奉表如东京,贺即位。世宗嘉之,以愿、蒲查为武义将军,充护卫。贻庆赐及第,授从仕郎。磐充阁门祇候。就以璋为同知中都事。

璋以杀沙离只自摄同知留守,世宗因而授之,心常不自安,遂与兵部尚书可喜谋,因世宗谒山陵作乱。大定二年,上谒山陵,璋等九人会于可喜家,说万户高松,不从。璋知事不成,乃与可喜共执斡论诣有司陈,上诛可喜、李惟忠等,以璋为彰化军节度使。

宋将吴璘出散关,据宝鸡以西,诏璋赴元帅都监徒单合喜军前任使。于是,宋人据原州,宁州刺史颜盏门都以兵四千攻之,不克。宋将姚良辅以兵十万至原州,权副统完颜习尼列以千骑援门都兵,而姚良辅兵多,诸将皆不敢与战。及璋至军,会平凉、泾州、潘原、长武等戍兵,合二万人。璋使押军猛安石抹许里阿补以兵二千军于城北,习尼列以兵三千军于城西北十里麦子原,皆据高阜为阵。璋以本部兵阵于城西。姚良辅出自北岭,先遣万人攻许里阿补,自以军九万阵麦子原下,捍以剑盾、行马,外列骑士,步卒居其中,敢死士锁足行马间,持大刀为拒,分为八阵,而别以骑二千袭璋军。璋方出迎战,习尼列来报曰:"宋之重兵皆在麦子原矣。"璋遣万户特里失乌也以押军猛安奚庆喜照撤兵二千援许里阿补,遣撒屋出、崔尹以兵二千益习尼列。许里阿补与宋人接战,良久,败之。宋兵在麦子原者最坚,习尼列与移剌补、奥屯撒屋出、崔尹、仆根撒屈出以兵五千沿壕为伏,余兵皆舍马步战,击其前行骑士,走之。于是,行马以前冲以长枪,行马以后射以劲弓。良辅兵稍挫,习尼列乘胜麾兵,撤其行马,破其七阵。良辅复整兵出,习尼列少却,而璋已破城下宋兵,与习尼列会。使仆根以伏兵击良辅。习尼列亦整兵与战,奋击之,大破良辅军,斩首万余级,堕壕死者不可胜数,锁足行马者尽殪之,获甲二万余,器仗称是。良辅亦中两创脱去。遂围原州,穴其西城,城圮,宋人宵遁。璋等入原州。宋戍军在宝鸡以西,闻之皆自散关遁去。

京兆尹乌延蒲离蒲黑、宁州刺史赤盏胡速鲁改已去德顺州,宋吴璘复据之,都监合喜以璋权都统,与习尼列将兵二万救德顺。璋率骑兵前行,与璘骑兵二万战于张义堡遂沙山下,败之,追北四十余里。璘军遇隘不得前,斩首数十级。璋至德顺,璘据城北险要为营,璋亦策营与璘相望,可三里许。两军遇于城东,凡五接战,璘军败走,璋追至城下。璘军已据城北冈阜,与其城上兵相应,以弩夹射璋军。璋军阳却,城中出兵来追,璋反旆与战,大败之。合喜遣统军都监泥河以兵七千来会,与璘军复战,败之。璘遣兵据东山堡,欲树栅,璋与习尼列、泥河议曰:"敌若据东山堡,此城亦不可拔,宜急击之。"于是璋先据要地,习尼列以兵逼东山堡,璘兵恃濠相拒,短兵接,璘兵退走,习尼列追击之。璘城北营兵可六千人,登北冈来战,璋之汉军少却,伤者二百人。璘遂焚璋军攻城具,璋率移剌补猛安兵逾北冈走之。璘军隔小堑射璋军,移剌补少却,习尼列望见北原火发,乃止攻东山堡,亟与将士来赴,引善射者先登,率刘安汉军三百人击败之。璘军皆走险，璘以军三万据险作三阵，皆环以剑盾、行马。璋遣万户石抹迭勒由别路自后击之，特里失乌也、移剌补以二千人当其前，以强弓射之，璘兵大败，堕沟壑者甚众。璋军度涧追之，斩数千级而还。

璘军虽败，犹恃其众，都监合喜使武威军副总管夹古查剌来问策。诸将皆曰："吴璘恃险，不善野战，我退军平凉，彼必弃险就平地，然后可图也。"璋曰："不然。彼恃其众，非特恃险也。昔人有言，'宁弃千军，不弃寸地'，故退兵不如济师。我退军平凉，彼军深入吾地，固垒以拒我，则如之何。"查剌还报，合喜于是亲率四万人赴之。吴璘诘旦乘阴雾晦冥分兵四道来袭，战于城东，离而复合者数四。汉军千户李展率麾下兵先登奋击之，璘军阵动。璋乘胜踵击，璘军复败，追至北冈，璘走险，璋急击之，杀略殆尽。璘分半军守秦州，合喜驻军水洛城东，自六盘山至石山头分兵守之，断其饷道。璘乃引归。

宋经略使荆皋以步骑三万自德顺西去，璋以兵八千、习尼列以兵五千追击之。习尼列兵乃出其前，还自赤觜，遇其前锋，败之于高赤崖下。复与其中军战，自日昃至暮，乃罢。荆皋乘夜来袭营，为退军八十里。明日，习尼列追之。璋兵至上八节，宋兵据险为阵，璋舍马步战，地险不得接，相拒至曙。宋兵动，璋乘之，追至甘谷城，习尼列兵亦至，宋兵宵遁，璋遂班师。习尼列追至伏羌城，不及而还。

上使御史中丞达吉视诸军功状，达吉旧与璋有隙，故损其功。诏璋将士赏比诸军半之，璋兼陕西路都统，进官一阶。及元帅府上功，璋居多，诏达吉削官两阶，杖八十，解职。上复赏璋及将士如诸军，以璋为西北路招讨使。召为元帅左都监，兼安化军节度使，赐以弓矢衣带佩刀。改益都尹，左都监如故。

宋人弃海州遁去，焚官民庐舍且尽。璋至海州，得所弃粮三万六千余石，安集其人，复其屯戍。五年，宋人约和，罢三路都统，复置陕西路统军司，璋为统军使。上曰："监军合喜年老，故授卿此职。边境无事，且召卿矣。"以本官兼京兆尹。

　　召为御史大夫。璋奏："窃观文武百官有相为朋党者,今在台自臣外无女直人,乞不限资考,量材奏拟。"上曰:"朋党为谁,即纠治之。朕选女直人,未得其人,岂以资考为限,论其人材而已。"顷之,璋奏曰:"太祖武元皇帝受天明命,太宗皇帝奄定宋土,自古帝王之兴,必称受命,当制'大金受命之宝',以明示万世。"上曰:"卿言正合朕意。"乃遣使夏国市玉,十八年,受命宝成,奏告天地宗庙社稷,上御正殿。

　　改大兴尹,为贺宋正旦使。十三年,璋受命使宋,既行,上遣人驰谕璋曰:"宋人若不遵旧礼,慎勿付书。如不令卿等入见,即持书归。若迫而取之,亦勿赴宴,其回书及礼物一切勿受。"璋至临安,宋人请以太子接书,不从。宋人就馆迫取书,璋与之,且赴宴,多受礼物。有司以闻,上怒,欲置之极刑。左丞相良弼奏曰:"璋为将,大破宋军,宋人仇之久矣。将因此陷之死地,未可知也。今若杀璋,或者堕其计中耳。"上以为然,乃杖璋百五十,除名,副使客省使高翊杖百,没入其所受礼物。

　　后岁余,上念璋有征伐功,起为景州刺史,迁武定军节度使,授山东西路蒲底山拿兀鲁河谋克,改临洮尹。十九年,卒。

　　郓王昂,本名吾都补,世祖最幼子也。常从太祖征伐。天辅六年,昂与稍喝以兵四千监护诸部降人,处之岭东,就以兵守临潢府。昂不能抚御,降人苦之,多叛亡者。上闻之,使出里底戒谕昂。已过上京,诸部皆叛去,惟章愍宫、小室韦二部达内地。诏谙版勃极烈吴乞买曰:"比遣昂徙诸部,多致怨叛,稍喝驻兵不与讨袭,致使降人复归辽主,违命失众,当置重法。若有所疑,则禁锢之,俟师还定议。"是时,太宗居守,辞不失副之,辞不失劝太宗因国庆可薄其罚,于是杖昂七十,拘之泰州,而杀稍喝。

　　天会六年,权元帅左都监。十五年,为西京留守。天眷三年,为平章政事。皇统元年,封漆水郡王。二年,制诏昂署衔带"皇叔祖"字,封郓王。是岁,薨。

子郑家、鹤寿。鹤寿累官耶鲁瓦群牧使,死于契丹撒八之难,语在《忠义传》。

郑家,皇统初,以宗室子授定远大将军,除磁州刺史。天德间,为右谏议大夫,累迁会宁尹、安化军节度使,改益都尹。海陵伐宋,为浙东道副统制,与工部尚书苏保衡以舟师自海道趋临安,至松林岛阻风,泊岛间。诘旦,舟人望见敌舟,请为备。郑家问:“去此几何?”舟人曰:“以水路测之,且三百里。风迅,行即至矣。”郑家不晓海路舟楫,不之信。有顷,敌果至,见我军无备,即以火炮掷之。郑家顾见左右舟中皆火发,度不得脱,赴水死,时年四十一。

金史卷六六
列传第四

始祖以下诸子下

勖 隈可

宗 室

胡十门 合住 揾保 衷 齐
术鲁 胡石改 宗贤 挞懒 卞
膏 弈 阿喜

勖，字勉道，本名乌野，穆宗第五子。好学问，国人呼为秀才。年十六，从太祖攻宁江州，从宗望袭辽主于石辇铎。太宗嗣位，自军中召还，与谋政事。宗翰、宗望定汴州，受宋帝降。太宗使勖就军中往劳之。宗翰等问其所欲。曰：“惟好书耳。”载数车而还。

女直初无文字，乃破辽，获契丹、汉人，始通契丹、汉字，于是诸子皆学之。宗雄能以两月尽通契丹大小字，而完颜希尹乃依仿契丹字制女直字。女直既未有文字，亦未尝有记录，故祖宗事皆不载。宗翰好访问女直老人，多得祖宗遗事。太宗初即位，复进士举，而韩昉

辈皆在朝廷,文学之士稍拔擢用之。天会六年,诏书求访祖宗遗事,
以备国史,命勖与耶律迪越掌之。勖等采摭遗言旧事,自始祖以下
十帝,综为三卷。凡部族,既曰某部,复曰某水之某,又曰某乡某村,
以别识之。凡与契丹往来及征伐诸部,其间诈谋诡计,一无所隐。事
有详有略,咸得其实。

　　自太祖与高丽议和,凡女直入高丽者皆索之,至十余年,索之
不已。勖上书谏曰:“臣闻德莫大于乐天,仁莫先于惠下。所索户口,
皆前世奸宄叛亡、乌蠢、讹谟罕、阿海、阿合束之绪裔。先世绥怀四
境,尚未宾服,自先君与高丽通,闻我将大,因谓本自同出,稍稍款
附。高丽既不听许,遂生边衅,因致交兵,久方连和,盖三十年。当
时壮者今皆物故,子孙安于土俗,婚姻胶固,征索不已,彼固不敢稽
留,骨肉乖离,诚非众愿。人情怨甚可愍者,而必欲求为己有,特彼
我之蔽,非一视同仁之大也。国家民物繁夥,幅员万里,不知得此果
何益耶。今索之不还,我以强兵劲卒取之无难。然兵凶器,战危事,
不得已而后用。高丽称藩,职贡不阙,国且臣属,民亦非外。圣人行
义,不责小过,理之所在,不俟终日。臣愚以为宜施惠下之仁,弘乐
天之德,听免征索,则彼不谓己有,如自我得之矣。”从之。

　　十五年,为尚书左丞加镇东军节度使、同中书门下平章事。预
平宗磐之难,赐与甚多,加仪同三司,以“皇叔祖”字冠其衔。勖皆力
辞不受。

　　皇统元年,撰定熙宗尊号册文。上召勖饮于便殿,以玉带赐之。
所撰《祖宗实录》成,凡三卷,进入,上焚香立受之,赏赍有差。制诏
左丞勖、平章政事弈职俸外别给二品亲王俸廉。旧制,皇兄弟、皇子
为亲王给二品俸,宗室封一字王者给三品俸,勖等别给亲王俸,皆
异数也。宴群臣于五云楼,勖进酒称谢。帝起立,宰臣进曰:“圣尊
为臣下屡起,于礼未安。”上曰:“朕屈己待臣下,亦何害。”是日,上
及群臣尽欢。俄同监修国史,进拜平章政事。光懿皇后忌辰,熙宗
将出猎,勖谏而止。

　　熙宗猎于海岛,三日之间,亲射五虎获之。勖献《东狩射虎赋》,

上悦，赐以佩刀、玉带、良马。能以契丹字为诗文，凡游宴有可言者，辄作诗以见意。时上日与近臣酣饮，或继以夜，莫能谏之。勖上疏谏，乃为止酒。进拜左丞相，兼侍中、监修如故。八年，奏上《太祖实录》二十卷，赐黄金八十两，银百两，重彩五十端，绢百匹，通犀、玉钩带各一。出领行台尚书省事，召拜太保，领三省、领行台如故，封鲁国王。

勖刚正寡言。海陵方用事，朝臣多附之者。一日，大臣会议，海陵后至，勖面责之曰："吾年五十余，犹不敢后，尔少年强健，乃敢如此。"海陵跪谢。九年，进拜太师，进封汉国王。海陵篡立，加恩大臣以收人望，封秦汉国王，领三省、监修如故。

及宗本无罪诛，勖髭鬓顿白，因上表请老。海陵不许，赐以玉带，优诏谕之。有大事令宰臣就第商议，入朝不拜。勖遂称疾笃不言，表请愈切，海陵不怿，从之。以本官致仕，进封周宋国王。正隆元年，与宗室俱迁中都。二年，例降封金源郡王。薨，年五十九。

撰定《女直郡望姓氏谱》及他文甚众。大定二十年，诏曰："太师勖谏表诗文甚有典则，朕自即位所未尝见。其谏表可入《实录》，其《射虎赋》诗文等篇什，可镂版行之。"子宗秀。

宗秀，字实甫，本名厮里忽。涉猎经史，通契丹大小字。善骑射，与平爱磐、宗隽之乱，授定远大将军，以宗磐世袭猛安授之。

宗弼复取河南，宗秀与海陵俱赴军前任使。宋将岳飞军于亳、宿之间，宗秀率步骑三千扼其冲要，遂与诸军逆击败之。师还，为太原尹，改婆速路统军使，不受。高丽遣使以土产献，却之。入为刑部尚书，改御史中丞，授翰林学士。天德初，转承旨，封宿国公，赐玉带。历平阳尹、昭义军节度使，封广平郡王。正隆二年卒官，年四十二。是岁，例降二品以上封爵，改赠金紫光禄大夫。

康宗敬僖皇后生楚王谋良虎。次室温都氏生昭武大将军同刮苗。次室仆散氏坐事早死，生龙虎卫上将军限可。

限可亦作偎喝，美髯须，勇健有材略。从太祖伐辽，取宁江州，战出河店。天眷二年,授骠骑上将军,除迭鲁苾撒纠详稳,迁忠顺军节度使、兴平军节度使。天德二年,入为大宗正丞。四年,出为昭德军节度使。以兄谋良虎子唤端合扎谋克余户,授偎喝上京路扎里瓜猛安所属世袭谋克。改德昌军节度使,封广平郡王。正隆二年,例夺王爵,改曷速馆节度使,再改忠顺军节度使。大定元年,封宗国公,为劝农使,卒官,年六十五。

始祖兄弟三人,保活里之后为神土懑、迪古乃,别有传。

胡十门者,曷苏馆人也。父挞不野,事辽为太尉。胡十门善汉语,通契丹大小字,勇而善战。高永昌据东京,招曷苏馆人,众畏高永昌兵强,且欲归之。胡十门不肯从,召其族人谋曰:"吾远祖兄弟三人,同出高丽。今大圣皇帝之祖入女直,吾祖留高丽,自高丽归于辽。吾与皇帝皆三祖之后。皇帝受命即大位,辽之败亡有征,吾岂能为永昌之臣哉!"始祖兄阿古乃留高丽中,胡十门自言如此,盖自谓阿古乃之后云。于是率其族属部众诣撒改,乌蠢降,营于驼回山之下。永昌攻之,胡十门力战不能敌,奔于撒改。及攻开州,胡十门以粮饷给军。后攻保州,辽将以舟师遁,胡十门邀击败之,降其士卒。赏赐甚厚,以为曷苏馆七部勃堇,给银牌一、木牌三。天辅二年卒。赠监门卫上将军,再赠骠骑卫上将军。

子钧室,尝从攻显州,领四谋克军,破梁鱼务,攻最,以其父所管七部为曷苏馆都勃堇。

有合住者,亦称始祖兄苗裔,但不知与胡十门相去几从耳。

合住,曷速馆苾里海水人也。仕辽,领辰、复二州汉人、渤海。

子蒲速越,袭父职,再迁静江中正军节度使,佩金牌,为曷速馆女直部长。

子余里也与胡十门,同时归朝,屡以粮饷助伐高永昌及高丽、新罗。后从宗望伐宋,以功迁真定府路安抚使兼曹州防御使,佩金牌。授苾里海水世袭猛安。

长子布辉，识女直、契丹、汉字，善骑射。年十八，宗弼选为扎也，从阿里、蒲卢浑追宋康王于明州。睿宗闻其才，召置麾下，从经略山东、河北、陕西，袭其父猛安，授昭勇大将军。海陵伐宋，以本猛安兵从，半道与南征万户完颜福寿等俱亡归，谒世宗于辽阳。

世宗即位，除同知曷苏馆节度使事。刑部侍郎斜哥为都统，布辉副之，坐擅署置官吏、私用官中财物，削两阶解职。未浃旬，世宗献享山陵。兵部尚书可喜、昭毅大将军斡论、中都同知完颜璋等谋反，欲因上谒山陵举事。斡论与布辉亲旧，与之谋议，事具《可喜传》。既知事不可成，乃与可喜、璋执斡论等上变。可喜不肯以始谋尽首，遂并诛之，而赏布辉、璋。除布辉浚州防御使，累迁顺天军节度使。致仕，卒，年六十七。

昭祖族人捆保者，从昭祖耀武于青岭、白山。还至姑里甸，昭祖得疾，寝于村舍，洞无门扉，乃以车轮当门为蔽，捆保卧轮下为扞御。已而贼至，刃交于轮辐间。捆保洞腹见膏，恐昭祖知之，乃然薪取膏以为炙，问之，以他肉对。昭祖心知之，遂中夜启行。

衷，本名丑汉，中都司属司人，世祖曾孙。祖霸合布里封郓王，父悟烈官至特进。大定中，收充阁门祗候，授代州宣锐军都指挥使。岁旱，州委祷雨于五台灵潭，步致其水，雨随下，人为刻石纪之。四迁引进使，兼典客署令，改尚辇局使。扈从北幸，赐厩马二以旌其勤。寻为夏国王李仁孝封册使，历宁海、蠡州刺史，入为大睦亲府丞。除顺义军节度使，陛辞，赐金币，特宠异之。移镇镇西。泰和六年，致仕，卒。

衷孝悌贞谨，深悉本朝婚礼，皇族婚嫁每令衷相之。治复有能称，其在宁海、蠡州，平赋役无扰，民立石颂遗爱。大安初，追赠辅国上将军。

齐,本名扫合,穆宗曾孙。父胡八鲁,宁州刺史。大定中,以族次充司属司将军,授同知复州军州事,累迁刑部员外郎。上谕曰:"本朝以来,未尝有内族为六部郎官者,以卿历职廉能,故授之。"先是,复州合厮罕关地方七百余里,因围猎,禁民樵捕。齐言其地肥衍,令贼民开种则公私有益。上然之,为弛禁。即牧民以居,田收甚利,因名其地曰合厮罕猛安。

章宗立,改户部员外郎,出为磁州刺史,治以宽简,未尝留狱。属邑武安,有道士视观宇不谨,吏民为请邻郡王师者代主之。道士忿夺其利,告王私置禁铜器,法当徒。县令恶其为人,反坐之,具狱上。齐审其诬。又以王有德,不忍坐之。问同僚,无以对。齐曰:"道士同请即同居也,当准首,俱释其罪。"其宽明有礼,皆此类也。

磁,名郡,刺史皆朝廷遴选,郡人以前政有声如刘徽柔、程辉、高德裕皆不及也。河北提刑司以治状闻。明昌三年,始议置诸王傅,颇难其选,乃以齐傅兖王。王将至任郡,猛安迎接,齐峻却之。王怪问故,曰:"王国藩辅,猛安皆总戎职,于王何利焉,却之以远嫌也。"王悦服。王府家奴为不法,辄发还本猛安,终更无敢犯者。

明年,授山东东、西路副统军,兼同知益都府事。有惠爱,郡人为之立碑。转彰化军节度使。六年,移利涉军。召见,劳慰有加。诏留守上京。承安二年,致仕,卒。齐明法识治体,所至有声,内族中与丞相承晖并称云。

术鲁,宗室子。从郑王斡赛败高丽于曷懒,取亚鲁城,克宁江州,取黄龙府。出河店之役、达鲁古城之役、护步答冈之役皆力战有功。东京降,为本路招安副使。败辽兵,破同刮营。苏州汉民叛走,术鲁追复之,以功为谋克。天辅四年卒,年四十一。皇统中,赠镇国上将军。

胡石改,宗室子也。从太祖攻宁江,败辽兵于达鲁古城,破辽主亲兵,皆有功。辽军来援济州,胡石改与其兄实古乃以兵迎击,败之。还攻济州,中流矢,战益力,克其城。军中称其勇。从攻春、泰州,降之,并降境内诸部族,其不降者皆攻拔之。辽主西走,胡石改追至中京,获其宫人、辎重凡八百两。

有思泥古者,复以本部叛去,胡石改以兵五百追及之,获其亲属部人以还。德州复叛,胡石改以兵五千克其城。从娄室击败敌兵二万于归化之南,并降归化。从取居庸关,并燕之属县及其山谷诸屯。移失部既降,复叛去,胡石改引兵追及,战败之,俘获甚众。泽州诸部有逃者,皆追复之。又败叛人于临潢,诛其酋领而安抚其人民。

天眷二年,迁永定军节度使,改武定军。徙汴京留守。天德三年,授世袭猛安。卒,年六十八。

宗贤,本名阿鲁。太祖伐辽,从攻宁江州、临潢府。太宗监国,选侍左右,甚见亲信。临潢复叛,从宗望复取之。为内库都提点,再迁归德军节度使。政宽简,境内大治。秩满,士民数百千人相率诣朝廷请留。及改武定军,百姓扶老携幼送数十里,悲号而去。改永定军,秉德廉访官吏,士民持盆水与镜,前拜言曰:"使君廉明清直类此,民实赖之。"秉德曰:"吾闻郡僚廉能如一,汝等以为如何?"众对曰:"公勤清俭皆法则于使君耳。"因谓宗贤曰:"人谓君善治,当在甲乙,果然贤使君也。"用是超迁两阶。

天德初,授世袭谋克,驰驿召之。雄州父老相率张青绳悬明镜于公署,老幼填门,三日乃得去。封定国公,再除忠顺军节度使,赐以玉带。捕盗司执数人至府,宗贤问曰:"罪状明白否?"对曰:"狱具矣。"宗贤阅其案,谓僚佐曰:"吾察此辈必冤。"不数日,贼果得,人服其明。改曷懒路兵马都总管,历广宁尹,封广平郡王。改崇义军节度使,兼领北京宗室事。正隆例夺王爵,加金紫光禄大夫,改临海军。大定初,遣使召之。宗贤率诸宗室见于辽阳,除同签大宗正事,封景国公,致仕。起为婆速路兵马都总管,复致仕,卒。

特进挞懒，宗室子。年十六，事太祖，未尝去左右。出河店之役，太祖欲亲战，挞懒控其马而止之曰："主君何为轻敌。臣请效力。"即挺枪前，手杀七人。已而枪折，骑士曳而下者九人。太祖壮之曰："诚得此辈数十，虽万众不能当也。"及战于达鲁古城，辽兵一千阵于营外，太祖遣挞懒往击之。挞懒冲出敌阵，大败其众。攻临潢府、春、泰州、中、西二京，皆有功。天辅六年，授谋克。

天会四年，从伐宋，屡以功受赏。明年，再举至汴。宗望闻宋人会诸路援兵于睢阳，遣挞懒与阿里刮将兵二千往拒之。败其前锋军三万于杞县，又破三寨，擒宋京东路都总管胡直孺、南路都统制隋师元及其三将并直孺二子，遂取拱州，降宁陵。复破二万于睢阳，进取亳州。闻宋兵十万且至，会宗望益兵四千，合击，大败之。其卒二千，阵而立，驰之不动，即麾军去马击之，尽殪，擒其将石琪而还。帅府嘉其功，赏赉优渥。睿宗驻兵熙州，分遣诸将略地。挞懒以军五百入六盘山十六寨，降其官八十余，民户四千，获马二千匹。

皇统中，累加银青光禄大夫。天德初，加特进，授世袭猛安。卒，年六十五。海陵迁诸陵于大房山，以挞懒尝给事太祖，命作石像，置睿陵前。

卞，本名吾母，上京司属司人，大定二年，收充护卫，积劳授彰化军节度副使，入为都水监丞，累迁中都、西京路提刑使，徙知归德府、河平军节度使。王汝嘉奏卞前在都水监导河有劳，除北京留守。未几，改知大兴府事。时有言，尚书左丞夹谷衡在军不法，诏刑部问状。事下大兴府，卞辄令追摄，上以为失体，杖四十。久之，乞致仕，不许。拜御史大夫。先是，左司谏赤盏高门上言，御史大夫久阙，宪纪不振，宜选刚正疾恶之人肃清庶务。上由是用卞。前时孙铎、贾铉俱为尚书，铉拜参知政事，而铎再任，对贺客诵唐张在诗，有郁郁意。卞劾奏之，铎坐降黜。既而复申前请，遂以金吾卫上将军致仕，薨。

膏,本名阿里剌,隶上京司属司。大定十年,以皇家近亲,收充东宫护卫。转十人长,授御院通进,从世宗幸上京。会皇太子守国薨。世宗以膏亲密可委,特命与滕王府长史蹇驰驿往护丧。时章宗为金源郡王,亦留中都,且命膏等保护,谕之曰:"郡王遭此家难,哀哭当以礼节之,饮食尤宜谨视。"世宗还都,迁符宝郎,除吏部郎中。

章宗即位,坐与御史大夫唐括贡为寿,犯夜禁,夺官一阶,罢。明昌元年,起为同知棣州防御使事,上书历诋宰执。帝以小臣敢讥讪宰辅,杖八十,削一官,罢之,发还本猛安。明年,降授同知宣德州事。召授武卫军副都指挥使,四迁知大兴府事,转左右宣徽使。承安二年,拜尚书右丞,出为泰定军节度使,移知济南府,卒。

弈,本名三宝,隶梅坚塞吾司属司。大定七年,以近亲充东宫护卫十人长,转为尚厩局使。章宗即位,迁左卫副将军,累迁右副都点检,兼提点尚厩局使。谕旨曰:"汝非有过人才,第以久次迁授。当谨乃职,勿复有非违事,使朕闻之。"未几,坐厩马瘦,决三十。承安二年,改左副都点检,兼职如旧。俄授同签大睦亲府事,卒。

弈为人贪鄙,数以赃败,帝爱其能治围场,故进而委信之。

阿喜,宗室子,好学问。袭父北京路笤柏山猛安,听讼明决,人信而爱之。察廉能,除彰国军节度副使,改上京留守判官。提刑司奏彰国军治状,迁同知速频路节度事,改归德军,历海、邳二州刺史,皆兼总押军马。

宋统领刘文谦以兵犯宿迁,阿喜逆击,破之。复破戚春、夏兴国舟兵万余人,斩夏兴国于阵。迁镇国上将军,再赐银币,为元帅左监军纥石烈执中前锋。渡淮,破宝应、天长二县。师还,迁同知归德府事,改泗州防御使。丁母忧,起复。大定二年,改华州防御使,迁镇南军节度使。贞祐二年,改知大名府,充马军都提控,历横海、安化军节度使,充宣差山东路左翼都提控。寻知济南府事,徙泌南军节度使,迁河南统军使,兼昌武军节度使,卒。

　　赞曰:金诸宗室,自始祖至康宗凡八世。献祖徙居海姑水纳葛里村,再徙安出虎水。世祖称海姑兄弟,盖指其所居也。完颜十二部,皆以部为氏,宣宗诏宗室皆书姓氏,然亦有部人以部为氏,非宗室同姓者,遂不可辨矣。

金史卷六七
列传第五

石显　桓赧　散达　乌春
温敦蒲剌　腊醅　麻产
钝恩　留可　阿疏
奚王回离保

　　石显，孩懒水乌林答部人。昭祖以条教约束诸部，石显陆梁不可制。及昭祖没于逼剌纪村，部人以枢归，至孩懒水，石显与完颜部窝忽窝出邀于路，攻而夺之枢，扬言曰："汝辈以石鲁为能而推尊之，吾今得之矣。"昭祖之徒告于蒲马太弯，与马纪岭劾保村完颜部蒙葛巴土等募军追及之，与战，复得枢。众推景祖为诸部长，白山、耶悔、统门、耶懒、土骨论、五国皆从服。

　　及辽使曷鲁林牙来索逋人，石显皆拒阻不听命，景祖攻之，不能克。景祖自度不可以力取，遂以诡计取之。乃以石显阻绝海东路请于辽，辽帝使人让之曰："汝何敢阻绝鹰路？审无他意，遣其酋长来。"石显使其长子婆诸刊入朝，曰："不敢违大国之命。"辽人厚赐遣还，谓婆诸刊曰："汝父信无他，宜身自入朝。"石显信之，明年入见于春搜，婆诸刊从。辽主谓石显曰："罪惟在汝，不在汝子。"乃命婆诸刊还，而流石显于边地。盖景祖以计除石显而欲抚有其子与部人也。

婆诸刊蓄怨未发，会活刺浑水纥石烈部腊醅、麻产起兵，婆诸刊往从之。及败于暮棱水，麻产先遁去，婆诸刊与腊醅就擒，及其党与，皆献之辽主。久之，世祖复使人言曰："婆诸刊不还，则其部人自知罪重，因此恐惧，不肯归服。"辽主以为然，遂遣婆诸刊及前后所献罪人皆还之。

桓赧、散达兄弟者，国相雅达之子也。居完颜部邑屯村。雅达称国相，不知其所从来。景祖尝以币与马求国相于雅达，雅达许之。景祖得之，以命肃宗，其后撒改亦居是官焉。

桓赧兄弟尝事景祖。世祖初，季父跋黑有异志，阴诱桓赧欲与为乱。昭肃皇后往邑屯村，世祖、肃宗皆从行，遇桓赧、散达各被酒，言语纷争，遂相殴击，举刃相向。昭肃皇后亲解之，乃止，自是谋益甚。

是时乌春、窝谋罕亦与跋黑相结，诡以乌不屯卖甲为兵端，世祖不得已而与之和。间数年，乌春以其众涉活论、来流二水，世祖亲往拒之。桓赧、散达遂起兵。

肃宗以偏师拒桓赧、散达。世祖畏其合势也，戒之曰："可和则和，否则战。"至斡鲁绀出水，既阵成列，肃宗使盆德勃堇议和。桓赧亦恃乌春之在北也，无和意。盆德报肃宗曰："敌欲战。"或曰："战地迫近村墟，虽胜不能尽敌，宜退军诱之宽地。"肃宗惑之，乃令军少却，未能成列。桓赧、散达乘之，肃宗败焉。桓赧乘胜，大肆钞略。是役也，乌春以久雨不能前，乃罢兵。

世祖闻肃宗败，乃自将，经舍很、贴割两水取桓赧、散达之家，桓赧、散达不知也。世祖焚其所居，杀略百许人而还。未至军，肃宗之军又败。世祖至，责让肃宗失利之状，使欢都、冶诃以本部七谋克助之，复遣人议和。桓赧、散达欲得盈歌之大赤马、辞不失之紫骝马，世祖不许，遂与不术鲁部卜灰、蒲察部撒骨出及混同江左右匹古敦水北诸部兵皆会，厚集为阵，鸣鼓作气驰骋。桓赧恃其众，有必胜之心，下令曰："今天门开矣，悉以尔车自随。凡乌古乃夫妇宝货财产恣尔取之，有不从者俘略之而去。”于是婆多吐水裴满部斡不勃堇附于世祖，桓赧等纵火焚之。斡不死，世祖厚抚其家，既定桓赧，以旧地还之。

桓赧军复来，蒲察部沙只勃堇、胡补答勃堇使阿喜间道来告，且问曰：“寇将至，吾属何以待之？”世祖复命曰：“事至此，不及谋矣。以众从之，自救可也，惟以旗帜自别耳。”每有兵至，则辄遣阿喜穿林潜来，令与毕察往还大道，即故潜往来林中路也。桓赧至北隘甸，世祖将出兵，闻跋黑食于驼满村死矣。乃沿安术虎水行，且欲并取海故术烈速勃堇之众而后战。觇者来报曰：“敌至矣。”世祖戒辞不失整军速进，使待于脱豁改原。当是时，桓赧兵众，世祖兵少，众寡不敌。比世祖至军，士气衄甚。世祖心知之而不敢言，但令解甲少憩，以水洗面，饮麦水。顷之，士气稍苏息。是时，肃宗求救于辽，不在军中。将战，世祖屏人独与穆宗私语，兵败，则就与肃宗乞师以报仇。仍令穆宗勿预战事，介马以观胜负，先图去就。乃袒袖韔弓服矢，以缊袍下幅护前后心，三扬旗，三挝鼓，弃旗提剑，身为军锋，尽锐搏战。桓赧步军以干盾进，世祖之众以长枪击之，步军大败。辞不失从后奋击之，桓赧之骑兵亦败。世祖乘胜逐北，破多退水水为之赤。世祖止军勿追，尽获所弃车甲马牛军实，以战胜告于天地，颁所获于将士，各以功为差。

未几，桓赧、散达俱以其属来降。卜灰犹保撒阿辣村，招之不出。撒骨出据阿鲁绀出村，世祖遣人与之议和，撒骨出谩言为戏，答之曰：“我本欲和，壮士巴的懑不肯和，泣而谓我曰：‘若果与和，则美衣肥羊不可复得。’是以不敢从命。”遂纵兵俘略邻近村墅。有人从道旁射之，中口死。

卜灰之属曰石鲁，石鲁之母嫁于驼满部达鲁罕勃堇而为之妾。达鲁罕与族兄弟抹腮引勃堇俱事世祖，世祖欲间石鲁于卜灰，谓达鲁罕曰：“汝之事我，不如抹腮引之坚固也。”盖谓石鲁母子一彼焉，一此焉，以此撼石鲁。石鲁闻之，遂杀卜灰而降。

石鲁通于卜灰之妾，常惧得罪，及闻世祖言，惑之，使告于达鲁

罕曰:"将杀卜灰而来,汝待我于江。"伺卜灰睡熟,韧刃于胸而杀
之。追者急,白日露鼻匿水中,逮夜,至江,方游以济。达鲁罕使人
待之,乃得免。久之,醉酒,而与达鲁罕狠争,达鲁罕杀之。

乌春,阿跋斯水温都部人,以锻铁为业。因岁歉,策杖负襜与其
族属来归。景祖与之处,以本业自给。既而知其果敢善断,命为本
部长,仍遣族人盆德送归旧部。盆德,乌春之甥也。

世祖初嗣节度使,叔父跋黑阴怀觊觎,间诱桓赧、散达兄弟及
乌春、窝谋罕等。乌春以跋黑居肘腋为变,信之,由是颇贰于世祖,
而虐用其部人。部人诉于世祖,世祖使人让之曰:"吾父信任汝,以
汝为部长。今人告汝有实状,杀无罪人,听讼不平,自今不得复尔为
也。"乌春曰:"吾与汝父等辈旧人,汝为长能几日,干汝何事。"世祖
内畏跋黑,恐群朋为变,故曲意怀抚,而欲以婚姻结其欢心。使与约
婚,乌春不欲,笑曰:"狗彘之子同处,岂能生育。胡里改与女直岂可
为亲也。"乌春欲发兵,而世祖待之如初,无以为端。

加古部乌不屯,亦铁工也,以被甲九十来售。乌春闻之,使人来
让曰:"甲,吾甲也。来流水以南、匹古敦水以北,皆吾土也。何故辄
取吾甲,其亟以归我。"世祖曰:"彼以甲来市,吾与直而售之。"乌春
曰:"汝不肯与我甲而为和解,则使汝叔之子斜葛及厮勒来。"斜葛
盖跋黑之子也。世祖度其意非真肯议和者,将以有为也,不欲遣。众
固请曰:"不遣则必用兵。"不得已,遣之。谓厮勒曰:"斜葛无害。彼
且执汝矣,半途辞疾勿往。"既行,厮勒曰:"我疾作,将止不往。"斜
葛曰:"吾亦不能独往矣。"同行者强之使行。既见乌春,乌春与斜葛
厚为礼,而果执厮勒,曰:"得甲则生,否则杀汝。"世祖与其甲,厮勒
乃得归。乌春自此益无所惮。

后数年,乌春举兵来战,道斜寸岭,涉活论、来流水,舍于术虎
部阿里矮村滓布乃勃堇家。是时十月中,大雨累昼夜不止,冰澌覆
地,乌春不能进,乃引去。于是桓赧、散达亦举兵。世祖自拒乌春,
而使肃宗拒桓赧。已而乌春遇雨归,叔父跋黑亦死,故世祖得并力

于桓赧、散达，一战而遂败之。

斡勒部人杯乃，旧事景祖，至是亦有他志，徙于南毕恳忒村，遂以纵火诬欢都，欲因此除去之，语在《欢都传》中。世祖获杯乃，释其罪，杯乃终不自安，徙居吐鹘村，与乌春、窝谋罕结约。乌春举兵度岭，世祖驻军屋辟村以待之。进至苏素海甸，两军皆阵，将战，世祖不亲战，命肃宗以左军战，斜列、辞不失助之，征异梦也。肃宗束缊纵火，大风从后起，火炽烈，时八月，野草尚青，火尽燎，烟焰张天。乌春军在下风，肃宗自上风击之，乌春大败，复获杯乃，献于辽，而城苏素海甸以据之。

纥石烈腊醅、麻产与世祖战于野鹊水。世祖中四创，军败。腊醅使旧贼秃罕等过青岭，见乌春，赂诸部与之交结。腊醅、麻产求助于乌春，乌春以姑里甸兵百十七人助之。世祖擒腊醅献于辽主，并言乌春助兵之状，仍以不修鹰道罪之。辽主使人至乌春问状，乌春惧，乃为谰言以告曰："未尝与腊醅为助也。德邻石之北，姑里甸之民，所管不及此。"

腊醅既败，世祖尽得乌春姑里甸助兵一百十七人，而使其卒长斡善、斡脱往招其众，继遣斜钵勃堇抚定之。斜钵不能训齐其人，蒲察部故石、跋石等诱三百余人入城，尽陷之。世祖治鹰道还，斜列来告，世祖使欢都为都统，破乌春、窝谋罕于斜堆，故石、跋石皆就擒。世祖自将过乌纪岭，至窝谋海村，胡论加古部胜昆勃堇居，乌延部富者郭赧请分一军由所部伐乌春，盖以所部与乌春近，欲以自蔽故也。乃使斜列、跃盘以支军道其所居，世祖自将大军与欢都合。至阿不塞水，岭东诸部皆会，石土门亦以所部兵来。

是时，乌春前死，窝谋罕闻知世祖来伐，诉于辽人，乞与和解。使者已至其家，世祖军至，窝谋罕请缓师，尽以前所纳亡人归之。世祖使乌林答故德黑勃堇往受所遣亡者。窝谋罕以三百骑乘懈来攻，世祖败之。辽使恶其无信，不复为主和，乃进军围。太祖衣短甲行围，号令诸军，窝谋罕使太峪潜出城攻之。太峪驰马援枪，将及太祖，活腊胡击断其枪，太祖乃得免。斜列至斜寸水，用郭赧计，取先在乌春军者二十二人。乌春军觉之,杀二人,余二十人皆得之,益以土军来助。窝谋罕自知不敌,乃遁去。遂克其城,尽以赀产分赉军中,以功为次,诸部皆安辑焉。穆宗常嘉郭赧功,后以斜列之女守宁妻其子胡里罕。

乌春之后为温敦氏,裔孙曰蒲剌。

温敦蒲剌始居长白山阿不辛河,徙隆州移里闵河。蒲剌初从希尹征伐,摄猛安谋克事,遇贼突出,力击败之,手杀二十余人,用是擢修武校尉。天德初,充护卫,迁宿直将军,与众护卫射远,皆莫能及,海陵以玉鞍、衔赏之。往曷懒路选可充护卫者,使还称旨,迁耶卢碗群牧使,改辽州刺史。正隆伐宋,召为武翼军副都总管,将兵二千,至汝州南,遇宋兵二万余,邀击败之,手杀将士十余人。是时,嵩、汝两州百姓多逃去,蒲剌招集,使之复其业。改莫州刺史,征为太子左卫率府率,再迁陇州防御使,历镇西、胡里改、显德军节度使。致仕,卒。

腊醅、麻产兄弟者,活剌浑水诃邻乡纥石烈部人。兄弟七人,素有名声,人推服之。及乌春、窝谋罕等为难,故腊醅兄弟乘此际结陶温水之民,浸不可制。其同里中有避之者,徙于芯罕村野居女直中,腊醅怒,将攻之,乃约乌古论部骚腊勃堇、富者挞懒、胡什满勃堇、海罗勃堇、斡苗火勃堇。海罗、斡苗火间使人告野居女直,野居女直有备,腊醅等败归。腊醅乃由南路复袭野居女直,胜之,俘略甚众。海罗、斡苗火、胡什满畏腊醅,求援于世祖。斜列以轻兵邀击腊醅等于屯睦吐村,败之,尽得所俘。

腊醅、麻产驱掠来流水牧马。世祖至混同江,与穆宗分军。世祖自妒骨鲁津倍道兼行,马多乏,皆留之路旁,从五六十骑,遇腊醅于野鹊水。日已曛,腊醅兵众,世祖兵少,欢都鏖战,出入数四,马中创,死者十数。世祖突阵力战,中四创,不能军。穆宗自庵吐浑津渡江,遇敌于蒲芦买水。敌问为谁,应之曰:“欢都。”问者射穆宗,矢著于弓簬。是岁，腊醅、麻产使其徒旧贼秃罕及驼朵剽取户鲁不添牧马四百，及富者粘罕之马合七百余匹，过青岭东，与乌春、窝谋罕交结。世祖自将伐之，腊醅等伪降，还军。腊醅复求助于乌春、窝谋罕。窝谋罕以姑里甸兵百有十七人助之。腊醅据暮棱水，保固险阻，石显子婆诸刊亦往从之。世祖率兵围之，克其军，麻产遁去，遂擒腊醅及婆诸刊，皆献之辽。尽获其兵，使其卒长斡善、斡脱招抚其众，使斜钵抚定之。复使阿离合懑察暮棱水人情，并募兵与斜钵合，语在《乌春传》。

世祖既没，肃宗袭节度使。麻产据直屋铠水，缮完营堡，招纳亡命，杜绝往来者。恃陶温水民为之助，招之不听，使康宗伐之。是岁，白山混同江大溢，水与岸齐，康宗自阿邻冈乘舟至于帅水，舍舟沿帅水而进。使太祖从东路取麻产家属，尽获之。康宗围麻产急，太祖来会军，于是麻产先亡在外，其人乘夜突围遁去。太祖曰："麻产之家荡尽矣，走将安归"，追之。麻产不知太祖急求己也，与三骑来伺军，其一人坠马下，太祖识之，问状。其人曰："我随麻产来伺军，彼走者二人，麻产在焉。"麻产与其人分道走，太祖命劾鲁古追东走者，而自追西走者。至直屋铠水，失麻产不见，急追之，得遗甲于路，迹而往，前至大泽，泞淖。麻产弃马入萑苇，太祖亦弃马追及之，与之挑战。乌古论壮士活腊胡乘马来，问曰："此何人也。"太祖初不识麻产，佯应曰："麻产也。"活腊胡曰："今亦追及此人邪。"遂下马援枪进战。麻产连射活腊胡，活腊胡中二矢，不能战。有顷，军至，围之。欢都射中麻产首，遂擒之。无有识之者，活腊胡乃前扶其首而视之，见其齿齰，曰："真麻产也。"麻产张目曰："公等事定矣。"遂杀之。太祖献馘于辽。

钝恩，阿里民忒石水纥石烈部人。祖曰劾鲁古，父纳根涅，世为其部勃堇。斡准部人冶剌勃堇、海葛安勃堇暴其族人斡达罕勃堇及诸弟屋里黑、屋徒门，抄略其家，及抄略阿活里勃堇家，侵及纳根涅所部。穆宗使纳根涅以本部兵往治冶剌等。行至苏滨水，辄募人为兵,主者拒之,辄抄略其人。遂攻乌古论部敌库德,入米里迷石罕城。及斡赛、冶诃来问状,止苏滨水西纳木汗村,纳根涅止苏滨水东屋迈村。纳根涅虽款伏而不肯征偿,时甲戌岁十月也。明年八月,纳根涅遁去,斡赛追而杀之,执其母及其妻子以归,而使钝恩复其所。

留可,统门、浑蠢水合流之地乌古论部人,忽沙浑堇之子。诈都,浑蠢水安春之忽沙浑之子也。间诱奥纯、坞塔两部之民作乱。敌库德、钝恩皆叛而与留可、诈都合,两党扬言曰:"徒单部之党十四部为一,乌古论部之党十四部为一,蒲察部之党七部为一,凡三十五部。完颜部十二而已,以三十五部战十二部,三人战一人也,胜之必矣。"世祖降附诸部亦皆有离心。当是时,惟乌延部斜勒勃堇及统门水温迪痕部阿里保勃堇、撒葛周勃堇等皆使人来告难。斜勒,达纪保之子也,先使其兄保骨腊来,既而以其甲来归。阿里保等曰:"吾等必不从乱,但乞兵为援耳。"

穆宗使撒改伐留可,使谩都诃伐敌库德。既而太祖以七十甲诣撒改军,中道以四十甲与谩都诃。石土门之军与谩都诃会于米里迷石罕城下。而钝恩将援留可,闻谩都诃之兵寡,以为无备,而未知石土门之来会也,欲先攻谩都诃。谩都诃、石土门迎击,大破钝恩。米里迷石罕城遂降,获钝恩、敌库德,皆释弗诛。太祖至撒改军,明日遂攻破留可城,城中渠帅皆诛之,取其孥累赀产而还。坞塔城亦撤守备而降。留可先在辽,坞塔已脱身在外,由是皆未获。诈都亦诣蒲家奴降,太祖释之。于是,诸部皆安业如故。久之,留可、坞塔皆来降。

阿疏,星显水纥石烈部人。父阿海勃堇事景祖、世祖。世祖破乌春还,阿海率官属士民迎谒于双宜大涘,献黄金五斗。世祖喻之曰:"乌春本微贱,吾父抚育之,使为部长,而忘大恩,乃结怨于我,遂成大乱,自取灭亡。吾与汝等三十部之人,自今可以保安休息。吾大数亦将终。我死,汝等当念我,竭力以辅我子弟,若乱心一生,则灭亡如乌春矣。"阿海与众跪而泣曰:"太师若有不讳,众人赖谁以生,勿为此言。"未几,世祖没,阿海亦死,阿疏继之。

阿疏自其父时常以事来,昭肃皇后甚怜爱之,每至,必留月余乃遣归。阿疏既为勃堇,尝与徒单部诈都勃堇争长,肃宗治之,乃长阿疏。

穆宗嗣节度,闻阿疏有异志,乃召阿疏赐以鞍马,深加抚谕,阴察其意趣。阿疏归,谋益甚,乃斥其事。复召之,阿疏不来,遂与同部毛睹禄勃堇等起兵。

穆宗自马纪岭出兵攻之。撒改自胡论岭往略,定漯春、星显两路,攻下钝恩城。穆宗略阿茶桧水,益募军,至阿疏城。是日辰巳间,忽暴雨,晦暗,雷电下阿疏所居,既又有大光,声如雷,坠阿疏城中。识者以谓破亡之征。

阿疏闻穆宗来,与其弟狄故保往诉于辽。辽人来止勿攻。穆宗不得已,留劾者勃堇守阿疏城而归。金初亦有两劾者,其一撒改父,赠韩国公。其一守阿疏城者,后赠特进云。

劾者以兵守阿疏城者二年矣。阿疏在辽不敢归,毛睹禄乃降。辽使复为阿疏来。穆宗闻之,使乌林答、石鲁济师,且戒劾者令易衣服旗帜与阿疏城中同色,使辽使不可辨。辽使至,乃使蒲察部胡鲁勃堇、邀逊勃堇与俱至劾者军,而军中已易衣服旗帜,与阿疏城中如一,辽使果不能辨。劾者诡曰:"吾等自相攻,干汝何事,谁识汝之太师。"乃刺杀胡鲁、邀逊所乘马,辽使惊怖走去,遂破其城。狄故保先归,杀之。

阿疏闻穆宗以计却辽使,破其城,杀狄故保,复诉于辽。辽使奚节度使乙烈来问状,且使备偿阿疏。穆宗复使主隈、秃答水人伪阻绝鹰路者,而使鳖故德部节度使言于辽,平鹰路非己不可。辽人不察也,信之。穆宗畋于土温水,谓辽人曰:"吾平鹰路也。"辽人以为功,使使来赏之。穆宗尽以其物与主隈、秃答之人而不复备偿阿疏。辽人亦不复问。

　　阿疏在辽无所归,后二年,使其徒达纪至生女直界上,曷懒甸人畏穆宗,执而送之,阿疏遂终于辽。

　　及太祖伐辽,底辽之罪告于天地,而以阿疏亡命辽人不与为言,凡与辽往复书命必及之。天辅六年,阇母、娄室略定天德、云内、宁边、东胜等州,获阿疏。军士问之曰:“尔为谁?”曰:“我破辽鬼也。”

　　赞曰:金之兴也,有自来矣。世祖擒腊醅、婆诸刊,既献之辽以为功,则又曰:“若不遣还,其部人疑惧,且为乱阶。”辽人不察,尽以前后所献罪人归之。景祖止曷鲁林牙、止同干,穆宗止辽使阿疏城,始终以鹰路误之,而辽人不悟。景祖有黄马,服乘如意,景祖没,辽贵人争欲得之。世祖弗与,曰:“难未息也,马不可以与人。”遂割其两耳,谓之秃耳马,辽贵人乃弗取。其削平诸部则借辽以为己重,既献而求之则市以为己重。战阵一良马终弗与辽人,而辽人终不悟,岂兴亡有数,盖天夺其魄欤。

　　奚,与契丹俱起,在元魏时号库莫奚,历宇文周、隋、唐,皆号兵强。其后契丹破走奚,奚西保冷陉,其留者臣服于契丹,号东、西奚。厥后辽太祖称帝,诸部皆内属矣。铁勒者,古部族之号,奚有其地,号称铁勒州,又书作铁骊州。奚有五王族,世与辽人为昏,因附姓述律氏中,事具《辽史》,今不载。

　　奚有十三部、二十八落、一百一帐、三百六十二族。甲午岁,太祖破耶律谢十,诸将连战皆捷,奚铁骊王回离保以所部降,未几,遁归于辽。及辽主使使请和,太祖曰:“归我叛人阿疏、降人回离保、迪里等,余事徐议之。”久之,辽主至鸳鸯泺,都统杲袭之,亡走天德。

　　回离保与辽大臣立秦晋国王耶律捏里于燕京。捏里死,萧妃权国事。太祖入居庸关,萧妃自古北口出奔。回离保至卢龙岭,遂留不行,会诸奚吏民于越里部,僭称帝,改元天复,改置官属,籍渤海、奚、汉丁壮为军。太祖诏回离保曰："闻汝胁诱吏民，僭窃位号。辽主越在草莽，大福不再。汝之先世臣服于辽，今来臣属，与昔何异。汝与余睹有隙，故难其来。余睹设有睚眦，朕岂从之。倘能速降，尽释汝罪，仍俾主六部族，总山前奚众，还其官属财产。若尚执迷，遣兵致讨，必不汝赦。"回离保不听。天辅七年五月，回离保南寇燕地，败于景、蓟间，其众奔溃。耶律奥古哲及甥八斤、家奴白底哥等杀之。其妻阿古闻之，自刭而死。

先是，速古部人据劾山，奚路都统挞懒招之不服，往讨之。铁泥部众扼险拒战，杀之殆尽。至是，速古、啜里、铁泥三部所据十三岩皆讨平之。达鲁古部节度使乙列已降复叛，奚马和尚讨达鲁古并五院司等诸部，诸部皆降，遂执乙列，杖之一百，其父及其家人先被获者皆还之。

初，太祖破辽兵于达鲁古城，九百奚营来降。至是，回离保死，奚人以次附属，亦各置猛安谋克领之。

赞曰：库莫奚、契丹起于汉末，盛于隋、唐之间，俱强为邻国，合并为君臣，历八百余年，相为终始。奚有五，大定间，类族著姓有遥里氏、伯德氏、奥里氏、梅知氏、揣氏。

金史卷六八
列传第六

欢都　冶诃

　　欢都，完颜部人。祖石鲁，与昭祖同时同部同名，交相得，誓曰："生则同川居，死则同谷葬。"土人呼昭祖为勇石鲁，呼石鲁为贤石鲁。

　　初，乌扎萨部有美女名罢敌悔，青岭东混同江蜀束水人掠而去，生二女，长曰达回，幼曰滓赛。昭祖与石鲁谋取之，遂偕至岭右，炷火于箭端而射。蜀束水人怪之，皆走险阻，久之，无所复见，却还所居。昭祖及石鲁以众至，攻取其赀产，虏二女子以归。昭祖纳其一，贤石鲁纳其一，皆以为妾。是时，诸部不肯用条教，昭祖耀武于青岭、白山，入于苏滨、耶懒之地，贤石鲁佐之也。其后别去。

　　至景祖时，石鲁之子劾孙举部来归，居于安出虎水源胡凯山南。胡凯山者，所谓和陵之地是也。

　　欢都，劾孙子。世祖初，袭节度使。而跋黑以属尊，蓄异谋，不可制。诸部不肯受约束，相继为变。欢都入与谋议，出临战阵，未尝去左右。

　　斡勒部人杯乃，自景祖时与其兄弟俱居安出虎水之北，及乌春作难，杯乃将与乌春合，间诱斡鲁绀出水居人与之相结，欲先除去欢都。会其家被火，阴约隶人不歌束，诡称放火乃欢都、胡土二人，使注都来谓世祖曰："不歌束来告曰'前日之火，欢都等纵之。'若不弃旧好，其执纵火之人以来。"世祖疑之。石卢斡勒勃堇曰："杯乃兄弟也,岂以一二人之故,而与兄弟构怨乎。彼自取之,又将尤谁,不如与之便。"欢都被甲执戟而起曰:"彼为乱之人也,若取太师兄弟,则亦与之乎?今取我辈,我辈决不可往,若必用战,当尽力致死。"穆宴曰:"壮哉欢都,以我所见,正如此尔。"赠欢都以马,曰:"战则乘此。"众皆称善。世祖乃往见杯乃,隔鳖剌水而与之言曰:"不歌束既告纵火由欢都等,谨当如约。当先遣不歌束来。"不歌束至,世祖于马前杀之,使杯乃见之。既而闻之,放火者杯乃家人阿出胡山也,杯乃欲开此衅,故以诬欢都云。

腊醅、麻产与世祖遇于野鹊水。日已曛,惟从五六十骑,欢都入敌阵鏖击之,左右出入者数四,世祖中创乃止。乌春、窝谋罕据活剌浑水,世祖既许之降,遂还军。于是骚腊勃堇,富者挞懒观胜负不助军,而骚腊、挞懒先曾与腊醅、麻产合,世祖欲因军还而遂灭之,驰马前进。挞懒者,贞惠皇后之弟也。欢都下马执辔而谏曰:"独不念爱弟蒲阳温与弟妇乎?"世祖感其言,遂止。蒲阳温者,汉语云幼弟也。世祖母弟中穆宗最少,故云然。穆宗德欢都言,后以挞懒女曷罗哂妻其子谷神。太祖追麻产,欢都射中其首,遂获之。辽人命穆宗、太祖、辞不失、欢都俱为详稳。

斡善、斡脱以姑里甸兵来归,使斜钵勃堇抚定之。蒲察部故石、拔石等,诱其众入城,陷三百余人。欢都为都统,往治斜钵失军之状,尽解斜钵所将军,大破乌春、窝谋罕于斜堆,擒故石、拔石。

初,耶悔水纳喝部撒八之弟曰阿注阿,与人争部族官,不得直,来归穆宗。阿注阿之甥曰三滨、曰撒达。辞不失破乌春窝谋罕城,获三滨、撒达,并获其母,以为次室,抚其二子。撒达告阿注阿必为变,不信而杀之。撒达临刑叹曰:"后必知之。"至是,阿注阿果为变。因穆宗晨出猎,纠率七八人操兵入宅,夺据寝门,劫贞惠皇后及家人等。欢都入见阿注阿曰:"汝辈所谋之事奈何?闺门眷属岂足劫质,徒使之惊恐耳。汝固识我,盍以我为质也。"再三言之,阿注阿从之,贞惠皇后乃得解,而质欢都。而撒改、辞不失使人告急于猎所。穆宗亦心动,罢猎。中途逢告者,日午至,阿注阿谓穆宗曰:"可使系案女直知名官僚相结,送我兄弟亲属由咸州路入辽国,库金厩马与我勿惜,欢都亦当送我至辽境,然后还。"而要穆宗盟,穆宗皆从之。遂执欢都及阿鲁太弯、阿鲁不太弯等七人,以衣裾相结,与阿注阿俱行,至辽境,乃释欢都。欢都至济州,实黄龙府,使人驰驿要遮阿注阿党属,惟纵其亲人使去。遂杀三滨并其母,具报于辽,乞还阿注阿,辽人流之曷董城。其后,阿注阿怀思乡土,亡归,附于系案女直,因乱其官僚之室,捕之,不伏,乃见杀。

穆宗袭位之初,诸父之子习烈、斜钵及诸兄有异言,曰:"君相之位,皆渠辈为之,奈何?"欢都曰:"汝辈若纷争,则吾必不默默但已。"众闻之遂帖然,自是不复有异言者。

欢都事四君,出入四十年,征伐之际遇敌则先战,广廷大议多用其谋。世祖尝曰:"吾有欢都,则何事不成。"肃宗时,委任冠于近僚。穆宗嗣位,凡图辽事皆专委之。康宗以为父叔旧人,尤加敬礼,多所补益。

康宗十一年癸巳二月,得疾,避疾于米里每水,薨,年六十三。丧归,康宗亲迓于路,送至其家,亲视葬事。天会十五年,追赠仪同三司、代国公。明昌五年,赠开府仪同三司,谥曰忠敏。子谷神、谋演。谷神别有传。

谋演,当阿注阿之难,从欢都代为质。后与宗峻俱侍太祖,宗峻坐谋演上,上怒,命坐其下。勃堇老勃论、拔合汝辖、拔速三人争千户,上曰:"汝辈能如欢都父子有劳于国者乎。"乃命谋演为千户,三人者皆隶焉,其眷顾如此。天辅五年十二月卒,天会十五年赠太子少傅。

冶诃系出景祖,居神隐水完颜部,为其部勃堇。与同部人把里勃堇,斡泯水蒲察部胡都化勃堇、厮都勃堇,泰神忒保水完颜部安团勃堇,统八门水温迪痕部活里盖勃堇,俱来归,金之为国,自此益大。

　　肃宗拒桓赧已再失利,世祖命欢都、冶诃,以本部谋克之兵助之。冶诃与欢都常在世祖左右,居则与谋议,出则莅行阵,未尝不在其间。

　　天会十五年,赠银青光禄大夫。明昌五年,赠特进、谥忠济,与代国公欢都、特进劲者、开府仪同三司盆纳、仪同三司拔达,俱配享世祖庙廷。

　　冶诃子阿鲁补、骨赧、讹古乃、散答。散答子补查。

　　阿鲁补,冶诃之子。为人魁伟多智略,勇于战。未冠从军,下咸州、东京。辽人来取海州,从勃堇麻吉往援,道遇重敌,力战,斩首千级。从斡鲁古攻豪、懿州,以十余骑破敌七百,进袭辽主。阿鲁补徇北地,招降营帐二十四,民户数千。时已下西京,闍母攻应州未下,退营于州北十余里,夜遣阿鲁补率兵四百伺敌,城中果出兵三千来袭,阿鲁补道与之遇,斩首百余,获马六十。后辽兵三万出马邑之境,以千兵击之,斩其将于阵。

　　天会初,宋王宗望讨张觉于平州,闻应州有兵万余来援,遣阿鲁补与阿里带迎击之,斩馘数千而还。复从其兄虞划,率兵三千攻乾州,虞划道病卒,代领其众,至乾州,降其军及营帐三十,获印四十,与仆虺攻下义州。

　　宗望伐宋,与郭药师战于白河。宗望命阿鲁补以二谋克先登,奋战,赏赉特异。至汴,破淮南援兵,斩其二将。大军退次孟阳。姚平仲夜以重兵来袭,阿鲁补适当其中,力战败之。既还,闻大名、开德合兵十余万来争河。至河上,知去敌尚远,乃以轻兵夜发,诘旦至卫县,遇敌,斩首数千级,余皆溃去。师次邢州,滹沱桥已焚,阿鲁补先以偏师营于水上,比军至而桥成。宗望嘉其功,出真定库物赏之,为长胜军千户。

　　及再伐宋,从宗望破敌于井陉,遂下栾城。师自大名济河,阿鲁补屯于洺州之境。时康王留相州,大名府以兵来攻我营,阿鲁补乘夜以骑二百潜出其后,反击败之。居数日,敌复来,苏统制以兵二万先至,阿鲁补乘其未集,以三百骑出战,大败其众,生擒苏统制,杀之。大军既克汴京,攻洺州,败大名救兵,遂下洺州。从挞懒攻恩州还,洺人复叛,阿鲁补先至城下,城中出兵来战,败之,执其守佐,遂与蒲鲁欢取信德军。

梁王宗弼取开德,阿鲁补以步兵五千赴之。大名境内多盗,命阿鲁补留屯其地。贼犯莘县,闻阿鲁补至,即溃去,追袭一昼夜,至馆陶及之,皆俘以归。

从宗弼袭康王,既渡淮,阿鲁补以兵四千留和州,总督江、淮间戍将,以讨未附郡县。遂攻下太平州,隳其城。庐州叛,以偏师讨之,败其骑六千,擒三校。明日复破敌二万于慎县,斩首五百。张永合步骑数万来战,阿鲁补兵止二千,敌围之,阿鲁补溃围力战,竟败之,追杀四十里,获马三百而还。再攻庐州,与迪古不败敌万众于拓皋,至庐州,骑兵五百出战,败之,斩其二校。师还。宗弼趋陕西,道闻大名复叛,遣阿鲁补经略之,独与译者至城下,招之,大名果降。翌日,下令民间兵器,悉上送官,于是吏民按堵如故。为大名开德路都统。

齐国建,阿鲁补屯兵于汴城外。天会十五年,诏废齐国,已执刘麟,阿鲁补先入汴京备变。明年,除归德尹。割河南地与宋,入为燕京内省使。宗弼复河南,阿鲁补先济河,抚定诸都,再为归德尹、河南路都统。宋兵来取河南地,宗弼召阿鲁补,与许州韩常、颍州大臭、陈州赤盏晖,皆会于汴,阿鲁补以敌在近,独不赴。而宋将岳飞、刘光世等,果乘间袭取许、颍、陈三州,旁郡皆响应。其兵犯归德者,阿鲁补连击败之,复取亳、宿等州,河南平,阿鲁补功最。

皇统五年,为行台参知政事,授世袭猛安,兼合扎谋克。改元帅右监军,婆速路统军,归德军节度使,累阶仪同三司。

其在汴时,尝取官舍材木,构私第于恩州,至是事觉,法当"议勋"、"议亲"。海陵尝在军中,恶阿鲁补,诏曰:"若论勋劳,更有过于此者。况官至一品,足以酬之。国家立法,贵贱一也,岂以亲贵而有异也。"遂论死。年五十五。

阿鲁补以将家子从征伐,屡立功,历官有惠爱,得民心。及死,人皆惜之。大定三年,赠仪同三司,诏以其子为右卫将军,袭猛安及亲管谋克,赐银五百两、重彩二十端、绢三百匹。

骨赧,冶诃子,善骑射,有材干。从讨桓赧、散达、乌春、窝谋罕、留可之叛,皆有功。从太祖伐辽,骨赧从军战宁江州出河店,破辽主亲军,皆以力战受赏,袭其父谋克。领秦王宗翰千户,攻下中、西两京。

宗翰伐宋,围太原未下,宗翰还西京,骨赧以右翼军佐银术可守太原。是时汾州、团柏、榆次、岚、宪、潞皆有兵来援,骨赧凡四战,皆破之。大军围汴,骨赧引万户军,屡败其援兵。宪、潞等州复叛,骨赧引兵复取之,并收抚保德、火山而还。

后领军镇夏边,在职十二年。天会八年,授世袭猛安。天眷初,为天德军节度使,致仕。累迁开府仪同三司,卒,年八十五。子喜哥袭猛安,加宣武将军。

讹古乃,冶诃子,姿质魁伟。年十四,隶秦王宗翰军中,常领兵行前为侦候。及大军袭辽主,讹古乃以甲骑六十,追辽招讨徒山,获之,又以七骑追获辽公主牙不里以献。有军来为辽援,方临阵,中有跃马而出者,军帅谓之曰:“尔能为我取此乎?”讹古乃曰:“诺。”果生擒而还,问其名,曰同瓜,盖北部中之勇者也。

讹古乃善驰驿,日能千里。及伐宋,屡遣将命以行。天会八年,从秦王在燕,闻余睹反于西北,秦王令讹古乃驰驿以往,讹古乃黎明走天德,及至,日未曛也。

皇统元年,以功授宁远大将军,豪剌唐古部节度使。五年,授千户。六年,迁西北路招讨使。九年,再迁天德尹、西南路招讨使。天德二年,召见。四年,迁临洮尹,加金紫光禄大夫。卒官,年五十三。

蒲查,自上京梅坚河徙屯天德。初为元帅府扎也,使于四方称

职,按事能得其实,领猛安。皇统间,除同知开远军节度使,斥候严
整,边境无事。正隆初,为中都路兵马判官。是时,京畿多盗,蒲查
捕得大盗四十余人,百姓稍安。改安化军节度副使。大定二年,领
行军万户,充邳州刺史、知军事,领本州万户,管所屯九猛安军,昌
武军节度使,山东副都统。撒改南征,元帅府以蒲查行副统事。入
为太子少詹事,再迁开远军节度使,袭伯父骨赧猛安,历婆速路兵
马都总管,西北路招讨使,卒。

　　蒲查性廉洁忠直,临事能断,凡被任使,无不称云。

　　赞曰:贤石鲁与昭祖为友,欢都事景祖、世祖为之臣。盖金自景
祖始大,诸部君臣之分始定,故传异姓之臣,以欢都为首。冶诃虽宗
室,与欢都同功,故列叙焉。

金史卷六九
列传第七

太祖诸子

宗隽　宗傑　宗强　宗敏

太祖圣穆皇后生景宣帝、丰王乌烈、赵王宗杰。光懿皇后生辽王宗干。钦宪皇后生宋王宗望、陈王宗隽、沈王讹鲁。宣献皇后生睿宗、豳王讹鲁朵。元妃乌古论氏生梁王宗弼、卫王宗强、蜀王宗敏。崇妃萧氏生纪王习泥烈、息王宁吉、莒王燕孙。娘子独奴可生邺王斡忽。宗干、宗望、宗弼自有传。

宗隽,本名讹鲁观。天会十四年,为东京留守。天眷元年,入朝,与左副元帅挞懒建议,以河南、陕西地与宋。俄为尚书左丞相,加开府仪同三司,兼侍中,封陈王。二年,拜太保,领三省事,进封兖国王,既而以谋反,诛。

宗傑,本名没里野。天会五年,薨。天会十三年,谥孝悼。天眷元年,追封越王。以其长子爽为会宁牧,封邓王。后为上京留守,再改燕京、西京。皇统三年,薨。子阿楞、挞楞。海陵为相,将谋弑立,构而杀之。海陵篡立,并杀宗杰妻。大定间,赠宗杰太师,进封赵王。

宗强,本名阿鲁。天眷元年,封纪王。三年,代宗固为燕京留守,封卫王,太师。皇统二年十月,薨,辍朝七日。丧至上京,上亲临哭之恸,仍亲视丧事。子阿邻、可喜、阿璅。

爽,本名阿邻。天德三年,授世袭猛安。正隆二年,除横海军节度使,改安武军,留京师奉朝请。海陵将伐宋,严酒禁,爽坐与其弟阿璅,及从父兄京、徒单贞会饮,被杖,下迁归化州刺史,夺猛安。未几,复除安武军节度使。

海陵渡淮,分遣使者剪灭宗室,爽忧惧不知所出。会世宗即位东京,宗室璋推爽弟阿璅行中都留守,遣人报爽。爽弃妻子来奔,与弟忻州刺史可喜,俱至中都。东迎车驾,至梁鱼务入见,世宗大悦,即除殿前马步军都指挥使。封温王,改秘书监。母忧,寻起复,迁太子太保,进封寿王。

顷之,世宗第五女蜀国公主下嫁唐括鼎,赐宴神龙殿,谓爽曰:"朕与卿兄弟,在正隆时,朝夕常惧不保,岂意今日赖尔兄弟之福,可以享安乐矣。"爽泣下,顿首谢。未几,判大宗正事,太子太保如故。

爽有疾,诏除其子符宝祗候思列为忠顺军节度副使。爽入谢,上曰:"朕以卿疾,使卿子迁官,冀卿因喜而愈也。思列年少,未闲政事,卿训以义方,使有善可称,别加升擢。"爽疾少间,将从上如凉陉,赐钱千万,进封英王,转太子太傅。复世袭猛安,进封荣王,改太子太师。

显宗长女邺国公主下嫁乌古论谊,赐宴庆和殿,爽坐西向,迎夕照,面发赤似醉。上问曰:"卿醉邪?"对曰:"未也,臣面迎日色,非酒红也。"上悦,顾群臣曰:"此弟出言,未尝不实,自小如此。"因谓显宗兄弟曰:"汝等可以为法。"以爽赏用有阙,特赐钱一万贯。二十三年,爽疾久不愈,敕有司曰:"荣王告满百日,当给以王俸。"

既薨,上悼痛,辍朝,遣官致祭,赙银千两、重彩四十端、绢四百匹。陪葬山陵,亲王、百官送葬。他日,谓大臣曰:"荣王之葬,朕以不果亲送为恨。"其见友爱如此。

可喜,以宗室子,累官唐括部族节度使,降忻州刺史。海陵遣使杀之,可喜闻世宗即位,即弃州来归,与其兄归化州刺史阿邻会于中都。是时,弟阿琐权中都留守事,可喜谓阿邻曰:"阿琐愚戆,恐不能抚治,欲少留以助之。"阿邻乃行。可喜留中都,闻世宗发东京,乃迎见于麻吉铺。除兵部尚书,佩金牌,将兵往南京。行至中都,闻南京已定,遂止。

可喜材武过人,狠戾好乱,自以太祖孙,颇有异志。世宗初至中都,悾偬多事,扈从诸军未暇行赏,或有怨言。昭武大将军斡论,正隆末,被诏佩金牌,取河南兵四百人,监完颜毅英军于归化,次彰德。会独吉和尚持大定赦文至。和尚使人招之,斡论不听,率兵来迎,和尚亦以所将蒲辇兵,列阵待之。斡论兵皆不肯战,遂请降。和尚邀之入相州,收其甲兵,置酒相劳,斡论托腹疾,不肯饮。至夜,已张灯,时时出门,与其心腹密谋,欲就执和尚。稍具弓矢,和尚觉之,佯为不知,使其从者迫而伺之,斡论不得发。上至中都近郊,斡论上谒,上亦抚慰之。斡论自慊,初无降志。及河南统军司令史斡里朵,为人狡险,意图事,斡论取兵于河南统军使陀满讹里也,斡里朵与俱来,俱不自安。同知延安尹李惟忠,与熙宗弑逆,构杀韩王亨,世宗疏斥之。同知中都留守璋,初自领其职,因而授之。完颜布辉为副统,以罪解职,居京师。于是可喜、斡论、李惟忠、斡里朵、璋、布辉谋,欲因扈从军士怨望作乱。斡论曰:"押军猛安沃窟剌,必不违我。"惟忠曰:"惟忠尝为神翼军总管,有两银牌尚在,可以矫发内藏赏士。万户高松与我旧,必见听。"众曰:"若得此军,举事无难矣。"斡论往约沃窟剌,沃窟剌从之。惟忠往说高松,高松不听,语在《松传》。

大定二年正月甲戌,上谒山陵,可喜中道称疾而归。乙亥夜,召斡论、惟忠、斡里朵、璋、布辉会其家,沃窟剌以兵赴之,璋曰:"今不得高松军,事不可成矣。"可喜、璋、布辉乃擒斡论、惟忠、斡里朵、沃窟剌,诣有司自首。既下诏狱,可喜不肯自言其始谋,及与斡论面质,然后款伏。上念兄弟少,太祖孙惟数人在,恻然伤之。诏罪止可喜一身,其兄弟子孙皆不缘坐。遂诛斡论、惟忠、斡里朵、沃窟剌等,其沃窟剌下谋克士卒皆释之。除璋彰化军节度使,布辉浚州防御使。辛巳,诏天下。是日,赐扈从万户银百两,猛安五十两,谋克绢十匹,甲士绢五匹、钱六贯,阿里喜以下赐各有差。

阿琐,宗强之幼子也。长身多力。天德二年,以宗室子,授奉国上将军,累加金吾卫上将军,居于中都。

海陵伐宋,以左卫将军蒲察沙离只同知中都留守事,佩金牌,守管籥。世宗即位东京,阿琐与璋率守城军官乌林答石家奴等,入留守府,杀沙离只、府判抹捻撒离喝。众以阿琐行留守事,璋自署同知留守事,即遣谋克石家奴、乌林答愿、蒲察蒲查、大兴少尹李天吉子磐等,奉表东京。

大定二年,授横海军节度使,赐以名鹰,诏曰:“卿方年少,宜自戒慎,留心政事。”改武定军,以母忧去官。起复兴平军节度使,赐以袭衣厩马。迁广宁尹,坐赃一万四千余贯,诏杖八十,削两阶,解职。入见于常武殿,上曰:“朕谓汝有才力,使之临民。今汝在法当死,朕以亲亲之故,曲为全贷。当思自今戒惧,勿复使恶声达于朕听。”改平凉、济南尹,卒官,年三十七。上命有司致祭,赙银千两、重彩四十端、绢四百匹。

宗敏,本名阿鲁补。天眷元年,封邢王。皇统三年,为东京留守,拜左副元帅,兼会宁牧。进拜都元帅,兼判大宗正事。再进太保,领三省事,兼左副元帅,领行台尚书省事,封曹国王。

海陵谋弑立,畏宗敏属尊且材勇,欲构诬以除之。时熙宗屡杀大臣,宗敏忧之,谓海陵曰:“主上喜残杀,而国家事重,奈何。”宗敏言时,适左右无人,海陵将以此为指斥构害之,自念无证不可发,乃止。

及弑熙宗,使葛王召宗敏。葛王者,世宗初封也。宗敏闻海陵召,疑惧不敢往,葛王曰:"叔父今不即往,至明日,如何与之相见。"宗敏入宫,海陵欲杀之,尚犹豫,以问左右。乌带曰:"彼太祖子也,不杀之,众人必有异议,不如除之。"乃使仆散忽土杀之,忽土刃击宗敏,宗敏左右走避,肤发血肉,狼藉遍地。葛王见杀宗敏,问于众曰:"国王何罪而死?"乌带曰:"天许大事,尚已行之,此虮虱耳,何足道者。"天德三年,海陵追封宗敏为太师,进封爵。妃蒲察氏,进国号。封子撒合辇舒国公,赐名褒,进封王;阿里罕封密国公。正隆六年,契丹撒八反,海陵遣使杀诸宗室,阿里罕遂见杀。大定间,诏复官爵。

胙王元,景宣皇帝宗峻子也,本名常胜,为北京留守。弟查剌为安武军节度使。

皇统七年四月戊午,左副点检蒲察阿虎特子尚主,进礼物,赐宴便殿。熙宗被酒,酌酒赐元,元不能饮,上怒,仗剑逼之,元逃去。命左丞宗宪召元,宗宪与元俱去,上益怒,是时户部尚书宗礼在侧,使之跪,手杀之。

海陵与唐括辩谋废立,海陵曰:"若举大事,谁当立者。"海陵意谓己乃太祖长房之孙,当立。而辩与秉德初意不在海陵,常胜乃熙宗之弟,辩答曰:"无胙王常胜乎。"海陵复问其次,辩曰:"邓王子阿楞。"海陵曰:"阿楞属疏。"由是海陵谓胙王有人望,不除之将不得立,故心忌常胜并阿楞。是时,阿楞方为奉国上将军。

河南军士孙进自称"皇帝按察大王",熙宗疑"皇弟"二字或在常胜也,使特思鞫之,无状。特思乃尝疑海陵与唐括辩时时窃议,告之悼后者。海陵知熙宗有疑常胜心,因此可以除之,谓熙宗曰:"孙进反有端,不称他人,乃称皇弟大王。陛下弟止有常胜、查剌。特思鞫不以实,故出之矣。"熙宗以为然,使唐括辩、萧肄按问特思,特思自诬服,故出常胜罪。于是,乃杀常胜及其弟查剌,并杀特思。海陵乘此并挤阿楞杀之。阿楞弟挞楞,熙宗本无意杀之,海陵曰:"其兄既已伏诛,其弟安得独存。"又杀之。熙宗以海陵为忠,愈益任之,而不知其诈也。

海陵篡立，追封常胜、查剌、阿楞官爵，亲临葬所致祭。大定十三年六月丁巳，世宗召皇太子诸王，侍食于清辉殿，曰：“或称海陵多能，何也。海陵谲诈，睢盱杀人，空虚天下三分之二。太祖诸孙中，惟胙王元天性贤者也。”

元子育，本名合住，大定二十七年，自南京副留守迁大宗正丞，兼劝农副使。上问宰臣曰：“合住为人如何？”平章政事襄、参政宗浩对曰：“为人清廉干治。”上曰：“乃父亦然。”又曰：“蒲阳温胙王元，外若愚讷，临事明敏过人。朕于兄弟间，于元尤款密。”

赞曰：太祖躬擐甲胄，以定国家，举无遗策，而诸子勇略材识，足以遂父之志。传及太宗，而诸孙享其成矣。

金史卷七〇
列传第八

撒改　习不失　石土门

撒改者,景祖孙,韩国公劾者之长子,世祖之兄子也。劾者于次最长。景祖方计定诸部,爱世祖胆勇材略。及诸子长,国俗当异宫居,而命劾者与世祖同邸,劾者专治家务,世祖主外事。世祖袭节度使,越劾孙而传肃宗、穆宗,皆景祖志也。穆宗初袭位,念劾者长兄不得立,遂命撒改为国相。

穆宗履藉父兄趾业,锄除强梗不服己者,使撒改取马纪岭道攻阿疏,穆宗自将,期阿疏城下会军。撒改行次阿不塞水,乌延部斜勒勃堇来谒,谓撒改曰:"闻国相将与太师会军阿疏城下,此为深入必取之策,宜先抚定潺蠢、星显之路,落其党附,夺其民人,然后合军未晚也。"撒改从之,攻钝恩城,请济师,穆宗与之,撒改遂攻下钝恩城,而与穆宗来会阿疏城下。钝恩在南,阿疏在北,穆宗初遣撒改分道,即会攻阿疏。闻其用斜勒计,先取钝恩城,与初议不合,颇不然之。及辽使来止勿攻阿疏,然后深以先取钝恩城为功也。及以国相都统讨留可、诈都、坞塔等军,而阿疏亡入于辽,终不敢归,留可、诈都、坞塔、钝恩皆降。

康宗没,太祖称都勃极烈,与撒改分治诸都,匹脱水以北太祖统之,来流水人民撒改统之。明年甲午,嗣节度命方至。

辽主荒于游畋,政事怠废,太祖知辽可伐,遂起兵。九月,与辽人战于界上,获谢十,太祖使告克于撒改,赐以所获谢十乘马,撒改及将士皆欢呼曰："义兵始至辽界,一战而胜,灭辽必自此始矣。"遣子宗翰及完颜希尹来贺捷,因劝进,太祖未之从也。十月,师克宁江州,破辽师十万于鸭子河,师还。十二月,太宗及撒改、辞不失率诸将复劝进。收国元年正月朔,太祖即位,撒改行国相如故。伐辽之计决于迪古乃,赞成大计实自撒改启之。撒改自以宗室近属,且长房,继肃宗为国相,既贵且重,故身任大计,赞成如此,诸人莫之或先也。

太祖即位后,群臣奏事,撒改等前跪,上起,泣止之曰："今日成功,皆诸君协辅之力,吾虽处大位,未易改旧俗也。"撒改等感激,再拜谢。凡臣下宴集,太祖尝赴之,主人拜,上亦答拜。天辅后,始正君臣之礼焉。七月,太宗为谙版勃极烈,撒改国论勃极烈,辞不失阿买勃极烈,呆国论呆勃极烈。勃极烈,女直之尊官也。太祖自正位号,凡半岁,未闻有封拜。太宗介弟优礼绝等,呆母弟之最幼者,撒改、辞不失以宗室,同封拜。九月,加国论胡鲁勃极烈。天辅五年,薨。太祖往吊,乘白马,斮额哭之恸。及葬,复亲临之,赠以所御马。

撒改为人,敦厚多智,长于用人,家居纯俭,好稼穑。自始为国相,能驯服诸部,讼狱得其情,当时有言："不见国相,事何从决。"及举兵伐辽,撒改每以宗臣为内外倚重,不以战多为其功也。天会十五年,追封燕国王。正隆降封陈国公。大定三年,改赠金源郡王,配飨太祖庙廷,谥忠毅。十五年,诏图像于衍庆宫。子宗翰、宗宪。宗翰别有传。

宗宪本名阿懒。颁行女直字书,年十六,选入学。太宗幸学,宗宪与诸生俱谒,宗宪进止恂雅,太宗召至前,令诵所习,语音清亮,善应对。侍臣奏曰："此左副元帅宗翰弟也。"上嗟赏久之。兼通契丹、汉字。未冠,从宗翰伐宋,汴京破,众人争趋府库取财物,宗宪独载图书以归。朝廷议制度礼乐,往往因仍辽旧,宗宪曰："方今奄有辽、宋,当远引前古,因时制宜,成一代之法,何乃近取辽人制度哉。"希尹曰："而意甚与我合。"由是器重之。

挞懒、宗隽唱议以齐地与宋，宗宪廷争折之，当时不用其言，其后宗弼复取河南、陕西地，如宗宪策。以捕宗磐、宗隽功，授昭武大将军。修国史，累官尚书左丞。熙宗从容谓之曰："向以河南、陕西地与宋人，卿以为不当与，今复取之，是犹用卿言也。卿识虑深远，自今以往，其尽言无隐。"宗宪拜谢，遂摄门下侍郎。

初，熙宗以疑似杀左丞相希尹，久之，察其无罪，深闵惜之，谓宗宪曰："希尹有大功于国，无罪而死，朕将录用其孙，如之何？"宗宪对曰："陛下深念希尹，录用其孙，幸甚。若不先明死者无罪，生者何由得仕。"上曰："卿言是也。"即日复希尹官爵，用其孙守道为应奉翰林文字。皇统五年，将肆赦，议覃恩止及女直人，宗宪奏曰："莫非王臣，庆幸岂可有间邪。"遂改其文，使均被焉。转行台平章政事。天德初，为中京留守、安武军节度使。封河内郡王。改太原尹，进封钜鹿郡王。正隆例夺王爵，再迁震武、武定军节度使。

世宗即位，遣使召之，诏曰："叔若能来，宜速至此，若为纥石烈志宁、白彦敬所遏，亦不烦叔忧。"宗宪闻世宗即位，先已弃官来归，与使者遇于中都，遂见上于小辽口，除中都留守，即遣赴任。诏与元帅完颜毂英同议军事。明年，改西京留守。八月，改南京。仆散忠义自行台朝京师，宗宪摄行台尚书省事，召为太子太师，上谓宗宪曰："卿年老旧人，更事多矣，皇太子年尚少，谨训导之。"俄拜平章政事，太子太师如故。诏以《太祖实录》赐宗宪及平章政事完颜元宜、左丞纥石烈良弼、判秘书监温王爽各一本。

移剌高山奴前为宁州刺史，以贪污免，世宗以功臣子孙宗族中无显仕者，以为秘书少监。是时，母丧未除，有司奏其事，宗宪曰："高山奴傲狠贪墨，不可致之左右。"世宗曰："朕以其父祖有功耳，既为人如此，岂可玷职位哉。"追还制命，因顾右丞苏保衡、参政石琚曰："此朕之过举，不可不改，卿等当尽心以辅朕也。"有司言，诸路猛安谋克，怙其世袭多扰民，请同流官，以三十月为考。诏下尚书省议，宗宪乃上议曰："昔太祖皇帝抚定天下，誓封功臣袭猛安谋克，今若改为迁调，非太祖约。臣谓凡猛安谋克，当明核善恶，进贤退不肖,有不职者,其弟侄中更择贤者代之。"上从其议。进拜右丞相。大定六年,薨,年五十九。上辍朝,悼惜者久之,命百官致奠,赙银一千五百两、重彩五十端、绢五百匹。

习不失本作辞不失,后定为习不失,昭祖之孙,乌骨出之次子也。初,昭祖久无继嗣,与威顺皇后徒单氏祷于巫,而生景祖及乌骨出。乌骨出长而酗酒,屡悖其母。昭祖没,徒单氏与景祖谋而杀之。部人怒,欲害景祖,徒单氏自以为事,而景祖乃得免。

习不失健捷,能左右射。世祖袭节度,肃宗与拒桓赦、散达,战于斡鲁绀出水,已再失利,世祖至军,吏士无人色。世祖使习不失先阵于脱豁改原,而身出搏战,败其步军。习不失自阵后奋击之,败其骑军,所乘马中九矢,不能驰,遂步趋而出。方战,其外兄乌葛名善射,居敌骑中,将射,习不失熟视识之,呼曰:"此小儿,是汝一人之事乎,何为推锋居前如此。"以弓弰击马首而去。是役也,习不失之功居多。桓赦、散达既败,习不失马弃阵中者亦自归。

世祖尝疑术甲孛里笃或与乌春等为变,遣习不失单骑往观,孛里笃与忽鲁置酒楼上以饮之。习不失闻其私语昵昵,若将执己者,一跃下楼,旁出藩篱之外,弃马而归,其勇趫如此。杯乃约乌春举兵,世祖至苏素海甸与乌春遇,肃宗前战,斜列、习不失佐之,束缊纵火,烟焰蔽天,大败乌春,执杯乃以归。太祖获麻产,献馘于辽,辽人赏功,穆宗、太祖、欢都、习不失皆为详稳焉。后与阿里合懑、斡带俱佐撒改攻留可城,下之。太祖伐辽,使领兵千人,夹侍左右。出河店之役,惟习不失之策与太祖合,卒破十万之师,挫其军锋。遂与太宗、撒改等劝进。收国元年七月,与太宗、撒改、杲俱为勃极烈,习不失为阿买勃极烈云。

天辅七年,太宗与习不失居守,郓王昂违纪律失众,法当死。于是,辽人以燕京降,宋人约岁币。三月,世宗生。习不失谓太宗曰:"兄弟骨肉,以恩掩义,宁屈法以全之。今国家迭有大庆,可减昂以无死,若主上有责言,以我为说。"太宗然之,遂杖昂以闻。太祖每伐辽,辄命习不失与太宗居守,虽无方面功,而倚任与撒改比侔矣。是岁七月,薨。会太祖班师道病,太宗奉迎谒见,恐太祖感动而疾转甚,不敢以薨告。太祖辄问曰:"阿买勃极烈安在?"太宗绐对曰:"今即至矣。"正隆二年,赠开府仪同三司,追封曹国公。大定三年,进封金源郡王,配飨太祖庙廷,谥曰忠毅。

子鹘沙虎,国初有功,天会间,为真定留守。子挞不也。

宗亨本名挞不也,性忠谨。天辅初,以宗室子,充护卫。擒宗磐、宗隽有功,加忠勇校尉,迁昭信校尉、尚厩局直长。三年,升本局副使。丁父忧,时宗正官属,例以材选,宗亨在选中,遂起复,为淑温特宗室将军。改会宁府少尹,历登州刺史,改献州刺史,泽州定为特满群牧使、同知北京路转运使,改泽州定国军节度使。海陵庶人南伐,以本职领武扬军都总管,过淮。

世宗即位,以手诏赐宗亨,宗亨得诏,即入朝。大定二年,授右宣徽使,未几,为北京路兵马都统,以讨契丹贼。右副元帅仆散忠义与窝斡遇于花道,宗亨与左翼万户蒲察世杰等,以七谋克军与之战,失利。及窝斡败,其党括里、扎八率众南奔,宗亨追及之。扎八诈降,宗亨信之。扎八诡曰:"括里遁,愿往邀。"宗亨听其去。大纵军士,取贼所弃橐人畜,多自有之。括里、扎八亡入于宋。坐是,降为宁州刺史。

宗贤本名赛里,习不失之孙也。从都统杲取中京,袭辽帝于鸳鸯泺。宗翰使挞懒袭耶律马哥,都统使蒲家奴及赛里等,以兵助之。蒲家奴使赛里、斜野、裴满胡挞、达鲁古斯列、耶律吴十等各率兵分行招谕,获辽留守迪越家人辎重,并降群牧官木卢瓦,得马甚多,使逐水草牧之。赛里等趋业迭,遂以偏师深入,敌邀击之,撒合战没。蒲家奴至旺国崖西,赛里兵会之。累官至左副点检。

天眷二年,方捕宗隽,赛里坐会饮其家,夺官爵。未几,复官。皇

统四年,授世袭谋克,转都点检,封豳国公。拜平章政事。进拜右丞
相,兼中书令。进拜太保、左丞相,监修国史。罢为左副元帅。无何,
复为太保、左丞相,左副元帅如故。进太师,领三省事,兼都元帅,监
修国史。出为南京留守,领行台尚书省事。复为左副元帅,兼西京
留守。再为太保,领三省事。复为左丞相,兼都元帅。

　　赛里自护卫,未十年位兼将相,常感激,思自效以报朝廷。虽于
悼后为母党,后专政,大臣或因之以取进用,赛里未尝附之。皇太子
济安薨,魏王道济死,熙宗未有嗣子,赛里劝熙宗选后宫以广继嗣,
不少顾忌于后,后以此怨之。与海陵同在相位,未尝少肯假借,海陵
虽专而心惮赛里,外以属尊加礼敬而内常忌之。海陵知悼后怨赛
里,因与后共力排出之,赛里亦不以是少变。

　　胙王常胜死,熙宗纳其妻宫中,顷之,杀悼后及妃数人,将以常
胜妻为后,未果也。及海陵弑熙宗,诡以熙宗将议立后,召诸王大
臣,赛里闻召,以为信然,将入宫,谓人曰:“上必欲立常胜妻为后,
我当力争之。”及被执,犹以为熙宗将立常胜妻,而先杀之也,曰:
“谁能为我言者,我死固不足惜,独念主上左右无助耳。”遂遇害。

　　石土门,汉字一作神徒门,耶懒路完颜部人,世为其部长。父直
离海,始祖弟保活里四世孙,虽同宗属,不相通问久矣。景祖时,直
离海使部人邀孙来,请复通宗系。景祖留邀孙岁余,厚其饩廪饮食,
善遇之。及还,以币帛数篚为赠,结其厚意。久之,耶懒岁饥,景祖
与之马牛,为助粂费,使世祖往致之。会世祖有疾,石土门日夕不离
左右,世祖疾愈辞归,与握手为别,约它日无相忘。石土门体貌魁
伟,勇敢善战,质直孝友,强记辩捷,临事果断。

　　世祖袭位,交好益深,邻部不悦,遂合兵攻之。石土门使弟阿斯
懑率二百人南下拒敌,敌兵千人,已出其东据高阜,石土门将五千
人迎击之。敌将斡里本者,勇士也,出挑战,石土门射中其马,斡里
本反射,射中石土门腹,石土门拔箭,战愈力。阿斯懑与勇士七人步
战,杀斡里本,诸部兵遂败。石土门因招谕诸部,使附于世祖,世祖

嘉之。后伐乌春、窝谋罕及钝恩、狄库德等，皆以所部从战，有功。

弟阿斯懑寻卒，及终丧，大会其族，太祖率官属往焉，就以伐辽之议访之。方会祭，有飞乌自东而西，太祖射之，矢贯左翼而坠，石土门持至上前称庆曰：“乌鸢人所甚恶，今射获之，此吉兆也。”即以金版献之。后以本部兵从击高丽。及伐辽，功尤多。王师攻下西京，赐以金牌。其子蝉蠡从行，上语之曰：“吾妃之妹白散者在辽，俟其获，当以为汝妇。”竟如其言。

上之西征，诸将皆从，石土门乃率善射者三百人来卫京师，时太宗居守，喜其至，亲出迎劳。继闻黄龙府叛，与睿宗讨平之，睿宗赐以奴婢五百人，师还，赏赉良渥。至是卒，年六十一。正隆二年，封金源郡王。子习失、思敬。

完颜忠本名迪古乃，字阿思魁，石土门之弟。太祖器重之，将举兵伐辽，而未决也，欲与迪古乃计事，于是宗翰、宗干、完颜希尹皆从。居数日，少间，太祖与迪古乃冯肩而语曰：“我此来岂徒然也，有谋于汝，汝为我决之。辽名为大国，其实空虚，主骄而士怯，战阵无勇，可取也。吾欲举兵，扶义而西，君以为如何？”迪古乃曰：“以主公英武，士众乐为用。辽帝荒于畋猎，政令无常，易与也。”太祖然之。明年，太祖伐辽，使婆卢火来征兵，迪古乃以兵会师。收国元年十二月，上御辽主兵，次爻剌，迪古乃与银术哥守达鲁古路。二年，与斡鲁、蒲察会斡鲁古，讨高永昌，破其兵，东京降。遂与斡鲁古等御耶律捏里，败之于蒺藜山，拔显州，乾、惠等州降。

天辅二年，与娄室俱入见，上曰：“辽主近在中京，而敢辄来，各杖之三十。”太祖驻军草泺，迪古乃取奉圣州，破其兵五千于鸡鸣山，奉圣州降。太祖入燕京，迪古乃出德胜口，以代石土门为耶懒路都勃堇。二年，以耶懒地薄斥卤，迁其部于苏滨水，仍以术实勒之田益之。

熙宗即位，加太子太师。十四年，加保大军节度使，同中书门下平章事，薨。天德二年，迪古乃配飨太祖庙廷。大定二年，追封金源郡王。

习室。康宗时,高丽筑九城于曷懒甸,习室从斡赛军。太祖攻宁江州,习室推锋力战,授猛安。后从斜也克中京,袭辽主于鸳鸯泺,略定山□,败夏将李良辅兵,与娄室俱获辽帝于余睹谷。

宗翰伐宋,与银术可围守太原。明年,攻襄垣,下潞城,降西京,至汴。元帅府以怀、孟北阻太行,南濒河,控制险要,使习室统十二猛安军镇抚之。于是,珍平寇盗,招集流亡,四境以安。天会五年,薨。熙宗时,赠特进。大定间,谥威敏。

世宗思太祖、太宗创业艰难,求当时群臣勋业最著者,图像于衍庆宫:辽王斜也、金源郡王撒改、辽王宗干、秦王宗翰、宋王宗望、梁王宗弼、金源郡王习不失、金源郡王斡鲁、金源郡王希尹、金源郡王娄室、楚王宗雄、鲁王阇母、金源郡王银术可、隋国公阿离合懑、金源郡王完颜忠、豫国公蒲家奴、金源郡王撒离喝、兖国公刘彦宗、特进斡鲁古、齐国公韩企先,并习室凡二十一人。

初,海陵罢诸路万户,置苏滨路节度使。世宗时,近臣奏请改苏滨为耶懒节度使,不忘旧功。上曰:"苏滨、耶懒二水相距千里,节度使治苏滨,不必改。石土门亲管猛安子孙袭封者,可改为耶懒猛安,以示不忘其初。"

思敬本名撒改,押懒河人,金源郡王神土懑之子,习失弟也。初名思恭,避显宗讳改焉。体貌雄伟,美须髯,纯直有材干。年十一,从其父谒见太祖。太祖在纳邻淀,方猎,因诏从猎,射黄羊获之,太祖赐以从马。

宗翰自太原伐宋,从其兄习室攻太原。宗翰取河南,思敬从完颜活女涉渡河,下洛阳、围汴皆有功。师还,隶辽王宗干麾下。太宗幸东京温汤,思敬权护卫,押卫卒百人以行。领谋克。从征术虎麟有功,遂充护卫。天眷二年,以捕宗磐、宗隽功,迁显武将军。

熙宗捕鱼混同江,网索绝,曹国王宗敏乘醉,鞭马入江,手引系网大绳，沉于水中。熙宗呼左右救之，仓卒莫有应者，思敬跃入水，引宗敏出。熙宗称叹，赏赉甚厚。擢右卫将军，袭押懒路万户，授世袭谋克。七年，召见，赐以袭衣、厩马、钱万贯。及归，复遣使赐弓剑。是年，入为工部尚书，改殿前都点检。无何，为吏部尚书。

天德初，为报谕宋国使。宋人以旧例，请观钱塘江潮，思敬不观，曰：“我国东有巨海，而江水有大于钱塘者。”竟不往。使还，拜尚书右丞，罢为真定尹。用廉，封河内郡王，徙封钜鹿。丁母忧，起复本官，改益都尹。正隆二年，例夺王爵，改庆阳尹。

大定二年，授西南路招讨使，封济国公，兼天德军节度使。俄为北路都统，佩金牌及银牌二。西北路招讨使唐括字古底副之。将本路兵二千，会字古底，视地形冲要，或于狗添屯驻，伺契丹贼出没之地，置守御，远斥候，贼至则战，不以昼夜为限。诏字古底曰：“尔兵少，思敬未至，不得先战。”仆散忠义败窝斡于陷泉，诏思敬选新马三千，备追袭。窝斡入于奚中，思敬为元帅右都监，以旧领军入奚地张哥宅，会大军讨之。败伪节度特末也，获二百余人。贼降将稍合住与其党神独斡，执窝斡并其母徐辇、妻子弟侄家属及金银牌印诣思敬降。思敬献俘于京师，赐金百两、银千两、重彩四十端、玉带、厩马、名鹰。拜右副元帅，经略南边，驻山东。罢为北京留守。复拜右副元帅，仍经略山东。

初，猛安谋克屯田山东，各随所受地土，散处州县。世宗不欲猛安谋克与民户杂处，欲使相聚居之，遣户部郎中完颜让往元帅府议之。思敬与山东路总管徒单克宁议曰：“大军方进伐宋，宜以家属权寓州县，量留军众以为备御。俟边事宁息，猛安谋克各使聚居，则军民俱便。”还奏，上从之。其后遂以猛安谋克自为保聚，其田土与民田犬牙相入者，互易之。三年四月，召还京师，以为北京留守，赐金鞍、勒马。七年，召为平章政事。先是，省并猛安谋克，及海陵时无功授猛、克者，皆罢之，失职者甚众。思敬请量才用之，上从其请。

思敬前为真定尹，其子取部民女为妾。至是，其兄乞离异，其妾畏思敬在相位，不敢去。诏还其家。

九年，拜枢密使，上疏论五事：其一，女直人可依汉人以文理选试。其二，契丹人可分隶女直猛安。其三，盐泺官可罢去。其四，与猛安同勾当副千户官亦可罢。其五，亲王府官属以文资官拟注，教以女直语言文字。上皆从之。其后女直人试进士，夹谷衡、尼庞古鉴、徒单镒、完颜匡辈，皆由此致宰相，实思敬启之也。

久之，上谓思敬曰："朕欲修《熙宗实录》，卿尝为侍从，必能记其事迹。"对曰："熙宗时，内外皆得人，风雨时，年谷丰，盗贼息，百姓安，此其大概也，何必余事。"上大悦。世宗喜立事，故其微谏如此。大定十三年，薨。上辍朝，亲临丧，哭之恸，曰："旧臣也。"赙赠加厚，葬礼悉从官给。

孙吾侃术特，大定二十四年，除明威将军，授速滨路宝邻山猛安。

赞曰：劾者让国世祖，以开帝业。撒改治国家，定社稷，尊立太祖，深谋远略，为一代宗臣，贤矣哉。习不失盖前人之愆，著勋五世。《易》曰："有子考无咎"，其此之谓乎。始祖与季弟异部而处，子孙俱为强宗，而取辽之策，卒定于迪古乃，岂天道阴有以相之邪。

金史卷七一
列传第九

斡鲁　斡鲁古勃堇　婆卢火 阇母

斡鲁，韩国公劾者第三子。康宗初，苏滨水舍国部斡豁勃堇及斡准、职德二部有异志，斡带治之，斡赛、斡鲁为之佐，遂伐斡豁，拔其城以归。高丽筑九城于曷懒甸。斡赛母疾病，斡鲁代将其兵者数月。斡鲁亦对筑九城与高丽抗，出则战，入则守，斡赛用之，卒城高丽。

收国二年四月，诏斡鲁统诸军，与阇母、蒲察、迪古乃合咸州路都统斡鲁古等，伐高永昌。诏曰："永昌诱胁戍卒，窃据一方，直投其隙而取之耳。此非有远大计，其亡可立而待也。东京渤海人德我旧矣，易为招怀。如其不从，即议进讨，无事多杀。"

高永昌渤海人，在辽为裨将，以兵三千，屯东京八甒口。永昌见辽政日败，太祖起兵，辽人不能支，遂觊觎非常。是时，东京汉人与渤海人有怨，而多杀渤海人。永昌乃诱诸渤海，并其戍卒入据东京，旬月之间，远近响应，有兵八千人，遂僭称帝，改元隆基。辽人讨之，久不能克。

永昌使挞不野、构合，以币求救于太祖，且曰："愿并力以取辽。"太祖使胡沙补往谕之曰："同力取辽固可。东京近地，汝辄据之，以僭大号可乎。若能归款，当处以王爵。仍遣系辽籍女直胡突古来。"高永昌使挞不野与胡沙补、胡突古偕来，而永昌表辞不逊，

且请还所俘渤海人。太祖留胡突古不遣,遣大药师奴与挞不野往招
谕之。

斡鲁方趋东京,辽兵六万来攻照散城,阿徒罕勃堇、乌论石准
与战于益褶之地,大破之。五月,斡鲁与辽军遇于沈州,败之,进攻
沈州,取之。永昌闻取沈州,大惧,使家奴铎剌以金印一、银牌五十
来,愿去名号,称藩。斡鲁使胡沙补、撒八往报之。会渤海高桢降,
言永昌非真降者,特以缓师耳。斡鲁进兵,永昌遂杀胡沙补等,率众
来拒。遇于沃里活水,我军既济,永昌之军不战而却,逐北至东京城
下。明日,永昌尽率其众来战,复大败之,遂以五千骑奔长松岛。

初,太祖下宁江州,获东京渤海人皆释之,往往中道亡去,诸将
请杀之,太祖曰:“既以克敌下城,何为多杀。昔先太师尝破敌,获百
余人,释之,皆亡去。既而,往往招其部人来降。今此辈亡,后日当
有效用者。”至是,东京人恩胜奴、仙哥等,执永昌妻子以城降,即宁
江州所释东京渤海人也。先太师,盖谓世祖云。未几,挞不野执永
昌及铎剌以献,皆杀之。于是,辽之南路系籍女直及东京州县尽降。

以斡鲁为南路都统、迭勃极烈,留乌蠢知东京事。诏除辽法,省
赋税,置猛安谋克一如本朝之制。九月,斡鲁上谒于婆鲁买水,上慰
劳之。辛亥,幸斡鲁第,张宴,官属皆预,赐赉有差。

烛偎水部实里古达,杀酬斡、仆忽得,斡鲁分胡剌古、乌蠢之兵
讨之。酬斡宗室子,魁伟善战,年十五,隶军中,多见任用。以兵五
百,败室韦,获其民众。及招降烛偎水部,以功为谋克。仆忽得初事
撒改,从讨萧海里,降烛偎水部,领行军千户。从破黄龙府,战达鲁
古城,皆有功。其破宁江州,渤海乙塞补叛去,仆忽得追复之。至是,
与酬斡同被害。

斡鲁至石里罕河,实里古达遁去,追及于合挞剌山,诛其首恶
四人,抚定余众。诏曰:“汝讨平叛乱,不劳师众,朕甚嘉之。酬斡等
死于国事,闻其尸弃于河,俟冰释,必求以葬,其民可三百户为一谋
克,以众所推服者领之,仍以其子弟等为质。”斡鲁乃还。天眷中,酬
斡赠奉国上将军,仆忽得赠昭义大将军。

斡鲁从都统袭辽主,辽主西走,西京已降复叛,敌据城西浮图,下射攻城者。斡鲁与鹘巴鲁攻浮图,夺之,复以精锐乘浮图下射城中,遂破西京。夏国王使李良辅将兵三万来救辽,次于天德之境。娄室与斡鲁合军击败之,追至野谷,杀数千人。夏人渡涧水,水暴至,漂溺者不可胜计。辽主在阴山、青冢之间,斡鲁为西南路都统,往袭之。使勃剌淑、撒曷懑以兵二百,袭辽权六院司喝离质于白水泺,获之。辽主留辎重于青冢,领兵一万,往应州。遣照里、背答各率兵邀之,宗望奄至辽主营,尽俘其妻、子、宗族,得其传国玺。斡鲁使使奏捷曰:"赖陛下威灵,屡败敌兵,辽主无归,势必来降,已严戒邻境,毋纳宋人,合馈军粮,令银术可往代州受之。"诏:"遍谕有功将士,俟朕至彼,当次第推赏。辽主戚属勿去其舆帐,善抚存之。辽主伶俜去国,怀悲负耻,恐陨其命。孽虽自作,而尝居大位,深所不忍。如招之肯来,以其宗族付之。已遣杨璞征粮于宋,银术可不须往矣。辽赵王习泥烈及诸官吏,并释其罪,且抚慰之。"

太祖还京师,宗翰为西北、西南两路都统,斡鲁及蒲家奴副之。宗翰朝京师,诏:"以夏人言,宋侵略新割地,以便宜决之。"斡鲁奏曰:"夏人不尽归户口资帑,又以宋人侵赐地求援兵。宋之边臣将取所赐夏人疆土,盖有异图。"诏曰:"夏人屡求援兵者,或不欲归我户口,沮吾追袭辽主事也。宋人敢言自取疆土于夏,诚有异图。宜谨守备,尽索在夏户口,通闻两国,事审处之。"斡鲁复请弗割山西与宋,则辽主不能与宋郭药师交通。复诏曰:"宗翰请毋与宋山西地,卿复及此,疆埸之事当慎毋忽。"及宗翰等伐宋,斡鲁行西南、西北两路都统事。天会五年,薨。皇统五年,追封郑国王。天德二年,配享太祖庙廷。

子撒八,银青光禄大夫。子赛里。

斡鲁古勃堇,宗室子也。太祖伐辽,使斡鲁古、阿鲁抚谕斡忽、急赛两路系辽女直,与辽节度使挞不也战,败之,斩挞不也。酷辇岭阿鲁台罕等十四太弯皆降,斡忽,急赛两路亦降。与辽都统实娄战咸州西，败之，斩实娄于阵，与娄室克咸州。陀满忽吐以所部降于斡鲁古，邻部户七千亦来归，遂与辽将喝补战，破其军数万人。太祖嘉之，以为咸州军帅。

斡鲁伐高永昌于东京，斡鲁古以咸州军佐之。辽秦晋国王耶律捏里来伐，迪古乃、娄室、婆卢火等将二万众，合斡鲁古咸州兵往击之。

胡突古尝叛入于辽，居于东京，高永昌据东京，太祖索之以归。斡鲁古伐永昌，以便宜署胡突古为千户。散都鲁、讹鲁补皆无功，亦以便宜除官。及以便宜解权谋克斛拔鲁、黄哥、达及保等职，皆非其罪。太祖闻之，尽复斛拔鲁等谋克，胡突古等皆罢去。

太祖闻斡鲁古军中往往阙马，而官马多匿于私家，遂检括之。耶律捏里、佛顶遗斡鲁古书，请和。斡鲁古以捏里书并所答书来上，且请曰："复有书问，宜如何报之？"诏曰："若彼再来请和，汝当以阿疏等叛亡，索而不获至于交兵，我行人赛剌亦不遣还。若归赛剌，及送阿疏等，则和好之议方敢奏闻。仍恐议和非实，无失备御。"

耶律捏里军蔡蒺山，斡鲁古以兵一万，戍东京。太祖使迪古乃、娄室复以兵一万益之，诏曰："辽主失道，肆命徂征，惟尔将士，当体朕意，拒命者讨之，服者抚安之，毋贪俘掠，毋肆杀戮。所赐捏里诏书，可传致也。"诏捏里曰："汝等诚欲请和，当废黜昏主，择立贤者，副朕吊伐之意，然后可议和约。不然，当尽并尔国。其审图之。"捏里复书斡鲁古，云："降去人痕孛见还，则当送阿疏等。"上曰："痕孛等乃交兵之后来降，阿疏则平日以罪亡去，其事特异。"复诏捏里，令此月十三日送阿疏至显州，各遣重臣议疆场事。

斡鲁古等攻显州，知东京事完颜斡论以兵来会，即以兵三千先渡辽水，得降户千余，遂薄显州。郭药师乘夜来袭，斡论击走之。斡鲁古等遂与捏里等战于蔡蒺山，大败辽兵，追北至阿里真陂，获佛顶家属。遂围显州，攻其城西南，军士神笃逾城先入，烧其佛寺，烟焰扑人，守陴者不能立，诸军乘之，遂拔显州。于是，乾、懿、豪、徽、成、川、惠等州皆降。乾州后为间阳县，辽诸陵多在此，禁无所犯。徙成、川州人于同、银二州居之。

捏里再以书来请和,斡鲁古承前诏,以阿疏为言,答之。驻军显州以听命。赐斡鲁古等马十匹,诏曰:“汝等力摧大敌,攻下诸城,朕甚嘉之。辽主未获,人心易摇,不可恃战胜而失备御。”辽双州节度使张崇降,斡鲁古以便宜命复其职,仍令世袭。

斡鲁古久在咸州,多立功,亦多自恣,劾里保、双古等告斡鲁古不法事:辽帝在中京可追袭而不追袭,咸州粮草丰足而奏数不以实,攻显州获生口财畜多自取。捏里、孛剌束等亦告勃堇訾葛、麻吉、窝论、赤闰、阿剌本、乙剌等多取生口财畜。遂以阇哥代为咸州路都统。

阇哥亦宗室子也,既代斡鲁古治咸州。初,迪古乃、娄室奏,攻显州新降附之民,可迁其富者于咸州路,其贫者徙内地。于是,诏使阇哥择其才可干事者而授之谋克,其豪右诚心归附者拟为猛安,录其姓名以闻,饥贫之民,官赈给之,而使阇母为其副统云。久之,辽通、祺、双、辽四州之民八百余家,诣咸州都统降。上曰:“辽人赋敛无度,民不堪命,相率求生,不可使失望,分置诸部,择善地以处之。”

太祖召斡鲁古自问之,斡鲁古引伏。阇哥鞫窝论等。诏降斡鲁古为谋克,而禁锢窝论等。天辅六年,讨贼于牛心山,道病卒。天眷中,赠特进。天德二年,配享太祖庙廷。大定十五年,谥庄翼。

婆卢火,安帝五代孙。太祖伐辽,使婆卢火征迪古乃兵,失期,杖之。后与浑黜以四千人,往助娄室、银术哥攻黄龙府。辞勒罕、辙孛得兄弟,直撷里部人,尝寇耶懒路,穆宗遣婆卢火讨之。至阿里门河,辞勒罕伪降,遂略马畜三百而去,复兀勒部掠二十五寨。太祖复使婆卢火讨之。婆卢火渡苏衮河,招降旁近诸部,因籍丁壮为军,至特滕吴水,辙孛得伪降,复叛去,执而杀之。婆卢火至特邻城,围之,辞勒罕遁去。婆卢火破其城,执其妻子,辞勒罕遂降,曰:“我之马牛财货尽矣,何以为生。”婆卢火与之马十匹。直撷里部产良马,太祖使纥石烈阿习罕掌其畜牧,婆卢火及子婆速,俱为谋克。

天辅五年,摘取诸路猛安中万余家,屯田于泰州,婆卢火为都统,赐耕牛五十。婆卢火旧居按出虎水,自是徙居泰州,而遣拾得、查端、阿里徒欢、奚挞罕等俱徙焉。唯族子撒刺喝尝为世祖养子,独得不徙。

太祖取燕京,婆卢火为右翼,兵出居庸关,大败辽兵,遂取居庸。萧妃遁去,都监高六等来送款乞降。习古乃追萧妃至古北口,萧妃已过三日,不及而还。上令婆卢火、胡实赉率轻骑追之,萧妃已远去,获其从官统军察刺、宣徽查刺,并其家族,及银牌二、印十有一。及迭刺叛,婆卢火、石古乃讨平之,其群官率众降者,就使领其所部。太宗以空名宣头及银牌给之。

同时有婆卢火者,娄室平陕西,婆卢火、绳果监战。后为平阳尹,西南路招讨使,终于庆阳尹。

泰州婆卢火守边屡有功,太宗赐衣一袭,并赐其子剖叔。八年,以甲胄赐所部诸谋克。天会十三年,加同中书门下平章事。天眷元年,驻乌骨迪烈地,薨。赠开府仪同三司,谥刚毅。

子剖叔,袭猛安,天眷二年,为泰州副都统,子斡带,广威将军。

婆速,官特进,子吾扎忽。

吾扎忽,善骑射,年二十,以本班祗候郎君都管,从征伐有功,授修武校尉。皇统二年,权领泰州军。平陕西,至泾州,大破宋兵于马西镇,超迁宁远大将军,袭猛安。复以本部军从宗弼,权都统。正隆末,从海陵伐宋。契丹反,与德昌军节度使移室懑同讨契丹,许以便宜从事。

大定初,除咸平尹,驻军泰州。俄改临潢尹,摄元帅左都监。与广宁尹仆散浑坦俱从元帅右都监神土懑解临潢之围。契丹引众东行,吾扎忽追及于窊历山。押军猛安契丹忽剌叔以所部助敌,攻官军,官军失利。泰州节度使乌里雅来救,未至临潢与敌遇,乌里雅败,仅以数骑脱归。敌攻泰州,其势大振,城中震骇,将士不敢出战,敌四面登城。押军猛安乌古孙阿里补率军士数人持镔刀循城,应敌力战,斫刈甚众,敌乃退,泰州得完。吾扎忽乃使谋克蒲卢浑徙百姓旁邑及险厄之地,以俟大军。明年,聚甲士万三千于济州,会元帅谋衍,败窝斡于长泺。战雾淞河,战陷泉,皆有功,改胡里改节度使,卒。

吾扎忽性聪敏,有才智,善用军,常出敌之不意,故能以寡敌众,而所往无不克,号为"鹘军"云。

阇母,世祖第十一子,太祖异母弟也。高永昌据东京,斡鲁往伐之,阇母等为之佐。已克沈州,城中出奔者阇母邀击殆尽。与永昌隔沃里活水,众遇淖不敢进,阇母以所部先济,诸军毕济。军东京城下,城中人出城来战,阇母破之于首山,歼其众,获马五百匹。

及斡鲁古以罪去咸州,阇母代之,于是阇母为咸州路副统。辽议和久不成,太祖进兵,诏咸州路都统司,令斜葛留兵一千镇守,阇母以余兵会于浑河。太祖攻上京,实临潢府,谕之不下。辽人恃储蓄自固。上亲临阵,阇母以众先登,克其外城,留守挞不野率众出降。都统杲兵至中京,阇母自城西沿土河以进,城中兵尚余三千,皆不能守,遂克之。

宗翰等攻西京,阇母、娄室等于城东为木洞以捍蔽矢石,于北隅以刍荛塞其隍,城中出兵万余,将烧之。温迪罕蒲匣率众力战,执旗者被创,蒲匣自执旗,奋击却之。又为四轮革车,高出于堞,阇母与麾下乘车先登,诸军继之,遂克西京。

与辽步骑五千战于朔州之境,斩首三百级。复败辽骑三百于河阴。辽兵五千屯于马邑县南,复击破之,隳其营垒,尽得其车马、器械。辽兵三万,列营于西京之西,阇母以三千击之。阇母使士卒皆去马,阵于沟堑之间,曰:"以一击十,不致之死地,不可使战也。"谓众曰:"若不胜敌,不可以求生。"于是人皆殊死战,辽兵遂败,追至其营而止。明日,复败其兵七百余人。

兴中府宜州复叛,阇母讨之,并下诏招谕,诏阇母曰:"辽之土地皆为我有，彼虽复叛，终皆吾民，可纵其耕稼，毋得侵掠。"勃堇蒙刮、斜钵、吾挞等获契丹九斤，兴中平。

阇母为南路都统，讨回离保，诏曰："回离保以乌合之众，保据险阻，其势必将自毙。若彼不出掠，毋庸攻讨。"耶律奥古哲等杀回离保于景、蓟之间，其众遂溃。

张觉据平州叛，入于宋，阇母自锦州往讨之。觉将以兵胁迁、来、润、隰四州之民，阇母至润州，击走张觉军，逐北至榆关，遣俘持书招之。复败觉兵于营州东北，欲乘胜进取南京。时方暑雨，退屯海壖，逐水草休息，使仆虺、蒙刮两猛安屯润州，制未降州县，不得与觉交通。九月，阇母破觉将王孝古于新安，败觉军于楼峰口。复与觉战于兔耳山，阇母大败。太宗使宗望问阇母败军之状，宗望遂以阇母军讨觉。及宗望破张觉，太宗乃赦阇母，召宗望赴阙。

阇母连破伪都统张敦固，遂克南京，执敦固杀之。上遣使迎劳之，诏曰："闻下南京，抚定兵民，甚善。诸军之赏，卿差等以给之。"又诏曰："南京疆场如旧，屯兵以镇之。命有司运米五万石于广宁，给南京、润州戍卒。"遂下宜州，拔叉牙山，杀其节度使韩庆民，得粮五千石。诏以南路岁饥，许田猎。

其后宋童贯、郭药师治兵，阇母辄因降人知之，即具奏，语在宋事中。而宗翰、宗望皆请伐宋，于是阇母副宗望伐宋，宗望以阇母属尊，先皇帝任使有功，请以为都统，己监战事。于是阇母为都统，扫喝副之，败郭药师兵于白河，遂降燕山，以先锋渡河围汴，宋人请盟。将士分屯于安肃、雄、霸、广、信之境，宗望还山西，阇母与刘彦宗留燕京，节制诸军。八月，复伐宋，大军克汴州，诸军屯于城上。城中诸军溃而西出者十三万人，阇母、挞懒分击，大败之。师还，阇母为元帅左都监，攻河间，下之，大破敌兵万余于莫州。宗辅为右副元帅，徇地淄、青。阇母与宗弼分兵破山谷诸屯。宋李成兵围淄州，乌林答泰欲破之。阇母克潍州。迪古补、术虎速连破赵子昉等兵，至于河上。乌林答泰欲破敌于灵城镇。及议伐康王，阇母欲先定河北，然后进讨，太宗乃酌取群议之中，使娄室取陕西，宗翰、宗辅南伐。

天会六年，薨，年四十。熙宗时，追封吴国王。天德二年，配享太祖庙廷。正隆，改封谭王。大定二年，徙封鲁王，谥庄襄。

子宗叙。

宗叙，本名德寿，阇母第四子也。奇伟有大志，喜谈兵。天德二年，充护卫，授武义将军。明年，授世袭谋克，擢御院通进，迁翰林待制，兼修起居注，转国子司业，兼左补阙。正隆初，转符宝郎，在宫职凡五年，皆带剑押领宿卫。迁大宗正丞，以母忧去官。以本官起复，未几，迁侍卫亲军马军都指挥使，改左骁骑都指挥使。明年，海陵幸南京，宗叙至汴。契丹撒八反，宗叙为咸平尹，兼本路兵马都总管，以甲仗四千付之，许以便宜。

宗叙出松亭关，取牛递于广宁。闻世宗即位，将归之。广宁尹按答海弟燕京劝宗叙，乃还兴中。白彦敬、纥石烈志宁使宗叙奉表降。宗叙见世宗于梁鱼务，授宁昌军节度使。

明年二月，契丹攻宁昌，宗叙止有女直、渤海骑兵三十、汉兵百二十人，自将击之。遇贼千余骑，汉兵皆散走，宗叙与女直、渤海三十骑尽锐力战，身被二创，所乘马中箭而仆，遂为所执。居百余日，会贼中有临潢民移剌阿塔等，盗马授之，得脱归。

宗叙陷贼久，尽得其虚实，见元帅完颜谋衍、平章政事完颜元宜，谓之曰：“贼众乌合，无纪律，破之易耳。”于是帅府欲授军职，宗叙见谋衍贪卤掠，失事机，欲归白上，不肯受职，曰：“我有机密，须面奏。”是夕，乃遁去，至广宁，矫取驿马，驰至京师。而帅府先事以闻，上遣中使诘之曰：“汝为节度，不度众寡，战败被获，幸得脱归，乃拒帅府命，辄自乘传赴都，朕姑置汝罪，可速还军，拼力破贼。”宗叙附奏曰：“臣非辞难者，事须面奏，不得不来。”遂召入，乃条奏贼中虚实，及诸军进退不合事机状。诏大臣议，皆以其言为然。是时，已诏仆散忠义代谋衍为元帅进讨，于是拜宗叙为兵部尚书，以本职领右翼都统，率宗宁、乌延查剌、乌林答剌撒兵各千人，号三万，佐忠义军。至花道，遇贼，与战，右翼都统宗亨先败走，忠义亦引却，宗叙勒本部遮击之，麾帐下士三百，舍马步战，贼不得逞。大军整列复至，合势击之，贼遂败去。而元帅右监军纥石烈志宁率军至，追及窝斡于陷泉，大破之。复与志宁及徒单克宁，追至七渡河，复大败之。元帅忠义遂留宗叙自从。贼平，入为右宣徽使。

宋兵据海州，将谋深入。诏以宗叙为元帅右监军，往御之。宗叙驻山东，分兵据守要害，敌不得西。寻奉诏，与左副元帅纥石烈志宁参议军事。四年，宗叙入朝，奏曰：“暑月在近，顿兵边陲，飞挽颇艰，乞俟秋凉进发。”上从其请。及还军，授以成算，赐袭衣、弓矢。九月，渡淮，宗叙出唐、邓，比至襄阳，屡战皆捷。明年，宋人请和，军还，除河南路统军使。

河决李固渡，分流曹、单之间。诏遣都水监梁肃视河决，宗叙言：“河道填淤不受水，故有决溢之患。今欲河复故道，卒难成功，幸而可塞，它日不免决溢山东，非曹、单比也。沿河数州，骤兴大役，人心动摇，恐宋人乘间扇诱，构为边患。”梁肃亦请听两河分流，以杀水势，遂止不塞。

十年，召至京师，拜参知政事，上曰：“卿奏黄河利害，甚合朕意。朕念百姓差调，官吏为奸，率敛星火，所费倍蓰，委积经年，腐朽不可复用，若此等类，百孔千疮，百姓何以堪之。卿参朝政，择利而行，以副朕心。”及与上论南边事，宗叙曰：“南人遣谍来，多得我事情。我遣谍人，多不得其实。盖彼以厚赏故也。”上曰：“彼以厚利资谍人，徒费其财，何能为也。”

十一年，奉诏巡边。六月，至军中，将战，有疾，诏以右丞相纥石烈志宁代，宗叙还。七月，病甚，遗表朝政得失，及边防利害，力疾，使其子上之。薨，年四十六。上见其遗表，伤悼不已，辍朝，遣宣徽使敬嗣晖致祭，赙银千两、彩四十端、绢四百匹。上谓宰臣曰：“宗叙勤劳国家，他人不能及也。”

初，宗叙尝请募贫民戍边屯田，给以廪粟，既贫者无艰食之患，而富家免更代之劳，得专农业。上善其言，而未行也。十七年，上谓宰臣曰：“戍边之卒，岁冒寒暑，往来番休，以马牛往戍，往往皆死。

且夺其农时,败其生业,朕甚闵之。朕欲使百姓安于田里,而边围强固,卿等何术可以致此。"左丞相良弼曰:"边地不堪耕种,不能久戍,所以番代耳。"上曰:"卿等以此急务为末事耶。往岁,参政宗叙尝为朕言此事。若宗叙,可谓尽心于国者矣。今以两路招讨司、乌古里石垒部族、临潢、泰州等路,分置堡戍,详定以闻,朕将亲览。"

上追念宗叙,闻其子孙家用不给,诏赐钱三千贯。明昌五年,配享世宗庙廷。

金史卷七二
列传第一〇

娄室　银术可　麻吉
拔离速　习古乃

　　娄室,字斡里衍,完颜部人。年二十一,代父白答为七水诸部长。太祖克宁江州,使娄室招谕系辽籍女直,遂降移炖益海路太弯照撒等。败辽兵于婆剌赶山。复败辽兵,擒两将军。既而益改、捺末懒两路皆降。进兵咸州,克之。诸部相继来降,获辽北女直系籍之户。辽都统耶律讹里朵以二十余万众来戍边。太祖趋达鲁古城,次宁江州西,召娄室。娄室见上于军中。上见娄室马多疲乏,以三百给之,使隶左翼宗翰军,与银术可纵兵冲其中坚,凡九陷阵,皆力战而出。复与银术可戍边。

　　及九百奚营等部来降,则与银术可攻黄龙府,上使完颜浑黜、婆卢火、石古乃以兵四千助之,败辽兵万余于白马泺。宗雄等下金山县,使娄室分兵二千,招沿山逃散之人。耶律捏里军蒺藜山,斡鲁古、娄室等破之,遂取显州。太祖取黄龙府,娄室请曰:"黄龙一都会,且僻远,苟有变,则邻郡相扇而起。请以所部屯守。"太祖然之,仍合诸路谋克,命娄室为万户,守黄龙府。进都统,从杲取中京,与希尹等袭走迪六、和尚、雅里斯等,败奚王霞末,降奚部西节度讹里剌。辽主自鸳鸯泺西走,娄室等追至白水泺,获其内库宝物。娄室遂与阇母攻破西京。复与阇母至天德、云内、宁边、东胜,其官吏皆降,获阿疏。

夏人救辽,兵次天德,娄室使突捻补擷以骑二百为候兵,夏人败之,几尽。阿土罕复以二百骑往,遇伏兵,独阿土罕脱归。时久雨,诸将欲且休息,娄室曰:"彼再破吾骑兵,我若不复往,彼将以我怯,即来攻我矣。"乃选千骑,与习失、拔离速往。斡鲁壮其言,从之。娄室迟明出陵野岭,留拔离速以兵二百据险守之。获生口问之,其帅李良辅也。将至野谷,登高望之。夏人恃众而不整,方济水为阵,乃使人报斡鲁。娄室分军为二,迭出迭入,进退转战三十里。过宜水,斡鲁军亦至,合击败之。

辽都统大石犯奉圣州,壁龙门东二十五里,娄室、照里、马和尚等以兵取之,生获大石,其众遂降。辽辟里剌守奉圣州,弃城遁去。后与宗望追辽帝,娄室、蒲察以二十骑候敌,败其军三千人于三山,有千人将趋奉圣州,蒲察复败之,擒其主帅而还。夏人屯兵于可敦馆,宗翰遣娄室戍朔州,筑城于霸德山西南二十里,遂破朔州西山兵二万,擒其帅赵公直。其后复袭辽帝于余都谷,获之。赐铁券,惟死罪乃笞之,余罪不问。

银术可围太原,宋统制刘臻救太原,率众十万出寿阳,娄室击破之,继败宋兵数千于榆次。宋张灏军出汾州,拔离速击走之。灏复营文水,娄室与突葛速、拔离速与战,灏大败。宗翰定太原,娄室取汾、石二州,及其属县温泉、方山、离石,蒲察降寿阳,取平定军及乐平,复招降辽州及榆社、辽山、和顺诸县。宗翰趋汴州,使娄室等自平阳道先趋河南,曰:"若至泽州,与赛里、婆卢火、习失遇,当与俱进。"习失之前军三谋克,败宋兵三千于襄垣,遇伏兵二千,又败之。撒刺答破天井关,复破步兵于孔子庙南,遂降河阳。娄室军至,既渡河,遂薄西京。城中兵来拒战,习失逆击败之,西京降。娄室取偃师,永安军、巩县降。撒刺答败宋兵于汜水。于是,荥阳、荥泽、郑州、中牟相次皆降。宗翰已与宗望会军于汴,使娄室率师趋陕津,攻河东郡县之未下者。阿离土罕败敌于河上,撒按败敌于陕城下,鹘沙虎降虢州守陴卒三百人,遂克陕府。习古乃、桑衮破陕之散卒于平陆西北。活女别破敌于平陆。娄室破蒲、解之军二万,尽覆之,安邑、解州皆降，遂克河中府，降绛、慈、隰、石等州。

宗翰往洛阳，使娄室取陕西，败宋将范致虚军，下同、华二州，克京兆府，获宋制置使傅亮，遂克凤翔。阿邻等破宋大兵于河中，斡鲁破宋刘光烈军于冯翊。讹特剌、桑衮败敌于渭水，遂取下邽。宗翰会宗辅伐康王，命娄室、蒲察专事陕西，以婆卢火、绳果监战。绳果等遇敌于蒲城及同州，皆破之。娄室、蒲察克丹州，破临真，进克延安府，遂降绥德军及静边、怀远等城寨十六，复破青涧城。宋安抚使折可求以麟、府、丰三州，及堡寨九，降于娄室。晋宁所部九寨皆降，而晋宁军久不下，娄室欲去之，赛里不可，曰："此与夏邻，且生他变。"城中无井，日取河水以为饮，乃决渠于东，泄其水，城中遂困。李位、石乙启郭门降，诸将率兵入城，守将徐徽言据子城，战三日，众溃，徽言出奔，获之。使之拜，不听，临之以兵，不为动，絷之军中。使先降者谕之使降，徽言大骂，与统制孙昂皆不屈，乃并杀之。遂降定安堡、渭平寨及鄜、坊二州。于是，娄室、婆卢火守延安，折可求屯绥德，蒲察还守蒲州。延安、鄜坊州皆残破，人民存者无几，娄室置官府辑安之。别将斡论降建昌军。京兆府叛，娄室复讨平之，遂与阿卢补、谋里也至三原，讹哥金、阿骨欲，击淳化兵，败之。娄室攻乾州，已筑甬道，列炮具，而州降。遂进兵克汾州，军于京兆。

陕西城邑已降定者，辄复叛，于是睿宗以右副元帅，总陕西征伐。时娄室已有疾，睿宗与张浚战于富平，宗弼左翼军已却，娄室以右翼力战，军势复振，张浚军遂败。睿宗曰："力疾鏖战，以徇王事，遂破巨敌，虽古名将何以加也。"以所用犀玉金银器，及甲胄，并马七匹与之。

天会八年，薨。十三年，赠泰宁军节度使，兼侍中，加太子太师。皇统元年，赠开府仪同三司，追封莘王。以正隆例改赠金源郡王，配享太宗庙廷，谥壮义。子活女、谋衍、石古乃。

活女，年十七从攻宁江州，力战创甚，扶出阵间。太祖凭高望见，问之，知是娄室子，亲抚慰赐药，叹曰："此儿他日必为名将。"其攻济州,败敌八千。与敌遇于信州,移剌本陷于阵,活女力战出之,敌遂北。败耶律佛顶等兵于沈州。及宗翰以兵袭奚王霞末,活女以兵三百,败敌二千。从攻乙室部,败之,破其二营。迭剌部族叛,率二谋克突入,大破之。

活女常从娄室围太原,宋将种师中以兵十万来援,活女击败之。大军至河,无船,不得渡。娄室遣活女遁水上下,活女率军三百,自孟津而下。度其可渡,遂引军以济,大军于是皆继之。宋将郭京出兵数万,趋娄室营,活女从旁奋击,敌乱,遂破之。师还,破敌于平陆渡,得其船以济。又以兵破敌于张店原。时屯留、太平、翼城皆有重敌,并破之。又分兵取陕西,蒲州降,留活女镇之。攻凤翔,活女先登。睿宗定陕西,活女为都统,进攻泾州,败其兵。王开山以兵拒归路,邀战,再击,再败之,遂降京兆、凤翔诸县。

娄室薨,袭合扎猛安,代为黄龙府路万户。天眷三年,为元帅右都监,迁左监军。元帅府罢,改安化军节度使。历京兆尹,封广平郡王,以正隆例,改封代国公,进封隋国公,谥贞济。卒年六十一。

谋衍,勇力过人,善用长矛突战。天眷间,充牌印祗候,授显武将军,擢符宝郎。皇统四年,其兄活女袭济州路万户,以亲管奥吉猛安让谋衍,朝廷从之,权济州路万户。八年,为元帅右都监。天德三年,为顺天军节度使,历河间、临潢尹,数月改婆速路兵马都总管。

撒八反,谋衍往讨之,是时世宗为东京留守,自将讨括里还,遇谋衍于常安县,尽以甲士付之。世宗还东京,完颜福寿、高忠建率所部南征军,亡归东京。谋衍亦率其军来附,即以臣礼上谒,遂杀高存福、李彦隆等。谋衍、福寿、忠建及诸将吏民劝进,世宗即位,拜右副元帅。都统白彦敬,副统纥石烈志宁在北京,拒不受命,谋衍伐之,遇其众于建州之境,皆不肯战,彦敬、志宁遂降。

二年正月,谋衍率诸军讨窝斡,会兵于济州,合甲士万三千人,过泰州,至术虎崖,乃舍辎重,持数日粮,轻骑追之。是时窝斡新败于泰州,将走济州。谋衍兵至长泺南,获其谍者,知敌将由别路邀粮运,遂分军往迎之。敌吏礼者来降,谋衍用其计,因夜亟往邀敌辎重,忽大风,不能燧尤,路暗莫相辨,比晓才行三十余里。将至敌营,将士少憩,谋衍率善射者数十骑,往觇之。而都统志宁、克宁等,已败敌众二万余于长泺,追杀甚众,敌遂西遁。志宁军先追及于雾凇河,急击败之。而谋衍贪卤掠,不复追,以故敌得纵去,遂涉懿州界,陷灵山、同昌、惠和等县,窥取北京,西攻三韩县。惟克宁军追蹑,谋衍托马弱,引还懿州。上闻之,下诏切责谋衍,以仆散忠义为右副元帅代之,纥石烈志宁为右监军代完颜福寿。而谋衍子斜哥暴横军中,诏勒归本贯。

谋衍至京师,以为同判大宗正事,世宗责之曰:“朕以汝为将,汝不追贼,当正汝罪。以汝父娄室有大功,特免汝死。汝虽非宗室,而授此职,汝其勉之。”未几,速频路军士术里古,告斜哥寄书与谋衍谋反,有司并上其书,世宗察其诬,诏鞫告者,术里古款伏,遂诛之。召谋衍谓之曰:“有人告卿子为反谋者,朕知卿必不为此,今告者果自服罪,宜悉此意。”

初,窝斡方炽,上使温迪罕、阿鲁带守古北口。及窝斡败于陷泉,入于奚中,率诸奚攻古北口。阿鲁带因其妻生日,辄离军六十里,贼众闻之,来袭,杀伤士卒甚众。阿鲁带坐除名。诏谋衍、蒲察乌里雅、蒲察通以兵三千,会旧屯兵,击之。擒贼党猛安合住。未几,窝斡平,乃还。

七年,出为北京留守,上御便殿,赐食,及御服衣带佩刀,谓之曰:“以卿故老,欲以均劳逸,故授此职,卿其勉之。”改东京留守,封荣国公。大定十一年,薨,年六十四。

谋衍性忠厚,善击球射猎,时论以为虽智略不及其父,而勇敢肖之云。

仲,本名石古乃。体貌魁伟,通女直、契丹、汉字。其兄斡鲁为统军,爱仲才,欲使通吏事,每视事,常在左右,遇事辄问之,应对如响,斡鲁叹曰:“此子必为令器。”皇统初,充护卫,授世袭谋克。天德元年,摄其兄活女济州万户,部内称治。除滨州刺史,以母忧去官。起复知积石军事,转同知河南尹。

正隆六年,伐宋,为神勇军副都总管。与大军北还,除同知大兴尹,将兵二千,益遵化屯军,备契丹。迁西南路招讨使,兼天德军节度使,政尚忠信,决狱公平,蕃部不敢寇边。召为左副都点检,宿卫严谨,每事有规矩,后来者守其法,莫能易也。世宗常谓侍臣曰:"石古乃入直,朕寝益安。"

五年,宋人请和,为侄国,不称臣,仲为报问使。仲请与宋主相见礼仪,世宗曰:"宋主亲起立接书,则授之。"及至宋,一一如礼。正隆用兵,宋人执商州刺史完颜守能以归,至是,仲取守能与俱还,上嘉之。转都点检,兼侍卫亲军都指挥使,迁河南路统军使,上曰:"卿在禁近,小心畏慎。河南控制江、淮,为国重地,卿益勉之。"赐厩马、金带、玉吐鹘。后有罪,解职。久之,起为西北路招讨使,改北京留守,卒。

海里,娄室族子。体貌丰伟,善用槊。娄室为黄龙府万户,海里从徙于辇吉讹母。从娄室追及辽主于朔州阿敦山,辽主从数十骑逸去,娄室遣海里及术得,往见辽主,谕之使降。辽主已穷蹙,待于阿敦山之东,娄室因获之,赏海里金五十两、银五百两、币帛二百匹、绵三百两。睿宗经略陕西,海里战却吴玠军于泾、邠之南,寻遣修栈道,宋人恐栈道成,以兵来拒,破其兵,赏银百五十两、奴婢十人。

天眷元年,擢宿直将军。与定宗磐、宗隽之乱,再迁广威将军,除都水使者。改西北路招讨都监,历复州、滦州刺史、耶卢碗群牧使,迭剌部族节度使,同知大兴尹、兼中都路兵马都总管,改武宁军节度使,广宁尹。卒,年六十二。

银术可,宗室子。太祖嗣位,使蒲家奴如辽取阿疏,事久不决,乃使习古乃、银术可继往。当是时,辽主荒于政,上下解体。银术可等还,具以辽政事人情告太祖,且言辽国之状。太祖决意伐辽,盖自银术可等发之。

太祖与耶律讹里朵战于达鲁古城，辽兵二十余万，银术可、娄室率众冲其中坚，凡九陷阵，辄战而出，大败辽军。银术可为谋克，遂与娄室戍边，复与娄室、浑黜、婆卢火、石古乃等攻黄龙府，败辽兵万余于白马泺。太祖拒辽兵，银术可守达鲁古城。收国二年，分鸭挞、阿懒所迁谋克二千户，以银术可为谋克，屯宁江州。

辽大册使习泥烈遣回，约以七月半至，而尽九月习泥烈未来，上使诸军过江屯驻。辽曳剌、麻答十三人，兵士八人纵火于浑河，以绝刍牧。银术可获之。乃知辽边吏乙薛使之，太祖命释之。从都统呆克中京，银术可与习古乃、蒲察、胡巴鲁率兵三千，击奚王霞末于京西七十里，霞末弃兵遁。辽主西奔天德，银术可以兵绝其后，辽主遂见获。

后从宗翰伐宋，围太原，宗翰进兵至泽州，及宗翰还西京，太原未下，皆命银术可留兵围之。招讨都监马五破宋兵于文水。节度使耿守忠等败宋黄迪兵于西都谷，所杀不可胜计。宋樊夔、施诜、高丰等军来救太原，分据近部，银术可与习失、杯鲁、完速大破之。索里、乙室破宋兵于太谷。宋兵据太谷、祁县，阿鹘懒、拔离速复取之。种师中出井陉，据榆次，救太原，银术可使斡论击之，破其军。活女斩师中于杀熊岭，进攻宋制置使姚古军于隆州谷，大败之。撒里土败宋军于回马口，郭企忠歼宋军于五台。及宗翰定太原，与宗望会兵于汴，银术可等攻汴城，克之。师还，银术可降岢岚、宁化等军，攻岚州拔之，招降火山军。与希尹同赐铁券。

宗翰趋洛阳，赛里取汝州，银术可取邓州，杀其将李操等。萨谋鲁入襄阳，拔离速入均州，马五取房州，擒转运使刘吉、邓州通判王彬。拔离速破唐、蔡、陈三州，克颍昌府，沙古质别克旧颍昌。

宗翰会伐康王，银术可守太原。天会十年，为燕京留守。天会十三年，致仕，加保大军节度使，同中书门下平章事，迁中书令，封蜀王。天眷三年，薨，年六十八。以正隆例赠金源郡王，配飨太宗庙廷。大定十五年，谥武襄，改配享太祖庙廷，子毅英。

　　彀英，本名挞懒。幼警敏有志胆，初卝角，太祖见而奇之。年十六，父银术可授以甲，使从代辽，常为先锋，授世袭谋克。

　　宗翰自太原还西京，银术可围守之，彀英在行间，屡有功。宋兵数万救太原，至南关，银术可与弟拔离速、完颜娄室等击之，当隘巷间，一卒挥刀向拔离速，彀英以刀断其腕，一卒复从旁以枪刺之，彀英断其枪，追杀之。拔太原，下河东诸州，攻汴京，皆有功。与都统马五徇地汉上，至上蔡，以先锋破孔家军。睿宗攻开州，彀英先登，流矢中其口，睿宗亲视之，创未愈，强起之，攻大名府。第功，宗弼第一，彀英次之。攻东平，彀英居最。

　　拔离速袭宋康王于扬州，彀英为先锋。拔离速追宋孟后于江南，彀英前行趋潭州。宋大兵在常武，彀英以选兵薄其城，败千余人。明日，城中出兵来战，彀英以五百骑败之，获马二百匹，遂攻常武。拔离速以诸军为大阵，居其后，彀英以五百骑为小阵，当前行，即麾兵驰宋军，宋军乱，遂大败之。拔离速观其周旋，叹赏之。

　　其后河东郡县多叛，彀英以先锋攻绛州，克之。复攻沁州，飞炮击其右胁，舁归营中。诸军攻沁州，三日不能下，别将骨赧强起彀英指麾士卒，遂克之。

　　摄河东路都统，从左监军移剌余睹招西北诸部。彀英将骑三千五百，平其九部，获生口三千，马牛羊十五万。以先锋破宋吴山军，再战再胜，遂衄宋兵于隘，死者不可胜计，宋兵遁去。

　　宗弼再取和尚原，彀英以本部破宋五万人，遂夺新义口，宗弼留兵守之。是夜，大雪，道路皆冰，和尚原宋兵势重不可径取，宗弼用彀英策，入自傍近高山丛薄翳荟间，出其不意，遂取和尚原。

　　彀英请速入大散关，自以本部为殿，以备伏兵。宗弼至仙人关，彀英先攻之，宗弼止之，彀英不止，宗弼以刀背击其兜鍪，使之退，彀英曰："敌气已沮，不乘此而取之，后必悔之。"已而果然。宗弼叹曰："既往不咎。"乃班师。彀英殿，且战且却，遂达秦中。

　　齐国初废，元帅右监军撒离喝驰驿抚治诸郡，至同州，故齐观察使李世辅出迎,阳堕马称折臂,舁归。撒离喝入城,世辅诈使通判献甲,以壮士十人,被甲上厅事,世辅自壁后突出,执撒离喝。縠英方索马于外,变起仓卒,不得入。城门已闭,皆有兵卫,至东门,合答雅领骑三十余,与縠英遇,遂斩门者出。而世辅拥众自西门出,縠英与合答雅袭之,一进一退以缀世辅,使不得速。世辅虑救兵至,乃要撒离喝与之盟,勿使追之。留撒喝于道侧,縠英识其声,与骑而归。除安远大将军,摄太原尹,四境咸治,兼摄河东南、北两路兵马都总管。

朝廷以河南、陕西与宋,已而复取之,师至耀州。宋人每旦出城,张旗阅队,抵暮而还。道隘,骑不得逞。縠英请兵五百,薄暮先使五十人趋山巅,令之曰:"旦日视敌出,举帜指其所向。"乃以余兵伏山谷间。明日,城中人出阅如前,山巅旗举,伏兵发,宋兵急驰入城。縠英麾军登城,拔宋帜,立金军旗帜。宋兵后者望见之不敢入,遂降,城中人亦降。

宋吴玠拥重兵据泾州,泾原以西多应之。元帅撒离喝欲退守京兆,俟河南、河东军。縠英曰:"我退守,吴玠必取凤翔、京兆、同、华,据潼关,吾属无类矣。"撒离喝曰:"计将安出?"縠英曰:"事危矣,不如速战。我军阵泾之南原,宋兵必自西原来。縠英与斜补出各以选骑五百摧其两翼,元帅当其中击之,可以得志。"监军拔离速曰:"二子当其左右,拔离速愿当其中。元帅据冈阜,多张旗帜为疑兵,可以得志。"撒离喝从之。吴玠兵果自西原来,縠英、斜补出击其左右,自旦至午,吴玠左右军少退,拔离速当其前冲击之,遂败玠军,僵尸枕藉,大涧皆满。自此蜀人丧气,不敢复出,关、陕遂定。

历行台吏部工部侍郎,从宗弼巡边,迁刑部尚书,转元帅左都监。天德二年,迁右监军。元帅府罢,改山西路统军使,领西南、西北两路招讨兵马,坐无功,降临海军节度使,历平阳、太原尹。正隆末,为中都留守,兼西北面都统,讨契丹撒八,驻军归化州。

世宗即位于辽阳,使縠英侄阿鲁瓦持诏往归化,命縠英为左副元帅,就遣使召陕西统军徒单合喜,宣大定改元诏、赦于西南、西北招讨司,河东、河北、山东诸路州镇,调猛安军屯京畿。阿鲁瓦见毂英,毂英犹豫未决,士卒皆欲归世宗,毂英不得已,乃受诏。以元帅令下诸路,亟泥马槽二万具,诸路闻之,以为大军且至,然后遣人宣赦,所至皆听命。

大定元年十一月,毂英以军至中都,同知留守璋请至府议事。毂英疑璋有谋,乃阳许诺,排节仗若将往者,遂率骑从出施仁门,驻兵通州。见世宗于三河。诏毂英以便宜规措河南、陕西、山东边事。二年正月,至南京,遂复汝、颍、嵩等州县,授世袭猛安。入拜平章政事,罢为东京留守,未行,改济南尹。

初,毂英宿将恃功,在南京颇渎货,不恤军民。诏使问以边事,毂英不答,谓诏使曰:“尔解何事,待我到阙奏陈。”及召入,竟无一语及边事者。在相位多自专,己所欲辄自奏行之。除留守,辄忿忿不接宾客,虽近臣往亦不见。上怒,遂改济南。上数之曰:“朕念卿父有大功于国,卿旧将亦有功,故改授此职,卿宜知之。若复不悛,非但不保官爵,身亦不能保也。”毂英顿首谢。

久之,改平阳尹,致仕。起为西京留守,以母忧去官。寻以本官起复。俄复为东京,历上京,诏曰:“上京王业所起,风俗日趋诡薄,宗室聚居,号为难治。卿元老大臣,众所听服,当正风俗,检制宗室,持以大体。”十五年,致仕。

久之,史臣上《太宗》、《睿宗实录》,上曰:“当时旧人亲见者,惟毂英在。”诏修撰温迪罕缔达往北京就其家问之,多更定焉。

十九年,薨,年七十四。最前后以功被赏者十有一,金为两二百五十,银为两六千五百,绢为匹八百,绵为两二千,马三百十有四,牛羊六千五百,奴婢百三十人。

麻吉,银术可之母弟也。年十五,隶军中,从破高丽兵,下宁江州,平系辽女直,克黄龙府,皆身先力战,以功为谋克,继领猛安。破奚兵千余。自斡鲁古攻下咸、信、沈州及东京诸城,麻吉皆有功。都统杲取中京,与稍合、胡拾答别降楚里迪部,屯兵高州。以兵援蒙刮勃菫,大破敌兵,复败恩州兵五万人。讨平辽人聚中京山谷者,降三千余人。战于高州境上,伏矢射之中目,遂卒。

麻吉大小三十余战,所至皆捷。皇统中,赠银青光禄大夫,谥毅敏。子沃侧。

沃侧,年十七,隶军中,从拔离速击辽将马五,败之。麻吉死,领其职。宗望伐宋,至河上。宋兵屯于河外,以二舟来伺我师,乃遣沃侧率勇士数辈,以一舟往迎之,尽俘以还。袭康王于江、淮间,沃侧皆与焉。师还,驻东平。及废齐,屯兵河北,招降旁近诸营,多获畜产兵仗,军帅嘉之,赏以甲马。

从攻陕西,为右翼都统,攻城破敌,皆与有功。师还,正授谋克。迁华州防御使,属关中岁饥,盗贼充斥,沃侧募兵讨平之,部以无事。郡人列状丐留,不报。未几,除迪列部族节度使,改迭剌部。用廉入为都水使者,秩满,同知燕京留守事,为西北路招讨使。

撒八秩满已数月,冒其俸禄,不即解去,沃侧发其事。撒八反,沃侧遇害。

拔离速,银术可弟。天辅六年,宗翰在北安州,将会斜也于奚王岭,辽兵奄至古北口,使婆卢火、浑黜各领兵二百,击之。浑黜请济师,宗翰欲自往,杀尹、娄室曰:“此易与耳,请以千人为公破之。”浑黜以骑士三十人前行,至古北口,遇其游兵,逐入山谷,辽人以步骑万余迫战,亡骑五人,浑黜退据关口。希尹、娄室至,拔离速、讹谋罕、胡实海推锋奋击,大破之,斩馘甚众,尽获甲胄辎重。希尹与撒里古独、裴满突捻败其伏兵,杀千余人,获马百余匹。娄室拒夏人出陵野岭,留拔离速以兵二百,据险守之。

银术可围太原,近县先已降,宋军来救太原者复据太谷、祁县,拔离速、阿鹘懒复取之。宋姚古军隆州谷,拔离速败之,张灏兵出汾州,又击走之。天会四年,克太原,拔离速为管勾太原府路兵马事,复与娄室败宋兵于文水。遂从宗翰围汴,与银术可略地襄、邓,入均州,还攻唐、蔡、陈三州,皆破之。克颖昌府,遂与挞欲、马五袭宋康王于扬州,康王渡江入于建康。

天会十五年,迁元帅左都监。宗弼再定河南,撒离喝经略陕西,至泾州,拔离速大破宋军于渭州,渭州、德顺军皆降,陕西平。迁元帅左监军,加金吾卫上将军,卒,谥敏定。

习古乃,亦书作实古乃。尝与银术可俱往辽国取阿疏,还言辽人可取之状,太祖始决意伐辽矣。婆卢火取居庸关,萧妃自古北口出奔,太祖使习古乃追之,不及。后为临潢府军帅,讨平迭剌,其群官率众降者,请使就领诸部。太宗赐以空名宣头及银牌,使以便宜授之。获辽许王莎逻、驸马都尉萧乙辛。辽梁王雅里在纥里水自立,不知果在何处,至是始知之。于是,徙辽降人于泰州,时暑未可徙,习古乃请姑处之岭西。及习古乃筑新城于契丹周特城,诏置会平州。

乌虎时部人迪烈、划沙率部族降,朝廷以挞仆野为本部节度使,乌虎为都监。习古乃封还挞仆野等宣诰,以便宜加挞仆野散官,填空名告身授之,及录上降附有劳故官八百九十三人,朝廷从之。于是,迪烈加防御使,为本部节度使。划沙加诸司使,为节度副使,知迪烈底部事。挞离答加左金吾卫上将军,节度副使,知突鞫部事。阿枲加观察使,为本部节度使。其余迁授有差。以庞葛城地分赐乌虎里、迪烈底二部及契丹人,其未垦者听任力占射。

久之,领咸州烟火事。天会六年,完颜慎思所部及其余未置猛安谋克户口,命习古乃通阅具籍以上。天会十年,改南京路军帅司为东南路都统司,习古乃为都统,移治东京,镇高丽。

赞曰:金启疆土,斡鲁古方面功最先著,婆卢火、娄室最先封,泰州之边围,黄龙之冲要,寄亦重矣。若阇母之勤劳南路,娄室之经营陕西,银术可之围守太原,劳亦至矣。斡鲁古之不治,阇母之败,谴罚之亟,诸将慑焉。夫能以弱小终制强大,其效验与。银术可、习古乃观人之国而知其可伐,古语云"国有八观",善矣夫。

金史卷七三
列传第一一

阿离合懑　宗道　宗雄
完颜希尹

阿离合懑，景祖第八子也。健捷善战。年十八，腊醅、麻产起兵据暮棱水，乌春、窝谋罕以姑里甸兵助之。世祖擒腊醅，暮棱水人尚反侧，不自安，使阿离合懑往抚察之，与斜钵合兵攻窝谋罕。乌春已死，窝谋罕弃城遁去。后从撒改讨平留可，阿离合懑功居多。

太祖擒萧海里，使阿离合懑献馘于辽。太祖谋伐辽，阿离合懑实赞成之。及举兵，阿离合懑在行间屡战有功。及太宗等劝进，太祖未之许也。阿离合懑、昱、宗翰等曰："今大功已集，若不以时建号，无以系天下心。"太祖曰："吾将思之。"收国元年，太祖即位。阿离合懑与宗翰以耕具九为献，祝曰："使陛下毋忘稼穑之艰难。"太祖敬而受之。顷之，为国论乙室勃极烈。

为人聪敏辨给，凡一闻见，终身不忘。始末有文字，祖宗族属时事并能默记，与斜葛同修本朝谱牒。见人旧未尝识，闻其父祖名，即能道其部族世次所出。或积年旧事，偶因他及之，人或遗忘，辄一一辨析言之，有质疑者皆释其意义。世祖尝称其强记，人不可及也。

天辅三年，寝疾，宗翰日往问之，尽得祖宗旧俗法度。疾病，上幸其家问疾，问以国家事，对曰："马者甲兵之用，今四方未平，而国俗多以良马殉葬，可禁止之。"乃献平生所乘战马。及以马献太宗，使其子蒲里迭代为奏，奏有误语，即哂之，宗翰从旁为改定。进奏讫,薨,年四十九。

上闻阿离合懑临薨有奏事,曰:"临终不乱,念及国家事,真贤臣也。"哭之恸。及葬,上亲临。熙宗时,追封隋国王。天德中,改赠开府仪同三司、隋国公。大定间,配飨太祖庙廷,谥曰刚宪。子赛也、斡论。赛也子宗尹。

晏本名斡论,景祖之孙,阿离合懑次子也。明敏多谋略,通契丹字。天会初,乌底改叛。太宗幸北京,以晏有筹策。召问,称旨,乃命督扈从诸军往讨之。至混同江,谕将士曰:"今叛众依山谷,地势险阻,林木深密,吾骑卒不得成列,未可以岁月破也。"乃具舟楫舣江,令诸军据高山,连木为栅,多张旗帜,示以持久计,声言俟大军毕集而发。乃潜以舟师浮江而下,直捣其营,遂大破之,据险之众不战而溃。月余,一境皆定。师还,授左监门卫上将军,为广宁尹,入为吏、礼两部尚书。

皇统元年,为北京留守,改咸平尹,徙东京。天德初,封葛王,入拜同判大宗正事,进封宋王,授世袭猛安。海陵迁都,晏留守上京,授金牌一、银牌二,累封豫王、许王,又改越王。贞元初,进封齐。时近郊禁围猎,特畀晏三百人从猎。在上京凡五年。正隆二年,例削王爵,改西京留守。未几,为临潢尹,遂致仕,还居会宁。

海陵南伐,世宗为东京留守,将士皆自淮南来归,晏之子恶里乃亦自军前率众来归世宗。白彦敬等在北京闻恶里乃等逃还,使会宁同知高国胜拘晏家族。上既即位,遣使召晏,既又遣晏兄子鹘鲁补驰驿促之。晏遂率宗室数人入见,即拜左丞相,封广平郡王,宴劳弥日。未几,兼都元帅。

大定二年正月,上如山陵。礼毕,上将猎,有司已凤备。晏谏曰:"边事未宁,畋游非所宜也。"上嘉纳之。因谓晏等曰:"古者帝王虚心受谏,朕常慕之。卿等尽言毋隐。"进拜太尉。复致仕,还乡里。是岁,薨。诏有司致祭,赙赠银币甚厚。

宗尹，本名阿里罕。以宗室子充护卫，改牌印祗候，授世袭谋克，为右卫将军。历顺天、归德、彰化、唐古部族、横海军节度使。正隆南伐，领神略军都总管，先锋渡淮，取扬州及瓜洲渡。大定二年，改河南路副都统，驻军许州之境。

是时，宋陷汝州，杀刺史乌古孙麻泼及汉军二千人。宗尹遣万户孛术鲁定方、完颜阿喝懒、夹谷清臣、乌古论三合、渠雏讹只将骑四千往攻之，遂复取汝州。除大名尹，副统如故。顷之，为河南路统军使，迁元帅左都监，除南京留守。上曰："卿年少壮，而心力多滞。前任点检京尹，勤力不息，而处事迷错。勉修职业，以副朕意。"赐通犀带，厩马。八年，置山东路统军司，宗尹为使。迁枢密副使。录其父功，授世袭蒲与路屯河猛安，并亲管谋克。除太子太保，枢密副使如故。

上问宰臣曰："宗尹虽才无大过人者，而性行淳厚，且国之旧臣，昔为达官，卿等尚未仕也。朕欲以为平章政事何如？"宰执皆曰："宗尹为相，甚协众望。"即日拜平章政事，封代国公，兼太子太傅。

是时，民间苦钱币不通，上问宗尹，对曰："钱者有限之物，积于上者滞于下，所以不通。海陵军兴，为一切之赋，有莱园、房税、养马钱。大定初，军事未息，调度不继，故因仍不改。今天下无事，府库充积，悉宜罢去。"上曰："卿留意百姓，朕复何虑。太尉守道老矣，舍卿而谁。"于是，养马等钱始罢。

他日，上谓宰臣曰："宗尹治家严密，他人不及也。"顾谓宗尹曰："政事亦当如此矣。"有顷，北方岁饥，军食不足，廷议输粟赈济。或谓比虽不登，而旧积有余，秋成在近，不必更劳输挽。宗尹曰："国家平时积粟，本以备凶岁也，必待秋成，则毙者众矣。人有损瘠，其如防戍何。"上从之。

宗尹乞令子银术可袭其猛安，会太尉守道亦乞令其子神果奴袭其谋克。凡承袭人不识女直字者，勒令习学。世宗曰："此二子，吾识其一习汉字，未习女直字。自今女直、契丹、汉字曾学其一者，即许承袭。"遂著于令。

宗尹有疾，不能赴朝。上问宰臣曰："宗尹何为不入朝？"太尉守道以疾对。上曰："丞相志宁尝言，'若诏遣征伐，所不敢辞。宰相之职，实不敢当'。宗尹亦岂此意耶。"

二十四年，世宗将幸上京。上曰："临潢、乌古里石垒岁皆不登，朕欲自南道往，三月过东京，谒太后陵寝，五月可达上京。春月鸟兽孳孕，东作方兴，不必搜田讲事，卿等以为何如？"宗尹曰："南道岁熟，刍粟贱，宜如圣旨。"遂由南道往焉。世宗至上京，闻同签大宗正事宗宁不能抚治上京宗室，宗室子往往不事生业。上谓宗尹曰："汝察其事，宜惩戒之。"宗尹奏曰："随仕之子，父没不还本土，以此多好游荡。"上命召还。宴宗室于皇武殿，击球为乐。上曰："赏赐宗室，亦是小惠，又不可一概迁官，欲令诸局分收补，其间人材孰可者？"宗尹对曰："奉国斡准之子按出虎、豫国公昱之曾孙阿鲁可任使。"上曰："度可任何职，更访其余以闻。"诏以按出虎、阿鲁为奉御。

二十七年，乞致仕。世宗曰："此老不事事，从其请可也。"宰臣奏曰："旧臣宜在左右。"上曰："宰相总天下事，非养老之地。若不堪其职，朕亦有愧焉。如贤者在朝，利及百姓，四方瞻仰，朕亦与其光美。"宰臣无以对。宗尹入谢。上曰："卿久任外官，不闻有过失，但恨用卿稍晚，今精力似衰矣。省事至烦，若勉留卿，则四方以朕为私，卿亦不自安也。"顷之，上问宗尹子："汝父致仕，将居何所？"其子曰："聚属既多，不能复在京师。"上遣使问宗尹曰："朕欲留卿，时相从游，卿子之言如此，今定何如？"宗尹曰："臣岂不欲在此，但余闲之年，犹在辇下，恐圣主心困耳。既哀老臣不忍摈弃，时时得瞻望天颜，臣岂敢他往。乡里故老无存者，虽到彼，尚将与谁游乎。"于是赐甲第一区，凡宴集畋猎皆从焉。二十八年，薨。

宗宁本名阿土古，系出景祖，太尉阿离合懑之孙。性勤厚，有大志。起家为海陵征南都统，战瓜洲渡，功最。历祁州刺史。

大定二年，为会宁府路押军万户，擢归德军节度使。时方旱蝗，宗宁督民捕之，得死蝗一斗，给粟一斗，数日捕绝。移镇宁昌军，改知临潢府事，移天德军。世宗尝谓宰臣曰："宗宁智虑虽浅，然所至人皆爱之。"即命为行军右翼都统，为贺宋正旦使。累迁兵部尚书，授隆州路和团猛安烈里没世袭谋克。出知大名府事，徙镇利涉军，俄同签大睦亲府事。

宗宁多病，世宗欲以凉地处之，俾知咸平，诏以其子符宝郎廪为韩州刺史，以便养。无几，入授同判大睦亲府事，拜平章政事。明昌二年，薨。宗宁居家约俭如寒素，临事明敏。其镇临潢，邻国有警，宗宁闻知乏粮，即出仓粟，令以牛易之，敌知得粟，即遁去。边人以窝斡乱后，苦无牛，宗宁复令民入粟易牛，既而民得牛而仓粟倍于旧，其经画如此。

宗道本名八十，上京司属司人，系出景祖，太尉讹论之少子也。通《周易》、《孟子》，善骑射。大定五年，充阁门祗候，累除近侍局使。

右丞相乌古论元忠、左卫将军伏散揆等尝燕集，有所窃议，宗道即密以闻。世宗嘉之，授右卫将军，出为西南路副招讨。章宗即位，改同知平阳府事。陕西路副统军、左宣徽使移剌仲方举以自代，除西北路招讨使。故事，诸部贺马八百余匹，宗道辞不受，诸部悦服，边鄙顺治。提刑司察廉，召为殿前右副都点检。寻除陕西路统军使，以镇静得军民心，特迁三阶，兼知京兆府事。时夏旱，俾长安令取太白漱水，步迎于远郊，及城而雨。是岁大稔，人以为精意所感，刊石纪之。

承安二年，为贺宋正旦使，寻授河南路统军使。泗州民张伟获宋人王万，言彼界事情，宗道疑其冤，乃廉问得实。万，楚州贾人，伟负万货五千余贯，三年不偿，万理索，为伟所诬。乃坐伟而归万，时人服其明。后乞致仕，朝廷知非本心，改知河中府，有惠政，民立像于层观，以时祭之。移知临洮，以病解。泰和四年，卒。赠龙虎卫上将军。

宗雄本名谋良虎，康宗长子。其始生也，世祖见而异之，曰："此儿风骨非常,他日必为国器。"因解佩刀,使常置其侧,曰:"俟其成人则使佩之。"九岁能射逸兔。年十一,射中奔鹿。世祖坐之膝上曰:"儿幼已然,异日出伦辈矣。"以银酒器赐之。既长,风表奇伟,善谈辩,多智略,孝敬廉谨,人爱敬之。康宗没,辽使阿息保来,乘马至灵帷阶下,择取赗赠之马。太祖怒,欲杀阿息保,宗雄谏,太祖乃止。

太祖将举兵,宗雄曰:"辽祖骄侈,人不知兵,可取也。不能擒一萧海里,而我兵擒之。"太祖善其言。攻宁江州,渤海兵锐甚。宗雄以所部败渤海兵,以功授世袭千户谋克。太祖败辽兵于出河店,宗雄推锋力战,功多。达鲁古城之役,宗雄将右军,身先士卒战,辽兵当右军者已却,上命宗雄助左军击辽兵。宗雄绕辽兵后击之,辽兵遂大溃,乘胜逐北。日已暮,围之。黎明,辽兵突围出,追杀至乙吕白石而还。上抚其背曰:"朕有此子,何事不济。"以御服赐之。

及辽帝以七十万众至驰门,诸将皆曰:"辽军势甚盛,不宜速战。"宗雄曰:"不然。辽兵虽众,而皆庸将,士卒惴惴,不足畏也。战则破之掌握间耳。"上曰:"善。"追及辽帝于护步答冈。宗雄率众直前,短兵接。宗雄令前行持梃击辽兵马首,后行者射之,大败辽兵。上嘉宗雄功,执其手劳之,以御介胄及御战马、宝货、奴婢赐之。

斜也攻春州,宗雄与宗干、娄室取金山县。行近白鹰林,获候者七人,纵其一人使归。县人闻大军至,乃溃,遂下金山县。与斜也俱取泰州。

太祖自将取临潢府,遣宗雄先启行,遇辽兵五千,宗雄与战,大军亦至,大破之。及留守挞不野降,上以其女与宗雄,赏其启行破辽援兵之功也。既而与蒲家奴按视泰州地土,宗雄包其土来奏曰:"其土如此,可种植也。"上从之。由是徙万余家屯田泰州,以宗雄等言其地可种艺也。

西京既降复叛,时粮饷垂尽,议欲罢攻。宗雄曰:"西京,都会也,若委而去之,则降者离心,辽之余党与夏人得以窥伺矣。"乃立重赏以激士心。既而,夜中有火,大如斗,坠于城中。宗雄曰:"此城破之象也。"及克西京,赐宗雄黄金百两,衣十袭及奴婢等。

与宗翰等击耿守忠兵七千于西京之东四十里,大破之。迎谒太祖于鸳鸯泺,从至归化州。疾笃,宗干问所欲言。宗雄曰:"国家大业既成,主上寿考万年,肃清四方,死且无恨。"天辅六年,薨,年四十。太祖来问疾,不及见,哭之恸。谓群臣曰:"此子谋略过人,临阵勇决,少见其比。"赙赠加等。诏合扎千户驸马石家奴护丧归,葬于归化州,仍于死所建佛寺。

宗雄好学嗜书,尝从上猎,误中流矢,而神色不变,恐上知之而罪及射者。既拔去其矢,托疾归家,卧两月,因学契丹大小字,尽通之。凡金国初建,立法定制,皆与宗干建白行焉。及与辽议和,书诏契丹、汉字,宗雄与宗翰、希尹主其事。而材武跷捷,挽强射远,几三百步。尝走马射三獐,已中其二,复弯弓,马蹶,跃而下,控弦如故,遂毂满步射获之。宗雄方逐兔,挞懒亦从后射之,已发矢,挞懒大呼曰:"矢及矣。"宗雄反顾,以手接其矢,就射兔,中之,其轻健如此。

天眷中,追封太师、齐国王。天德二年,加秦汉国王。正隆二年,改太傅、金源郡王。大定二年,追封楚王,谥威敏,配享太祖庙廷。十五年,诏图像于衍庆宫。子蒲鲁虎、按答海、阿邻。孙常春、胡里刺、胡刺、鹘鲁、茶扎、怕八、讹出。

初,宗干纳宗雄妻,海陵衔之。及篡位,使宿直将军晃霞、牌印间山往河间,囚宗雄妻于府署,明日,与其子妇及常春兄弟、茶扎之子七人皆杀而焚之,弃其骨于濠水。大定十七年,诏有司收葬。

初,蒲鲁虎袭猛安。蒲鲁虎卒,赠金紫光禄大夫,子桓端袭之,官至金吾卫上将军。桓端卒,子裒頻未袭而死。章宗命宗雄孙蒲带袭之。

蒲带,大定末,累官同签大睦亲府事。章宗即位,初置九路提刑司,蒲带为北京临潢提刑使。诏曰:"朕初即位,忧劳万民,每念刑狱未平,农桑未勉,吏或不循法度,以隳吾治。朝廷遣使廉问,事难周悉。惟提刑劝农采访之官,自古有之。今分九路专设是职,尔其尽心,往懋乃事。"自熙宗时,遣使廉问吏治得失。世宗即位,凡数岁辄一遣黜陟之,故大定之间,郡县吏皆奉法,百姓滋殖,号为小康。或谓廉问使者,颇以爱憎立殿最,以问宰相。宰相曰:"臣等复为陛下察之。"是以世宗尝欲立提刑司而未果。章宗追述先朝,遂于即位之初行之。

及九路提刑使朝辞于庆和殿,上曰:"建立官制,当宽猛得中。凡军民事相涉者,均平决遣,钤束家人部曲,勿使沮扰郡县事。今以司狱隶提刑司,惟冀狱犴无冤耳。"既退,复遣近臣谕之曰:"卿等皆妙简才良,付以专责,尽心举职,别有旌赏,否则有罚。"明年,蒲带乃袭猛安云。

阿邻,颖悟辩敏,通女直、契丹大小字及汉字。幼时尝入宫。熙宗见而奇之,曰:"是儿他日必能宣力国家。"年十八,授定远大将军,为顺天军节度使。天德二年,用廉,迁益都尹兼山东东路兵马都总管,历泰宁、定海、镇西、安国等军节度使。

海陵南伐,以为神勇、武平等军都总管,由寿州道渡淮,与劝农使移剌元宜合兵三万为先锋。是岁十月,至庐州,与宋将王权军十余万战于柘皋镇、渭子桥,败之。至和州南,复与王权军八万余会战,又败之,追杀至江上,斩首数千级。

上即位于辽阳。海陵死,大军北还。将渡淮而舟楫甚少,军士争舟不得亟渡。阿邻得生口,知可涉处,识以柳枝,命本部涉济。既至北岸,而诸军之争渡者果为宋人邀击之。及入见,上闻阿邻淮上战功,又以全军还,迁兵部尚书,监督经画征窝斡诸军粮饷,授以金牌一、银牌四。窝斡败,还至懿州,以疾卒。丧至京师,上命致祭于永安寺,百官赴吊,赙银五百两、重彩三十端、绢百匹。

按答海,又名阿鲁绾,宗雄次子也。性端重,不轻发,有父之风。年十五,太祖赐以一品伞。二十余,御球场分朋击毬,连胜三算,宗工旧老咸异之。进呈所胜礼物,按答海为班首,太宗喜曰:"今日之胜,此孙之力也。"赏之独厚。

天眷二年,袭父猛安。除大宗正丞,以猛安让兄子唤端,加武定军节度使,奉朝请。改侍卫亲军都指挥使,封金源郡王,进封谭王,迁同判大宗正事,别授世袭猛安。

海陵将迁中都,按答海谏曰:"弃祖宗兴王之地而他徙,非义也。"海陵不悦,留之上京。久之,进封郓王,改封魏王,除济南尹。按答海不堪卑湿,多在病告,海陵闻之,改西京留守。正隆例夺王爵,改广宁尹。

世宗即位于东京,赦令至广宁,弟燕京劝按答海拒弗受。按答海受之。会海陵遣使至城下,按答海登城告使者曰:"此府迫近辽阳,势不能抗,聊且从命,非得已也。"燕京亦登谯楼与使者语,指斥不逊。及诸郡皆诣东京,按答海兄弟亦上谒。有司议,既拜赦令,复有异言,持两端,请并诛之。上曰:"正隆剪刈宗室,朕不可效尤。按答海为弟所惑耳。"于是释按答海,乃诛燕京。不数日,复判大宗王事,再迁太子太保,封兰陵郡王。改劝农使。

海陵时,自上京徙河间,土瘠,诏按答海一族二十五家,从便迁居近地,乃徙平州。诏给平州官田三百顷,屋三百间,宗州官田一百顷。进金源郡王,致仕。

大定八年,召见,上曰:"宗室耆老如卿者,能几人邪。"赐钱万贯,甲第一区,留京师,使预巡幸球猎宴会。十四年,薨,年六十七。临终,戒诸子曰:"汝辈勿以生富贵中而为暴戾,宜自谦退。海陵以猜忌剪灭宗室,我以纯谨得免死耳。汝辈惟日为善,勿坠吾家。"

完颜希尹本名谷神,欢都之子也。自太祖举兵,常在行阵,或从太祖、或从撒改,或与诸将征伐,比有功。

金人初无文字,国势日强,与邻国交好,乃用契丹字。太祖命希尹撰本国字,备制度。希尹乃依仿汉人楷字,因契丹字制度,合本国语,制女直字。天辅三年八月,字书成,太祖大悦,命颁行之。赐希尹马一匹、衣一袭。其后熙宗亦制女直字,与希尹所制字俱行用。希尹所撰谓之女直大字,熙宗所撰谓之小字。

辽人迪六、和尚、雅里斯弃中京走,希尹与迪古乃、娄室、余睹

袭之。迪六等闻希尹兵,复走。遂降其旁近人民而还。奚人落虎来
降,希尹使落虎招其父西节度使讹里剌。讹里剌以本部降。

宗翰驻军北安,使希尹经略近地,获辽护卫耶律习泥烈,知辽
主猎于鸳鸯泺。宗翰遂请进兵。宗翰将会都统杲于奚王岭。辽兵
屯古北口。使婆卢火将兵二百击之,浑黜亦将二百人为后援。浑黜
闻辽兵众,请益兵。宗翰欲亲往,希尹、娄室曰:“此小寇,请以千兵
为公破之。”浑黜至古北口,遇辽游兵,逐之入谷中。辽步骑万余迫
战,死者数人。浑黜据关口,希尹等至,大破辽兵,斩馘甚众,尽获甲
胄辎重。复败其伏兵,杀千余人,获马百余匹,遂与宗翰至奚王岭,
期会于羊城泺。

宗翰袭辽帝于五院司,希尹为前驱,所将才八骑,与辽主战,一
日三败之。明日,希尹得降人麻哲,言辽主在漠,委辎重,将奔西京。
几及辽主于白水泺南。辽主以轻骑遁去。尽获其内库宝物,遂至西
京。西京降,使蒲察守之。希尹至乙室部,不及辽主而还。及宗翰
入朝,希尹权西南、西北两路都统。

是时,夏人已受盟,辽主已获,耶律大石自立,而夏国与娄室书
责诸帅弃盟,军入其境,多掠取者。希尹上其书,且奏曰:“闻夏使人
约大石取山西诸郡,以臣观之,夏盟不可信也。”上曰:“夏事酌宜行
之。军入其境,不知信与否也。大石合谋,不可不察,其严备之。”

及大举伐宋,希尹为元帅右监军。再伐宋,执二主以归。师还,
赐希尹铁券,除常赦不原之罪,余释不问。宗翰伐康王,希尹追之于
扬州,康王遁去。后与宗翰俱朝京师,请立熙宗为储嗣,太宗遂以熙
宗为谙班勃极烈。

熙宗即位,希尹为尚书左丞相兼侍中,加开府仪同三司。希尹
为相,有大政皆身先执咎。天眷元年,乞致仕,不许,罢为兴中尹。二
年,复为左丞相兼侍中,俄封陈王。与宗干共诛宗磐、宗隽。三年,
赐希尹诏曰:“帅臣密奏,奸状已萌,心在无君,言宣不道。逮燕居而
窃议,谓神器以何归,稔于听闻,遂致章败。”遂赐死,并杀右丞萧庆
并希尹子同修国史把答、符宝郎漫带。是时,熙宗未有皇子,故嫉希

尹者以此言潜之。

皇统三年，上知希尹实无他心，而死非其罪，赠希尹仪同三司、邢国公，改葬之，萧庆银青光禄大夫。天德三年，追封豫王。正隆二年，例降金源郡王。大定十五年，谥贞宪。孙守道、守贞、守能。守道自有传。

守贞本名左靥，贞元二年，袭祖谷神谋克。大定改元，收充符宝祗候，授通进，除彰德军节度副使，迁北京留守，移上京。坐安置契丹户民部内娶妻，杖一百，除名。二十五年，起为西京警巡使。世宗爱其刚直，授中都左警巡使，迁大兴府治中，进同知，改同知西京留守事。御史台奏守贞治有善状，世宗因谓侍臣曰："守贞勋臣子，又有材能，全胜其兄守道，它日可用也。"

章宗即位，召为刑部尚书，兼右谏议大夫。守贞与修起居注张暐奏言："唐中书门下入阁，谏官随之，欲其预闻政事，有所开说。又起居郎、起居舍人，每皇帝视朝，左右对立，有命则临阶俯听，退而书之，以为起居注。缘侍从官每遇视朝，正合侍立。自来左司上殿，谏官、修起居注不避，或侍从官除授及议便遣，始令避之。比来一例令臣等回避，及香阁奏陈言文字，亦不令臣等侍立。则凡有圣训及所议政事，臣等无缘得知，何所记录，何所开说，似非本设官之义。若漏泄政事，自有不密罪。"上从之。寻为贺宋生日使，还拜参知政事。时上新即政，颇锐意于治，尝问汉宣帝综核名实之道，其施行之实果何如。守贞诵"枢机周密，品式详备"以对。上曰："行之果何始？"守贞曰："在陛下厉精无倦耳。"久之，进尚书左丞，授上京世袭谋克。

明昌三年夏，旱，天子下诏罪己。守贞惶恐，表乞解职。诏曰："天啬时雨，荐岁为灾，所以警惧不逮。方与二三辅弼图回遗阙，宜思有以助朕修政。上答天戒，消沴召和，以康百姓。卿达机务，朕所亲倚，而引咎求去，其如思助何。"守贞恳辞，乃出知东平府事。命参知政事夹谷衡谕之曰："卿勋臣之裔，早登肤仕，才用声绩，朕所素知。故嗣位之初,擢任政府,于今数载,毗赞实多。既久任繁剧,宜均适逸安,矧内外之职,亦当更治,今特授卿是命。东平素号雄藩,兼比年饥歉,正赖经画,卿其为朕往绥抚之。"仍赐金币、厩马,以宠其行。它日,上问宰臣:"守贞治东平如何?"对曰:"亦不劳力。"上曰:"以彼之才,治一路诚有余矣。"右丞刘玮曰:"方今人材无出守贞者,淹留于外,诚可惜也。"上默然。寻改西京留守。

监察御史蒲剌都劾奏守贞前宴赐北部有取受事,不报。右拾遗路铎上章辩之。四年,召拜平章政事,封萧国公。上御后阁,召守贞曰:"朕以卿乃太师所举,故特加委用。然比者行事多太过,门下人少慎择,复与丞相不协,以是令卿补外。载念我昭祖、太祖开创以来,乃祖佐命,积有勋劳,滋故召用。卿其勉尽乃心,与丞相议事宜相和谐,率循旧章,无轻改革。"因赐玉带,并以蒲剌都所弹事与之,曰:"朕度卿必不尔,故以示卿。"

旧制,监察御史凡八员,汉人四员皆进士,而女直四员则文资右职参注。守贞曰:"监察乃清要之职,流品自异,俱宜一体纯用进士。"一日奏事次,上问司吏移转事。守贞曰:"今吏权重而积弊深,移转为便。"上尝叹文士卒无如党怀英者,守贞奏进士中若赵沨、王庭筠甚有时誉。上曰:"出伦者难得耳。"守贞曰:"间世之才,自古所难。然国家培养久,则人材将自出矣。"守贞因言:"国家选举之法,惟女直、汉人进士得人居多,此举更宜增取。其诸司局承应人旧无出身,大定后才许叙使。经童之科,古不常设,唐以诸道表荐,或取五人至十人。近代以为无补,罢之。本朝皇统间,取及五十人,因为常选。天德间,寻以停罢。陛下即位,复立是科,朝廷宽大,放及百数,诚恐积久不胜铨拟。宜稍裁减,以清流品。"又言节用省费之道,并嘉纳焉。

先是,郑王允蹈等伏诛,上以其家产均给诸王,户部郎中李敬义言恐因之生事,上又以董寿为宫籍监都管勾,并下尚书省议。守贞奏:"陛下欲以允蹈等家产分赐懿亲,恩命已出,恐不可改。今已减诸王弓矢,府尉司其出入,臣以为赐之无害。如董寿罪人也,特恩释之，已为幸矣，不宜更加爵赏。”上是守贞所言。

自明昌初，北边屡有警，或请出兵击之。上曰：“今方南议塞河，而复用兵于北，可乎？”守贞曰：“彼屡突轶吾圉，今一惩之，后当不复来，明年可以见矣。”上因论守御之法。守贞曰：“惟有皇统以前故事，舍此无法耳。”

守贞读书，通法律，明习国朝故事。时金有国七十年，礼乐刑政因辽、宋旧制，杂乱无贯，章宗即位，乃更定修正，为一代法。其仪式条约，多守贞裁订，故明昌之治，号称清明。又喜推毂善类，接援后进，朝廷正人，多出入门下。

先是，上以疑忌诛郑王允蹈，后张汝弼妻高陀斡狱起，意又若在镐王允中。时右谏议大夫贾守谦上疏陈时事，思有以宽解上意。右拾遗路铎继之，言尤切直。帝不悦。守贞持其事，狱久不决。帝疑有党，乃出守贞知济南府事，仍命即辞，前举守贞者董师中、路铎等皆补外。上语宰臣曰：“守贞固有才力，至其读书，方之真儒则未也。然太邀权誉，以彼之才而能平心守正，朝廷岂可少离。今滋令出，盖思之熟矣。”俄以在政府日尝与近侍窃语宫掖事，而妄称奏下，上命有司鞫问，守贞款伏，夺官一阶，解职。遣中使持诏责谕之曰：“奸罔上，古人常刑，结援养交，臣之大戒。孰谓予相，乃蹈厥辜。尔本出勋门，浸登朊仕。朕初嗣位，亟欲用卿。未阅岁时，升为宰辅，每期纳诲，共致太平。盖求所长，不考其素，拔擢不为不峻，任用不为不专。曾报效之弗思，辄私权之自树，交通近侍，密问起居，窥测上心，预图趋向。繇患失之心重，故欺君之罪彰，指所无之事而妄以肆诬，实未始有言而谓之尝谏。义岂知于归美，意专在于要君。其饰诈之若然，岂为臣之当耳。复观弹奏，益见私情，求亲识之援而列布宫中，纵罪废之余而出入门下。而又凡有官使，敛为己恩，谓皆涉于回邪，不宜任之中外。质之清议，固所不容，揆之乃心，乌得无愧。姑从轻典，庸示薄惩。”仍以守贞不公事，宣谕百官于尚书省。

承安元年，降授河中防御使。五年，改部罗火扎石合节度使。过阙，上赐手诏责谕之，令赴职。久之，迁知都府事。时南鄙用兵，上以山东重地，须大臣安抚，乃移知济南府，卒。上闻而悼之。敕有司致祭，赙赠礼物依故平章政事蒲察通例。谥曰肃。

守贞刚直明亮，凡朝廷论议及上有所问，皆傅经以对。上尝与泛论人材，守贞乃迹其心术行事，臧否无少隐，故为胥持国辈所忌，竟以直罢。后赵秉文由外官入翰林，遽上书言：“愿陛下进君子退小人。”上问君子小人谓谁。秉文对：“君子故相完颜守贞，小人今参知政事胥持国。”其为天下推重如此。

守能本名胡剌，累官商州刺史。正隆末，宋人陷商州，守能被执。大定五年，宋人请和，誓书曰：“俘虏之人，尽数发还。”完颜仲为报问国信使，求守能及新息县令完颜按辰于宋，遂与俱归。守能等至京师，入见，诏给旧官之俸。

大定十九年，为西北路招讨使。是时，诏徙窝斡余党于临潢、泰州。押剌民列尝从窝斡。其弟闸敌也当徙，伪称身亡，以马赂守能，固匿不遣。及受赇补赛也蕃部通事，事觉。是时，乌古里石垒部族节度副使奚沙阿补杖杀无罪镇边猛安，尚书省俱奏其事。上曰：“守能由刺史超擢至此，敢恣贪墨。向者招讨司官多进良马、橐驼、鹰鹘等物，盖假此以率敛尔，自今并罢之。”因责其兄守道曰：“守能自刺史躐迁招讨，外官之尊，无以逾此。前招讨哲典以贪墨伏诛，守能岂不知，乃敢如此，其意安在。尔之亲弟，何不先训戒之也。”上谓宰臣曰：“监察专任纠弹。宗州节度使阿思懑初之官，途中侵扰百姓，到官举动皆违法度。完颜守能为招讨使，贪冒狼籍。凡达官贵人，皆未尝举劾。斡睹只群牧副使仆散那也取部人球杖两枝，即便弹奏。自今，监察御史职事修举，然后迁除。不举职者，大则降罚，小则决责，仍不得去职。”尚书省奏，守能两赃俱不至五十贯，抵罪。奚沙阿补解见居官，并解世袭谋克。上曰：“此旧制之误。居官犯除名者，与世袭并罢之，非犯除名者勿罢。”遂著于令。特诏守能杖二百，除名。

　　赞曰:阿离合懑之善颂,宗雄之强识,希尹之敏学,益之以征伐之功,岂不伟哉。

金史卷七四
列传第一二

宗翰　宗望

　　宗翰本名粘没喝，汉语讹为粘罕，国相撒改之长子也。年十七，军中服其勇。及议伐辽，宗翰与太祖意合。太祖败辽师于境上，获耶律谢十。撒改使宗翰及完颜希尹来贺捷，即称帝为贺。及太宗以下宗室群臣皆劝进，太祖犹谦让。宗翰与阿离合懑、蒲家奴等进曰："若不以时建号，无以系天下心。"太祖意乃决。辽都统耶律讹里朵以二十余万戍边，太祖逆击之，宗翰为右军，大败辽人于达鲁古城。

　　天辅五年四月，宗翰奏曰："辽主失德，中外离心。我朝兴师，大业既定，而根本弗除，后必为患。今乘其衅，可袭取之。天时人事，不可失也。"太祖然之，即命诸路戒备军事。五月戊戌，射柳，宴群臣。上顾谓宗翰曰："今议西征，汝前后计议多合朕意。宗室中虽有长于汝者，若谋元帅，无以易汝。汝当治兵，以俟师期。"上亲酌酒饮之，且命之醋，解御衣以衣之。群臣言时方暑月，乃止。无何，为移赉勃极烈，副蒲家奴西袭辽帝，不果行。

　　十一月，宗翰复请曰："诸军久驻，人思自奋，马亦壮健，宜乘此时进取中京。"群臣言时方寒，太祖不听，竟用宗翰策。于是，忽鲁勃极烈杲都统内外诸军，蒲家奴、宗翰、宗干、宗磐副之，宗峻领合扎猛安，皆受金牌，余睹为乡导，取中京实北京。既克中京，宗翰率偏师趋北安州，与娄室、徒单缚里合兵，大败奚王霞末，北安遂降。

　　宗翰驻军北安，遣希尹经略近地，获辽护卫耶律习泥烈，乃知辽主猎于鸳鸯泺,杀其子晋王敖鲁斡,众益离心,西北、西南两路兵马皆羸弱,不可用。宗翰使耨碗温都、移剌保报都统杲曰:"辽主穷迫于山西,犹事畋猎,不恤危亡,自杀其子,臣民失望。攻取之策,幸速见谕。若有异议,此当以偏师讨之。"杲使奔睹与移剌保同来报曰:"顷奉诏旨,不令便趋山西,当审详徐议。"当时,宗翰使人报杲,即整众俟兵期。及奔睹至,知杲无意进取,宗翰恐待杲约或失机会,即决策进兵。使移剌保复往报都统曰:"初受命虽未令便取山西,亦许便宜从事。辽人可取,其势已见,一失机会,后难图矣。今已进兵,当与大军会于何地,幸以见报。"宗干劝杲当如宗翰策,杲意乃决,约以奚王岭会议。

宗翰至奚王岭,与都统杲会。杲军出青岭,宗翰军出瓢岭,期于羊城泺会军。宗翰以精兵六千袭辽主,闻辽主自五院司来拒战,宗翰倍道兼行,一宿而至,辽主遁去。乃使希尹等追之。西京复叛,耿守忠以兵五千来救,至城东四十里,蒲察乌烈、谷赧先击之,斩首千余。宗翰、宗雄、宗干、宗峻继至,宗翰率麾下自其中冲击之,使余兵去马从旁射之。守忠败走,其众歼焉。宗翰弟扎保迪没于阵。天眷中,赠扎保迪特进云。

宗翰已抚定西路州县部族,谒上于行在所,遂从上取燕京。燕京平,赐宗翰、希尹、挞懒、耶律余睹金器有差。太祖既以燕京与宋人,还军次鸳鸯泺,不豫,将归京师。以宗翰为都统,昃勃极烈昱、迭勃极烈斡鲁副之,驻军云中。

太宗即位,诏宗翰曰:"寄尔以方面,当迁官资者,以便宜除授。"因以空名宣头百道给之。宋人来请割诸城,宗翰报以武、朔二州。宗翰请曰:"宋人不归我叛亡,阻绝燕山往来道路,后必败盟,请勿割山西郡县。"太宗曰:"先皇帝尝许之矣,当与之。"

诸将获耶律马哥,宗翰归之京师。诏以马七百匹给宗翰军,以田种千石、米七千石赈新附之民。诏曰:"新附之民,比及农时,度地以居之。"宗翰请分宗望、挞懒、石古乃精兵讨诸部。诏曰:"宗望军不可分,别以精锐五千给之。"宗翰朝太祖陵,入见上,奏曰:"先皇帝时,山西、南京诸部汉官,军帅皆得承制除授。今南京皆循旧制,惟山西优以朝命。"诏曰:"一用先皇帝燕京所降诏敕从事,卿等度其勤力而迁授之。"

宗翰复奏曰:"先皇帝征辽之初,图宋协力夹攻,故许以燕地。宋人既盟之后,请加币以求山西诸镇,先皇帝辞其加币。盟书曰:'无容匿逋逃,诱扰边民。'今宋数路招纳叛亡,厚以恩赏。累疏叛人姓名,索之童贯,尝期以月日,约以誓书,一无所致。盟未期年,今已如此,万世守约,其可望乎。且西鄙未宁,割付山西诸郡,则诸军失屯据之所,将有经略,或难持久,请姑置勿割。"上悉如所请。

上以宗翰破辽,经略夏国奉表称藩,深嘉其功,以马十匹,使宗翰自择二匹,余赐群帅。

及斡鲁奏宋不遣岁币户口事,且将渝盟,不可不备,太宗命宗翰取诸路户籍按籍索之。而阇母再奏宋败盟有状,宗翰、宗望俱请伐宋。于是,谙班勃极烈杲领都元帅,居京师,宗翰为左副元帅,自太原路伐宋。

宗翰发自河阴,遂降朔州,克代州,围太原府。宋河东、陕西军四万救太原,败于汾河之北,杀万余人。宗望自河北趋汴,久不闻问,遂留银术可等围太原,宗翰率师而南。降定诸县及威胜军,下隆德府实潞州。军至泽州,宋使至军中,始知割三镇讲和事。路允迪以宋割太原诏书来,太原人不受诏。宗翰取文水及盂县,复留银术可围太原。宗翰乃还山西。

宋少帝诱萧仲恭赍书余睹,以兴复辽社稷以动之。萧仲恭献其书,诏复伐宋。八月,宗翰发自西京。九月丙寅,宗翰克太原,执宋经略使张孝纯等。鹘沙虎取平遥,降灵石、介休、孝义诸县。十一月甲子,宗翰自太原趋汴,降威胜军,克隆德府,遂取泽州。撒剌答等先已破天井关,进逼河阳,破宋兵万人,降其城。宗翰攻怀州,克之。丁亥,渡河。闰月,宗翰至汴,与宗望会兵。宋约画河为界,复请修好。不克和。丙辰,银术可等克汴州。辛酉,宋少帝诣军前,舍青城。十二月癸亥,少帝奏表降。诏元帅府曰:"将帅士卒立功者,第其功之高下迁赏之。其殒身行阵，没于王事者，厚恤其家，赐赠官爵务从优厚。"使勖就军中劳赐宗翰、宗望，使皆执其手以劳之。五年四月，以宋二主及其宗族四百七十余人及圭璋、宝印、衮冕、车辂、祭器、大乐、灵台、图书，与大军北还。七月，赐宗翰铁券，除反逆外，余皆不问，赐与甚厚。

宗翰奏河北、河东府镇州县请择前资官良能者任之，以安新民。上遣耶律晖等从宗翰行。诏黄龙府路、南路、东京路于所部各选如耶律晖者遣之。宗翰遂趋洛阳。宋董植以兵至郑州，郑州人复叛。宗翰使诸将击董植军，复取郑州。遂迁洛阳、襄阳、颍昌、汝、郑、均、房、唐、邓、陈、蔡之民于河北，而遣娄室平陕西州郡。是时河东寇盗尚多，宗翰乃分留将士，夹河屯守，而还师山西。昏德公致书"请立赵氏，奉职修贡，民心必喜，万世利也。"宗翰受其书而不答。

康王遣王师正奉表，密以书招诱契丹、汉人。获其书奏之。太宗下诏伐康王。河北诸将欲罢陕西兵，并力南伐。河东诸将不可，曰："陕西与西夏为邻，事重体大，兵不可罢。"宗翰曰："初与夏约夹攻宋人，而夏人弗应。而耶律大石在西北，交通西夏。吾舍陕西而会师河北，彼必谓我有急难。河北不足虞，宜先事陕西，略定五路，既弱西夏，然后取宋。"宗翰盖有意于夏人也。议久不决，奏请于上，上曰："康王构当穷其所往而追之。俟平宋，当立藩辅如张邦昌者。陕右之地，亦未可置而不取。"于是娄室、蒲察帅师，绳果、婆卢火监战，平陕西。银术可守太原，耶律余睹留西京。

宗翰会东军于黎阳津，遂会睿宗于濮。进兵至东平，宋知府权邦彦弃家宵遁，降其城，驻军东平东南五十里。复取徐州。先是，宋人运江、淮金币皆在徐州官库，尽得之，分给诸军。袭庆府来降。宋知济南府刘豫以城降于挞懒。乃遣拔离速、乌林答泰欲、马五袭康王于扬州，未至百五十里，马五以五百骑先驰至扬州城下。康王闻兵来，已于前一夕渡江矣。于是，康王以书请存赵氏社稷。先是，康王尝致书元帅府，称"大宋皇帝构致书大金元帅帐前"，至是乃贬去大号，自称：宋康王赵构谨致书元帅阁下。其四月、七月两书皆然。

元帅府答其书，招之使降。于是，挞懒、宗弼、拔离速、马五等分道南伐。宗弼之军渡江取建康，入于杭州。康王入海，阿里、蒲卢浑等自明州行海三百里，追之弗及。宗弼乃还。其后宗翰欲用徐文策伐江南，睿宗、宗弼议不合，乃止。语在《刘豫传》。归德叛，都统大乣里平之。

初，太宗以斜也为谙班勃极烈，天会八年，斜也薨，久虚此位。而熙宗宗峻子，太祖嫡孙，宗干等不以言太宗，而太宗亦无立熙宗意。宗翰朝京师，谓宗干曰："储嗣虚位颇久，合剌先帝嫡孙，当立，不早定之，恐授非其人。宗翰日夜未尝忘此。"遂与宗干、希尹定议，入言于太宗，请之再三。太宗以宗翰等皆大臣，义不可夺，乃从之，遂立熙宗为谙班勃极烈。于是，宗翰为国论右勃极烈，兼都元帅。

熙宗即位，拜太保、尚书令，领三省事，封晋国王。乞致仕，诏不许。天会十四年薨，年五十八。追封周宋国王。正隆二年，例封金源郡王。大定间，改赠秦王，谥桓忠，配享太祖庙廷。

孙秉德、斜哥。秉德别有传。

斜哥，累官同知曷苏馆节度使事。大定初，除刑部侍郎，充都统，与副统完颜布辉自东京先赴中都，辄署置官吏，私用官中财物。世宗至中都，事觉，斜哥当死，布辉当除名。诏宽减，斜哥除名，布辉削两阶，解职。

二年，起为大宗正丞，除祁州刺史。坐赃枉法，当死，诏杖一百五十，除名。遣左卫将军夹谷查剌谕斜哥曰："卿何面目至乡中与宗族相见。今徙鄜州，以家人自随。俟汝身死，听家人从便。"久之，起同知兴中尹，迁唐括部族节度使，历开远、顺义军。

斜哥前在云内受赃，御史台劾奏，上谓宰臣曰："斜哥今三犯矣，盖其资质鄙恶如此。"令强干吏鞫之。狱成，法当死。上曰："斜哥祖父秦王宗翰有大功，特免死，杖一百五十，除名。"久之，复起为劝农副使。

赞曰：宗翰内能谋国，外能谋敌，决策制胜，有古名将之风。临潢既捷，诸将皆有怠忽之心，而请伐不已。越千里以袭辽主，诸将皆有畏顾之心，而请期不已。观其欲置江、淮，专事陕服，当时无有能识其意者。甫释干戈，敛衽归朝，以定熙宗之位，精诚之发，孰可掩哉。

宗望本名斡鲁补，又作斡离不，太祖第二子也。每从太祖征伐，常在左右。

都统杲已克中京，宗翰在北安州，获辽护卫习泥烈，知辽主在鸳鸯泺，宗翰请袭之。杲出青岭，辽兵三百余掠降人家资。宗望曰："若生致此辈，可审得辽主所在虚实。"遂与宗弼率百骑进。骑多罢乏，独与马和尚逐越卢孛古、野里斯等，留一骑趣后军，即驰击败之，生擒五人。因审辽主尚在鸳鸯泺未去无疑也，于是进兵。宗翰倍道兼行，追辽主于五院司，不及。娄室等追之至白水泺，辽主走阴山。辽秦晋国王捏里自立于燕京。新降州部，人心不固，杲使宗望请太祖临军。

宗望至京师，百官入贺，上曰："宗望与十余骑经涉兵寇数千里，可嘉也。"上宴群臣，欢甚。宗望奏曰："今云中新定，诸路辽兵尚数万，辽主尚在阴山、天德之间，而捏里自立于燕京，新降之民，其心未固，是以诸将望陛下幸军中也。"上曰："悬军远伐，授以成算，岂能尽合机事。朕以六月朔启行。"既次大泺西南，杲使希尹奏请徙西南招讨司诸部于内地。上顾谓群臣曰："徙诸部人当出何路？"宗望对曰："中京残弊，刍粮不给，由上京为宜。然新降之人，遽尔骚动，未降者必皆疑惧。劳师害人，所失多矣。"上京谓临潢府也。上乃下其议，命军帅度宜行之。

上闻辽主在大鱼泺，自将精兵万人袭之。蒲家奴、宗望率兵四千为前锋，昼夜兼行，马多乏，追及辽主于石辇驿，军士至者才千人，辽军余二万五千。方治营垒，蒲家奴与诸将议。余睹曰："我军未集，人马疲剧，未可战。"宗望曰："今追及辽主而不亟战，日入而遁,则无及。"遂战,短兵接,辽兵围之数重,士皆殊死战。辽主谓宗望兵少必败,遂与嫔御皆自高阜下平地观战。余睹示诸将曰:"此辽主麾盖也。若萃而薄之,可以得志。"骑兵驰赴之,辽主望见大惊,即遁去,辽兵遂溃。宗望等还。上曰:"辽主去不远,亟追之。"宗望以骑兵千余追之,蒲家奴为后继。

　　太祖已定燕京,斡鲁为都统,宗望副之,袭辽主于阴山、青冢之间。宗望、娄室、银术可以三千军分路袭之。将至青冢,遇泥泞,众不能进。宗望与当海四骑以绳系辽都统林牙大石,使为乡导,直至辽主营。时辽主往应州,其嫔御诸女见敌兵奄至惊骇欲奔,命骑下执之。有顷,后军至。辽太叔胡卢瓦妃,国王捏里次妃,辽汉夫人,并其子秦王、许王,女骨欲、余里衍、斡里衍、大奥野、次奥野,赵王妃斡里衍,招讨迪六,详稳六斤,节度使孛迭、赤狗儿皆降。得车万余乘,惟宁王雅里及其长女乘军乱亡去。娄室、银术可获其左右舆帐。进至扫里门,为书以招辽主。

　　辽主自金城来,知其族属皆见俘,率兵五千余决战。宗望以千兵击败之。辽主相去百步,遁去。获其子赵王习泥烈及传国玺。追二十余里,尽得其从马,而照里、特末、胡巴鲁、背答别获牧马万四千匹、车八千乘。及献传国玺于行在,太祖曰:"此群臣之功也。"遂置玺于怀中,东面恭谢天地,乃大录诸帅功,加赏焉。

　　辽主乃使谋卢瓦持兔钮金印请降。宗望受之,视其文,乃"元帅燕国王之印"也。宗望复以书招之,谕以石晋北迁事。遂使使谕夏国,示以和好,所以沮疑其救辽之心也。宗望趋天德,辽耶律慎思降。及候人吴十回,皆言夏国迎护辽主度大河矣。宗望乃传檄夏国曰:"果欲附我,当如前谕,执送辽主。若犹疑贰,恐有后悔。"及辽秦王等以俘见太祖,太祖嘉宗望功,以辽蜀国公主余里衍赐之。

　　阇母与张觉战,大败于兔耳山。上使宗望问状,就以阇母军讨张觉,降濒海郡县。遂与觉战于南京城东。觉败,宵遁奔宋,语在《觉传》。城中人执觉父及其二子来献,宗望杀之。使以诏书宣谕城中张敦固等出降。使使与敦固俱入城收兵仗。城中人杀使者,立敦固为都统，劫府库，掠居民，乘城拒守。太宗赏破张觉功及有功将士各有差。

初，张觉奔宋，入于燕京，宗望责宋人纳叛人，且征军粮。久不闻问，宗望欲移书督之，请空名宣头千道，增信牌，安抚新降之民。诏以"亲附长吏职员仍旧。已命诸路转输军粮，勿督于宋。给银牌十、空名宣头五十道。及迁、润、来、隰四州人徙于沈州者，俟毕农各复其业"乃诏咸州输粟宗望军。

张敦固以兵八千分四队出战，大败。宗望再三开谕，敦固等曰："屡尝拒战，不敢遽降。"宗望许其望阙遥拜。敦固乃开其一门。宗望使阇母奏其事，乃下诏赦南京官民，大小罪皆释之，官职如旧。别敕有司轻徭赋、劝稼穑、疆场之事，一决于宗望。又曰："议索张觉及逋亡户口于宋。闻比岁不登，若如旧征敛，恐民匮乏，度其粮数赋之。射粮军愿为民者，使复田里，小大之事关白军师，无得专达朝廷。"诏宗望曰："选勋贤及有民望者为南京留守，及诸阙员，仍具姓名官阶以闻。"是时，迁、润、来、隰四州之民保山寨者甚众，宗望乞选良吏招抚。上从之。

上召宗望赴阙，而阇母克南京，兵执伪都统张敦固杀之，南京平。赴京师。于是，宗翰请无割山西地与宋，斡鲁亦言之。阇母论奏宋渝盟有验，不可不备。及宗望还军，上曰："征岁币于宋，以银二十万两、绢三十万匹分赐尔军及六部东京诸军。"宗望至军，宋兵三千自海道来，破九寨，杀马城县戍将节度使度卢斡，取其银牌兵仗及马而去。宗望索户口，宋人弗遣，且闻童贯、郭药师治军燕山。宗望奏请伐宋曰："苟不先之，恐为后患。"宗翰亦以为言。故伐宋之策，宗望实启之。

宗望为南京路都统，阇母副之，自燕山路伐宋。宗望奏曰："阇母于臣为叔父，请以阇母为都统，臣监战事。"上从之。以宗望监阇母、刘彦宗两军战事。宗望至三河，破郭药师兵四万五千于白河，蒲苋败宋兵三千于古北口，郭药师降，遂取燕山府，尽收其军实，马万匹、甲胄五万、兵七万，州县悉平。宋中山戍将王彦、刘璧率兵二千来降。蒲察、绳果以三百骑遇中山三万人于厄隘之地,力战,死之。术烈速、活里改军继至,杀二万余人。宗望破宋真定兵五千人,遂克信德府,次邯郸。宋李邺请修旧好。宗望留军中不遣。

自郭药师降,益知宋之虚实。宗望请以为燕京留守。及董才降,益知宋之地里。宗望请任以军事。太宗俱赐姓完颜氏,皆给以金牌。

四年正月己巳,诸军渡河,取滑州。使吴孝民入汴,以诏书问纳平州张觉事,令执送童贯、谭稹、詹度,以黄河为界,纳质奉贡。癸酉,诸军围汴。宋少帝请为伯侄国,效质纳地,增岁币请和。遂割太原、中山、河间三镇,书用伯侄礼,以康王构、太宰张邦昌为质。沈晦以誓书、三镇地图至军中,岁币割地一依定约,语在宋事中。

二月丁酉朔,与宋平,退军孟阳。是夜,姚平仲兵四十万来袭。候骑觉之,分遣诸将迎击,大破平仲军,复进攻汴城,问举兵之状。少帝大恐,使宇文虚中来辨曰:“初不知其事,且将加罪其人。”宗望辍弗攻,改肃王枢为质,康王构遣归。师还,河北两镇不下,遂分兵讨之。

宗望罢常胜军,给还燕人田业,命将士分屯安肃、雄、霸、广信之境。宗望还山西。未几。为右副元帅,有功将士迁赏有差。

顷之,宋少帝以书诱余睹,萧仲恭献其书,诏复伐宋。八月,宗望会诸将,发自保州。耶律铎破敌兵三万于雄州,杀万余人。那野败宋军七千于中山。高六、董才破宋兵三千于广信。宋种师闵军四万人驻井陉,宗望大破之,遂取天威军。东还,遂克真定,杀知府李邈,得户三万,降五县。遂自真定趋汴。

十一月戊辰,宗望至河上,降魏县。诸军渡河,留诸将分出大名之境。降临河县,至大名县,德清军、开德府,皆克之。阿里刮以骑兵三千先趋汴,破宋军六千于路。取胙城,抵汴城下,覆宋兵千人,擒数将。宗望至汴,分遣诸将遏宋援兵,奔睹、那野、赛刺、台实连破宋援兵。闰月壬辰朔,宋兵一万出自汴城来战。宗望选劲勇五千,使当海、忽鲁、雏鹘失击败之。癸巳,宗翰自太原会军于汴。丙辰,克汴州。辛酉,宋少帝诣军前。十二月癸亥,宋帝奉表降。上使勖就军中劳赐宗翰、宗望，使皆执其手以劳之。四月，以宋二主及其宗族四百七十余人，及圭璋、宝印、衮冕、车辂、祭器、大乐、灵台、图书，与大军北还。

宗望乃分诸将镇守河北。董才降广信军及旁近县镇。宗望乃西上凉陉。诏宗望曰："自河之北，今既分画，重念其民见城邑有被残者，遂阻命坚守，其申谕招辑安全之。倘坚执不移，自当致讨。若诸军敢利于俘掠，辄肆毁荡者，当底于罚。"

是月，宗望薨。天会十三年，封魏王。皇统三年，进许国王，又徙封晋国王。天德二年，赠太师，加辽燕国王，配享太宗庙廷。正隆二年，例降封。大定三年，改封宋王，谥桓肃。子齐、京、文。

初，辽帝之奔阴山也，辽节度使和尚与林牙马哥、男慎思俱被擒，都统杲使阿邻护送得里底、和尚、雅里斯等入京师。得里底道亡，太祖诛阿邻。和尚弟道温为兴中尹，太祖使谩都本以兵千人与和尚往招之。和尚欲亡去，不克，至兴中城下，以矢系书射城中，教道温毋降。事泄，谩都本责之曰："汝何反复如此？"对曰："以忠报国，何反复之有，虽死不恨。"乃杀之。既而宗望军遇辽都统孛迭等，道温在其中，相与隔水而语。宗望承制招之，孛迭唯诺，无降意。宗望谓道温曰："汝兄和尚因战而获，未尝加罪，后以叛诛，能无痛悼。"道温曰："吾兄辱于见获，荣于死国。"宗望顾马和尚曰："能为我取此乎？"对曰："能。"遂以所部渡水击败其众，直趋道温，射中其臂，获而杀之。

齐本名受速，长身美髯。天眷三年，以宗室子授镇国上将军。皇统元年，迁光禄大夫。正隆六年，迁银青荣禄大夫。大定初，迁特进，加安武军节度使，留京师奉朝请。齐以近属，上所宠遇，而性庸滞无材能。大定三年，罢节度官，给随朝三品俸，累官特进，卒。

弟京、弟文皆以谋反诛。世宗尽以其家财产与齐之子咬住。诏齐妻曰："汝等皆当缘坐，有至大辟及流窜者。朕念宋王，故置而不问，且以其家产赐汝子。宜悉朕意。"十五年，上召英王爽谓曰："卿于诸公主女子中为咬住择婚，其礼币命有司给之。"俄袭叔父京山东西路徒毋坚猛安。

京本名忽鲁，以宗室子累迁特进。天德二年，除翰林学士承旨，兼修国史，加开府仪同三司，迁工部尚书，改礼部、兵部，判大宗正事，封曹王，除河间尹。正隆二年，例封沈国公，北京留守，以丧去官。起复益都尹。六年，坐违制，立春日与徒单贞饮酒，降滦州刺史。未几，改绛阳军节度使。海陵遣护卫忽鲁往绛州杀之。京由间道走入汾州境得免。

世宗即位，来见于桃花坞。复判大宗正事，封寿王。二年正月戊辰朔，日食，伐鼓用币，上不视朝，减膳彻乐。诏京代拜行礼。世宗惩创海陵疏忌宗室，加礼京兄弟，情若同生。谓京等曰："朕每见天象变异，辄思政事之阙，寤寐自责不遑。凡事必审思而后行，犹惧独见未能尽善，每令群臣集议，庶几无过举也。"是时，伐宋未罢兵，用度不足，百官未给全俸。京家人数百口，财用少，上闻之，赐金一百五十两、重彩百端、绢五百匹。改西京留守，赐佩刀厩马。

京到西京，京妻尝召日者孙邦荣推京禄命。邦荣言留守官至太师，爵封王。京问："此上更无否？"邦荣曰："止于此。"京曰："若止于此，所官何为。"邦荣察其意，乃诈为图谶，作诗，中有"鹊鲁为"之语，以献于京。京曰："后诚如此乎。"遂受其诗，再使卜之。邦荣称所得卦有独权之兆。京复使邦荣推世宗当生年月。家人孙小哥妄作谣言诳惑京，如邦荣指，京信之。京妻公寿具知其事。大定五年三月，孙邦荣上变。诏刑部侍郎高德基、户部员外郎完颜兀古出往鞫之。京等皆款伏。狱成，还奏。上曰："海陵无道，使光英在，朕亦保全之，况京等哉。"于是，京夫妇特免死，杖一百，除名，岚州楼烦县安置，以奴婢百口自随，官给上田。遣兀古出、刘珫宣谕京，诏曰："朕与汝皆太祖之孙。海陵失道，剪灭宗支，朕念兄弟无几，于汝尤为亲爱，汝亦自知之，何为而怀此心。朕念骨肉，不忍尽法。汝若尚不思过，朕虽不加诛，天地岂能容汝也。"十年四月，诏于楼烦县，为京作第一区，月给节度廪俸。

十二年，兄德州防御使文谋反。上问皇太子、越王允中及宰臣曰："京谋不轨，朕特免死，今复当缘坐，何如。"宰臣或言京图逆，今不除之，恐为后患。上曰："天下大器归于有德，海陵失道，朕乃得之。但务修德，余何足虑。"太子曰："诚如圣训。"乃遣使宣谕京，诏曰："卿兄文，旧封国公，不任职事，朕进封王爵，委以大藩。顷在大名，以脏得罪，止削左迁，不知恩幸，乃蓄怨心，谋不轨，罪及兄弟。朕念宋王，皆免缘坐。文之家产应没入者，尽与卿兄子咬住。卿宜悉此意。"

二十年十一月，上问宰臣曰："京之罪始于其妻，妄卜休咎。太祖诸孙存者无几，朕欲召置左右，不使任职，但廪给之，卿等以为何如？"皆曰："置之近密，臣等以为非宜。"上曰："朕若修德，何必豫怀疑忌。"久之，上复欲召京，宰臣曰："京，不赦之罪也，赦之以为至幸矣，岂可复。"上默良久，乃止。

文本名胡刺，皇统间，授世袭谋克，加奉国上将军，居中京。

海陵篡立，赐钱二万贯。是时，左渊为中京转运使，市中有秽术敲仙者，文与渊皆与之游。海陵还中京，闻，召敲仙诘问，穷竟本末。既而杀之于市，责让文、渊。贞元元年，除秘书，坐与灵寿县主阿里虎有奸，杖二百，除名。俄复为秘书监，封王。正隆例封郧国公，以丧去官。起复翰林学士承旨、同判大宗正事、昌武军节度使。

大定初，改武定军，留京师，奉朝请。三年，赐上常御绦服佩刀而遣之。谓文曰："朕无兄弟，见卿往外郡，恻然伤怀。卿颇自放，宜加检束。"除广宁尹，召为判大宗正事，封英王。是时，弟京得罪，上谓文曰："朕待京不薄，乃包藏祸心，图不轨，不忍刑及骨肉，遂从轻典。卿亦骄纵无度。宋王有社稷功。武灵封太祖诸孙为王，卿独不封。朕即位，封卿兄弟为王。自今惩咎悔过，赤心事朕，无患朕不知也。"除真定尹，赐以衣带。改大名尹，徙封荆王。

文到大名，多取猛安谋克良马，或以驽马易之，买民物与价不尽其直。寻常占役弓手四十余人，诡纳税草十六万束。公用阙，取民钱一万九千余贯。坐是夺爵，降德州防御使。僚佐皆坐不矫正解职。监察御史董师中按文事失纠察，已除尚书省都事，降沁南军节度副使。诏曰："自今长官不法，僚佐不矫正，又不言上，并严行惩断。"

文既失职，居常怏怏，日与家奴石抹合住、忽里者为怨言。合住揣知其意，因言南京路猛安阿古、合住、谋克颇里，银术可与大王厚善，果欲举大事，彼皆愿从。文信其言。乃召日者康洪占休咎，密以谋告洪。洪言来岁甚吉。文厚谢洪，使家僮刚哥等往南京以书币遗阿古等。刚哥问合住何以知阿古等必从。合住曰："阿古等与大王善，以此意其必从耳。"刚哥到南京，见阿古等，不言其本来之事。及还，给文曰："阿古从大王矣。"文乃造兵仗，使家奴斡敌画阵图。家奴重喜诣河北东路上变，府遣总管判官字特驰往德州捕文。字特至德州，日已晚。会文出猎，召防御判官酬越谋就猎所执之。酬越言："文兵卫甚众，且暮夜，明日文生日，可就会上执之。"字特乃止。是夜，文知本府使至，意其事觉，乃与合住、忽里者等俱亡去。河间府使奏文事，诏遣右司郎中纥石烈哲典、翰林修撰阿不罕讹里也往德州鞫问。

上闻文亡命，谓宰臣曰："海陵剪灭宗室殆尽，朕念太祖孙存者无几人，曲为宽假，而文曾不知幸，尚怀异图，何狂悖如此。"上恐文久不获，诖误者多，督所在捕之。诏募获文者迁官五阶，赐钱三千贯。文以大定十二年九月事觉，亡命凡四月，至十二月被获，伏诛。康洪论死，余皆坐如律。诏释其妻术实懒。字特、酬越不即捕，致文亡去，字特杖二百，除名，酬越杖一百，削两阶。诏曰："德州防御使文、北京曹贵、鄜州李方皆因术士妄谈禄命，陷于大戮。凡术士多务苟得，肆为异说。自今宗室、宗女有属籍者及官职三品者，除占问嫁娶、修造、葬事，不得推算相命，违者徒二年，重者从重。"上以文家财产赐其故兄特进齐之子咬住，并以西京留守京没入家产赐之。

赞曰：宗望启行平州，战胜白河，席卷而南，风行电举，兵无留难，再阅月而汴京围矣。所谓敌不能与校者耶。既取信德，留兵守之，以为后距，此岂轻者耶。《管子》曰："径于绝地，攻于恃固，独出独入，而莫之能止。"其宗望之谓乎。

金史卷七五
列传第一三

卢彦伦　　毛子廉　　李三锡
孔敬宗　　李师夔　　沈璋
左企弓　　虞仲文　　左泌

　　卢彦伦,临潢人。辽天庆初,萧贞一留守上京,置为吏,以材干称。是时,临潢之境多盗,而城中兵无统属者,府以彦伦为材,荐之于朝,即授殿直、勾当兵马公事。

　　辽兵败于出河店,还至临潢,散居民家,令给养之,而军士纵恣侵扰,无所不至,百姓殊厌苦之。留守耶律赤狗儿不能禁戢,乃召军民谕之曰:“契丹、汉人久为一家,今边方有警,国用不足,致使兵士久涸父老间,有侵扰亦当相容。”众皆无敢言者。彦伦独曰:“兵兴以来,民间财力困竭,今复使之养士,以国家多故,义固不敢辞。而此辈恣为强暴,人不能堪。且番、汉之民皆赤子也,夺此与彼,谓何。”

　　初取临潢,军中有辛讹特剌者,旧为临潢驿吏,与彦伦善,使往诏谕,彦伦杀之。辽授彦伦团练使、勾当留守司公事。

　　天辅四年,彦伦从留守挞不野出降。授夏州观察使,权发遣上京留守事。师还,挞不野以城叛,彦伦乃率所部逐挞不野,尽杀城中契丹,遣使来报。未几,辽将耶律马哥以兵取临潢,彦伦拒守者七月。会援兵至,敌解围去,因赴阙。

　　天会二年,知新城事。城邑初建,彦伦为经画,民居、公宇皆有法。改静江军节度留后，知咸州烟火事。未几，迁静江军节度使。天眷初，行少府监兼都水使者，充提点京城大内所，改利涉军节度使。未阅月，还，复为提点大内所。彦伦性机巧，能迎合悼后意，由是颇见宠用。岁余，迁侍卫亲军马步军都指挥使，为宋国岁元使。改礼部尚书，加特进，封郇国公。天德二年，出为大名尹。明年，诏彦伦营造燕京宫室，以疾卒，年六十九。子玑。

玑字正甫，以荫补阁门祗候，累迁客省使，兼东上阁门使，改提点太医、教坊、司天，充大定十五年宋主生日副使，迁同知宣徽院事。丁母忧，起复太府监，改开远军节度使，入为右宣徽使。章宗即位，转左宣徽使，致仕。明昌四年，起复左宣徽使，改定武军节度使，复为左宣徽使。

是时，玑年已七十，诏许朝参得坐于廊下。复致仕。泰和初，诏玑天寿节预宴。二年，元妃李氏生皇子，满三月，章宗以玑老而康强，命以所策杖为洗儿礼物。章宗幸玉泉山，诏玑与致仕宰相俱会食，许策杖给扶。后预天寿节，上命玑与大臣握槊戏，玑获胜焉。从上秋山，赐名马。上曰："酬卿博直。"其眷遇如此。泰和六年卒，年八十。子亨嗣。

亨嗣字继祖，以荫补阁门祗候，内供奉。调同监平凉府醋务，改同监天山盐场。丁母忧，服阕，监莱州酒课，累调监丰州、任丘、汲县、东平酒务。课最，迁白登县令。明昌四年，行六部差规措军前粮料，入为典给直长，改西京户籍判官，历官西京、中都太仓使，中都户籍判官，尚酝署丞。丁父忧。大安初，复为典给署丞兼太子家令。崇庆元年，迁同知顺天军节度使事。是时，兵兴，征调烦急，亨嗣以办最，迁定远大将军，入为户部员外郎。贞祐二年，迁莒州刺史。三年，山东宣抚司讨杨安儿，亨嗣行六部，兵罢，还州。兴定二年，卒，年六十一。

亨嗣与弟亨益，尽友爱之道。亨嗣初以祖荫得官，大定十六年，父玑为同知宣徽院事,当荫子,亨嗣以让弟亨益。亨益早卒,子姚。姚幼稚,亨嗣尽以旧业田宅奴畜财物与之。

毛子廉本名八十,临潢长泰人,材勇善射。辽季群盗起,募勇士,子廉应募。辽主召见,赐甲仗,率百人,会所在官兵捕盗。以功授东头供奉官,赐良马。

天辅四年,遣谋克辛斡特剌、移剌窟斜招谕临潢,子廉率户二千六百来归。令就领其众,佩银牌,招未降军民。卢彦伦怒子廉先降,杀子廉妻及二子,使骑兵二千伺取子廉。子廉与窟斜经险阻中,骑兵围之,两骑突出直犯子廉。子廉引弓毙其一人,其一人挺枪几中子廉腋。子廉避其枪,与搏战,生擒之,乃彦伦健将孙延寿也。余众溃去。

天会三年,除上京副留守。久之,兼盐铁事。天眷中,除燕京曲院都监。辽王宗干问宰相曰:"子廉有功,何为下迁。"宰相以例对。宗干曰:"卢彦伦何不除此职?子廉之功十倍彦伦,在临潢十余年,吏民畏爱如一日,谁能及此。"是时卢彦伦已以少府监除节度使,故宗干引以为比。除宁昌军节度使。海陵弑熙宗,子廉闻之,叹曰:"曾不念国王定策之功耶。"乃致仕。大定二年,卒。

李三锡字怀邦,锦州安昌人,以赀得官。辽季,盗攻锦州,州人推三锡主兵事,设机应变,城赖以完。录功授左承制。辽主走天德,刘彦宗辟三锡将兵保白云山。

金兵次来州,三锡以其众降。摄临海军节度副使,参预元帅府军事,改知严州。宗望伐宋,三锡领行军猛安,败郭药师军于白河。进官安州防御使。再克汴京,三锡从阇母护宋二主北归。复知严州,改归德军节度副使。诏废齐国,择吏三十人与俱行,三锡在选中。还为庆州刺史,三迁武胜军节度使。察廉第一,迁三阶,改安国军节度使,除河北西路转运使,致仕。

三锡政事强明,所至称治。世宗旧闻其名,大定初,起为北京路都转运使。制下，而三锡已卒。

孔敬宗字仲先，其先东垣人，石晋末，徙辽阳。辽季，敬宗为宁昌刘宏幕官。斡鲁古兵至境上，敬宗劝刘宏迎降，遂以敬宗为乡导，拔显州，以功补顺安令。天辅二年，诏敬宗与刘宏率懿州民徙内地，授世袭猛安，知安州事。将兵千人从宗望伐宋。汴京平，宗望命敬宗守汴。尝自汴驰驿至河北，还至河上，会日暮无舟，敬宗策马乱流，遂达南岸。迁静江军节度使，历石、辰、信、磁四州刺史，阶光禄大夫。

海陵问张浩曰："卿识孔敬宗否，何阶高职下也。"浩对曰："国初，敬宗劝刘宏以懿州效顺，其后从军积劳，有司不知，故一概常调耳。"明日，除宁昌军节度使。徙归德军，致仕。大定二年，卒。

李师夔字贤佐，奉圣永兴人。少倜傥，有大志。以荫入仕，为本州曲监。天辅六年，太祖袭辽主于鸳鸯泺，郡守委城遁去，众无所属，相与叩门请师夔主郡事。师夔许之，乃搜卒治兵。

迪古乃兵至奉圣州，师夔与其故人沈璋密谋出降，曰："一城之命悬于此举。"璋曰："君言是矣。如军民不从，奈何。"师夔即率亲信十数辈诘旦出城，见余睹，与之约曰："今已服从，愿无以兵入城及俘掠境内。"余睹许诺。诏以师夔领节度，以璋佐之。赐师夔骏马二，俾招未附者，许以便宜从事。明年，加左监门卫大将军。

剧贼张胜以万人逼城，师夔度众寡不敌，用伪与之和，日致馈给，胜信之。师夔乘其不备，使人刺胜，杀之。以其首徇曰："汝辈皆良民，胁从至此，今元恶已诛，可弃兵归复其所。"贼众大惊，皆散去。别贼焦望天、尹智穆率兵数千来寇。师夔以兵临之，设伏归路，使人反间之。智穆果疑，望天先引去。智穆势孤，亦还，遇伏而败，遂执斩之。是后贼众不敢入境。以劳迁静江军节度留后，累迁武平军节度使，改东京路转运使，徙陕西东路转运使。致仕，封任国公。卒，年八十五。

沈璋字之达,奉圣州永兴人也。学进士业。迪古乃军至上谷,璋与李师夔谋,开门迎降。明日,择可为守者,众皆推璋,璋固称李师夔,于是授师夔武定军节度使,以璋副之。授太常少卿,迁鸿胪卿。丁母忧,起复山西路都转运副使,加卫尉卿。从伐宋。汴京平,众争趋赏货,璋独无所取,惟载书数千卷而还。

太行贼陷潞州,杀其守姚璠,官军讨平之,命璋权知州事。璋至,招复逋逃,赈养困饿,收其横尸葬之。未几,民颇安辑。初,贼党据城,潞之军卒当缘坐者七百人,帅府牒璋尽诛之,璋不从。帅府闻之,大怒,召璋呵责,且欲杀璋,左右震恐,璋颜色不动,从容对曰:"招亡抚存,璋之职也。此辈初无叛心,盖为贼所胁,有不得已者,故招之复来。今欲杀之,是杀降也。苟利于众,璋死何憾。"少顷,怒解。因召潞军曰:"吾始命戮汝,今汝使君活尔矣。"皆感泣而去。朝廷闻而嘉之,拜左谏议大夫,知潞州事。百姓为之立祠,移知忻州,改同知太原尹,加尚书礼部侍郎。

时介休人张觉聚党亡命山谷,钞掠邑县,招之不肯降,曰:"前尝有降者,皆杀之。今以好言诱我,是欲杀我耳。独得侍郎沈公一言,我乃无疑。"于是,命璋往招之,觉即日降。

转尚书吏部侍郎、西京副留守、同知平阳尹,迁利涉军节度使,为东京路都转运使,改镇西军节度使。天德元年,以病致仕。卒,年六十。

子宜中,天德三年,赐杨建中榜及第。

赞曰:危难之际,两军方争,专城之将,国家之轻重系焉。李师夔非有君命,为众所推,又能全活其人,犹有说也。卢彦伦之降,虽云城溃,初志不确,何尤乎毛子廉。至如子廉不仕海陵,沈璋以片言降张觉,一善足称,何可掩也。

左企弓字君材。八世祖皓,后唐棣州刺史,以行军司马戍燕,辽取燕,使守蓟,因家焉。企弓读书,通《左氏春秋》。中进士,再迁来州观察判官。萧英弼贼昭怀太子,穷治党与,多连引。企弓辨析其冤,免者甚众。自御史知杂事,出为中京副留守,按刑辽阳。有狱本轻而入之重者,已奏待报,企弓释之以闻。累迁知三司使事。天庆末,拜广陵军节度使,同中书门下平章事、知枢密院事。

金兵已拔上京,北枢密院恐忤旨,不以时奏。辽故事,军政皆关决北枢密院,然后奏御。企弓以闻。辽主曰:"兵事无乃非卿职邪?"对曰:"国势如此,岂敢循例为自容计。"因陈守备之策。拜中书侍郎平章事,监修国史。时辽主闻金已克中京,将西幸以避之。企弓谏不听。

辽主自驾鸳泺亡保阴山。秦晋国王耶律捏里自立于燕,废辽主为湘阴王,改元德兴。企弓守司徒,封燕国公。虞仲文参知政事,领西京留守、同中书门下平章事、内外诸军都统。曹勇义中书侍郎平章事、枢密使、燕国公。康公弼参知政事、签枢密院事,赐号"忠烈翊圣功臣"。德妃摄政,企弓加侍中。宋兵袭燕,奄至城中,已而败走。或疑有内应者,欲根株之,企弓争之,乃止。

太祖至居庸关,萧妃自古北口遁去。都监高六等送款于太祖,太祖径至城下。高六等开门待之。太祖入城受降,企弓等犹不知。太祖驻跸燕京城南,企弓等奉表降,太祖俾复旧职,皆受金牌。企弓守太傅、中书令,仲文枢密使、侍中、秦国公,勇义以旧官守司空,公弼同中书门下平章事、枢密副使权知院事、签中书省,封陈国公。辽致仕宰相张琳进上降表,诏曰:"燕京应琳田宅财物并给还之。"琳年高,不能入见,止令其子弟来。

太祖既定燕,从初约,以与宋人。企弓献诗,略曰:"君王莫听捐燕议,一寸山河一寸金。"太祖不听。

是时,置枢密院于广宁府。企弓等将赴广宁,张觉在平州有异志,太祖欲以兵送之。企弓等辞兵曰:"如此,是促之乱也。"及过平州,舍于栗林下,张觉使人杀之。企弓年七十三,谥恭烈。天会七年,赠守太师,遣使致奠。正隆二年,改赠特进、济国公。

虞仲文字质夫,武州宁远人也。七岁知作诗,十岁能属文,日记千言,刻苦学问。第进士,累仕州县,以廉能称。举贤良方正,对策优等。擢起居郎、史馆修撰,三迁至太常少卿。宰相有左降,仲文独出饯之。或指以为党,仲文乃求养亲。久之,召复前职。宰相荐文行第一,权知制诰,除中书舍人。讨平白霫,拜枢密直学士,权翰林学士,为翰林侍讲学士。年五十五,卒,谥文正。天会七年,赠兼中书令。正隆二年,改赠特进、濮国公。

曹勇义,广宁人。第进士,除长春令。枢府辟令史。上书陈时政,累擢馆阁,迁枢密副都承旨,权燕京三司使,加给事中。召为枢密副使,加太子少保。与大公鼎、虞仲文、龚谊友善。与虞仲文同在枢密,群小挤之。复出为三司使,加宣政殿大学士。卒,谥文庄。天会七年,赠守太保。正隆二年,改赠特进、定国公。

康公弼字伯迪,其先应州人。曾祖胤,辽保宁间以战功授誓券,家于燕之宛平。公弼好学,年二十三中进士,除著作郎、武州军事判官。辟枢府令史,求外补,出为宁远令。县中陨霜杀禾稼,漕司督赋急,系之狱。公弼上书,朝廷乃释之,因免县中租赋,县人为立生祠。监平州钱帛库,调役粮于川州。大盗侯概陷川州,使护送公弼出境,曰:“良吏也。”权乾州节度使。卒,谥忠肃。天会七年,赠侍中。正隆二年,改赠特进,道国公。

企弓子泌、瀛、渊。

泌字长源,企弓长子也。仕辽,官至棣州刺史。太祖平燕,泌从企弓归朝。既而东迁至平州,企弓为张觉所害,泌复还燕。是时,以燕与宋,宣抚司遣至汴,泌以平州仇人在是,乃间道奔还。朝廷嘉之,擢西上阁门使。从宋王宗望南伐,破真定有功,知祁州,历刺泽、隰等州。贞元初,为浚州防御使,迁陕西路转运使,封戴国公。

泌性夷澹，好读《庄》、《老》，年六十一，即请致仕。亲友或以为早，泌叹曰："予年三十秉旄钺，侵寻仕路又三十年，名遂身退，可矣。"时人高之。卒年七十四。

渊累官燕京副留守、中京路都转运使，历河北东路、中都路都转运使。渊贪鄙，三任漕事，务以钱谷自营。在中都凡八年，不求迁。与李通、许霖交关贿赂，诡纳漕司诸物，规取财利。世宗即位，渊使其子贻庆诣东京上表，特赐贻庆任忠杰榜第三甲进士，授从仕郎。贻庆还中都，世宗诏渊曰："凡殿位张设悉依旧，毋增益。不得役使一夫，以扰百姓。谨宫禁出入而已。"大定二年，改沁南军节度使。世宗素知其为人，戒之曰："卿宰相子，练习朝政，前为漕司，朕甚鄙之。毋或刻削百姓，若复敢尔，勿思再用。"渊到怀州未几，坐前为中都转运尝盗用官材木，除名。子光庆。

光庆字君锡，幼颖悟，沉厚少言。渊尝谓所亲曰："世吾家者，此子也。"以荫，补阁门祗候，迁西上阁门副使。丁父忧，起复东上阁门副使，再转西上、东上阁门使，兼太庙署令。

光庆好古，读书识大义，喜为诗，善篆隶，尤工大字。世宗行效礼，受尊号，及受命宝，皆光庆篆。凡宫庙榜署经光庆书者，人称其有法。典领原庙、坤厚陵、寿安宫工役，不为苛峻，使劳逸相均。身兼数职，勤慎周密，未尝自伐，世宗独察之。

初，御史大夫璋请制大金受命宝，有司以秦玺文进，上命以"大金受命万世之宝"为文。径四寸八分，厚一寸四分，蟠龙纽，高厚各四寸六分有半。礼部尚书张景仁、少府监张仅言典领工事，诏光庆篆之。迁同知宣徽院事，改少府监。丁母忧，起复右宣徽使。世宗幸上京，光庆往上京治仪仗制度，时人以为得宜。

二十五年，卒，年五十一。上遣致使祭，赙银三百两、重彩十端、绢百匹。平时喜为善言，蓄善药，号"善善道人"。晚信浮屠法，自作真赞，语皆任达云。

　　赞曰：左企弓、虞仲文、曹勇义、康公弼四子者，皆有才识之士，其事辽主数有论建。及其受爵僭位，委质二君，陨身逆党，三者胥失之，哀哉。

金史卷七六
列传第一四

太宗诸子

宗磐　宗固　宗本

昃　宗幹

襄　衮

太宗子十四人,蒲鲁虎、胡鲁、斛鲁补、阿鲁带、阿鲁补、斛沙虎、阿邻、阿鲁、鹘懒、胡里甲、神土门、斛孛束、斡烈、鹘沙。

宗磐本名蒲鲁虎。天辅五年,都统昃取中京,宗磐与斡鲁、宗翰、宗干,皆为之副。天会十年,为国论忽鲁勃极烈。熙宗即位,为尚书令,封宋国王。未几,拜太师,与宗干、宗翰并领三省事。

熙宗优礼宗室,宗翰没后,宗磐日益跋扈。尝与宗干争论与上前,即上表求退。乌野奏曰:"陛下富于春秋,而大臣不协,恐非国家之福。"熙宗因为两解。宗磐愈骄恣。其后于熙宗前持刀向宗干,都点检萧仲恭呵止之。

既而左副元帅挞懒、东京留守宗隽入朝,宗磐阴相党与,而宗隽遂为右丞相，用事。挞懒属尊，功多，先荐刘豫，立为齐帝，至是唱议以河南、陕西与宋，使称臣。熙宗命群臣议，宗室大臣言其不可。宗磐、宗隽助之，卒以与宋。其后宗磐、宗隽、挞懒谋作乱，宗干、希尹发其事，熙宗下诏诛之。坐与宴饮者，皆贬削决责有差。赦其弟斛鲁补等九人，并赦挞懒，出为行台左丞相。

皇后生日，宰相诸王妃主命妇入贺。熙宗命去乐，曰："宗磐等皆近属，辄构逆谋，情不能乐也。"以黄金合及两银鼎献明德宫太皇太后，并以金合、银鼎赐宗干、希尹焉。

宗固本名胡鲁。天会十五年为燕京留守，封豳王。宗雅本名斛鲁补，封代王。宗伟本名阿鲁补，封虞王。宗英本名斛沙虎，封滕王。宗懿本名阿邻，封薛王。宗本本名阿鲁，封原王。鹘懒封翼王。宗美本名胡里甲，封丰王。神土门封郓王。斛孛束封霍王。斡烈封蔡王。宗哲本名鹘沙，封毕王。皆天眷元年受封。宗顺本名阿鲁带。天会二年薨，皇统五年赠金紫光禄大夫，后封徐王。

宗磐既诛，熙宗使宗固子京往燕京慰谕宗固。既而翼王鹘懒复与行台左丞相挞懒谋反伏诛。诏曰："燕京留守豳王宗固等或谓当绝属籍，朕所不忍。宗固等但不得称皇叔，其母妻封号从而降者，审依旧典。"皇统二年，复封宗雅为代王。宗固为判大宗正，三年，为太保、右丞相兼中书令。是岁，薨。

海陵在熙宗时，见太宗诸子势强，而宗磐尤跋扈，与鹘懒相继皆以逆诛，心忌之。熙宗厚于宗室，礼遇不衰。海陵尝与秉德、唐括辩私议，主上不宜宠遇太宗诸子太甚。及篡立，谒奠太庙。韩王亨素号材武，使摄右卫将军，密谕之曰："尔勿以此职为轻，朕疑太宗诸子太强，得卿卫左右，可无虑耳。"遂与秘书监萧裕谋去宗本兄弟。太宗子孙于是焉尽，语在《宗本传》中。

宗本本名阿鲁。皇统九年，为右丞相兼中书令，进太保，领三省事。海陵篡立，进太傅，领三省事。

　　初,宗干谋诛宗尧,故海陵心忌太宗诸子。熙宗时,海陵私议宗本等势强,主上不宜优宠太甚。及篡立,猜忌益深,遂与秘书监萧裕谋杀太宗诸子。诬以秉德出领行台,与宗本别,因会饮,约内外相应。使尚书省令史萧玉告宗本亲谓玉言:“以汝于我故旧,必无它意,可布腹心事。领省临行,言彼在外谕说军民,无以外患为虑。若太傅为内应,何事不成。”又云:“长子锁里虎当大贵,因是不令见主上。”宗本又言:“左丞相于我及我妃处,称主上近日见之辄不喜,故心常恐惧,若太傅一日得大位,此心方安。”唐括辩谓宗本言:“内侍张彦善相,相太傅有天子分。”宗本答曰:“宗本有兄东京留守在,宗本何能为是。”时宗美言:“太传正是太宗主家子,只太傅便合为北京留守。”卞临行与宗本言“事不可迟”。宗本与玉言“大计只于日近围场内予决。”宗本因以马一匹、袍一领与玉,充表识物。玉恐围场日近,身縻于外,不能亲奏,遂以告秘书监萧裕。裕具以闻。

　　萧玉出入宗本家,亲信如家人。海陵既与萧裕谋杀宗本、秉德,诏天下,恐天下以宗本、秉德辈皆懿亲大臣,本无反状,裕构成其事,而萧玉与宗本厚,人所共知,使玉上变,庶可示信。于是使人召宗本等击鞠,海陵先登楼,命左卫将军徒单特思及萧裕妹婿近侍局副使耶律辟离刺小底密伺宗本及判大宗正事宗美,至,即杀之。宗美本名胡里甲,临死神色不变。

　　宗本已死,萧裕使人召萧玉。是日,玉送客出城,醉酒,露发披衣,以车载至裕弟点检萧祚家。逮日暮,玉酒醒,见军士围守之,意为人所累得罪,故至此。以头触屋壁,号咷曰:“臣未尝犯罪,老母年七十,愿哀怜之。”裕附耳告之曰:“主上以宗本诸人不可留,已诛之矣,欲加以反罪,令汝主告其事。今书汝告款已具,上即问汝,汝但言宗本辈反如状,勿复异词,恐祸及汝家也。”裕乃以巾服与玉,引见海陵。海陵问玉。玉言宗本反,具如裕所教。

　　海陵遣使杀东京留守宗懿、北京留守卞。及迁益都尹毕王宗哲、平阳尹禀、左宣徽使京等,家属分置别所,止听各以奴婢五人自随。既而使人要之于路,并其子男无少长皆杀之。而中京留守宗雅喜事佛,世称"善大王",海陵知其无能,将存之以奉太宗。后召至阙,不数日,竟杀之。太宗子孙死者七十余人,太宗后遂绝。卞本名可喜。禀本名胡离改。京,宗固子,本名胡石赉。

萧玉既如萧裕教对海陵,海陵遂以宗本、秉德等罪诏天下,以玉上变实之。

海陵使太府监完颜冯六籍宗本诸家,戒之曰:"珠玉金帛入于官,什器吾将分赐诸臣。"冯六以此不复拘籍什器,往往为人持去,冯六家童亦取其檀木屏风。少监刘景前为监丞时,太府监失火,案牍尽焚毁,数月方取诸司簿帐补之,监吏坐是稽缓,当得罪。景为吏,倒署年月。太仓都监焦子忠与景有旧,坐逋负,久不得调,景为尽力出之。久之,冯六与景就宫中相忿争,冯六言景倒署年月及出焦子忠事。御史劾奏景,景党诱冯六家奴发盗屏事。冯六自陈于尚书省。海陵使御史大夫赵资福、大理少卿许竑杂治。资福等奏冯六非自盗,又尝自首。海陵素恶冯六与宗室游从,谓宰臣曰:"冯六尝用所盗物,其自首不及此。法,盗宫中物者死,诸物已籍入官,与宫中物何异。"谓冯六曰:"太府掌宫中财贿,汝当防制奸欺,而自用盗物。"于是,冯六弃市,资福、竑坐鞫狱不尽,决杖有差。景亦伏受焦子忠赂金。海陵曰:"受金事无左验,景倒署年月,以免吏罪,是不可恕。"遂杀之。

大定二年,追封宗固鲁王、宗雅曹王、宗顺隋王、宗懿郑王、宗美卫王、宗哲韩王、宗本潞王、神土门豳王、斛孛束沈王、斡烈鄂王、胡里改、胡什赉、可喜并赠金吾卫上将军,惟宗磐、阿鲁补、斛沙虎、鹘懒四人不复加封。

萧玉,奚人。既从萧裕诬宗本罪,海陵喜甚,自尚书省令史为礼部尚书加特进,赐钱二千万、马五百匹、牛五百头、羊千口,数月为参知政事。丁母忧,以参政起复,俄授猛安,子尚公主。海陵谓玉曰:"朕始得天下,常患太宗诸子方强,赖社稷之灵,卿发其奸。朕无以报此功,使朕女为卿男妇,代朕事卿也。"赐第一区,分宗本家赀赐之。顷之，代张浩为尚书右丞，拜平章政事，进拜右丞相，封陈国公。

文思署令阎拱与太子詹事张安妻坐奸事，狱具，不应讯而讯之。海陵怒，玉与左丞蔡松年、右丞耶律安礼、御史中丞马讽决杖有差。玉等入谢罪。海陵曰：“为人臣以己意爱憎，妄作威福，使人畏之。如唐魏征、狄仁杰、姚崇、宋璟，岂肯立威使人畏哉，杨国忠之徒乃立威使人畏耳。”顾谓左司郎中吾带、右司郎中梁球曰：“往者德宗为相，萧斛律为左司郎中，赵德恭为右司郎中，除吏议法，多用己意。汝等能不以己意爱憎为予夺轻重，不亦善乎。朕信任汝等，有过则决责之，亦非得已。古者大臣有罪，贬谪数千里外，往来疲于奔走，有死道路者，朕则不然，有过则杖，已杖则任之如初。如有不可恕，或处之死，亦未可知。汝等自勉。”

正隆三年，拜司徒，判大宗正事。五年，玉以司徒兼御史大夫。使参知政事李通谕旨曰：“判宗正之职固重，御史大夫尤难其人。朕将行幸南京，官吏多不法受赇，卿宜专纠劾，细务非所责也。御史大夫与宰执不相远，朕至南京，徐当思之。”继以司徒判大兴尹，玉固辞司徒。海陵曰：“朕将南巡，京师地重，非大臣不能镇抚，留卿居守，无为多让。”海陵至南京，以玉为尚书左丞相，进封吴国公。

海陵将伐宋，因赐群臣宴，顾谓玉曰：“卿尝读书否？”对曰：“亦尝观之。”中宴，海陵起，即召玉至内阁，因以《汉书》一册示玉。既而掷之曰：“此非所问也，朕欲与卿议事。朕今欲伐江南，卿以为如何？”玉对曰：“不可。”海陵曰：“朕视宋国犹掌握间耳，何为不可？”玉曰：“天以长江限南北，舟楫非我所长。苻坚百万伐晋，不能以一骑渡，以是知其不可。”海陵怒，叱之使出。及张浩因周福儿附奏，海陵杖张浩，并杖玉。因谓群臣曰：“浩大臣，不面奏，因人达语，轻易如此。玉以苻坚比朕，朕欲断其舌，钉而磔之，以玉有功，隐忍至今。大臣决责，痛及尔体，如在朕躬，有不能已者，汝等悉之。”

及海陵自将发南京，玉与张浩留治省事。世宗即位，降奉国上将军，放归田里，夺所赐家产。久之，起为孟州防御使。世宗戒之曰：“昔海陵欲杀太宗子孙，借汝为证，遂被进用。朕思海陵肆虐，先杀宗本诸人,然后用汝质成其事,岂得专罪汝等。今复用汝,当思改过。若谓尝居要地,以今日为不足,必罚无赦。"转定海军节度使,改太原尹,与少尹乌古论扫喝互讼不公事,各削一官,解职,寻卒。

子德用。大定二十四年,尚书省奏玉子德用当升除,上曰:"海陵假口于玉以快其毒,玉子岂可升除邪。"

赞曰:守磐尝从斜也取中京,不可谓无劳伐者,世禄鲜礼,自古有之,在国家善为保全之道耳。熙宗杀宗磐而存恤其母后,虽云矫情,犹畏物论。海陵造谋,杀宗本兄弟不遗余力。太宗举宋而有中原,金百世不迁之庙也,再传而无噍类,于是太祖之美意无复几微存者。春秋之世,宋公舍与夷而立其弟,祸延数世,害及五国,诚足为后世监乎。

杲本名斜也,世祖第五子,太祖母弟。收国元年,太宗为谙班勃极烈,杲为国论勃极烈。天辅元年,杲以兵一万攻泰州,下金山县,女固、脾室四部及渤海人皆来降,遂克泰州。城中积粟转致乌林野,赈先降诸部,因徙之内地。

天辅五年,为忽鲁勃极烈,都统内外诸军,取中京实北京也,蒲家奴、宗翰、宗干、宗磐副之,宗峻领合扎猛安,皆受金牌,耶律余睹为乡导。诏曰:"辽政不纲,人神共弃。今欲中外一统,故命汝率大军,以行讨伐。尔其慎重兵事,择用善谋。赏罚必行,粮饷必继。勿扰降服,勿纵俘掠。见可而进,无淹师期。事有从权,毋烦奏禀。"复诏曰:"若克中京,所得礼乐图书文籍,并先次津发赴阙。"

当是时,辽人守中京者,闻知师期,焚刍粮,欲徙居民遁去。奚王霞末则欲视我兵少则迎战,若不敌则退保山西。杲知辽人无斗志,乃委辎重,以轻兵击之。六年正月,克高、恩、回纥三城,进至中京。辽兵皆不战而溃,遂克中京。获马一千二百、牛五百、驼一百七十、羊四万七千、车三百五十两。乃分兵屯守要害之地,驻兵中京,使使奏捷、献俘。诏曰:"汝等提兵于外,克副所任,攻下城邑,抚安人民,朕甚嘉之。分遣将士招降山前诸部,计已抚定。山后若未可往,即营田牧,俟秋大举,更当熟议,见可则行。如欲益兵,具数来上。无恃一战之胜,辄自弛慢。善抚存降附,宣谕将士,使知朕意。"

完颜欢都游兵出中京南,遇骑兵三十余绐曰:"乞明旦来降于此。"杲信之,使温迪痕阿里出、纳合钝恩、蒲察婆罗偎、诸甲拔剔邻往迎之。奚王霞末兵围阿里出等。遂据坂去马,皆殊死战,败霞末兵,追杀至暮而还。是役,纳合钝恩功为多。

宗翰降北安州,希尹获辽护卫习泥烈,言辽主在鸳鸯泺畋猎,可袭取之。宗翰移书于杲,请进兵。使者再往,曰:"一失机会,事难图矣。"杲意尚未决。宗干劝杲当从宗翰策,杲乃约宗翰会奚王岭。既会,始定议,杲出青岭,宗翰出瓢岭,期羊城泺会军。时辽主在草泺,使宗翰与宗干率精兵六千袭之。辽主西走,其都统马哥趋捣里。挞宗翰遣挞懒以兵一千往击之。挞懒请益兵于都统杲,而获辽枢密使得里底父子。

西京已降复叛,杲使招之不从,遂攻之。留守萧察剌逾城降。四月,复取西京。杲率大军趋白水泺,分遣诸将招抚未降州郡及诸部族。于是,辽秦晋国王耶律捏里自立于燕京。山西诸城虽降,而人心未固,杲遣宗望奏事,仍请上临军。耶律坦招西南招讨司及所属诸部,西至夏境皆降,耶律佛顶亦降于坦。金肃、西平二郡汉军四千叛去,坦与阿沙兀野、挞不野简料新降丁壮,追夜袭之。诘旦,战于河上,大败其众,皆委仗就擒。

耶律捏里移书于杲请和,杲复书,责以不先禀命上国,辄称大号,若能自归,当以燕京留守处之。捏里复以书来,其略曰:"昨即位时,在两国绝聘交兵之际。奚王与文武百官同心推戴,何暇请命。今诸军已集,倘欲加兵,未能束手待毙也。昔我先世,未尝残害大金人民,宠以位号,日益强大。今忘此施,欲绝我宗祀,于义何如也,倘蒙惠顾,则感戴恩德,何有穷已。"杲复书曰:"阁下向为元帅,总统诸军,任非不重,竟无尺寸之功。欲据一城,以抗国兵,不亦难乎。所任用者,前既不能死国,今谁肯为阁下用者。而云主辱臣死,欲恃此以成功,计亦疏矣。幕府奉诏,归者官之,逆者讨之。若执迷不从,期于殄灭而后已。"捏里乃遣使请于太祖。赐捏里诏曰:"汝,辽之近属,位居将相,不能与国存亡,乃窃据孤城,僭称大号,若不降附,将有后悔。"

六月,上发京师,诏都统曰:"汝等欲朕亲征,已于今月朔旦启行。辽主今定何在,何计可以取之,其具以闻。"杲使马和尚奉迎太祖于挞鲁河。斡鲁、娄室败夏将李良辅,杲使完颜希尹等奏捷,且请徙西南招讨司诸部于内地。希尹等见上于大泺西南,上嘉赏之。上至鸳鸯泺,杲上谒。上追辽主至回离畛川,南伐燕京,次奉圣州。诏曰:"自今诸诉讼书付都统杲决遣。若有大疑,即会闻奏。"太祖定燕京,还次鸳鸯泺,以宗翰为都统,杲从上还京师。

太宗即位,杲为谙班勃极烈,与宗干俱治国政。天会三年伐宋,杲领都元帅,居京师。宗翰、宗望分道进兵。四年,再伐宋,获宋二主以归。

天会八年,薨。皇统三年,追封辽越国王。天德二年,配享太祖庙廷。正隆例封辽王。大定十五年,谥曰智烈。子孛吉。

宗义本名孛吉,斜也之第九子。天德间,为平章政事。

海陵已杀太宗子孙,尤忌斜也诸子盛强,欲尽除宗室勋旧大臣。是时,左副元帅撒离喝在汴京与挞不野有隙,挞不野女为海陵妃,海陵阴使挞不野图撒离喝。于是都元帅府令史遥设迎合风指,诈为撒离喝与其子宗安家书,宗安误遗宫外,遥设因拾得之,以上变。其书契丹小字,其封题已开。其中白纸一幅,有白字隐约,状若经水浸,致字画可读者,上有撒离喝手署及其王印。书辞云:"阿浑,汝安乐否。早晚到阙下。前者走马来时,曾议论我教汝阿浑平章、谋里野阿浑等处觑事势再通往来,缓急图谋,知汝已尝备细言之。谋里野阿浑所言皆是,只杀挞不野则南路无忧虑矣。"详略互见《撒离喝传》中。女直谓子"阿浑"。前"阿浑"谓撒离喝子,其子宗安。后"阿浑平章"指宗义,宗义本宗室子,犹有旧称。以是杀宗义、谋里

野，并杀宗安及太祖妃萧氏、任王隈喝及魏王斡带孙活里甲。遥设
诈书无活里甲，海陵见其坦率善修饰，恶之。大臣以无罪为请，海陵
曰："第杀之，无复言也。"杀斜也子孙百余人，谋里野子孙二十余
人。谋里野，景祖孙，漫都诃次子。

斜也有幼子阿虎里，其妻挞不野女，海陵妃大氏女兄。将杀阿
虎里，使者不忍见其面，以衾覆而缢之，当其颐，久不死，及去被再
缢之，海陵遣使赦其死，遂得免。后封为王，授世袭千户。

大定初，追复宗义官爵，赠特进。弟蒲马、孛论出、阿鲁、隈喝并
赠龙虎卫上将军。

宗幹本名斡本，太祖庶长子。太祖伐辽，辽人来御，遇于境上。
使宗幹率众先往填堑，士卒毕渡。渤海军驰突而前，左翼七谋克少
却，遂犯中军。杲辄出战，太祖曰："遇大敌不可易也。"使宗幹止杲。
宗幹驰出杲前，控止导骑哲垤之马，杲乃还。达鲁古城之战，宗幹以
中军为疑兵。太祖既攻下黄龙府，即欲取春州。辽主闻黄龙不守，
大惧，即自将，籍宗戚豪右少年与四方勇士及能言兵者，皆隶军中。
宗幹劝太祖毋攻春州，休息士卒。太祖以为然，遂班师。

宗幹得降人，言春、泰州无守备，可取。于是斜也取春、泰州，宗
雄、宗幹等下金山县。宗雄即以兵三千属宗幹，招集未降诸部。宗
幹择土人之材干者，以诏书谕之。于是女固、脾室四部及渤海人皆
降。

太祖克临潢府，至沃黑河。宗幹谏曰："地远时暑，土罢马乏，若
深入敌境，粮饷不继，恐有后艰。"上从之，遂班师。从都统杲取中
京。宗翰自北安州移书于杲。是时，希尹获辽人，知辽主在鸳鸯泺，
可袭取之。杲不能决。宗翰使再至。宗幹谓杲曰："移赍勃极烈灼
见事机，再使来请，彼必不轻举。且彼已发兵，不可中止，请从其
策。"再三言之，杲乃报宗翰会奚王岭。当时无宗幹，杲终无进兵意。
既会军于羊城泺，杲使宗幹与宗翰以精兵六千袭辽至五院司。辽主
已遁去，与辽将耿守忠战于西京城东四十里。守忠败走。

太宗即位,宗斡为国论勃极烈,与斜也同辅政。天会三年,获辽主于应州西余睹谷。始议礼制度,正官名,定服色,兴庠序,设选举,治历明时,皆自宗斡启之。四年,官制行,诏中外。

十年,熙宗为谙班勃极烈,宗斡为国论左勃极烈。熙宗即位,拜太傅,与宗翰等并领三省事。天眷二年,进太师,封梁宋国王,入朝不拜,策杖上殿,仍以杖赐之。宗斡有足疾,诏设坐奏事。无何,监修国史。皇统元年,赐宗斡辇舆上殿,制诏不名。

上幸燕京,宗干从。有疾,上亲临问。自燕京还,至野狐岭,宗斡疾亟不行,上亲临问,语及军国事,上悲泣不已。明日,上及后同往视,后亲与宗斡馈食,至暮而还。因赦罪囚,与宗斡禳疾。居数日,薨。上哭之恸,辍朝七日。大臣死辍朝,自宗斡始。上致祭,是日庚戌,太史奏戌亥不宜哭,上不听曰:“朕幼冲时,太师有保傅之力,安得不哭。”哭之恸。上生日不举乐。上还上京,幸其第视殡事。及丧至上京,上临哭之。及葬,临视之。

海陵篡立,追谥宪古弘道文昭武烈章孝睿明皇帝,庙号德宗,以故第为兴圣宫。大定二年,除去庙号,改谥明肃皇帝。及海陵废为庶人,二十二年,皇太子允恭奏,略曰:“追惟熙宗世嫡统绪,海陵无道,弑帝自立,崇正昭穆,削其炀王,俾齿庶人之列。瘗之闲旷,不封不树,既已申大义而明至公矣。海陵追崇其亲,逆配于庙。今海陵既废为庶人,而明肃犹窃帝尊之名,列庙祧之数。海陵大逆,正名定罪,明肃亦当缘坐。是时明肃已殂,不与于乱,臣以谓当削去明肃帝号,止从旧爵。或从太祖诸王有功例,加以官封,明诏中外,俾知大义。”书奏,世宗嘉纳,下尚书省议。于是追削明肃帝号,封为皇伯、太师、辽王,谥忠烈,妻子诸孙皆从降。明昌四年,配享太祖庙廷。

子充、亮、兖、襄、衮。亮,是为海陵庶人。

充本名神土懑。母李氏,徒单氏以为己子。熙宗初,加光禄大夫。天眷间,为汴京留守。皇统间,封淄国公,为吏部尚书,进封代王,迁同判大宗正事。九年,拜右丞相。是岁,薨。追封郑王。大定二十二年,追降仪同三司、左丞相。子檀奴、元奴、耶补儿、阿里白。

檀奴,为归德军节度使。阿里白,定远大将军、和鲁忽土猛安忽邻河谋克。海陵弑徒单氏,以充尝为徒单养子,因并杀檀奴及阿里白。元奴、耶补儿逃归于世宗。檀奴赠荣禄大夫,阿里白辅国上将军。诏有司改葬。世宗时,元奴为宗正丞;耶补儿为镇国上将军,后为同知济南尹事。

永元字敦礼,本名元奴。幼聪敏,日诵千言。皇统元年,试宗室子作诗,永元中格。善《左氏春秋》,通其大义。天德初,授百女山世袭谋克。

海陵伐宋,已渡淮,军士多亡归而契丹叛,由是疑宗室益甚。已杀永元弟檀奴、阿里白,永元与弟耶补儿逃匿得免。

世宗即位于辽阳,与耶补儿俱来归,上慰劳甚厚。授宗正丞,改符宝郎,为滦州刺史。授世袭猛安,乞以谋克与耶补儿,诏许之。转棣州防御使、泰宁军节度使。

张弘信通检山东,专以多得民间物力为功,督责苛急。永元面责弘信曰:"朝廷以差调不均,立通检法。今使者所至,以残酷妄加农民田产,箠击百姓有至死者。市肆贾贩贸易有赢亏,田园屋宇利入有多寡,故官子孙闭门自守,使与商贾同处上役,岂立法本意哉。"弘信无以对。于是棣州赋税得以实自占。迁震武军节度使。

大定六年,丁母忧,起复崇义军节度使,徙顺义军。朔州西境多盗,而猾吏大姓蠹狱讼,瞀乱赋役,永元剔其宿奸,百姓安之。坐卖马与驿人取赢利,及浚州防御使斡论坐纵孳畜践民田,俱解职。顷之,永元起为保大军节度使,历昭义、绛阳、震武军,迁济南尹、北京副留守。

宁国家婢丑底与咸平人化胡有奸,丑底于主印处给取印署空纸与化胡,遂写作永元、宁国生日时辰,诬告永元、宁国谋逆。诏有司鞫问，乃丑底意望为良，使化胡为之。上曰：“化胡与丑底有奸，造作恶言，诬害宗室，化胡斩，丑底处死。”改兴中尹，为彰德军节度使，卒官，年五十一。丧过中都，遣使致祭，赙银三百两、彩十端、绢百匹。

永元历典大藩，多知民间利害，所至称治，相、棣、顺义政迹尤著，其民并为立祠。

衮本名梧桐。皇统七年，为左副点检，转都点检。九年，为会宁牧，改左宣徽使。海陵篡立，衮使宋还，拜司徒兼都元帅，领三省事，进拜太尉。及杀太祖妃萧氏，尽以其财产赐衮。罢都元帅府，立枢密院，衮为枢密使，太尉、领三省事如故。天德四年十二月晦，薨。明日，贞元元年元旦，海陵为衮辍朝，不受贺。宋、夏、高丽、回鹘贺正旦使，命有司受其贡献。追进衮王爵。大定二十二年，追降特进。

衮妻乌延氏，正隆六年坐与奴有奸，海陵杀之。其弟南京兵马副都指挥使习泥烈私于族弟屋谋鲁之妻，屋谋鲁之奴谋欲执习泥烈，习泥烈乃杀其奴。海陵闻之，遂杀习泥烈。

衮子阿合，大定中为符宝祗候，俄迁同知定武军节度使。上曰：“汝岁秩未满，朕念乃祖乃父为汝迁官，勿为不善，当尽心学之。”

襄本名永庆，海陵母弟。为辅国上将军。卒，天德二年，追封卫王，再赠司徒。大定二十二年，追降银青光禄大夫。

子和尚封应国公，赐名乐善。左宣徽使许霖之子知彰与和尚斗争，其母妃命家奴捽入凌辱之，使人曳霖至第殴晋之。明日，霖诉于朝。诏大兴尹萧玉、左丞良弼、权御史大夫张忠辅、左司员外郎王全杂治，妃杖一百，杀其家奴为首者，余决杖有差。霖尝跪于妃前，失大臣体，及所诉有妄，笞二十。

大定间，家奴小僧月一妄言和尚熟寝之次有异征，襄妃僧酷以为信然，召日者李端卜之。端云当为天子，司天张友直亦云当大贵。家奴李添寿上变。僧酷、和尚下吏验问有状，皆伏诛。上曰：“朕尝痛海陵剪灭宗族。今和尚所为如此，欲贷其罪，则妖妄误惑愚民者，使以为真，不可不灭。朕于此子，盖不得已也。"伤闵者久之。

衮本名蒲甲，亦作蒲家，杰桀强悍。海陵不喜其为人。初为辅国上将军。天德初，加特进，封王，为吏部尚书，判大宗正事。坐语禁中起居状，兵部侍郎萧恭首问，护卫张九具言之。海陵亲问。恭夺官解职，张九对不以实，特处死，衮与翰林学士承旨宗秀、护卫麻吉、小底王之章皆决杖有差。海陵自是愈忌之。未几，授猛安。

及迁中都，道中以蒲家为西京留守。西京兵马完颜谟卢瓦与蒲家有旧，同在西京，遂相往来。蒲家尝以玉带遗之。蒲家称谟卢瓦骁勇不减尉迟敬德。编修官圆福奴之妻与蒲家姻戚，圆福奴尝戒蒲家曰："大王名太彰著，宜少谦晦。"蒲家心知海陵忌之，尝召日者问休咎。家奴喝里知海陵疑蒲家，乃上变告之，言与谟卢瓦等谋反，尝召日者问天命。御史大夫高桢、刑部侍郎耶律慎须吕就西京鞫之，无状。海陵怒，使使者往械蒲家等至中都，不复究问，斩之于市。谟卢瓦、圆福奴并日者皆凌迟处死。

赞曰：金议礼制度，班爵禄，正刑法，治历明时，行天子之事，成一代之典，杲、宗幹经始之功多矣。杲子宗义为海陵所杀，宗幹之后又不幸而有海陵，故其子孙之昌炽既鲜，而亦不免于僇辱焉。秦、汉而下，宗臣世家与国匹休者，何其少欤。君子于此，可以观世变矣。

金史卷七七

列传第一五

宗弼　张邦昌　刘豫　昌

宗弼,本名斡啜,又作兀术,亦作斡出,或作晃斡出,太祖第四子也。

希尹获辽护卫习泥烈,问知辽帝猎鸳鸯泺。都统杲出青岭,宗望、宗弼率百骑与马和尚逐越卢孛古、野里斯等,驰击败之。宗弼矢尽,遂夺辽兵士枪,独杀八人,生获五人,遂审得辽主在鸳鸯泺畋猎,尚未去,可袭取者。

及宗望伐宋,宗弼从军,取汤阴县,降其卒三千人。至御河,宋人已焚桥,不得渡,合鲁索以七十骑涉之,杀宋焚桥军五百人。宗望遣吴孝民先入汴谕宋人,宗弼以三千骑薄汴城,宋上皇出奔,选百骑追之,弗及,获马三千而还。

宗望薨,宗辅为右副元帅,徇地淄、青。宗弼败宋郑宗孟数万众,遂克青州。复破贼将赵成于临朐,大破黄琼军,遂取临朐。宗辅军还,遇敌三万众于河上,宗弼击败之,杀万余人。

诏伐宋康王,宗辅发河北,宗弼攻开德府,粮乏,转攻濮州。前锋乌林答泰欲破王善二十万众,遂克濮州,降旁近五县。攻开德府,宗弼以其军先登,奋击破之。攻大名府,宗弼军复先登,破其城。河北平。

宋主自扬州奔于江南,宗弼等分道伐之。进兵归德,城中有自西门北门出者,当海复败之。乃绝隍筑道,列炮隍上,将攻之,城中人惧，遂降。先遣阿里、蒲卢浑至寿春，宗弼军继之。宋安抚使马世元率官属出降。进降庐州，再降巢县王善军。当海等破郾琼万余众于和州，遂自和州渡江。将至江宁西二十里，宋杜充率步骑六万来拒战，鹘卢补、当海。迪虎，大㠯击破之。宋陈邦光以江宁府降。留长安奴、斡里也守江宁。使阿鲁补、斡里也别将兵徇地，下太平州、濠州及句容、溧阳等县，溯江而西，屡败张永等兵，杜充遂降。

宗弼自江宁取广德军路，追袭宋主于越州。至湖州，取之。先使阿里、蒲卢浑趋杭州，具舟于钱塘江。宗弼至杭州，官守巨室皆逃去，遂攻杭州，取之。宋主闻杭州不守，遂自越奔明州。宗弼留杭州，使阿里、蒲卢浑以精兵四千袭之。讹鲁补、术列速降越州。大㠯破宋周汪军，阿里、蒲鲁浑破宋兵三千，遂渡曹娥江，去明州二十五里，大破宋兵，追至其城下。城中出兵，战失利，宋主走入于海。宗弼中分麾下兵，会攻明州，克之。阿里、蒲卢浑泛海至昌国县，执宋明州守赵伯谔，伯谔言"宋主奔温州，将自温州趋福州矣"。遂行海追三百余里，不及，阿里、蒲卢浑乃还。

宗弼还自杭州，遂取秀州。赤盏晖败宋军于平江，遂取平江。阿里率兵先趋镇江，宋韩世忠以舟师扼江口，宗弼舟小，契舟、汉军没者二百余人，遂自镇江溯流西上。世忠袭之，夺世忠大舟十艘，于是宗弼循南岸，世忠循北岸，且战且行。世忠艨艟大舰数倍宗弼军，出宗弼军前后数里，击柝之声，自夜达旦。世忠以轻舟来挑战，一日数接。将至黄天荡，宗弼乃因老鹳河故道开三十里通秦淮，一日一夜而成，宗弼乃得至江宁。挞懒使移剌古自天长趋江宁援宗弼，乌林答泰欲亦以兵来会，连败宋兵。

宗弼发江宁，将渡江而北。宗弼军渡自东，移剌古渡自西，与世忠战于江渡。世忠分舟师绝江流上下，将左右掩击之。世忠舟皆张五纲，宗弼选善射者，乘轻舟，以火箭射世忠舟上五纲，五纲着火箭，皆自焚，烟焰满江，世忠不能军，追北七十里，舟军歼焉，世忠仅能自免。

宗弼渡江北还，遂从宗辅定陕西。与张浚战于富平，宗弼陷重围中，韩常流矢中目，怒拔去其矢，血淋漓，以上塞创，跃马奋呼搏战，遂解围，与宗弼俱出。既败张浚军于富平，遂与阿卢补招降熙河、泾原两路。及攻吴玠于和尚原，抵险不可进，乃退军，伏兵起，且战且走，行三十里，将至平地，宋军阵于山口，宗弼大败，将士多战没。明年，复攻和尚原，克之。天会十五年，为右副元帅，封沈王。

天眷元年，挞懒、宗磐执议以河南之地割赐宋，诏遣张通古等奉使江南。明年，宋主遣端明殿学士韩肖胄奉表谢，遣王伦等乞归父丧及母韦氏兄弟。宗弼自军中入朝，进拜都元帅。宗弼察挞懒与宋人交通赂遗，遂以河南、陕西与宋，奏请诛挞懒，复旧疆。是时，宗磐已诛，挞懒在行台，复与鹘懒谋反。会置行台于燕京，诏宗弼为太保，领行台尚书省，都元帅如故，往燕京诛挞懒。挞懒自燕京南走，将亡入于宋，追至祁州，杀之。

诏“诸州郡军旅之事，决于帅府。民讼钱谷，行台尚书省治之”。宗弼兼总其事，遂议南伐。太师宗干以下皆曰：“构蒙再造之恩，不思报德，妄自鸱张，祈求无厌，今若不取，后恐难图。”上曰：“彼将谓我不能奄有河南之地。且都元帅久在方面，深究利害，宜即举兵讨之。”遂命元帅府复河南疆土，诏中外。

宗弼由黎阳趋汴，右监军撒离喝出河中趋陕西。宋岳飞、韩世忠分据河南州郡要害，复出兵涉河东，驻岚、石、保德之境，以相牵制。宗弼遣孔彦舟下汴、郑两州，王伯龙取陈州，李成取洛阳，自率众取亳州及顺昌府，嵩、汝等州相次皆下。时暑，宗弼还军于汴，岳飞等军皆退去，河南平，时天眷三年也。上使使劳问宗弼以下将士，凡有功军士三千，并加忠勇校尉。攻岚、石、保德皆克之。

宗弼入朝，是时，上幸燕京，宗弼见于行在所。居再旬，宗弼还军，上起立酌酒饮之，赐以甲胄弓矢及马二匹。宗弼已启行四日，召还。至日，希尹诛。越五日，宗弼还军，进伐淮南，克庐州。

上幸燕京。宗弼朝燕京，乞取江南，上从之。制诏都元帅宗弼比还军与宰臣同入奏事。俄为尚书左丞相兼侍中，大保、都元帅、领行台如故。诏以燕京路隶尚书省，西京及山后诸部族录元帅府。乃还军,遂伐江南。既渡淮,以书责让宋人,宋人答书乞加宽宥。宗弼令宋主遣信臣来禀议,宋主乞"先敛兵,许弊邑拜表阙下",宗弼以便宜约以画淮水为界。上遣护卫将军撒改往军中劳之。

皇统二年二月,宗弼朝京师,兼监修国史。宋主遣端明殿学士何铸等进誓表,其表曰:"臣构言,今来画疆,合以淮水中流为界,西有唐、邓州割属上国。自邓州西四十里并南四十里为界,属邓州。其四十里外并西南尽属光化军,为弊邑。沿边州城,既蒙恩造,许备藩方,世世子孙,谨守臣节。每年皇帝生辰并正旦,遣使称贺不绝。岁贡银、绢二十五万两、匹,自壬戌年为首,每春季差人般送至泗州交纳。有渝此盟,明神是殛,坠命亡氏,踣其国家。臣今既进誓表,伏望上国蚤降誓诏,庶使弊邑永有凭焉。"

宗弼进拜太傅。乃遣左宣徽使刘筈使宋,以衮冕圭宝珮璲玉册册康王为宋帝。其册文曰:皇帝若曰:"咨尔宋康王赵构。不吊,天降丧于尔邦,殄渎齐盟,自贻颠覆,俾尔越在江表。用勤我师旅,盖十有八年于兹。朕用震悼,斯民其何罪。今天其悔祸,诞诱尔衷,封奏狎至,愿身列于藩辅。今遣光禄大夫、左宣徽使刘筈等持节册命尔为帝,国号宋,世服臣职,永为屏翰。呜呼钦哉,其恭听朕命。"仍诏天下。赐宗弼人口牛马各千、驼百、羊万,仍每岁宋国进贡内给银、绢二千两、匹。

宗弼表乞致仕,不许,优诏答之,赐以金券。皇统七年,为太师,领三省事,都元帅、领行台尚书省事如故。皇统八年,薨。大定十五年,谥忠烈,十八年,配亨太宗庙廷。子亨迭。

亨本名亨迭。熙宗时,封芮王,为猛安,加银青光禄大夫。天德初,加特进。海陵忌太宗诸子,将谒太庙,以亨为右卫将军,语在《太宗诸王传》。

海陵赐良弓,亨性直,材勇绝人,喜自负,辞曰:"所赐弓,弱不可用。"海陵遂忌之,出为真定尹,谓亨曰:"太宗诸子方强,多在河朔、山东,真定据其冲要,如其有变,欲倚卿为重耳。"其实忌亨也。

历中京、东京留守。家奴梁遵告亨与卫士符公弼谋反，考验无状，遵坐诛。海陵益疑之。改广宁尹。再任李老僧使伺察亨动静，且令构其罪状。

亨初除广宁，诸公主宗妇往贺其母徒单氏，太祖长女兀鲁曰："孛迭虽稍下迁，勿以为嫌，国家视京府一也，况孛迭年富，何患不贵显乎。"是时，兀鲁与徒单斜也为室，斜也妾忽挞得幸于徒单后，忽挞诣后，告兀鲁语涉怨望，且指斥，又言孛迭当大贵。"海陵使萧裕鞫之，左验皆不敢言，遂杀兀鲁而杖斜也，免其官，以兀鲁怨望，斜也不先奏闻故也。乃封忽挞为莘国夫人。

久之，亨家奴六斤颇黠，给使总诸奴，老僧谓六斤曰："尔渤海大族，不幸坐累为奴，宁不念为良乎。"六斤识其意。六斤尝与亨侍妾私通，亨知之，怒曰："必杀此奴。"六斤闻之惧，密与老僧谋告亨谋逆。亨有良马，将因海陵生辰进之，以谓生辰进马者众，不能以良马自异，欲他日入见进。六斤言亨笑海陵不识马，不足进。亨之奴有自京师来者，具言徒单阿里出虎诛死。亨曰："彼有贷死誓券，安得诛之。"奴曰："必欲杀之，誓券安足用哉。"亨曰："然则将及我矣。六斤即以为怨望，逐诬亨欲因间刺海陵。老僧即捕系亨以闻。工部尚书耶律安礼、大理正忒里等鞫之，亨言尝论铁券事，实无反心，而六斤亦自引伏与妾私通，亨尝言欲杀之状。安礼等还奏，海陵怒，复遣与老僧同鞫之。与其家奴并加榜掠，皆不伏。老僧夜至亨囚所，使人蹴其阴间杀之。亨比至死，不胜楚痛，声达于外。海陵闻亨死，佯为泣下，遣人谕其母曰："尔子所犯法，当考掠，不意饮水致死。"

亨击鞠为天下第一，常独当数人。马无良恶，皆如意。马方驰，辄投杖马前，侧身附地，取杖而去。每畋猎，持铁连锤击狐兔。一日与海陵同行道中，遇群豕，亨曰："吾能以锤杀之。"即奋锤遥击，中其腹，穿入之。终以勇力见忌焉。

正隆六年，海陵遣使杀诸宗室，于是杀亨妃徒单氏、次妃大氏及子羊蹄等三人。大定初，追复亨官爵，封韩王。十七年，诏有司改葬亨及妻子。

赞曰：宗弼蹙宋主于海岛，卒定画淮之约。熙宗举河南、陕西以与宋人，矫而正之者，宗弼也。宗翰死，宗磐、宗隽、挞懒湛溺富贵，人人有自为之心，宗幹独立，不能如之何，时无宗弼，金之国势亦曰殆哉。世宗尝有言曰："宗翰之后，惟宗弼一人。"非虚言也。

张邦昌，《宋史》有传。天会五年，宗望军围汴，宋少帝请割三镇地及输岁币、纳质修好。于是，邦昌为宋太宰，与肃王枢俱为质以来。而少帝以书诱耶律余睹，宗翰、宗望复伐宋，执二帝以归。刘彦宗乞复立赵氏，太宗不许。宋吏部尚书王时雍等请邦昌治国事，天会五年三月，立邦昌为大楚皇帝。

初，少帝以康王构与邦昌为质，既而肃王枢易之，康王乃归。及宗望再举兵，少变复使康王奉玉册玉宝衮冕，增上太宗尊号请和。康王至磁州，而宗望已自魏县渡河围汴矣。及二帝出汴州，从大军北来，而邦昌至汴，康王入于归德。邦昌劝进于归德，康王已即位，罪以隐事杀之。

邦昌死，太宗闻之，大怒，诏元帅府伐宋，宋主走扬州，事具宗翰等传。其后，太宗复立刘豫继邦昌，号大齐。

刘豫字彦游，景州阜城人。宋宣和末，仕为河北西路提刑。徙浙西，抵仪真，丧妻翟氏。继值父忧。康王至扬州，枢密使张悫荐知济南府。是时，山东盗贼满野，豫欲得江南一郡，宰相不与，忿忿而去。挞懒攻济南，有关胜者，济南骁将也，屡出城拒战，豫遂杀关胜出降。遂为京东东、西、淮南安抚使，知东平府兼诸路马步军都总管，节制河外诸军。以豫子麟知济南府，挞懒屯兵冲要，以镇抚之。

初。康王既杀张邦昌，自归德奔扬州，诏左右副元帅合兵讨之，诏曰："俟宋平，当援立藩辅，以镇南服，如张邦昌者。"及宋主自明州入海亡去，宗弼北还，乃议更立其人。众议折可求、刘豫皆可立，而豫亦有心。挞懒为豫求封,太宗用封张邦昌故事,以九月朔旦授策,受策之后,以藩王礼见使者。臣宗翰、臣宗辅议:"既策为蕃辅,称臣奉表,朝廷报谕诏命,避正位与使人抗礼,余礼并从帝者。"诏曰:"今立豫为子皇帝,既为邻国之君,又为大朝之子,其见大朝使介,惟使者始见躬问起居与面辞有奏则立,其余并行皇帝礼。"

天会八年九月戊申,备礼册命,立豫为大齐皇帝,都大名,仍号北京,置丞相以下官,赦境内。复自大名还居东平,以东平为东京,汴州为汴京,降宋南京为归德府,降淮宁、永昌、顺昌、兴仁府俱为州。张考纯等为宰相,弟益为北京留守,母翟氏为皇太后,妾钱氏为皇后。钱氏,宣和内人也。以辛亥年为阜昌元年。以其子麟为尚书左丞相、诸路兵马大总管。宋人畏之,待以敌国礼,国书称大齐皇帝。豫宰相张孝纯、郑亿年、李邺家人皆在宋,宋人加意抚之。阜昌二年,豫迁都于汴。睿宗定陕西,太宗以其地赐豫,从张邦昌所受封略故也。

元帅府使萧庆如汴,与豫议以伐宋事,豫报曰:"宋主军帅韩世忠屯润州,刘光世屯江宁。今举大兵,欲往采石渡江,而刘光世拒守江宁;若出宿州抵扬州,则世忠必聚海船截瓜洲渡。若轻兵直趋采石,彼未有备,我必径渡江矣。光世海船亦在润州,韩世忠必先取之,二将由此必不和。以此逼宋主,其可以也。"

未几,宋主阁门宣赞舍人徐文将大小船六十只、军兵七百余人来奔,至密州界中,率将佐至汴。豫与元帅府书曰:"徐文一行,久在海中,尽知江南利害。文言:宋主在杭州,其候潮门外钱塘江内有船二百只。宋主初走入海时,于此上船,过钱塘江别有河入越州,向明州定海口迤逦前去昌国县,其县在海中,宋人聚船积粮之处。今大军可先往昌国县,攻取船粮,还趋明州城下,奇取宋主御船,直抵钱塘江口。今自密州上船,如风势顺,可五日夜到昌国县,或风势稍慢,十日或半月可至。"

初,宗弼自江南北还,宗翰将入朝,再议以伐宋事。宗翰坚执以为可伐。宗弼曰:"江南卑湿,今士马困惫,粮储未丰足,恐无成功。"

宗翰曰："都监务偷安尔。"及豫以书报，而睿宗亦不肯用豫策，使挞懒帅师至瓜洲而还。

天会十四年，制诏"齐国与本朝军民相诉，关涉文移，署年止用天会。"天会十五年，诏废齐国，降封豫为蜀王。豫称大号凡八年。于是，置行台尚书省于汴，除去豫弊政，人情大悦。以故齐宰相张孝纯权行台左丞相，遂迁豫家属于临潢府。

皇统元年，赐豫钱一万贯、田五十顷、牛五十头。二年，进封曹王。六年，薨。子麟。

麟字元瑞，豫之子也。宋宣和间，父荫补将仕郎，累加承务郎。天会七年，豫以济南降，麟因从军，讨水贼王江，破降之。豫节制东平，以麟知济南府事。齐国建，以济南为兴平军，麟为节度使，开府仪同三司、梁国公，充诸路兵马大总管，判济南府事。明年，为齐尚书左丞相，明年，从豫迁汴，罢判济南，依前开府，听置参谋。豫请立麟为太子，朝廷不许，曰："若与我伐宗有功则立之。"于是，麟连岁帅兵南伐，皆无功而还。

及朝廷议废齐，报以南伐之期，俾豫先遣兵驻淮上。挞懒以军废豫，止刁马河，麟从数百骑出迎，挞懒谕麟，止从骑南岸，独召麟渡河，因执麟。豫废，麟迁临潢。顷之，授北京路都转运使，历中京、燕京路都转运使、参知政事、尚书左丞，复为兴平军节度使、上京路转运使、开府仪同三司，封韩国公。薨，年六十四。正隆间，降二品以上官封，改赠特进、息国公。

昌本名挞懒，穆宗子。宗翰袭辽主于鸳鸯泺，辽都统马哥奔捣里，挞懒收其群牧。宗翰使挞懒追击之，不及，获辽枢密使得里底及其子磨哥、那野以还。

太祖自将袭辽主于大鱼泺，留辎重于草泺，使挞懒、牙卯守之。奚路兵官浑黜不能安辑其众，遂以挞懒为奚六路军帅镇之。习古乃、婆卢火护送常胜军及燕京豪族工匠自松亭关入内地，上戒之曰："若遇险厄，则分兵以往。"习古乃、婆卢火乃合于挞懒。

久之，讨劾山速古部奚人，奚人据险战，杀且尽，速古、啜里、铁尼十三岩皆平之。诏曰："朕以奚路险阻，经略为难，命汝往任其事，而克副所托，良用嘉叹。今回离保部族来附，余众奔溃，无能为已。此命习古乃、婆卢火获送降人，若遇险阻，即分兵以行，余众悉兴汝合。降诏二十，招谕未降，汝当审度其事，从宜处之。"其后抚定奚部及分南路边界，表请设官镇守。上曰："依东京渤海列置千户、谋克。"

辽外戚遥辇昭古牙部族在建州，斜野袭走之，获其妻孥及官豪之族。挞懒复击之，擒其队将曷鲁煲、白撒葛，杀之，降民户千余，进降金源县。诏增赐银牌十。又降遥辇二部，再破兴中兵，降建州官属，得山寨二十，村堡五百八十。阿忽复败昭古牙，降其官民尤多。昭古牙势蹙亦降，兴中、建州皆平。诏第将士功赏，抚安新民。

挞懒请以遥辇九营为九猛安。上以夺邻有功，使领四猛安，昭古牙仍为亲管猛安。五猛安之都帅，命挞懒择人授之。挞懒与刘彦宗举萧公翊为兴中尹，郡府各以契丹、汉官摄治，上皆从之。及宗翰、宗望伐宋，挞懒为六部路都统。宗望已受宋盟，军还，挞懒乃归中京。

天会四年八月，复伐宋。闰月，宗翰、宗望军皆至汴州。挞懒、阿里刮破宋兵二万于杞，覆其三营，获京东路都总管胡直孺及其二子与南路都统制随师元及其三将，遂克拱州，降宁陵，破睢阳，下亳州。宋兵来复睢阳，又击走之，擒其将石瑱。

宋二帝已降，大军北还，挞懒为元帅左监军，徇地山东，取密州。迪虎取单州，挞懒取钜鹿，阿里刮取宗城，迪古不取清平、临清，蒙刮取赵州，阿里刮徇下浚、滑、恩及高唐，分遣诸将趣磁、信德，皆降之。刘豫以济南府降，诏以豫为安抚使，治东平，挞懒以左监军镇抚之，大事专决焉。后为右副元帅。天会十五年为左副元帅，封鲁国王。

初，宋人既诛张邦昌，太宗诏诸将复求如邦昌者立之，或举折可求，挞懒力举刘豫。豫立为帝，号大齐。豫为帝数年，无尺寸功，遂废豫为蜀王。挞懒与右副元帅宗弼俱在河南，宋使王伦求河南、陕西地于挞懒。明年，挞懒朝京帅，倡议以废齐旧地与宋，熙宗命群臣议，会东京留守宗隽来朝，与挞懒合力，宗幹等争之不能得。宗隽曰：“我以地与宋。宋必德我。”宗宪折之曰：“我俘宋人父兄，怨非一日。若复资以土地，是助仇也，何德之有。勿与便。”挞懒弟勖亦以为不可。既退，挞懒责勖曰：“他人尚有从我者，汝乃异议乎。”勖曰：“苟利国家，岂敢私邪。”是时，太宗长子宗磐为宰相，位在宗幹上，挞懒、宗隽附之，竟执议以河南、陕西地与宋。张通古为诏谕江南使。

久之，宗磐跋扈尤甚，宗隽亦为丞相，挞懒持兵柄，谋反有状。宗磐、宗俊皆伏诛，诏以挞懒属尊，有大功，因释不问，出为行台尚书左丞相，手诏慰遣。挞懒至燕京，愈骄肆不法，复与翼王鹘懒谋反，而朝议渐知其初与宋交通而倡议割河南、陕西之地。宗弼请复取河南、陕西。会有上变告挞懒者，熙宗乃下诏诛之。挞懒自燕京南走，追而杀之于祁州，并杀翼王及宗人活离胡土、挞懒二子斡带、乌达补，而赦其党与。

宗弼为都元帅，再定河南、陕西。伐宋渡淮，宋康王乞和，遂称臣，画淮为界，乃罢兵。

赞曰：君臣之位，如冠屦定分，不可顷刻易也。五季乱极，纲常敦坏，辽之太宗，慢亵神器，倒置冠屦，援立石晋，以臣易君，宇宙以来一大变也。金人效尤，而张邦昌、刘豫之事出焉。邦昌虽非本心，以死辞之，孰曰不可。豫乘时徼利，金人欲倚以为功，岂有是理哉。挞懒初荐刘豫，后以陕西、河南归宋，视犹倘来，初无固志以处比也。积其轻躁，终陷逆图，事败南奔，适足以实通宋之事尔。哀哉。

金史卷七八
列传第一六

刘彦宗　时立爱　韩企先

　　刘彦宗字鲁开,大兴宛平人。远祖怦,唐户龙节度使。石晋以幽、蓟入辽,刘氏六世仕辽,相继为宰相。父霄至中京留守。彦宗擢进士乙科。天祚走天德。秦晋国王耶律捏里自立于燕,擢彦宗留守判官。萧妃摄政,迁签书枢密院事。太祖至居庸关,萧妃自古北口遁去,都监高六送款于太祖。太祖奄至,驻跸城南,彦宗与左企弓等奉表降,太祖一见,器遇之,俾复旧,迁左仆射,佩金牌。

　　张觉为南京留守,太祖闻觉有异志,使彦宗、斜钵宣慰之。太祖至鸳鸯泺,不豫,还上京,留宗翰都统军事,留彦宗佐之。及张觉败奔于宋,众推张敦固为都统,杀使者,乘城拒守,攻之不肯下。彦宗同中书门下平章事,知枢密院事,加侍中,佐宗望军。宗望奏,方图攻取,凡州县之事委彦宗裁决之。

　　天会二年,诏彦宗曰:“中京等两路先多拒命,故遣使抚谕,贳其官民之罪,所犯在降附前者勿论。卿等选官与使者往谕之,使勤于稼穑。”未几,大举伐宋,彦宗画十策,诏彦宗兼领汉军都统。蔡靖以燕山降。诏彦宗凡燕京一品以下官皆承制注授,遂进兵伐宋。至汴,宋少帝割地纳质,师还。宗望分将士屯安肃、雄、霸、广信之境,留阇母、彦宗于燕京节制诸军。明年,再伐宋,已围汴京,彦宗谓宗翰、宗望曰:“萧何入关,秋豪无犯,惟收图籍。辽太宗入汴,载路车、法服、石经以归,皆令则也。”二帅嘉纳之,执二帝以归。

天会六年薨,年五十三,追封郓王。正隆二年,例降封开府仪同三司。大定十五年,追封兖国公,谥英敏。子萼、筈。

萼,彦宗季子也。辽末以荫补阁门祗候。天辅七年,授礼宾使,累官德州防御使。天德初,稍加擢用,历左右宣徽使,拜参知政事,进尚书左丞,为沁南军节度使,历临洮、太原尹。正隆南伐,为汉南道行营兵马都统制。大定初,除兴中尹,封任国公,历顺天、定武军节度使、济南尹。

萼淫纵无行,所至贪墨狼籍。廉使劾之,诏遣大理少卿张九思就济南鞫问。既就逮,不测所以,引刃自杀,不死。诏削官一阶,罢归田里,卒。子仲询,天德三年,赐王彦潜榜及第。

筈,彦宗次子。幼时以荫隶阁门,不就,去从学。辽末调兵,而筈在选中。辽兵败,左右多散亡,乃选筈为扈从,授左承制。辽主西奔,萧妃摄政,赐筈进士第,授尚书右司员外郎,寄班阁门。

天辅七年,太祖取燕,筈从其父兄出降,迁尚书左司郎中。八年,授殿中少监。太祖崩,宋、夏遣使吊慰,凡馆见礼仪皆筈详定。迁卫尉少卿,授西上阁门使,仍从事元帅府。元帅府以便宜从事,凡约束废置及四方号令多从筈之画焉。

天会二年,迁太常少卿、东上阁门使,从宗翰伐宋,围太原。迁卫尉卿,权签宣徽院事。四年,授左谏议大夫。秋,复南征,权中书省枢密院事。丁父忧,明年起复,直枢密院事加给事中。七年,为礼部侍郎。十年,改彰信军节度使,权签中书省枢密院事。

天眷二年,改左宣徽使,熙宗幸燕,法驾仪仗筈讨论者为多。皇统二年,充江南封册使,假中书侍郎。既至临安,而宋人榜其居曰"行宫"筈曰:"未受命,而名行宫,非也。"请去榜而后行礼。宋人惊服其有识,欲厚贿说之,奉金珠三十余万,而筈不之顾,皆叹曰:"大国有人焉。"

五年,为行台尚书右丞相,兼判左宣徽使事,留京师。或请厘革河南官吏之滥杂者,筈曰:"废齐用兵江表,求一切近效,其所用人不必皆以章程,故有不由科目而为大吏,不试弓马而握兵柄者。今抚定未久,姑收人心,奈何为是纷更也。"遂仍其旧。

七年,帅府议于馆陶筑三城,以为有警即令北军入居之。筈曰:"今天下一家,孰为南北。设或有变,军人入城,独能安耶。当严武备以察奸,无示彼此之间也。"其后,竟从筈议。初,以河外三州赐夏人,或言秦之在夏者数千人,皆愿来归。诸将请约之,筈曰:"三小州不足为轻重,恐失朝廷大信。且秦人之在蜀者倍多于此,何独舍彼而取此乎。"遂从筈议。陕西边帅请完沿边城郭以备南寇,筈曰:"我利车骑而不利城守。今城之,则劳民而结怨。况盟已定,岂可妄动。"遂罢之。

九年八月,拜司空。九月,拜平章政事,封吴国公,行台右丞相如故。天德元年,封滕王。二年,拜尚书右丞相兼中书令,进封郑王。未几,以疾求解政务,授燕京留守,进封曹王。

居数月,乞致仕。筈自为宣徽使,以能得悼后意,致位宰相。海陵即位,意颇鄙之。及筈求致仕,诏略曰:"不为暗于临事,不为诌于事君。未许告归,姑从解职。"筈因惭惧而死,年五十八。子仲海。

仲海字子忠。皇统初,以宰相子授忠勇校尉。九年,赐进士第,除应奉翰林文字。海陵严暴,臣下应对多失次。尝以时政访问在朝官,仲海从容敷奏,无惧色,海陵称赏之。贞元初,丁父忧,起复翰林修撰。大定二年,迁待制,寻兼修起居注、左补阙。

三年,诏仲海与左司员外郎蒲察蒲速越廉问所过州县,仲海等还奏状,诏玉田县令李方进一阶,顺州知法、权密云县事王宗永擢密云县尉,顺州司候张璘、密云县尉石抹乌者皆免去。丁母忧,起复太子右谕德,迁翰林直学士、改棣州防御使。猷次县捕得强盗数十人,诣州欲以全获希赏。仲海疑其有冤,缓其狱。同僚曰:"县境多盗,请置之法,以惩其余。"仲海乃择老稚者先释之。未几,乃获真盗。

　　入为礼部侍郎兼左谕德，迁太子詹事兼左谏议大夫。上曰："东宫官属，尤当选用正人，如行检不修及不称位者，具以名闻。"又曰："东宫讲书或论议间，当以孝俭德行正身之事告之。"顷之，东宫请增牧人及张设什用，上谓仲海曰："太子生于富贵，每教之恭俭。朕服御未尝妄有增益，卿以此意谕之。"改御史中丞。

　　十四年，为宋国岁元使，宋主欲变亲起接书之仪，遣馆伴王抃来议，曲辨强说，欲要以必从。仲海曰："使臣奉命，远来修好，固欲成礼，而信约所载，非使臣辄敢变更。公等宋国腹心，毋侥幸一时，失大国欢。"往复再三，竟用旧仪，亲起接书成礼而还。

　　复为太子詹事，迁吏部尚书，转太子少师兼御史中丞。坐失纠举大长公主事，与侍御史李瑜各削一阶。仲海前后为东宫官且十五年，多进规戒，显宗特加礼敬。大定十九年，卒。

　　仲海立朝峻整，容色庄重，世宗尝曰："朕见刘仲海尝若将切谏者。"其以刚严见知如此。

　　颋字元矩。以大臣子孙充阁门祗候，调莘县令，召为承奉班都知，迁西上阁门副使兼宫苑令，累迁西上，东上阁门使。

　　泰和二年，宋盱眙军报：明年贺正旦使鲁訔、杨明辉。及过界，副使乃王处久。入见，鲁訔殿上不双跪。诏颋就阁诘问先报名衔杨明辉不复报改王处久之故，及不双跪者。鲁訔对，拜时并双跪，有足疾似单跪者。

　　初，南苑有唐旧碑，书"贞元十年御史大夫刘怦葬。"上见之曰："苑中不宜有墓。"颋家本怦后，诏赐颋钱三百贯改葬之。

　　三迁右宣徽使。贞祐二年。转左宣徽使。明年，致仕，迁一官。上曰："卿旧人也，今朝廷多故，岂宜去位。朕自东宫薨后，思虑不周，俟稍宁息，即以上郡处卿。"顷之，起为知开封府。四年正月元日，摄左宣徽使。再请老，未半岁复起为御史中丞。诏安抚河南路，捕盗贼。坐与保静军节度使会饮，解职。起为太子詹事，迁太子少师。詹事院欲辟广东宫周辟，颋请于皇太子曰："师旅饥馑之际，何为兴此役。"遂止。寻卒。

时立爱字昌寿，涿州新城人。父承谦，以财雄乡里，岁饥发仓廪赈贫乏，假贷者与之折券。

辽太康九年，中进士第，调泰州幕官。丁父忧，服除，调同知春州事。未逾年，迁云内县令，再除文德令。枢密院选为吏房副都承旨，转都承旨。累迁御史中丞，刚正敢言，忤权贵。除燕京副留守，丁母忧，起复旧职，迁辽兴军节度使兼汉军都统。

太祖已定燕京，访求得平州人韩询持诏招谕平州。是时，奚王回离保在卢龙岭，立爱未敢即朝见，先使人来送款曰："民情愚执，不即顺从，愿降宽恩，以慰反侧。"诏曰："朕亲巡西土，底定全燕，号令所加，城邑皆下。爱嘉忠款，特示优恩，应在彼大小官员可皆充旧职，诸囚禁配隶并从释免。"于是，辽帝尚在天德，平州虽降，民心未固。奚王回离保军所在保聚，蓟州已降复叛。民间流言谓"金人所下城邑，始则存抚，后则俘掠。"时立爱虽开谕而不肯信，乃上表"乞下明诏，遣官分行郡邑，宣谕德义。他日兵临于宋，顺则抚之，逆则讨之，兵不劳而天下定矣。"上览表嘉之，诏答曰："卿始率吏民归附，复条利害，悉合朕意，嘉叹不忘。山西部族缘辽主未获，恐阴相连结，故迁处于岭东。西京人民既无异望，皆按堵如故。或有将卒贪悍，冒犯纪律，辄掠降人者。已谕诸部及军帅，约束兵士，秋豪有犯，必刑无赦。今遣斡罗、阿里等为卿副贰，以抚斯民。其告谕所部，使知朕意。"

其后，以平州为南京，用张觉为留守，时立爱遂去平州。而张觉遂因燕京人东徙，其众怨望，觉遂叛入于宋。

立爱既去平州归乡里，太祖以燕、蓟与宋，新城入于宋。宋累诏立爱，立爱见宋政日坏，不肯起，戒其宗族不得求仕。

及宗望再取燕山，立爱诣幕府上谒，拜同中书门下平章事，任其子侄数人。立爱从宗望军数年，谋画居多，封陈国公。表求解机务，不从。九年，为侍中、知枢密院事。久之，加中书令。

天会十五年,致仕,加开府仪同三司、郑国公。薨于家,年八十二。赙赠钱布缯帛有差。诏同签书燕京枢密院事赵庆袭护丧事,葬用皆官给之。

韩企先,燕京人。九世祖知古,仕辽为中书令,徙居柳城,世贵显。

乾统间,企先中进士第,回翔不振。都统杲定中京,擢枢密副都承旨,稍迁转运使。宗翰为都统经略山西,表署西京留守。天会六年,刘彦宗薨,企先代之,同中书门下平章事、知枢密院事。七年,迁尚书左仆射兼侍中,封楚国公。

初,太祖定燕京,始用汉官宰相赏左企弓等,置中书省、枢密院于广宁府,而朝廷宰相自用女直官号。太宗初年,无所改更。及张敦固伏诛,移置中书、枢密于平州,蔡靖以燕山降,移置燕京,凡汉地选授调发租税皆承制行之。故自时立爱、刘彦宗及企先辈,官为宰相,其职大抵如此。斜也、宗幹当国,劝太宗改女直旧制,用汉官制度。天会四年,始定官制,立尚书省以下诸司府寺。

十二年,以企先为尚书右丞相,召至上京。入见,太宗甚惊异曰:"朕畴昔尝梦此人,今果见之。"于是,方议礼制度,损益旧章。企先博通经史,知前代故事,或因或革,咸取折衷。企先为相,每欲为官择人,专以培植奖励后进为己责任。推毂士类,甄别人物,一时台省多君子。弥缝阙漏,密谟显谏,必咨于王。宗翰、宗幹雅敬重之,世称贤相焉。

皇统元年,封濮王。六年,薨,年六十五。正隆二年,例降封齐国公。大定八年,配亨太宗庙廷。

十年,司空李德固孙引庆求袭其祖猛安,世宗曰:"德固无功,其猛安且阙之。汉人宰相惟韩企先最贤,他不及也。"十一年,将图功臣像于衍庆宫,上曰:"丞相企先,本朝典章制度多出斯人之手,至于关决大政,与大臣谋议,不使外人知之,由是无人能知其功。前后汉人宰相无能及者,置功臣画像中,亦足以示劝后人。"十五年,谥简懿。

韩铎字振文，企先次子也。皇统末，以大臣子授武义将军。熙宗闻其有儒学，赐进士第，除宣微判官。再迁刑部员外郎，海陵遣中使谕之曰："郎官，高选也。汝勋贤之子，行已苟官，能世其家，故以命汝。苟能夙夜在公，当不次擢用，虽公相可到。"铎感奋，狱或有疑，据经议谳。海陵伐宋，改兵部员外郎。

大定初，迁本部郎中，累官河州防御使，求养亲，解去。召为左谏议大夫，迁中都路都转运使。顷之，上谓宰臣曰："韩铎年高，不任繁剧，且其母老矣，可与之便郡。"于是，改顺天军节度使。卒。

赞曰：太祖入燕，始用辽南、北面官僚制度。是故刘彦宗、时立爱规为施设，不见于朝廷之上。军旅之暇，治官政，庇民事，务农积谷，内供京师，外给转饷，此其功也。韩企先入相两朝，几二十年，成功著业，世宗称其贤焉。

金史卷七九
列传第一七

郦琼　李成　孔彦舟　徐文
施宜生　张中孚　张中彦
宇文虚中　王伦

　　郦琼字国宝,相州临漳人。补州学生。宋宣和间,盗贼起,琼乃更学击刺挽强,试弓马,隶宗泽军,驻于磁州。未几告归,括集义军七百人,复从泽,泽署琼为七百人长。泽死,调戍滑州。时宗望伐宋,将渡河。戍军乱,杀其统制赵世彦而推琼为主。琼因诱众,号为勤王,行且收兵,比渡淮,有众万余。康王以为楚州安抚使、淮南东路兵马钤辖,累迁武泰军承宣使。未几,率所领步骑十余万附于齐,授静难军节度使,知拱州。齐国废,以为博州防御使。用廉,迁骠骑上将军。宗弼复河南,以琼为山东路弩手千户,知亳州事。丁母忧,去官。

　　宗弼再伐江南,以琼素知南方山川险易,召至军与计事。从容语同列曰:"琼尝从大军南伐,每见元帅国王亲临阵督战,矢石交集,而王免胄,指麾三军,意气自若,用兵制胜,皆与孙、吴合,可谓命世雄材矣。至于亲冒锋镝,进不避难,将士视之,孰敢爱死乎。宜其所向无前,日辟国千里也。江南诸帅,才能不及中人。每当出兵,必身居数百里外,谓之持重。或督召军旅,易置将校,仅以一介之士持虚文谕之,谓之调发。制敌决胜委之偏裨,是以智者解体,愚者丧师。幸一小捷，则露布飞驰，增加俘级以为己功，敛怨将士。纵或亲临，亦必先遁。而又国政不纲，才有微功，已加厚赏，或有大罪，乃置而不诛。不即覆亡，已为天幸，何能振起耶。"众以为确论。元帅，谓宗弼也。

及宗弼问琼以江南成败，谁敢相拒者。琼曰："江南军势怯弱，皆败亡之余，又无良帅，何以御我。颇闻秦桧当国用事。桧，老儒，所谓亡国之大夫，兢兢自守，惟颠覆是惧。吾以大军临之，彼之君臣方且心破胆裂，将哀鸣不暇，盖伤弓之鸟可以虚弦下也。"既而，江南果称臣，宗弼喜琼为知言。

初，琼去亳未几，宋兵陷之而不守，复弃去，乃以州人宋超守之。及大军至，超复以州事委其钤辖卫经而遁去。帅府使人招经，经不下。及城溃，百姓惶惧待命，琼请于元帅曰："城所不下者，凶竖劫之也。民何罪，愿慰安之。"元帅以琼先尝守亳，因止戮经而释其州人，复命琼守亳。凡六年，亳人德之。迁武宁军节度使。八年，为泰宁军节度使。九年，迁归德尹。贞元元年，加金紫光禄大夫，卒于官，年五十。

李成字伯友，雄州归信人。勇力绝伦，能挽弓三百斤。宋宣和初，试弓手，挽强异等。累官淮南招捉使。成乃聚众为盗，抄掠江南，宋遣兵破之，成遂归齐，累除知开德府，从大军伐宋。齐废，再除安武军节度使。

成在降附诸将中最勇鸷，号令甚严，众莫敢犯。临阵身先诸将。士卒未食不先食，有病者亲视之。不持雨具，虽沾湿自如也。有告成反者，宗弼察其诬，使成自治，成杖而释之，其不校如此。以此，士乐为用，所至克捷。

宗弼再取河南，宋李兴据河南府。成引军入孟津，兴率众薄城，鼓噪请战，成不应。日下昃，兴士卒倦且饥，成开门急击，大破之。兴走汉南，成遂取洛阳、嵩、汝等。河南平，宗弼奏成为河南尹，都管押本路兵马。尝取官羡粟充公费，坐夺两官，解职。正隆间，起为真定尹,封郡王,例封济国公。卒,年六十九。

　　孔彦舟字巨济,相州林虑人。亡赖,不事生产,避罪之汴,占籍军中。坐事系狱,说守者解其缚,乘夜逾城遁去。已而杀人,亡命为盗。宋靖康初,应募,累官京东西路兵马钤辖。闻大军将至山东,遂率所部,劫杀居民,烧庐舍,掠财物,渡河南去。宋人复招之,以为沿江招捉使。彦舟暴横,不奉约束,宋人将以兵执之,彦舟走之齐,从刘麟伐宋,为行军都统,改行营左总管。

　　齐国废,累知淄州。从宗弼取河南,克郑州,擒其守刘政,破孟邦杰于登封,授郑州防御使。讨平太行车辕岭贼。从征江南,渡淮破孙晖兵万余人,下安丰、霍丘。及攻濠州,以彦舟为先锋,顺流薄城,擒其水军统制邵青。遂克濠州,师还,累官工、兵部尚书,河南尹,封广平郡王。正隆例降金紫光禄大夫,改西京留守。

　　彦舟荒于色,有禽兽行。妾生女姿丽,彦舟苦虐其母,使自陈非己女,遂纳为妾。其官属负官钱,私其妻与折券。惟破濠州时,诸军凡系获皆杀之,彦舟号令毋辄杀,免者数千人,人颇以此称之。然自幼至老常在行伍,习兵事,知利钝。海陵欲以为征,南将佐,正隆五年,除南京留守。

　　彦舟有疾,朝臣有传彦舟死者,而彦舟尚无恙,海陵尽杖妄传彦舟死者,以激励之。无何竟死于汴,年五十五。遗表言"伐宋当先取淮南"云。

　　徐文字彦武,莱州掖县人,徙胶水。少时贩盐为业,往来濒海数州,刚勇尚气,侪辈皆惮之。宋季盗起,募战士,为密州板桥左十将。勇力过人,挥巨刀重五十斤,所向无前,人呼为"徐大刀。"后隶王龙图麾下,与夏人战,生擒一将,补进武校尉。东还,破群贼杨进等,转承信郎。

　　宋康王渡江,召文为枢密院准备将,擒苗傅及韩世绩,以功迁淮东、浙西、沿海水军都统制。诸将忌其材勇。是时,李成、孔彦舟皆归齐，宋人亦疑文有北归志，大将阎皋与文有隙，因而谮之。宋使统制朱师敏来袭文，文乃率战舰数十艘泛海归于齐。

齐以文为海、密二州沧海都招捉使兼水军统制，迁海道副都统兼海道总管，赐金带。文以策干刘豫，俗自海道袭临安，预不能用。齐国废，元帅府承制以文为南京步军都虞候，权马步军都指挥使。天眷元年，破太行贼梁小哥，以本职兼水军统制。朝廷以河南与宋，除文山东路兵马钤辖。

宗弼复取河南，文破宋将李宝于濮阳、孟邦杰于登封。宋蒋知军据河阳，文迟明至其城下，使别将攻城东北，自将精锐潜师袭南门。城中悉众救东北，文乃自南门斩关入城。宋军溃去，追击败之。破郭清、郭远于汝州。郑州叛，复取之。击走宋将戚方。河南既平，宗弼劳赏将士，赏文银币鞍马。充行军万户，从宗弼取庐、濠等州，超换武义将军。知济州，在职七年，移知泰安军。

海陵即位，录旧功，累迁中都兵马都指挥使，赐金带，改浚州防御使。未几，海陵谋伐宋，改行都水监，监造战船于通州。

东海县人徐元、张旺作乱，县人房真等三人走海州，及走总管府，上变。州、府皆遣使效随真等诣东海观贼形势，皆为贼所害。州、府合兵攻之，累月不下。海陵且欲伐宋，恶闻其事，诏文与步军指挥使张弘信、同知大兴尹李惟忠、宿直将军萧阿窊率舟师九百浮海讨之，谓文等曰："朕意不在一邑，将以试舟师耳。"文等至东海，与贼战，败之，斩首五千余级，获徐元、张旺，余众请降。是役也，张弘信行至莱州，称疾留止，日与妓乐饮酒。海陵闻之。师还，杖弘信二百。文迁定海军节度使。房真三人官赏有差。死贼者皆赠官三级，以银百两、绢百匹赐其家。

大定二年，诣阙自陈年老目昏。恳求致仕。许之。以覃恩迁龙虎卫上将军，卒于家。

施宜生字明望，邵武人也。博闻强记，未冠，由乡贡入太学。宋政和四年，擢上舍第，试学官，授颍州教授。及王师入汴，宜生走江南。复以罪北走齐，上书陈取宋之策，齐以为大总管府议事官。失意于刘麟，左迁彰信军节度判官。齐国废，擢为太常博士，迁殿中侍御史，转尚书吏部员外郎，为本部郎中。寻改礼部，出为隰州刺史。天德二年，用参知政事张浩荐宜生可备顾问，海陵召为翰林直学士，撰太师梁王宗弼墓铭，进官两阶。正隆元年，出知深州，召为尚书礼部侍郎，迁翰林侍讲学士。

四年冬，为宋国正旦使。宜生自以得罪北走，耻见宋人。力辞，不许。宋命张焘馆之都亭，因间以首丘风之。宜生顾其介不在旁，为庾语曰："今日北风甚劲。"又取几间笔扣之曰："笔来，笔来。"于是宋始警。其副使耶律辟离刺使还以闻，坐是烹死。

初，宜生困于场屋，遇僧善风鉴，谓之曰："子面有权骨，可公可卿。而视子身之毛，皆逆上，且覆腕，必有以合乎此而后可贵也。宜生闻其言，大喜，竟从范汝为于建、剑。已而，汝为败，变服为佣泰之吴翁家三年，翁异之，一日屏人诘其姓名，宜生曰："我服佣事惟谨，主人乃亦置疑邪。"翁固诘之，则请其故。翁曰："日者燕客，执事咸馂，而汝独孙诸侪，且撤器有叹声，是以识汝非真佣也。"宜生遂告之故，翁赆之金，夜济淮以归。试《一日获熊三十六赋》擢第一，其后竟如僧言。

张中孚字信甫，其先自安定徙居张义堡。父达，仕宋至太师，封庆国公。中孚以父任补承节郎。宗翰围太原，其父战殁，中孚泣涕请迹父尸，乃独率部曲十余人入大军中，竟得其尸以还。累官知镇戎军兼安抚使，屡从吴玠、张浚以兵拒大军。浚走巴蜀，中孚权帅事。天会八年，睿宗以左副元帅次泾州，中孚率其将吏来降，睿宗以为镇洮军节度使知渭州，兼泾原路经略安抚使。

齐国建，以什一法括民田，籍丁壮为乡军。中孚以为泾原地瘠无良田，且保甲之法行之已习，今遽纷更，人必逃徙，只见其害，未见其利也。竟执不行。时齐政甚急，莫敢违，人为中孚惧，而中孚不之顾。未几齐国废，一路独免掊克之患。

天眷初,为陕西诸路节制使知京兆府,朝廷赐地江南,中孚遂入宋。宗弼再定河南、陕西,移文宋人,使归中孚。至汴,就除行台兵部尚书,迁除参知行台尚书省省事。明年,拜参知政事。贞元元年,迁尚书左丞,封南阳郡王。三年,以疾告老,乃为济南尹,加开府仪同三司,封宿王。移南京留守,又进封崇王。卒,年五十九,加赠邓王。

中孚天性孝友刚毅,与弟中彦居,未尝有间言。喜读书,颇能书翰。其御士卒严而有恩,西人尤畏爱之。葬之日,老稚扶柩流涕盖数万人,至为罢市,其得西人之望如此。正隆例封崇进、原国公。

张中彦宇才甫,中孚弟。少以父任仕宋,为泾原副将,知德顺军事。睿宗经略陕西,中彦降,除招抚使。从下熙、河、阶、成州授彰武军承宣使,为本路兵马钤辖,迁都总管。

宋将关师古围巩州,与秦凤李彦琦会兵攻之。王师下饶风关,得金、洋诸州,以中彦领兴元尹,抚辑新附。师还,代彦琦为秦凤经略使。秦州当要冲而城不可守,中彦徙治北山,因险为垒,今秦州是也。筑腊家诸城,以扼蜀道。帅秦凡十年,改泾原路经略使知平凉府。

朝廷以河南、陕西赐宋,中孚以官守随例当留关中。熙河经略使慕洧谋入夏,将窥关、陕,中彦与环庆赵彬会两路兵讨之,洧败入于夏,中彦与兄中孚俱至临安,被留,以为龙神卫四厢都指挥使,清远军承宣使,提举佑神观,靖海军节度使。

皇统初,恢复河南,诏征中彦兄弟北归,为静难军节度使,历彰化军、凤翔尹,改尹庆阳,兼庆原路兵马都总管、宁州刺史。宗室宗渊殴死僚佐梁郁。郁,远人家贫无能赴告者。中彦力为正其罪,竟置于法。改彰德军节度使,均赋调法,奸豪无所蔽匿,人服其明。

正隆营汴京新宫,中彦采运关中材木。青峰山巨木最多,而高深阻绝,唐、宋以来不能致。中彦使构崖驾壑,起长桥十数里,以车运木,若行平地,开六盘山水洛之路,遂通汴梁。明年,作河上浮梁,复领其役。舟之始制，匠者未得其法，中彦手制小舟才数寸许，不假胶漆而首尾自相钩带，谓之"鼓子卯"，诸匠无不骇服，其智巧如此。浮梁巨舰毕功，将发旁郡民曳之就水。中彦召役夫数十人，治地势顺下倾泻于河，取新秫秸密布于地，复以大木限其旁，凌晨督众乘霜滑曳之，殊不劳力而致诸水。

俄迁平阳。海陵将伐宋，驿召赴阙，授西蜀道行营副都统制，赐细铠，使先取散关俟后命。

世宗即位，赦书至凤翔，诸将惶惑不能决去就，中彦晓譬之，诸将感悟，受诏。上召中彦入朝，以军付统军合喜。及见，上赐以所御通犀带，封宗国公。寻为吏部尚书。上疏曰："古者关市讥而不征，今使掌关市者征而不讥。苛留行旅，至披剔囊箧甚于剽掠，有伤国体，乞禁止。"从之。

逾年，除南京留守。时淮楚用兵，士民与戍兵杂居，讼牒纷纭，所司皆依违不决。中彦得戍兵为盗者，悉论如法，帅府怒其专决，劾奏之，朝廷置而不问。秩满，转真定尹兼河北西路兵马都总管。未几，致仕，西归京兆。明年，起为临洮尹兼熙秦路兵马都总管。巩州刘海构乱，既败，籍民之从乱者数千人，中彦惟论为首者戮之。

西羌吹折、密臧、陇逋、庞拜四族恃险不服，使侍御史沙醇之就中彦论方略，中彦曰："此羌服叛不常，若非中彦自行，势必不可。"即至积石达南寺，酋长四人来，与之约降，事遂定，赏而遣之。还奏，上大悦，遣张汝玉驰驿劳之，赐以球文金带，用郊恩加仪同三司。以疾卒官，年七十五。百姓哀号辍市，立像祀之。

赞曰：自古健将武夫，其不才者，遭世变迁，卖降恐后。此其常态，君子之所不责也，郦琼、徐文是已。施宜生反覆壬人，李成盗贼之靡，孔彦舟渔色亲出，自绝人类，又何责也。张中孚、中彦虽有小惠足称，然以宋大臣之子，父战没于金，若金若齐，义皆不共戴天之仇。金以地与齐则甘心臣齐，以地归宋则忍耻臣宋，金取其地则又比肩臣金，若趋市然，唯利所在，于斯时也，岂复知所谓纲常也哉。

吁。

宇文虚中字叔通，蜀人。初仕宋，累官资政殿大学士。天会四年，宋少帝已结盟，宗望班师至孟阳，宋姚平仲乘夜来袭，明日复进兵围汴。少帝使虚中诣宗望军，告以袭兵皆将帅自为之，复请和议如初，且视康王安否。顷之，台谏以和议归罪虚中，罢为青州，复下迁祠职。建炎元年，贬韶州。二年，康王求可为奉使者，虚中自贬中应诏，复资政殿大学士，为祈请使。是时，兴兵伐宋，已留王伦、朱弁不遣，虚中亦被留，实天会六年也。朝廷方议礼制度，颇爱虚中有才艺，加以官爵，虚中即受之，与韩昉辈俱掌词命。明年，洪皓至上京，见虚中甚鄙之。

天会十三年，熙宗即位。宗翰为太保领三省事，封晋国王，乞致仕。批答不允，其词虚中作也。天眷间，累官翰林学士知制诰兼太常卿，封河内郡开国公。书《太祖睿德神功碑》，进阶金紫光禄大夫。皇统二年，宋人请和，其誓表曰：“自来流移在南之人，经官陈说，愿自归者，更不禁止。上国之于弊邑，亦乞并用此约。”于是，诏尚书省移文宋国，理索张中孚、张中彦、郑亿年、杜充、张孝纯、宇文虚中、王进家属，发遣李正民、毕良史还宋，惟孟庾去留听其所欲。时虚中子师瑗仕宋，至转运判官，携家北来。四年，转承旨，加特进。迁礼部尚书，承旨如故。

虚中恃才轻肆，好讥讪，凡见女直人辄以矿卤目之，贵人达官往往积不能平。虚中尝撰宫殿榜署，本皆嘉美之名，恶虚中者摘其字以为谤讪朝廷，由是媒蘖以成其罪矣。六年二月，唐括酬斡家奴杜天佛留告虚中谋反，诏有司鞫治无状，乃罗织虚中家图书为反具，虚中曰：“死自吾分。至于图籍，南来士大夫家家有之，高士谈图书尤多于我家，岂亦反耶。”有司承顺风旨并杀士谈，至今冤之。

士谈字季默，高琼之后。宣和末，为忻州户曹参军。入朝，官至翰林直学士。虚中、士谈俱有文集行于世。

王伦字正道,故宋宰相王旦弟王勉玄孙。侠邪无赖,年四十余尚与市井恶少群游汴中。

天会五年,宋人以伦为假刑部侍郎,与阁门舍人朱弁充通问使。是时,方议伐宋,凡宋使者如伦及宇文虚中、魏行可、顾纵、张邵等,皆留之不遣。居数年,伦久困,乃唱为和议求归。元帅府使人谓之曰:"此非江南情实,特汝自为此言耳。"伦曰:"使事有指,不然何为来哉,惟元帅察之。"

天会十年,刘豫连岁出师皆无功,挞懒为元帅左监军经略南边,密主和议,乃遣伦归。先此,宋已遣使乞和,朝廷未之许也。伦见康王言和议事,康王大喜,迁伦官,并官其子弟。宋方与齐用兵,未可和。

天会十五年,康王闻天水郡王已薨,以伦假直学士来请其丧,使伦请挞懒曰:"河南之地,上国既不自有,与其封刘豫,曷若归之赵氏。"是岁刘豫受封已八年,不能自立其国,尚勤屯戍,朝廷厌其无能为也,乃废刘豫。挞懒以左副元帅守汴京,于是伦适至。挞懒,太祖从父兄弟,于熙宗为祖行。太宗长子宗磐以太师领三省事,位在宗干上。宗翰薨已久,宗干不能与宗磐独抗。明年,天眷元年,挞懒与东京留守宗隽俱入朝,熙宗以宗隽为左丞相。宗隽,太祖子也。挞懒、宗磐隽三人皆跋扈嗜利,阴有异图,遂合议以齐地与宋,自宗干以下争之不能得。以侍郎张通古为诏谕江南使,遣伦先归。

明年,宋以伦为端明殿学士,签书枢密院事,进金器千两、银器万两,复来请天水郡王丧枢,及请母韦氏兄弟宗族等。保信军节度使蓝公佐副之。是岁,宗磐、宗隽、挞懒皆以谋反属吏,熙宗诛宗磐、宗隽,以挞懒属尊,赦其死,以为行台尚书省事左丞相,夺其兵权。右副元帅宗弼奏曰:"挞懒、宗磐阴与宋人交通,遂以河南、陕西地与宋人。"会挞懒复谋反,捕而杀之于祁州。伦至上京,有司详读康王表文,不书年,阅进奉状,称礼物不言职贡,上使宰相责问伦曰:"汝但知有元帅,岂知有上国耶。"遂留不遣,遣其副蓝公佐归。

三年五月,宗弼复取河南、陕西地,遂伐江南,已渡淮。皇统元年,宋人请和。二年二月,宋端明殿学士何铸、容州观察使曹勋进誓表。三月,遣左副点检赛里、山东西路都转运使刘祹送天水郡王丧枢,及宋帝母韦氏还江南。五月,李正民、毕良史南归。七月,朱弁、张邵、洪皓南归。

四年,以伦为平州路转运使,伦已受命复辞逊,上曰:“此反复之人也。”遂杀之于上京,年六十一。

赞曰:孔子云,“行己有耻,使于四方不辱君命,可谓士矣”。宇文虚中朝至上京,夕受官爵。王伦纨绔之子,市井为徒。此岂“行己有耻”之士,可以专使者耶。二子之死虽冤,其自取亦多矣。

金史卷八〇
列传第一八

熙宗二子　斜卯阿里
突合速　乌延蒲卢浑
赤盏晖　大㚖　阿离补

熙宗诸子:悼平皇后生太子济安,贤妃生魏王道济。

济安,皇统二年二月戊子生于天开殿。上年二十四始有皇子,喜甚,遣使驰报明德宫太皇太后。五日命名,大赦天下。三月甲寅,告天地宗庙。丁巳。翦髭,奏告天地宗庙。戊午,册为皇太子。封皇后父太尉胡塔为王,赐人口、马牛五百、驼五十、羊五千。随朝职官并迁一资,皆有赐。己未,诏天下。十二月,济安病剧,上与皇后幸佛寺焚香,流涕哀祷,曲赦五百里内罪囚。是夜,薨。谥英悼太子,葬兴陵之侧,上送至乌只黑水而还。命工塑其像于储庆寺,上与皇后幸寺安置之。海陵毁上京宫室,寺亦随毁。

道济,皇统三年,命为中京留守,以直学士阿懒为都提点,张玄素为同提点,左右辅导之。俄封魏王,封其母为贤妃。初居外,至是养之宫中。未几,熙宗怒杀之。

赞曰:国初制度未立,太宗、熙宗皆自谙班勃极烈即帝位。谙班勃极烈者,汉语云最尊官也。熙宗立济安为皇太子,始正名位,定制度焉。

斜卯阿里。父浑坦，穆宗时内附，数有战功。阿里年十七从其伯父胡麻谷讨诈都，获其弟沙里只。高丽筑九城于曷懒甸，浑坦攻之，遇敌于木里门甸，力战久之，阿里挺枪驰刺其将于阵中，敌遂溃。浑坦与石适欢合兵于徒门水，阿里首败敌兵，取其二城。高丽入寇，以我兵屯守要害，不得进，乃还。阿里追及于曷懒水，高丽人争走冰上，阿里乘之，杀略几尽，遂合兵于石适欢。道遇敌兵五万，击走之。又与石适欢遇敌七万，阿里先登，奋击大败之。石适欢曰：“汝一日之间，三破重敌，功岂可忘。”乃厚赐之。

翰塞、乌睹本攻驼吉城，阿里凿堋为门，日已暮，不可入，以兵守之，旦日遂取其城。乌睹本被甲并乘马赐之。从攻下宁江州，授猛安。又从攻信州、宾州，皆克之。辽人来攻字董忽沙里城，阿里率百余骑救之。辽兵数万，阿里兵少，乃令军士裂衣多之旗帜，出山谷间，辽兵望见，遁去。

苏、复州叛，众至十万。旁近女直皆保于太尉胡沙家，筑垒为固。敌围为数重，守者粮刍俱尽，牛马相食其骢尾，人易子而食。夜，缒二人出，告急于阿里。阿里赴之，内外合袭之，破其众于辟离密罕水上，剿杀几尽，水为之不流。蒲离古胡什吉水、马韩岛凡十余战，破数十万众。契丹、奚人聚舟千艘，将入于海。阿里以二十七舟邀之，中流矢，卧舟中，中夜始苏。敌船已入王家岛，即夜取海路追及之，敌走险以拒，阿里以骑兵邀击，再中流矢，力战不退，竟破之，尽获其舟。于是，苏、复州、婆速路皆平。

攻显州，下灵山县，取梁鱼务，败余睹兵，功皆最。后与散睹鲁屯高州，契丹昭古牙、九斤合兴中兵数万攻胡里特寨，阿里以八谋克兵救之。胡里特先往，败于城下。阿里指阵前绯衣者二十余人曰：“此必贼酋也。”麾兵奋击，皆杀之，余众大溃。来州、隰州兵围胡里特城，闻阿里来救，即解围去。

阇母讨张觉，有兵出楼峰口山谷间，阿里、散笃鲁、忽卢补三猛安击败之。宗望代阇母讨张觉，阿里再败平州兵。及伐宋，阿里别击宋兵,败之。孟阳之役,阿里扼桥渡力战。明年,再伐宋,至保州、中山,累破之。进围真定,阿里与娄室、豁鲁乘风纵火,焚其楼橹,诸军毕登,克其城。师至河上,粘割胡撒击走宋人,扼河津,兵数千遂渡河。诸将分出大名境,阿里破敌四百尽殪,遂围汴。汴中夜出兵来焚攻具,阿里与谋克常孙阳阿御之,其众大溃。还攻赵州,降之。

天会六年,伐宋主,取阳谷、莘县,败海州兵八万人,海州降。破贼船万余于梁山泊。招降滕阳、东平、泰山群盗。盗攻范县,击走之,获船七百艘。宗弼攻下睢阳,与乌延蒲卢浑先以二千人往招寿春,具舟淮水上。时康民聚贾船四百与寿春相近,术列速以骑四百破康民,斩馘数千。与当海、大臭破贼十万于淮南。比至江,连破宋兵,获舟二百艘。宗弼至江宁,阿里、蒲卢浑别降广德军,先趣杭州。去杭十余里,遇宋伏兵二千,取我前驱甲士三十人。阿里使诸军去马搏战,伏兵败,皆逼死于水。宗弼至余杭,而宋主走明州,阿里与蒲卢浑以精骑四千袭之,破东关兵,济曹娥江,败宋兵于高桥镇。至明州,颇失利。宋主已入于海,乃退军余姚。宗弼使当海济师,遂下明州,执宋守臣赵伯谔,进至昌国县。宋主自昌国走温州,由海路追三百余里,弗及。遂隳明州,与宗弼俱北归。

睿宗经略陕西,驻泾州,阿里先取渭州。睿宗趋熙河,阿里、斜喝、韩常三猛安为前军。十二年,与高彪监护水运。宋以舟师阻亳州河路,击败之,追杀六十余里,获其将萧通。破涟水水寨贼,尽得其大船,遂取涟水军,招徕安辑之。天眷间,盗据石州,阿里讨之。粘割胡撒与所部先登,遂克其城,石州平。

宗弼再伐宋,阿里已老,督造战船。宋称臣,诏赐阿里钱千万。自结发从军,大小数十战,尤习舟楫,江、淮用兵,无役不从,时人以水星目之。为迷里部节度使,历顺义、泰宁军,归德、济南尹。天德初,致仕,加特进,封王。正隆例封韩国公,召赴阙,命造战船。以疾薨,年七十八,谥智敏。

阿里性忠直,多智略。兄弟相友爱,家故饶财,以己猛安及财物尽与弟爱拔里。爱拔里不肯受,逃避岁余,阿里终与之。

突合速，宗室子，拿罕塞人。初隶万户石家奴麾下，尝领偏师破云中诸山寇盗。宗望攻平州，遣突合速讨应州贼，平之，抚安其民而还。

及伐宋，在宗翰军，以八谋克破石岭关屯兵数万，杀戮几尽。师至太原，祁县降而复叛，突合速攻下之。进取文水县，后从诸帅列屯汾州之境。宋河东军帅郝仲连、张思正、陕西军帅张关索及其统制马忠，合兵数万来援，皆败之。

宗翰南伐至潞还，太原犹未下，即留完颜银术可总督诸军，经略其地。于是，宋援兵大至，突合速从马五、沃鲁破宋兵四千于文水。闻宋将黄迪等以兵三十万栅于县之西山，复与耿守忠合兵九千击之，杀八万余人，获马及资粮甚众。宋制置使姚古率兵至隆州谷，突合速与拔离速以步骑万余御之。种师中兵十万据榆次，银术可乃召突合速，使中分其兵而还，与活女等合兵八千击败之，斩师中于杀熊岭。宋将张灏以兵十万营于文水近郊，复与拔离速击破之。潞州复叛，宋兵号十七万，骨赧、突合速、拔离速皆被围。突合速麾军士，下马力战，遂溃围而出。

及再举伐宋，宗翰命娄室率军先趋汴。娄室至泽州，突合速、沃鲁以五百骑为前驱，往招河阳。先据黄河津，宋兵万余背水阵，进击败之，皆挤于水，遂降河阳。汴京平，诸将西趣陕津，略定河东郡县。突合速取宪州，遇其援军，击败之，生擒其将。字董浓瑰术鲁等攻保德，未下，突合速进兵助击，梯冲并进，遂克其城。字董乌谷攻石州，屡败，亡其三将，军士殁者数百人。突合速谓乌谷曰："敌皆步兵，吾不可以骑战。"乌谷曰："闻贼挟妖术，画马以系其足，疾甚奔马，步战岂可及之。"突合速笑曰："岂有是耶。"乃令诸军去马战，尽殪之。六年，宗辅驻师邓州，突合速、马五、拔离速西取均、房，遂下其城。攻唐、蔡、陈州及颍昌府皆克之。

天眷初，除彰德军节度使。三年，为元帅监军。皇统八年，改济南尹。天德间，封定国公，授世袭千户。卒，年七十二。正隆二年，赠应国公。

初，突合速以次室受封，次室子因得袭其猛安。及分财异居，次室子取奴婢千二百口，正室子得八百口。久之正室子争袭，连年不决，家赀费且尽，正室子奴婢存者二百口，次室子奴婢存者才五六十。世宗闻突合速诸子贫窘，以问近臣，具以争袭之故为对，世宗曰："次室子岂当受封邪。"遂以嫡妻长子袭。

乌延蒲卢浑，曷懒路乌古敌昏山人。父字古剌，龙虎卫上将军。蒲卢浑膂力绝人，能挽强射二百七十步。与兄鹘沙虎俱以勇健隶阇母军，居帐下。攻黄龙府，力战有功。阇母败于兔耳山，张觉复整兵来，诸将皆不敢战。蒲卢浑登山望之，乃绐诸将曰："敌军少，急击可破也。若入城，不可复制。"遂合战，破之。

郭药师、蔡靖以燕京降，蒲卢浑率九十骑先伺察城中居民去就。遂将汉兵千，隶完颜蒙适攻真定。进攻赞皇，取之，获人畜甲仗万余。汴城破，日已暮，宋人犹力战，枪刺中蒲卢浑手，战益力，遂败宋军，赐金五十两。

睿宗为右辅元帅，已定关、陕，议取剑外诸州，遂拔和尚原。元帅府承制以蒲卢浑为河北西路兵马都总管。及宋主在扬州，蒲卢浑与蒙适将万骑袭之，宋主已渡江，破其余兵，后与斜卯阿里俱从宗弼自淮西渡江取江宁。宗弼入杭州，宋主走明州，再走温州，由海道追三百余里，隳明州而归，语在《阿里传》。

天眷二年，授镇国上将军，除安国军，以疾去官。皇统六年，授世袭，谋克，起为延安尹，赐尚衣一袭，寻致仕。海陵迁中都，起为归德尹，就其家授之，赐银牌、袭衣、玉吐鹘、驰驿之官。蒲卢浑留数十日，已违程，复听致仕。召赴京师，至蓟州，见海陵于猎所。明日，从猎，获一狐。海陵曰："卿年老，尚能驰逐击兽，健捷如此。"赐以御服，封豳国公。除太子少师，进太子太保，改真定尹，入判大宗正事。

顷之伐宋，以本官行右领军副都督事。师次西采石，海陵欲渡江，蒲卢浑曰："宋军船高大，我船库小，恐不可遽渡。"海陵怒曰：

“汝昔从梁王追赵构于海岛,皆大舟耶,今乃沮吾兵事。设不能遽渡江,不过有少损耳。尔年已七十,纵自爱,岂有不死理耶。明日当与奔睹先济。”既而复止之,乃遣别将先渡江,舟小不可战,遂失利,两猛安及兵士二百余人皆陷没。海陵遇害,军还。

大定二年,至中都上谒,除东京留守。世宗召问年几何,对曰:“臣今年七十三矣。”上曰:“卿宿将,久练兵事,年虽老,精神不衰。”因命到官,每旬月一视事。赐衣一袭,进阶开府仪同三司,仍封幽国公。是岁,卒。十八年,孙扎虎迁广威将军,袭乌古敌昏山世袭猛安,并亲管谋克。

赤盏晖字仲明,其先附于辽,居张皇堡,故尝以张为氏。后家来州。晖体貌雄伟,慷慨有志略。少游乡校。辽季以破贼功,授礼宾副使,领莱、隰、迁、润四州屯兵。天辅六年降,仍命领其众,从阇母定兴中府义、锦等州。及破张觉,皆与有功,以粟万五千石助军,授洺州刺史。

宗望初伐宋,孟阳之战,敌之中军径薄宗望营,晖与诸将击败之,追杀至城下。讫师还,数立战功。明年,再举伐宋,攻下保州、真定,晖皆与焉。进围汴,宋人夜出兵二万焚我攻具,晖以二谋克兵击走之。凡城中出兵拒战,晖之所当,无不胜捷。

既克宋还,从攻河间。敌将李成以雄、莫之兵来援,晖与所部迎击,马伤而堕,晖辄奋起步斗,竟败成兵。是日,凡七战皆胜,敌人多逼死濠隍间,晖两臂亦数中流矢。贼将刘先生以兵二万夜袭营,晖力战达旦,贼始败走,皆溺死于水。晖复傅城力战,如是连月,诸军四面合攻,遂克之。加桂州管内观察使,因留抚河间。时居民皆为军士所掠,老幼存者亡几。晖下令军中听赎还之。未几,皆按堵如故。

从睿宗经略山东,既攻下青州,复从阇母攻潍州。晖督其裨校先登,而城中积刍茭乘风纵火发机石,晖率将士冲冒而下,力战败之。军还,复以三十骑破敌于范桥。帅府承制加静江军节度使。进攻,城中炮出,几中晖,拂其甲裳裂之。晖益奋攻,卒破其城。又从攻泗州,克之。还屯汶阳,破贼众于梁山泺,获舟千余。移军攻济州,既败敌兵,因傅城谕以祸福,乃举城降。晖约束军士,无秋毫犯,自是曹、单等州皆闻风而下。

从攻寿春、归德,乃渡淮为先锋,遇重敌于秀州、苏州,皆击败之,遂至余杭。通粮饷,治桥道,晖之力为多,乃还,载《资治通鉴》版以归。大军过江宁,徙其官民北渡,时暑多疾疫,老弱转死道路,其知府陈邦光者诉于宗弼,怒将杀之,晖曰:"此义士也。"力营救之,竟得免。

富平之战,晖在右翼,遇泞而败,睿宗念其前功,杖而释之。师至熙河,晖别降诸寨将钤辖及吐蕃酋长等,并民户万五千余。兰州叛,与讹鲁补等攻下之,获河州安抚使白常、熙河路副都总管刘维辅以献。还攻庆阳,两败重敌,杀其将戴巢。师还迁归德军节度使。

宋州旧无学,晖为营建学舍,劝督生徒,肄业者复其身,人劝趋之。属县民家奴王夔者,尝业进士,晖以钱五十万赎之,使卒其业,夔后至显官。密州吏庞乙卒于官,其孤贫,不克葬,晖为营治葬事,且资给其家。

十三年,复从大军渡淮。还镇,丁母忧,寻以旧职起复。既废齐,为安化军节度使。天眷二年,复河南,宋人乘间陷海州,帅府以登、莱、沂、密四州委晖经画,敌无敢窥其境者。为定海军节度使,寻改济南尹,累迁光禄大夫,俄以罪罢,久之,起为昌武军节度使。天德二年,迁南京留守,寻改河南路统军使,授世袭猛安,拜尚书右丞,封河内郡王。岁余,拜平章政事,封戴王。正隆初,出为兴平军节度使。正隆降王爵,为枢密副使,封景国公。未几,复为左丞,封济国公。寻除大兴尹,封荣国公。薨,年六十五。大定间谥曰武康。子师直,登进士第。

大臬本名挞不野,其先辽阳人,世仕辽有显者。太祖伐辽,辽人征兵辽阳,时臬年二十余,在选中。辽兵败,臬脱身走宁江。宁江破,臬越城而逃，为军士所获，太祖问其家世，因收养之。收国二年，为东京奚民谋克。是时，初破高永昌，东京旁郡邑未尽服属，使臬伺察反侧。有闻必达，太祖以为忠实，授猛安，兼同知东京留守事。

取中、西两京，隶阇母军。辽军二十万来战，吴王使臬以本部守营，臬坚请出战，不许。或谓臬曰："战，危事，独苦请，何也？"臬曰："丈夫不得一决胜负，尚何为。苟临战不捷，虽死犹生也。"吴王闻而壮之，乃遣出战。既合战，阇母军少却，辽兵后蹑之，臬麾本部兵横击，杀数百人，由是显名军中。

天会三年，宗望伐宋，信德府居燕、汴之中，可驻军以济缓急，欲遂攻之，恐不能亟下，议未决。臬独率本部兵，选善射者射其城楼，别以轻锐潜升于楼角之间，遂克其城。军至浚州，宋人已烧河桥，宗望下令，"军中有能先济者功为上"。臬捕得十余舟，使勇悍者径渡，击其守者而夺其戍栅，由是大军俱济。

八月，再伐宋，授万户，赐金牌。既破汴京，臬为河间路都统。已克河间，阇母怒其不早降，因纵军大掠，臬谏止之，已掠者官为赎还。除河间尹，从攻袭庆府。先一日，臬命军士预备畚锸及薪，既傅城，诸将方经营攻具，未鸣鼓，臬军有素备，遂先登。军帅以臬未鸣鼓辄战，不如军令，请罪臬，朝廷释弗问，仍例赏之。

宗弼伐江南，济淮，宋将时康民率兵十七万来拒，臬率本部从击，败之。复以骑二千与当海击败淮南贼十万余人，王善来降。将渡江，臬军先渡，舟行去岸尚远，宋列兵江口，臬视其水可涉，则麾兵舍舟趋岸疾击之，宋兵走，大军相继而济。俄遇杜充兵六万于江宁之西，臬与鹘卢补击走之。师还，臬留为扬州都统，经略淮、海、高邮之间。再为河间尹，兼总河北东路兵马。

十一年，入见，太宗赐坐，慰劳甚久，特迁太子太保，赐衣一袭、马二匹及鞍辔铠甲，改元帅右都监。齐国废，臬守汴京。熙宗念臬久劳，降御书宠异之。天眷三年，罢汉、渤海千户谋克，以臬旧臣，独命依旧世袭千户。是岁，拜元帅右监军。

宗弼再伐宋，宋人称臣乞和，遂班师，臬独留汴，行元帅府事。

皇统三年,加开府仪同三司。八年,进左监军。天德二年,改右副元帅,兼行台左丞,迁平章行台省事,进行台右丞相,右副元帅如故。海陵疑左副元帅撒离喝,以为行台左丞相,使臬伺察之,诏军事不令撒离喝与闻。撒离喝不知海陵意旨,每与臬争军事不能得,遂与臬有隙。海陵竟杀撒离喝,召臬入朝,拜尚书右丞相,封神麓郡王。

四年,请老,为东京留守。贞元三年,拜太傅,领三省事,累封汉国王。十二月,有疾,海陵其幸第问之。是岁,薨,年六十八。海陵亲临哭之,诏有司废务三日,禁乐三日。其三日当赐三国使馆燕,以不赐教坊乐,命左宣徽使敬嗣晖宣谕之。赠太师、晋国王,谥杰忠,遣使护丧归葬。正隆夺王爵,赠太傅、梁国公。子磐。

磐本名蒲速越,以大臣子累官登州刺史,袭猛安。大定三年,除嵩州刺史,从仆散忠义伐宋有功。五年,召为符宝郎,迁拱卫直都指挥使。

初,磐以伐宋功,进官一阶,磐心少之,颇形于言。上闻之,下吏按问,杖一百五十,改左卫将军。诏求良弓,磐多自取,及护卫入直者,辄以己意更代。护卫娄室告其事,诏点检司诘问。磐有妹在宫中为宝林,磐属内侍僧儿员思忠使言于宝林曰,“我无罪,问事者迫我,使自诬服”。宝林诉于上,上怒,杖僧儿一百,磐责陇州防御使。上戒之曰:“汝在近密,执迷自用,朕以卿父之功,不忍废弃,姑令补外,其思勉之。”改亳州防御使,迁武宁军节度使,坐事除名。起为韩州刺史,改祁州刺史,复坐事,削四官,解职。

久之,尚书省奏“大磐以年当叙”,上曰:“刚暴之人,屡冒刑章,不可复用。太傅大臬,别无嫡嗣,其世袭猛安谋克,不可易也。”

阿离补,宗室子,系出景祖。屡从征伐,灭辽举宋皆有功。天会九年,睿宗经略陕西,阿离补为左翼都统,与右翼都统宗弼,抚定巩、洮、河、西宁、兰、廓等州军,来宾、定远、和政、甘峪、宁洮、安陇等城寨,及镇、堡、蕃、汉营部四十余处,汉官军民蕃部酋长甚众,于是泾原、熙河两路皆平。诏以兄猛安沙离质亲管谋克之余户,以阿离补为世袭谋克。

天会十二年,为元帅右都监。十五年,迁左监军。天眷三年,从宗弼复河南,迁左副元帅。皇统三年,封谭国公。六年,为行台左丞相,元帅如故。是岁,薨。

大定间,大褒功臣,图像衍庆宫。欢都死康宗时,不及与驰骛辽、宋之郊,然而异姓之臣莫先焉。故定衍庆亚次功臣,代国公欢都,金源郡王石土门,徐国公浑黜,郑国公谩都诃,濮国公石古乃,济国公蒲查,韩国公斜卯阿里,元帅左监军拔离速,鲁国公蒲察石家奴,银青光禄大夫蒙适,随国公活女,特进突合速,齐国公婆卢火,开府仪同三司乌延蒲卢浑,仪同三司阿鲁补,镇国上将军乌林答泰欲,太师领三省勗事勗,太傅大㚟,大兴尹赤盏晖,金吾卫上将军耶律马五,骠骑卫上将军韩常并阿离补咸著勗焉。子言、方,言别有传。

方以宗室子累官京兆少尹,迁陕西路统军都监。方专事财贿,不恤军旅,诏戒之曰:“卿宗室旧人,乃纵肆败法,惟利是营,朕甚恶之。自今至于后日,万一为之,必罚无赦。”大定三年,迁元帅右都监,转元帅左监军,改顺天军节度使,上曰:“卿本无功,历显仕,不能接僚友,往往交恶,在京兆贪鄙彰闻,至无谓也。朕念卿已过中年,必能悛改,慎勿复尔。”除西南路招讨使,朝廷以兵部郎中高通为招讨都监,以佐之。诏通曰:“卿到天德,毋以其官长曲从之也。简阅沿边士卒,毋用孱弱之人,毋以仆隶代役。女直旧风,凡酒食会聚,以骑射为乐。今则弈棋双陆,宜悉禁止,令习骑射。从其居处之便,亦不可召集扰之。”久之,方坐强买部人马二匹,削一阶,解职,降耀州刺史。通亦坐赃除名。方后迁横海军节度使,入为同签大宗正事,签书枢密院事。

初,阿鲁当授谋克,未封而薨,乌带受之。乌带死,兀答补袭之。兀答补死,乌也阿补当袭。是时,已降海陵为庶人,世宗以乌带在熙

宗逆党中,其子孙不合受封,停封者久之,而阿离补功亦不可废绝,
特诏方袭之云。

　　赞曰:斜卯阿里、突合速、乌延蒲卢浑、赤盏晖、大臬、阿离补等
六人,皆收国以来所谓熊罴之士、不二心之臣也,其功有可录者焉。

金史卷八一
列传第一九

鹘谋琶　　迪姑迭　　阿徒罕
夹谷谢奴　　阿勒根没都鲁
黄掴敌古本　　蒲察胡盏
夹谷吾里补　　王伯龙　　高彪
温迪罕蒲里特　　伯德特里补
耶律怀义　　萧王家奴　　田颢
赵隇

鹘谋琶，术吉水斜卯部人也。性忠直宽厚，重节义，勇于战。父阿鹘土，赠金吾卫上将军。

穆宗时，鹘谋琶内附，先遣子宁吉从间道送款。遂使活里瞳与鹘谋琶合军攻降诸部，因领其众。与弟胡麻谷、浑坦偣阿里等攻下诸城，从撒改破坞塔城，穆宗屡赏之。破高丽戍兵。与石适欢讨平诸部。蒲察部雅里字堇与其兄弟胡八、双括等欲叛归辽，鹘谋琶执之，送于康宗，赐赉甚厚。破高丽曷懒甸及下鲁城有功。

天辅六年卒，年七十二。天眷中，赠银青光禄大夫。

迪姑迭，温迪罕部人。祖扎古乃，父阿胡迭，世为胡论水部长。迪姑迭年二十余代领父谋克，攻宁江州，败辽援兵，获甲马财物。攻破奚营，回至韩州，遇敌二千人，击走之。斡鲁古与辽人战于咸州，兵已却，迪姑迭以本部兵力战，诸军复振，遂大破之。护步答冈之役，里补字董陷敌中，迪姑迭，温迪罕部人。祖扎古乃，父阿胡迭，世为胡论水部长。迪姑迭年二十余代领父谋克，攻宁江州，败辽援兵，获甲马财物。攻破奚营，回至韩州，遇敌二千人，击走之。斡鲁古与辽人战于咸州，兵已却，迪姑迭以本部兵力战，诸军复振，遂大破之。护步答冈之役，乙里补字董陷敌中，迪姑迭援出之。攻黄龙府，身被数创，授猛安。天辅七年，从上至山西，病卒，年四十七。天眷中，赠光禄大夫。

阿徒罕，温迪罕部人。年十七从撒改、斡带等讨平诸部，皆身先力战。高丽筑九城于曷懒甸，斡塞御之，阿徒罕为前锋。高丽有屯于海岛者，阿徒罕率众三十人夜渡，焚其营栅战舰，大破之，遂下驼吉城。既而八城皆下，功最。辽兵自宁江州东门出，阿徒罕逆击，尽殪之，以功授谋克。从攻黄龙府，力战，身被数十创，竟登其城。后与乌论石准援照散城，阿徒罕请乘不备急击之，遂夜过益褪水，诘朝，大败之，斡鲁上其功，赐币与马。

天辅四年五月疾病，赐良马一匹，诏曰："汝安则乘之。"年六十五卒。上悼惜之，遣使吊祭，以马为赠。阿徒罕为人孝弟，好施惠，健捷善弋猎，至角抵、击鞠，咸精其能。

夹谷谢奴，隆州纳鲁悔河人也。国初，祖阿海率所部来归，献器用甲仗。父不剌速，袭本部勃堇，从太祖伐辽，授世袭猛安，亲管谋克，为曷懒路都统。

谢奴，其长子也。长身多髯，善骑射，通女直、契丹大小字及汉字。既冠，随其父见太祖，命佩金牌，总领左翼护卫。

西京未下。谢奴获城中生口，乃知城中潜遣人求救于外，都统府得为之备,却其救兵,西京乃下。自燕京还,过判泥恩纳阿,遇敌于隰。谢奴身先士卒,射杀敌中先锋二人,敌溃走,总管蒲鲁虎以甲及马赠之。后领其父猛安,从攻和尚原,出仙人关,宋兵据险。猛安雏讹只突战不克,谢奴选麾下五十人战,克之。与吴玠相拒,乌里雅行阵不整,吴玠乘之,谢奴领兵逆战,遂大破敌。计前后功,袭其父猛安谋克。

宗弼复取河南、陕西,宋人欲潜兵袭取石闰诸营,谢奴自渭南大禹镇掩其伏兵,射中其军帅,宋兵败走,多获旗帜兵仗,帅府厚赏之。除华州防御使。

入为工部侍郎,迁本部尚书。改平凉尹、昭义军节度使。大定初,卒。

阿勒根没都鲁,上京纳邻河人也,后徙咸平路梅黑河。雄伟美须髯,勇毅善射。国初伐辽,没都鲁在军中,领谋克猛安,每遇敌,往来驰突,人莫敢当,故所战皆克。皇统元年,计功擢宣威将军。明年,授同知通远军节度使,改移剌都乣详稳。授世袭本路宁打浑河谋克。为滑州刺史,改肇州防御使、蒲与路节度使,迁骠骑上将军。是岁,以年老致仕,卒。累官金吾卫上将军。年七十三。

黄掴敌古本,世居星显水。从破宁江,取咸州,平东京路及诸山寨栅,皆有功。从麻吉破辽将和尚节使兵七千于上京,复破那野军二万。再从麻吉遇敌于阿邻甸,麻吉被创,不能战,敌古本率兵击败之,剿杀殆尽。从攻回鹘城,破其兵九万,败木匠直撒兵于山后,俘获甚众。败昭古牙之兵三千,获其家属而还。攻平州张觉,吾春被围于西山,敌古本引兵救之,解其围,并获粮五千斛,招降户口甚众。从平兴中,抚安其民人。天会间,大军伐宋,敌古本从取浚、开德、大名,及取济南、高唐、棣、密等州。皇统间,以功袭谋克,移屯于寿光县界为千户。六年,授世袭千户,棣州防御使。卒。

　　蒲察胡盏,案出浒水人。年十八从军,其父特厮死,袭为谋克。天辅间,夏以兵三万出天德路,胡盏从娄室迎战,以兵三百,败敌二千。天会三年,大军攻太原,城中出兵万余来战,胡盏以所领千户军击之,复败敌兵三万余于榆次境。六年,从娄室攻京兆,以所部兵屡与宋人接战,皆先登有功,七年,取邠州,遇宋人二十余万,我军右翼少却,时胡盏为左翼千户,摧锋陷阵,敌遂败去。败张浚富平复有功。十三年,击关师古,于临洮众三万余。从攻泾州,从破德顺、秦、巩、临洮、河、兰等州,破吴璘兵,胡盏皆有力焉。授德顺州刺史,改陇州防御使,凤翔尹。卒,年五十五。

　　夹谷吾里补,暗土浑河人,徙天德。父兀屯,讨乌春、窝谋罕有功。吾里补隶娄室帐下,攻系辽女直,招降太弯照三等。从娄室救斡鲁古于咸州,败辽兵于押鲁虎城。辽军营辽水,吾里补五谋克军乘夜击之,辽军惊溃,杀获几尽。

　　斡鲁伐高永昌,吾里补以数骑奋击于辽水之上,复以四十骑伏于津要,遇其候骑,击之,获生口,因尽知永昌虚实。太祖嘉之,赏奴婢八人。永昌驻军于兔儿陀,先据津要,军不得渡。吾里补与撒八射杀其先锋二人,永昌众稍却,大军遂渡辽水。及攻广宁,军帅选勇士先登,吾里补与赤盏忽没浑各领所部,突入其阵,大军继之,遂拔广宁。

　　太祖攻临潢,吾里补面被重创,奋击自若,赏以辽宫女二人。辽王杲已取中京,吾里补以四十骑觇敌,获辽喉舌人,因知辽主所在。后从都统斡鲁定云中,从宗翰屯应州,辽军在近境,吾里补以所部击败之。宗望伐宋,宋安抚使蔡靖诣吾里补降。娄室攻陕西,诸郡往往复叛,吾里补攻败之。败张浚军于富平,吾里补先登,睿宗赏以金器名马。遂以先锋攻兰州,下其城。加昭武大将军,授世袭猛安。累官宇特本部族节度使,以老致仕,封芮国公。

　　吾里补多智略,膂力过人,虽甚老,勇健不少衰。大定初,剧贼啸聚,出特鄜关,吾里补率乡里年少逆击之,贼党遂溃。事闻,赏赍甚厚。大定二十六年卒，一百有五岁。

王伯龙，沈州双城人也。辽末，聚党为盗。天辅二年，率众二万及其辎重来降，授世袭猛安，知银州，兼知双州。

三年，太祖攻临潢，伯龙与韩庆和以兵护粮饷，挽夫千五百人皆授甲，庆和已将兵行前，伯龙从粮居后，遇辽兵五千余邀于路，伯龙率挽夫击败之，获马五百匹。四年，从攻下中京，并克境内诸山寨，为静江军节度留后。天会元年，真授节度使，从宗望讨张觉于平州，伯龙先登驰击，手杀数十百人，迁右金吾卫将军。白河之战，伯龙当其左军，麾兵疾驰蹂之，宋军乱，我师乘胜奋击败之。

宗望伐宋，伯龙为先锋，次保州，遇敌五万，破之，招降新乐军民十余万。大军围汴，宋太尉何桌以军数万出酸枣门，伯龙以本部遮击，多所斩获。及破汴，伯龙以治攻具有功。进破孔彦舟、郦琼众三万于洺州。

是年，同知保州兵马安抚司事，将兵数千攻北平，拔之。复取保州、河间。睿宗经略山东，伯龙从攻青州，未下，城中夜出兵袭伯龙营，伯龙不及甲，独被衣挺刃拒营门，敌不得入，因奋击杀数十人。已而，军士皆甲出，杀伤宋兵不可胜计，并获其一将，斩之，及下青州，第功，伯龙第一。

六年，还攻莫州，降之，加太子少保、莫州安抚使。破李固寨众十余万于濮州。濮城守，城中熔铁挥我军，攻之不能克。伯龙被重甲，首冠大釜，挺枪先登，杀守陴者二十余人，大军相继而上，遂克之。进攻徐州，伯龙复先登；充徐、宿、邳三路军马都统。败高托山之众十五万余于清河。进击韩世忠于邳州，走之，与大军会于宿迁，追世忠至扬州。还攻泗州。泗州守将以城降。

屯军嵫阳，破陈宏贼众四十余万。破黄彀于单州。进攻归德，军帅遣伯龙立攻具，伯龙从二十余骑行视地形，城中忽出兵千余，欲生得伯龙，伯龙纵骑驰之。敌兵乱，堕隍而死者几二百人。破王善之众于巢县，取庐州、和州，伯龙之功多。军渡采石，击败岳飞、刘立、路尚等兵,获刍粮数百万计。

还过真、扬,道遇郦琼、韩世忠军,复战败之。复为莫州安抚,改知泽州。太行群贼往往啸聚,伯龙皆平之。

天眷元年,为燕京马军都指挥使。从元帅府复收河南,权武定军节度使,兼本路都统。宋兵据许州,伯龙击走之,招复其人民。是年秋,泰安卒徒张贵驱胁良民,据险作乱,伯龙讨平之。

皇统元年,以本部从宗弼南伐,攻破濠州而还。三年,为武定军节度使,改延安尹,宁昌军节度使。天德三年,改河中尹,徙益都尹,封广平郡王。卒,年六十五,正隆间,例赠特进、定国公。

高彪,本名召和失,辰州渤海人,祖安国,辽兴、辰、开三镇节度使。父六哥,左承制,官室刺史。彪始生,其父用术者言,为其时日不利于己,欲不举,其母为营护。居数岁,竟逐之,彪匿于外家。辽人调兵东京时,六哥已老,当从军,怅然谓所亲曰:“吾儿若在,可胜兵矣。”所亲具以实告,因代其父行。战于出河店,辽兵败走,彪独力战,军帅见之曰:“此勇士也。”令生致之。斡鲁攻东京,六哥率其乡人迎降,以为榆河州千户。久之告老,彪代领其众。

都统呆攻中京,彪领谋克,从斡鲁破辽将合鲁燥及韩庆民于高、惠之境。已而驻军武安,合鲁燥以劲兵二万来袭,从斡鲁出战,与所部皆去马先登,奋击败之。奚人负险拒命,所在屯结,彪屡战有功。

宗望攻平州,彪徇地西北道,破敌,招降石家山寨。再从宗望伐宋,为猛安。师次真定,彪率兵士七十人,临城筑甬道,城中夜出兵焚攻具,彪击走之。大军围汴,以五十骑屯于东南水门。宋人再以重兵出战,彪皆败之。师还,屯镇河朔,复破敌于霸州,擒其裨将祝昂。河间夜出兵二万袭我营垒,彪率三谋克兵击败之。

天会五年,授静江军节度使、寿州刺史。明年,伐宋,从帅府徇地山东,攻城克敌,数被重赏。七年,师至睢,彪以所部招诱京西人民。次柘县,其官吏出降,彪独与五十余骑入城。继而城中三千余人复叛，彪率其众力战败之，抚安其民而还。

从梁王宗弼袭康王，至杭州。师还，宋将韩世忠以战舰数百扼于江北。宗弼引而西，将至黄天荡，敌舟三十余来逼南岸，其一先至者载兵士二百余，彪度垂及，以钩拽之，率勇士数十，跃入敌舟，所杀甚众，余皆逼死于水中。

明年，从攻陕西，师至宁州，彪与宗人昂率兵三千取廊州。始至，有来降者言，"城东北隅守兵将谋为内应"。彪即夜从家奴二人以登，左右守者觉之，彪与从者皆殊死战，诸军继进，遂克其城。从攻和尚原及仙人关。与阿里监护漕粮并战舰至亳州，宋人以舟五十艘阻河路，击败之，擒其将萧通。击涟水贼水寨，进取涟水军，其官民已遁去，悉招降之。

彪勇健绝人，能日行三百里，身被重铠，历险如飞。及临敌，身先士卒，未尝反顾，大小数十战，率以少击众，无不胜捷。

齐国既废，摄滕阳军以东诸路兵马都统，抚谕徐、宿、曹、单、滕阳及其属邑皆按堵如故。为武宁军节度使，颇黩货，尝坐赃，海陵以其勋旧，杖而释之。改忻州防御使，历安化、安国、武胜军节度使，迁行台兵部尚书，改京兆尹，封郜国公。以忧去官，起复为武定军节度使，归德尹。正隆例授金紫光禄大夫。久之致仕，复起为枢密副使、舒国公，赐名彪。卒年六十七，谥桓壮。彪性机巧，通音律，人无贵贱，皆温颜接之。

温迪罕蒲里特，隆州移离闵阿胡勒出寨人也。魁梧美髯，有谋略，以智勇闻。都统呆取中京，蒲里特权猛安，领军五千，遇契丹贼万余，与战败之。出衮古里道，败敌八千余。至腊门华道，复以伏兵败敌万人。太祖定燕，自儒州至居庸关，执其喉舌人。有顷，贼三千余人复寇腊门华道，蒲里特整队先登，贼识其旗帜，望风而遁，遂奋击之，亲执贼帅。

皇统元年，从梁王宗弼伐宋，留军唐州。敌众奄至，蒲里特击之，大名军万四千号二十万，蒲里特率亲管猛安，身先士卒，冲击，

敌少却,乃张左右翼并击之,敌众散走。而别遇兵二万来援,复以兵
三千击走之。时邳州土贼啸聚,几二十万,蒲里特军三千,分为数队
急攻之,贼溃去。南京路遇敌军二万,蒲里特以军三千击败之。是
日,有兵自城中出者,复击败之。

皇统二年,迁定远大将军,同知凤翔尹。六年,改京兆尹,转宁
州刺史,改西北路招讨都监,迁永定军节度使。海陵南征,改武卫军
都总管。大定三年,授开远军节度使,改泰宁军。卒。十九年,以功
授其子兀带武功将军、本猛安奚出痕世袭谋克。

伯德特里补奚五王族人也,辽御院通进。天会初,与父挞不也
归朝,授世袭谋克,后以京兆尹致仕。

特离补招降松山等州未附军民,及招降平州、蓟州境内,督之
耕作。宗望伐宋,特离补为军马猛安,与诸将留,规取保、遂、安三
州。攻安肃军,河间、雄、保等兵十余万来救,特离补率所部先战,大
军继之,大破其兵,遂拔安肃。特离补摄通判事,降将胡愈阴结众谋
乱,特离补勒兵擒愈及其众五十余人。安肃军改为州,就除同知州
事。改磁州,捕获太行群盗。元帅府以磁、相二州屯兵属之,擒王会、
孙小十、苗清等,群盗遂平。迁滨州刺史,廉入优等。以母忧去官,
起复本职,改涿州刺史。

入为工部郎中,从张浩营缮东京宫室。及田珏党事起,朝省为
之一空,特离补摄行六部事,迁大理卿,出为同知东京留守。天德三
年,复为大理卿,同知南京留守。

丁父忧,起复洺州防御使。正隆盗起,州县无兵,不能御。洺旧
有河附于城下,特离补乃引水注濠中以为固,盗弗能近,州赖以安。
迁崇义军节度使,未几,告老归田里,卒。

特离补为人孝谨,为政简静不积财,常曰:“俸禄已足养廉,衣
食之外,何用蓄积。”凡调官,行李止车一乘、婢仆数人而已。

耶律怀义本名孛迭,辽宗室子。年二十四,以战功累迁同知点

检司事。宗翰已取西京，辽主谋奔于夏，怀义谏止之，不见听，乃窃取辽主厩马来降。

太祖自燕还师，留宗翰、斡鲁经略西方，怀义领谋克从军。天会初，帅府以新降诸部大小远近不一，令怀义易置之，承制以为西南路招讨使，乃择诸部冲要之地，建城市，通商贾。诸部兵革之余，人多匮乏，自是衣食岁滋，畜牧蕃息矣。

从宗翰伐宋，降马邑，破雁门，屯兵，进攻太原，以所部别降清源县徐沟镇，遂与诸将列屯汾州之境。时河东、陕西路兵来救太原，刘光世、折可求栅于文水西山，怀义捕得生口，尽知宋兵屯守要害，乃分兵袭败之。

明年，再伐宋，从娄室取汾州及其属邑，遂过平阳，出泽、潞以趋河阳，所至皆降。及大军围汴，怀义屯京西，汴城既下，宋兵之出奔者，邀击尽之。从攻郑、邓州及讨平郑州叛者，攻下濮州及雷泽县，从破大名、东平府、徐、兖等州，皆有功。七年，还镇。十年，加尚书左仆射，改西北路招讨使。

怀义在西陲几十年，抚御有恩，及去，老幼遮道攀恋，数日不得发。天眷初，为太原尹，治有能声。改中京留守。从宗弼过乌纳水，还中京，以老乞致仕，不许。改大名尹，命不赴治所，止以俸兼给之。每岁春水扈从，余听自便。明年，再请老得谢，给俸兼之半。海陵即位，封漆水郡王，进封莘王。久之，进封萧王。正隆例封景国公。

其子神都斡为西北路招讨都监，迎侍之官。神都斡从海陵南征，怀义卒于云中，年八十二。

萧王家奴，奚人也，居库党河。为人魁伟多力，未冠仕辽，为太子率府率。天辅七年，都统杲定奚地，王家奴率其乡人来降，命为千户领之。奚王回离保既死，其亲党金臣阿古者犹保撒葛山，王家奴与突捻往讨之，生擒金臣阿古者，降其余众。时平、滦多盗，王家奴以所部屡破贼兵，斩馘执俘，数被赏赉。

宗望伐宋，败郭药师于白河，亦与有功。至河上，宋兵扼津要，与诸将击败之。进围汴,破其东门兵。明年,再伐宋,宗望军至中山,诸门分兵出战,焚我攻具,祁州河间各以兵来援,皆败之。

师还,屯镇河朔。滨州贼葛进聚众数万临淄,孛堇照里以骑兵二千讨之,王家奴领谋克先登,力战大破其众。

明年,攻沧州,宋兵拒战,复从照里击走之。宋将徐文以舟百艘泊海岛,即以商船十八进袭,斩首七百级,获舟二十。

天会八年,除静江军节度使,授世袭千户。从梁王宗弼征伐,为万户,还为五院部节度使。天德二年,改乌古迪烈招讨都监,卒。

田颢字默之,兴中人。辽天庆八年进士,历官金部员外郎,权归德节度使。太祖定燕,颢举四州版图归朝,加都官郎中,权节度使事,四迁知真定府事。招降齐博、游贵等贼众五千余人。已而,贵复叛去,颢遣齐博伪叛从贵,因令伺间杀之,降其众,贼垒悉平。

三迁行台左丞、彰德军节度使。是时,新定力役,颢蠲籍之半而上之,故相之縣赋比他州独轻。徙同知河北东路都总管,改同签燕京留守司事,民遮留不得出,易服夜去。改河东南路转运使,寻改绛阳军节度使。居三年,以疾请谢事,径解印归。数奏不允,移镇振武军。入为刑部尚书,居三月请老,卒于家。

赵隇字德固,辽阳人。其妇翁以优伶得幸于辽主,隇补阁门祗候,累迁太子左卫率。后居滦州。宗望讨张觉,隇逾城出降,授洛苑副使,为滦州千户,迁洛苑使,检校工部尚书。

从伐宋,至汴,迁棣州刺史、侍卫步军都虞候。及再伐宋,攻真定与有功,改商州刺史,检校尚书右仆射。五年,同知信德府路统押军兵。兼沿边安抚司事。明年,权知济州事。八年,从定河南,授陇州团练使。十年,改知石州。隇久在兵间,不善治民,坐谤议,谪监平州甜水盐。

齐国废,河南皆以宿将守之,授隇宿州防御使,统本路军兵。隇重义，接儒士。尝以事至汴，有故人子负官钱百万，赇以橐金赠之，其子悉为私费，复代输之。顷之，有讼徐帅不法者，朝廷使赇鞫治，赇委曲营护，坐是废罢，寓居于燕。

海陵出领行台省，至燕，赇往见之，因诉其事。及海陵即位，起为保大军节度使。贞元初，改内省使。未几，为中都路转运使，明年，再徙顺义、兴平，入为太子詹事，镇沁南，以疾卒，年六十六。

后十余年，赇子孙、司徒张通古子孙皆不肖淫荡，破赀产，卖田宅。世宗闻之，诏曰："自今官民祖先亡没，子孙不得分割居第，止以嫡幼主之，毋致鬻卖。"仍著于令。

金史卷八二
列传第二〇

郭药师　耶律涂山
乌延胡里改　乌延吾里补
萧恭　完颜习不主
纥石烈胡刺　耶律恕
郭企忠　乌孙讹论
颜盏门都　仆散浑坦
郑建充　乌古论三合
移刺温　萧仲恭　高松
海陵诸子

　　郭药师,渤海铁州人也。辽国募辽东人为兵,使报怨于女直,号曰"怨军",药师为其渠帅。斡鲁古攻显州,败药师于城下。辽帝亡保于德,耶律捏里自立,改"怨军"为"常胜军",擢药师诸卫上将军。捏里死,其妻萧妃称制,药师以涿、易二州归于宋。药师以宋兵六千人奄至燕京,甄五臣以五千人夺迎春门,皆入城。萧妃令闭城门与宋兵巷战。药师大败,失马步走,逾城以免。宋人犹厚赏之。

太祖割燕山六州与宋人，宋使药师副王安中守燕山。及安中不能庇张觉而杀之，函其首以与宗望，药师深尤宋人，而无自固之志矣。宗望军至三河，药师等拒战于白河。兵败，药师乃降。宗望遂取燕山。

太宗以药师为燕京留守，给以金牌，赐姓完颜氏。从宗望伐宋，凡宋事虚实，药师尽知之。宗望能以悬军深入，驻兵汴城下，约质纳币，割地全胜以归者，药师能测宋人之情，中其肯綮故也。及两镇不受约束，命诸将讨之，药师破顺安军营，杀三千余人。海陵即位，诏赐诸姓者皆复本姓，故药师子安国仍姓郭氏。

郭安国，药师子也。累迁奉国上将军、南京副留守。贞元三年，南京大内火，海陵使右司郎中梁铼、同知安武军节度事王全按问失火状。留守冯长宁、都转运使左瀛各杖一百，除名。安国及留守判官大良顺名杖八十，削三官。火起处勾当官南京兵马都指挥使吴浚杖一百五十，除名。失火位押宿兵吏十三人并斩。谕之曰："朕非以宫阙壮丽也。自即位以来，欲巡省河南，汝等不知防慎，致外方奸细，烧延殆尽。本欲处尔等死罪，特以旧人宽贷之。押宿人兵法当处死，疑此辈容隐奸细，故皆斩也。"

安国性轻躁，本无方略。海陵将伐宋，以安国将家子，擢拜兵部尚书，改刑部尚书。军兴，领武捷军都总管，与武胜、武平军为前锋。海陵授诸将方略，安国前奏曰："赵构闻王师至，其势必逃窜。臣等不以远近，追之获而后已，但置之何地？"海陵大喜曰："卿言是也。得构即置之寺观，严兵守之。"及闻世宗即位，海陵谋北还，更置浙西道兵马都统制府，以完颜元宜为都统制，安国副之。及海陵遇弑，众恶安国所为，与李通辈皆杀之。

赞曰：郭药师者，辽之余孽，宋之厉阶，金之功臣也。以一臣之身而为三国之祸福，如是其不侔也。魏公叔痤劝其君杀卫鞅，岂无所见欤。

耶律涂山系出遥辇氏，在辽世为显族。涂山仕至金吾卫大将军、遥里相温。辽帝奔天德，涂山以所部降，宗翰承制授尚书，为西北路招讨使。宗翰伐宋，涂山率本部为先锋。至汾州，遇宋将折家军，请济师并力破之。从攻太原、隆德府，从入汴，克洛阳。及从娄室平陕右。天会七年，授太子少保。十年，迁尚书左仆射。致仕，卒，年九十一。正隆例赠特进、郜国公。

乌延胡里改，曷懒路星显水人也。后授爰也窟谋克，因家焉。从阇母围平州，有功。及伐宋，围汴，五谋克与宋兵万人遇于城南，胡里改先驰击败之，元帅府遂赏良马一匹。五年，攻宗城县，敌弃城走恩州，胡里改追杀千余人，获车四百两。帅府赏牛三十头、马一匹。七年，讨泰山群盗，平之，毁其营栅。兖州群寇三千余保据山险，胡里改复破之。赏牛二十二头、马四匹。八年，攻庐州，至柘皋镇，胡里改领甲士三十为前锋，执宋所遣持书与刘四厢锜者七人。复以先锋军攻和州，比至含山县五里，获甲士二人，乃知宋三将将兵且至，胡里改伏其军，遂获姚观察。帅府赏马二匹。九年，定陕右，胡里改以所部遇敌千人，败之，生擒甲士一人，尽得敌之虚实。又从蒲鲁浑徇地熙秦，败敌兵二千于秦州，赏马一匹。宋人屯襄阳府，监军按补遣胡里改领四猛安往攻之。宋兵三千已渡江，方营壁垒，乘其未就，突战破之。梁王宗弼复河南，将攻陈州，遣胡里改以甲士三十捕侦候人。至蔡州西，遇兵八十余，战败之，获南顿县令。及攻陈州，夜将四更，忽闻敌开门溃走，胡里改亟领二谋克军追及之，而猛安突葛速亦领军继至，大败之。

皇统二年，迁定远大将军。八年，授临洮少尹，兼熙秦路兵马副都总管。九年，改同知京兆尹，兼本路兵马都总管。天德，改同知平阳尹，兼河东南路兵马都总管。贞元三年，改同知曷懒路总管。大定四年，授胡里改节度使。七年，改归德军节度使。十年，移镇显德。卒官，年六十九。十九年，诏授其子五十六武功将军，世袭本路婆朵火河谋克。

乌延吾里补，曷懒路禅岭人也。徙大名路。天会中，从其父达吉补隶元帅右监军麾下。挞懒以事赴阙，以达吉补自随。吾里补领其父谋克，从大军攻沧州。方夷濠隍，城中兵来拒，吾里补以本部击却之。王师下青州，力战有功，获马百匹以献，降获贼党甚众。

青州戍将赎吉补以莱州兵众，请济于帅府。吾里补将十二谋克兵往救之。遂降其四营，拔其一营，得户四千。又败贼兵五万于恩州，攻破其营，降户五万，获牛畜万余。将至临清县，遇敌兵三千，又败之，俘获甚众，生擒贼首以献。帅府嘉其功，以奴婢百、牛三十赏之。时赎吉补败于恩州之境，吾里补复以兵四千往救之，破敌万余。

宋兵十万在单父间，总管宗室移剌屋选步卒一万、骑兵四千往讨之。吾里补领其亲管谋克以从，遇敌先登，力战有功。大军经略密州，吾里补将兵二千为前锋，遇敌万人于高密，遂败其众，追至城下，杀戮殆尽，获马牛三千余。吾里补与孛太欲败贼王义军十余万于州南。是夜，贼兵数千来袭营，吾里补以兵横击走之。后从大军攻楚、扬、通、泰等州。

天眷二年，袭其父世袭猛安，授宁远大将军。皇统七年，益以亲管谋克。天德三年，除同知归德尹。正隆初，为唐古部族节度使。大定二年，为保大军节度使。是岁改镇通远。是时，宋军十万余入河、陇，据险要，攻郡邑。元帅左都监合喜奏益兵。诏益兵七千，遣吾里补与彰化军节度使宗室璋等七人偕往，以备任使。进阶龙虎卫上将军。卒于军中。

萧恭字敬之，乃烈奚王之后也。父翊，天辅间归朝，从攻兴中，遂以为兴中尹。师还，以恭为质子。宗望伐宋，翊当领建、兴、成、川、懿五州兵为万户，军帅以恭材勇，使代其父行，时年二十三。至中山，宋兵出战，恭先以所部击败之。经山东，及渡淮，袭康王，皆在军中。

师还,帅府承制授德州防御使,奚人之屯滨、棣间者,皆隶焉。改棣州防御使。皇统间,改同知横海军节度使。丁父忧,起复为太原少尹,用廉,迁同知中京留守事。累迁兵部侍郎,授世袭谋克。坐问禁中起居状,决杖,夺一官。贞元二年,为同知大兴尹。岁余,迁兵部尚书,为宋国生日使。以母忧去官,起复为侍卫亲军马步军都指挥使。正隆四年,迁光禄大夫,复为兵部尚书。

是岁,经画夏国边界,还过临潼,失所佩金牌。至太原,忧恚成疾。时已具其事驿闻于朝,海陵复命给之,仍遣谕恭曰:“汝失信牌,亦犹不谨,朕方俟汝,欲有委使,乃称疾耶?必以去日身佩信牌,归则无以为辞,欲朕先知耳。”使至,恭已疾笃,稽颡受命,俄顷而卒。海陵方遣使与其子护卫九哥驰视,乃戒府官使善护之,至保州,已闻讣矣,海陵深悼惜之。命九哥护丧以还,所过州府设奠。丧至都,命百官致祭。亲临奠,赗赠甚厚,并赐厩马一。谓九哥曰:“尔父衔命,卒于道途,甚可悼惜。朕乘此马十年,今赐汝父,可常控至柩前。既葬,汝则乘之。”

完颜习不主,年十六,从伐宋,攻下怀仁县,功居最。从睿宗经略陕西,以兵七百人入丹州诸山,遇盗三千,击败之。又破贼四千,生擒其将帅。出陇州,以兵四百败敌数千。宋兵七千来取巩州,复击走之。又以五千兵败吴玠之众三万。白塔口遇敌五千,复败之。别降定远等寨。皇统二年,授同知临洮尹,以忧去官。未期,以旧职起复,改孟州防御使,迁临洮尹。复以罪罢。正隆三年,起为京兆尹,改河南尹。卒,年五十八。

纥石烈胡剌,晦发川畬敦河人,徙西北路。识契丹字,为帅府小吏。梁王宗弼复陕西,久不通问。睿宗在燕京,遣胡剌往候之。是时,宗弼自凤翔攻和尚原,使胡剌视彼中地形,修道筑城。十二年,往滨州密访南边事体,及观刘豫治齐状,尽得其虚实。睿宗甚嘉之。

皇统初,从宗弼渡淮,及下庐、和二州,大破张浚、韩世忠等军。

遣胡剌驰奏,赏以金盂、重彩五端、绢五匹。七年,授同知景州军州事,以廉,加忠武校尉。天德初,以监察御史分司行台,历同知济州防御使事,入为监察御史。秩满再任。大定二年,迁刑部员外郎,与御史大夫白彦敬往西北部族市马。累转泗州防御使,三迁蒲与路节度使,移宁昌军,卒。

耶律恕字忠厚,本名耨里,辽横帐秦王之族也。为人谨愿有志,喜读书,通契丹大小字。与耶律高八来归。娄室问高八曰:"与尔同来者,谁可任用治军旅事?"高八对曰:"耨里可。"

娄室与宗翰伐宋,恕隶前锋,取和尚原,攻仙人关,特为睿宗所知,再除太原、真定少尹。撒离喝辟署陕西参谋,委以军务,迁行台兵部侍郎,再迁尚书左司郎中。

海陵为平章政事,谓恕曰:"君亦有党乎?"恕正色曰:"穷则独善其身,达则兼善天下。不以其道得之,非恕之志也。何朋党之有。"海陵徐曰:"前言戏之耳。"久之,为沁南军节度使,迁行台工部尚书。行台罢,改安国军节度使,为参知政事。以疾求解,为兴中尹,入为太子少保。正隆元年,致仕。封广平郡王。薨,年六十九。二年,例赠银青光禄大夫。

郭企忠字元弼,唐汾阳王子仪之后。郭氏自子仪至承勋,皆节镇北方。唐季,承勋入于辽,子孙继为天德军节度使,至昌金降为副使。

企忠幼孤,事母孝谨。年十三,居母丧,哀毁如成人。服除,袭父官,加左散骑常侍。天辅中,大军至云中,遣耶律坦招抚诸部。企忠来降。军帅命同勾当天德军节度使事,徙所部居于韩州。及见太祖,问知其家世,礼遇优厚,以白鹰赐之。

天会三年,伐宋,领西南诸部番、汉军兵,为猛安,从破雁门,屯兵,加桂州管内观察留后,镇代州。明年,贼杨麻胡等聚众数千于五台,企忠与同知州事迪里讨平之。迁知汾州事。

是时，汾州初下，居民多为军士掠去，城邑萧然。企忠诣帅府力请，愿听其亲旧赎还。帅府从之。未几，完实如故。石州贼阎先生众数万至城下，僚属虑有内变，请为备。企忠曰："吾于汾人有德，保无他。"乃率吏民城守。会援至，合击，破之。

六年，改静江军节度留后，迁天德军节度使、汴京步军都指挥使，累迁金吾卫上将军。秩满，权沁州刺史。到官岁余，卒，年六十八。

乌孙讹论，善骑射，袭父撒改谋克，从蒙刮攻东京及广宁，袭北京山贼，皆有功。萧霸哲来攻恩州，讹论以六十骑侦之。逮夜，遇敌数百骑，掩击之，生获三人，知霸哲众九万且至，故蒙刮得以为备，遂破霸哲。

宗望伐宋。已至汴，讹论破尉氏、中牟援兵，取其城。久之，以兵百五十人破敌一千于沧州西。明年，再伐宋，蒙刮戍开州，讹论以骑四百守河，复败千余人，斩首七百余。宗弼渡淮，阿里先具舟于江上，闻王善兵扼其前。宗弼使讹论济师败王善于和州北。李成以兵七万据乌江，讹论帅二千人直前败之。宗弼遂渡江至江宁。

十五年，沂州窦防御叛。讹论败之，获窦防御。录前后功，授猛安，加昭武大将军。宗弼再取河南，讹论以五十骑败杨家贼五百于徐州东。以功受赏，不可胜计。

天德二年，除唐州刺史，移淄州，迁石垒部族节度使。行至北京，病卒。

颜盏门都，隆州帕里干山人也。身长，美须髯。天会间，从其兄羊艾在军中。方取汴京，其兄战殁，遂擐甲代其兄充军。睿宗定陕右，以门都为蒲辇，隶监军杲亲管万户，攻饶风关。至坊州，杲欲与总管蒲鲁虎会于凤翔，遣门都领六十骑先往期会。及还，备得地形险厄，赏银五十两。其后梁王宗弼驻军山东，遣人诣陕西，特召门都至。令赍废齐及安抚百姓诏书，往谕监军宗室杲。门都既还，宗弼赏以良马银绢。事毕，复遣从杲。

天眷初，叛将定国军节度使李世辅伪邀杲至私署，以献甲为名，遂以兵劫执而去。门都突出，以告押军猛安完颜挞懒，同率兵追及，首出与战，杲由此得脱，以功迁明威将军。复从杲招复陕西，进至凤翔。齐国初废，诸路多反复不一。杲授门都牌剳，令往抚定。门都所至，多张甲兵，从者安之，违者讨之，帖然无复叛者，杲甚嘉之。

皇统初，迁广威将军。四年，授同知通远军节度使事，改知保安军事。天德三年，为丹州刺史兼知军事。正隆初，为宁州刺史。

大定初，宋将吴璘等以军数十万人据秦、陇，元帅府承制以门都为勇烈军都总管，领军讨之。宋人保据德顺。都监合喜遣武威军副都总管夹谷查剌，会宗室璋，议征讨之策。璋与门都曰：“须都监亲至，敌必退矣。”合喜领军四万来赴，遂复德顺州。明年，秦、陇平，以功迁金吾卫上将军，授通远军节度使。

五年，改庆阳尹，兼本路兵马都总管，卒于官。十九年，录功，以子六哥世袭本路曷懒兀主猛安敌骨论窟申谋克，授武功将军。

门都性忠厚谨愿，安置营壁，尤能慎密。有敌忽来，虽矢石至前，泰然自若，乃号令士卒如平时，由是人益安附，而功易成焉。

仆散浑坦，蒲与路挟懑人也。身长七尺，勇健有力，善骑射。年十六，从其父胡没速征伐。初授修武校尉，为宗弼扎也。天眷二年，与宋岳飞相拒。浑坦领六十骑，深入觇伺，至鄢陵，败宋护粮饷军七百余人，多所俘获。皇统九年，除慈州刺史，再迁利涉军节度使，授世袭济州和术海鸾猛安涉里斡设谋克。贞元初，以忧去官。起复旧职，历泰宁、永定军，改咸平尹。

海陵杀浑坦弟枢密使忽土，召浑坦至南京。既见，沈思久之，谓之曰：“汝有功旧，不因忽土得官，以此致罪，甚可矜悯。”遂释之。改兴平军节度使。世宗即位，以为广宁尹。窝斡反，为行军都统，与曷懒路总管徒单克宁俱在左翼，败窝斡于长泺。改临潢尹。贼平，赐金帛。改曷懒路兵马都总管。徙显德军、庆阳尹。致仕。大定十二年,上思旧功,起为利涉军节度使,复以金紫光禄大夫致仕。卒,年七十二。

浑坦历一十七官,未尝为佐贰。性沈厚有识,虽未尝学问,明于听断,所至有治声云。

郑建充字仲实,其先京兆人,占籍鄜州。仕宋,累官知延安府事。天会七年来降,仍知延安府,屯兵三千。宋刘光烈兵八万来攻建充,相距四十余日。攻益急,建充遣人会斜喝军,夹击破之,俘其禆将贺贵。迁节制司统制军马。改京兆府路兵马都监。败宋曲端于彭原。高昌宗据延安,为宋守,建充击之,尽复城邑。复知延安军府事。

齐国建,累迁博州团练使,知宁州。齐国废,朝廷以地赐宋,为宋环庆路经略安抚副使,仍知宁州。天眷复取陕西,仍以为经略安抚使,知庆阳。从破甘谷城,改平凉尹。

是时营建南京宫室,大发河东、陕西材木,浮河而下,经砥柱之险,筏工多沉溺,有司不敢以闻,乃诬以逃亡,锢其家。建充白其事,请至砥柱解筏,顺流散下,令善游者下流接出之,而锢者得释。正隆军兴。括筋角造军器,百姓往往椎牛取之,或生拔取其角,牛有泣下者。建充白其事于朝。

建充性刚暴,常畜猘犬十数,奴仆有罪既笞,已复嗾犬啮之,骨肉都尽。虽谦逊下士,于敌己上一无所屈。省部文移有不应法度,辄置之坐下,或即毁裂,由是在位者衔之。军胥李换窃用公帑,自度不得免,乃诬建充藏甲欲反,更再鞫,皆无状。方奏上,摄事者素与建充有隙,恐其得释,使吏持文书绐建充曰:“朝省有命,奈何?”建充曰:“惟汝所为。”是夜,死于狱中。长子诉亦死焉。

乌古论三合,曷懒路爱也窟河人,后徙真定。睿宗为右副元帅,闻三合勇略,选充扎也。后从宗弼征伐,补曲院都监。未几,从伐宋。与宋兵遇于颍州,三合先登破之。皇统元年,领汉军千户,帅府再以军四千隶焉。除同知郑州防御使事,再迁太子少詹事。

大定六年,改洺州防御使。上曰:"卿昔事睿宗,积劳苦。逮事朕,辅佐太子,宣力多矣。今典名郡,所以劳卿也。"迁永定军节度使,历临潢、凤翔尹,陕西路统军使,东平尹。节制州郡,躬行俭约,政先宽简,边庭久宁,人民获安。召为签书枢密院事。卒。

十八年,世宗追录三合旧劳,授其子大兴河北西路爱也窟河世袭猛安阿里门河谋克,阶武功将军。

移剌温本名阿撒,辽横帐人,工契丹小字。睿宗为左副元帅伐宋,温从大吴渡江,辟江宁府都巡检。江宁、太平初下,宋遣谍人扇构百姓,应者数万人。温擒其谍者,遂不敢窃发。宗弼嘉之,赐银千两、重彩百端、绢二百匹,宗弼每出征伐,未尝不在行间。除同知河北西路转运使事。会宗弼巡边,温从军,不之官。

宗弼入朝,熙宗宴群臣,宗弼欲有奏请,已被酒失次,温掖而出宫。明日,熙宗谓宗弼曰:"阿撒事叔甚谨,不可去左右。"由是宗弼益亲信之。尝谓女婿纥石烈志宁曰:"汝可效阿撒之为人也,可以几古人矣。"未几,除同知中京路都转运使事,累迁左谏议大夫兼修起居注。正隆伐宋,以本官为济州路行军万户,从至扬州。军还,除同知宣徽院事。

世宗御馔不适口,召温尝之。奏曰:"味非不美也,盖南北边事未息,圣虑有所在耳。"上意遂释。

历永定、震武、崇义节度使,移临海军。州治近水,秋雨,水潦暴至城下,城颇决,百姓惶骇,不知所为。温躬督役夫缮完之,虽临不测,无所避。僚属或止温,温曰:"为政疵疠,水泛溢为灾,守臣之罪。当以此身为百姓谢,虽死不恨。"移镇武定,岁旱且蝗,温割指,以血沥酒中,祷而酹之。既而雨沾足,有群鸦啄蝗且尽,由是岁熟,人以为至诚之感云。以老致仕。卒。

赞曰:军旅之事,锋镝在前,不计其死。耳属金鼓,目属旌旗,心属号令,此行列之任也。自收国用兵,至于大定和宋以前,用命之士,虽细必录,所以明功也。

萧仲恭本名术里者。祖挞不也,仕辽为枢密使,守司徒,封兰陵郡王。父特末,为中书令,守司空,尚主。仲恭性恭谨,动有礼节,能被甲超橐驼。辽故事,宗戚子弟别为一班,号"孩儿班",仲恭尝为班使,历宫使、本班详稳。

辽帝西奔天德,仲恭为护卫太保,兼领军事。至霍里底泊,大军奄至,仓卒走。仲恭母马乏,不能进,谓仲恭兄弟曰:"汝等尽节国家,无以我为也。"仲恭母,辽道宗季女也。辽主伤之,命弟仲宣留侍其母。仲恭从而西。时大雪,寒甚,辽主乏食,仲恭进衣并进干糒。辽主困,仲恭伏冰雪中,辽主藉之以憩。凡六日,乃至天德,始得食。后与辽主俱获,太宗以仲恭忠于其主,特加礼待。

天会四年,仲恭使宋,且还,宋人意仲恭、耶律余睹皆有亡国之戚,而余睹为监军,有兵权,可诱而用之,乃以蜡丸书令仲恭致之余睹,使为内应。仲恭素忠信,无反复志,但恐宋人留不遣,遂阳许。还见宗望,即以蜡丸书献之。宗望察仲恭无他,薄罚之。于是再举伐宋,执二帝以归。累迁右宣徽使,改都点检。

宗磐与宗干争辩于熙宗前,宗磐拔刀向宗干,仲恭呵之乃止。既而宗磐以反罪诛,仲恭卫禁有备,以功加银青光禄大夫,迁尚书右丞。

皇统初,封兰陵郡王,授世袭猛安,进拜平章政事,同监修国史,封济王。诏葬辽豫王于广宁,仲恭请往会葬,熙宗义而许之。改行台左丞相,居无何,入为尚书右丞相,拜太傅,领三省事,封曹王。天德二年,封越国王,除燕京留守。海陵亲为书,以玉山子赐之。是岁,薨,年六十一。谥贞简。正隆例降王爵,改仪同三司、郑国公。子拱。

拱本名迪辇阿不,初为兰子山猛安。海陵为宰相,徼取人誉,荐大臣子以为达官,遂以拱为礼部侍郎。

耶律弥勒,拱妻女弟也,海陵将纳为妃,使拱自汴取之。还过燕,是时仲恭为燕京留守,见弥勒身形不类处子,窃忧之,曰:"上多猜嫌,拱其及祸矣。"拱去不数日,仲恭卒。拱至上京,闻讣,以本官起复,佩信牌,往燕京治葬事。未行,弥勒入宫,果如仲恭所相度,即遣出宫,夜半召拱至禁中,诘问无状。海陵终疑之,乃罢拱礼部郎,夺其信牌。拱待命,逾年不报,归兰子山治猛安事。

是时,萧恭、张九坐语禁中事得罪,拱至兰子山,与客会语及之。有阿纳与拱有隙,乃诬拱言张九无罪被诛,语涉怨谤。海陵遣使鞫之,戒使者曰:"此子狂妄,宜有此语,不然彼中安得知此事。"使者不复问拱,但榜掠其左验,使如告语证之,拱遂见杀。

仲宣本名野里补,仲恭母弟。聪敏好学,沉厚少言。五岁,遥授郡刺史,累加太子少师,为本班详稳。从天祚西,为护卫太保左右班详稳。至石辇铎,辽主留仲宣侍母,遂与其母皆见获。太宗嘉之,且谓仲宣能知辽国故事,命权宣徽使,从睿宗伐康王。师还,家居者久之。

皇统二年,特授镇国上将军,历顺义、永定、昭义、武宁四镇节度使。为政平易,小吏不敢为奸。贿赂禁绝,奴婢入郡人莫识其面。朔、潞百姓皆为立祠刻石颂之。正隆二年,卒,年六十四。

高松木名檀朵,澄州析木人。年十九,从军为蒲辇,有力善战。宗弼闻其名,召置左右,从破汴京及和尚原,累官咸平总管府判官。世宗即位,充管押东京路渤海万户。

兵部尚书可喜谋反,前同知延安尹李老僧曰:"我与万户高松谋之,必从我矣。"众曰:"若得此军,举事易矣。"老僧往见松,说松曰:"君有功旧人,至今不得大官,何也?"松曰:"我一县令也,每念圣恩,累世不能报,尚敢有望乎。"老僧遂不敢言。可喜、布辉、阿琐知事不可成,遂上变,共捕斡论赴有司。

松从征窝斡,以功迁咸平少尹,四迁崇义军节度使。卒,年七十四。

赞曰:忠信行己,岂不大哉。萧仲恭尽心故主,而富贵福泽向之,与宗室旧臣等矣。仲恭廷叱宗磐而朝廷尊,高松谊遏李老僧而社稷安,皆有古烈丈夫之风焉。

海陵后徒单氏生太子光英,元妃大氏生崇王元寿,柔妃唐括氏生宿王矧思阿补,才人南氏生滕王广阳。

光英本名阿鲁补,徒单后所生。是时燕京转运使赵袭庆多男,故又名曰赵六。养于同判大宗正方之家,故崇德大夫沈璋妻张氏尝为光英保母,于是赠璋银青光禄大夫,赐宗正方钱千万。

天德四年二月,立光英为皇太子。是月,安置太祖画像于武德殿,尽召国初尝从太祖破宁江州有功者,得百七十六人,并加宣武将军,赐酒帛。其中有忽里罕者,解其衣进光英曰:“臣今年百岁矣,有子十人。愿太子寿考多男子与小臣。”海陵使光英受其衣,海陵即以所服并佩刀赐忽里罕,答其厚意。后以“英”字与“鹰隼”字声相近,改“鹰坊”为“驯鸷坊”。国号有“英国”又有“应国”,遂改“英国”为“寿国”,“应国”为“杞国”。宋亦改“光州”为“蒋州”,“光山县”为“期思县”,“光化军”为“通化军”云。

太医院保全郎李中、保和大夫薛遵义俱以医药侍光英,李中超换宣武将军、太子左卫副率,薛遵义丁忧,起复宣武将军、太子右卫副率。光英褓褓时,养于宗正方家,其后养于永宁宫及徒单斜也家。贞元元年,诏朝官,京官五品以下奉引自通天门入,居于东宫。

正隆元年三月二十七日,光英生日,宴百官于神龙殿,赐京师大酺一日。四年八月,光英射鸦,获之。海陵大喜,命荐原庙,赐光英马一匹,黄金三斤,班赐从者有差。正隆六年,海陵行幸南京,次安肃州。光英获二兔,遣使荐于山陵。居数日,复获獐兔,从官皆称贺。赐光英名马弓矢，复遣使荐于山陵，六月，海陵至南京，群臣迎谒，海陵与徒单后、光英共载而入。

海陵尝言："俟太子年十八，以天下付之。朕当日游宴于宫掖苑囿中以自娱乐。"光英颇警悟，海陵谓侍臣曰："上智不学而能，中性未有不由学而成者。太子宜择硕德宿学之士，使辅导之，庶知古今，防过失。诗文小技，何必作耶？至于骑射之事，亦不可不习，恐其懦柔也。"及将亲征，后与光英挽衣号恸，海陵亦泣下曰："吾行归矣。"

后诵《孝经》。一日，忽谓人曰："《经》言三千之罪，莫大于不孝，何为不孝？"对者曰："今民家子博弈饮酒，不养父母，皆不孝也。"光英默然良久，曰："此岂足为不孝耶。"盖指言海陵弑母事。

及伐宋，光英居守，以陀满讹里也为太子少师兼河南路统军使，以卫护之。完颜元宜军变，海陵遇害，都督府移文讹里也，杀光英于汴京，死时年十二。后与海陵俱葬于大房山诸王墓次。

讹里也，咸平路窟吐忽河人，袭其父忽土猛安。除邳州刺史，三迁昌武军节度使、归德尹、南京留守、河南路统军使、太子少师。大定二年，迁元帅右都监。宋人陷陈、蔡，讹里也师久无功，已而兵败于宋，解职。俄起为京兆尹。世宗谓之曰："卿为河南统军，门多私谒，百姓恶之。其后经略陈、蔡，不惟无功，且复致败。以汝旧劳，故复用汝。京兆地近南边，宜善理之。"大定三年，卒。

元寿，天德元年封崇王。三年，薨。

劄思阿补，正隆元年四月生。小底东胜家保养之，赐东胜钱千万，仍为起第。五月己酉，弥月，封其母唐括氏为柔妃，赐京师贫者五千人钱，人钱二百。二年，劄思阿补生日，海陵与永寿太后及皇后、太子光英幸东胜家。三年正月五日，劄思阿补薨。海陵杀太医副使谢友正、医者安宗义及其乳母，杖东胜一百，除名。明日，追封劄思阿补为宿王，葬大房山。

谏议大夫杨伯雄入直禁中，因与同直者相语，伯雄曰："宿王之死,盖养于宫外,供护虽谨,不若父母膝下。岂国家风俗素尚如此。"
或以此言告海陵。海陵大怒,谓伯雄曰:"尔臣子也,君父所为,岂得
言风俗。宫禁中事,岂尔当言。朕或体中不佳,间不视朝,只是少得
人几拜耳。而庶事皆奏决便殿,纵有死刑不即论决,盖使囚者得缓
其死。至于除授宣敕虽复稽缓,有何利害,朕每当闲暇,颇阅教坊声
乐,聊以自娱。《书》云:'内作色荒,外作禽荒,酣酒嗜音,峻宇雕墙,
有一于此,未或不亡。'此戒人君不恤国事溺于此者耳。如我虽使声
乐喧动天地,宰相敢有滥与人官而吏敢有受赇者乎。外间敢有窃议
者乎。尔谏官也,有可言之事,当公言之。言而不从,朕之非也。而
乃私议,可乎?"伯雄对曰:"陛下至德明圣,固无窃议者。愚臣失言,
罪当万死,惟陛下哀怜。"海陵曰:"本欲杀汝,今只杖汝二百。"既决
杖至四十,使近臣传诏谕伯雄曰:"以尔潘邸有旧,今特释之。"

　　滕王广阳,母南氏,本大臭家婢,随元妃大氏入宫,海陵幸之,
及有娠,即命为殿直。正隆二年九月二十六日,生广阳。十月满月,
海陵分施在京贫民,凡用钱千贯。三年二月,封南氏为才人。七月,
封广阳为滕王。九月,薨。

　　赞曰:海陵伐宋,光英居守,使陀满讹里也以宫师兼统军之任,
计至悉也,岂料死其手乎。荀首有言,"不以人子,吾子其可得耶。"
海陵睨人之子不翅鱼肉,而独己子之谋安,不可得矣。

金史卷八三
列传第二一

张通古　张浩　张玄素
耶律安礼　纳合椿年　祁宰

　　张通古字乐之，易州易县人。读书过目不忘，该综经史，善属文。辽天庆二年进士第，补枢密院令史。丁父忧，起复，恳辞不获，因遁去，屏居兴平。太祖定燕京，割以与宋。宋人欲收人望，召通古。通古辞谢，隐居易州太宁山下。

　　宗望复燕京，侍中刘彦宗与通古素善，知其才，召为枢密院主奏，改兵刑房承旨。天会四年，初建尚书省，除工部侍郎，兼六部事。高庆裔设磨勘法，仕宦者多夺官，通古亦免去。辽王宗干素知通古名，惜其才，遣人谕之使自理。通古不肯，曰：“多士皆去，而己何心独求用哉。”宗干为论理之，除中京副留守，为诏谕江南使，宋主欲南面，使通古北面。通古曰：“大国之卿当小国之君。天子以河南、陕西赐之宋，宋约奉表称臣，使者不可以北面。若欲贬损使者，使者不敢传诏。”遂索马欲北归。宋主遽命设东西位，使者东面，宋主西面，受诏拜起皆如仪。使还，闻宋已置戍河南，谓送伴韩肖胄曰：“天子裂壤地益南国，南国当思图报大恩。今辄置守戍，自取嫌疑，若兴师问罪，将何以为辞？江左且不可保，况齐乎？”肖胄惶恐曰：“敬闻命矣。”即驰白宋主。宋主遽命罢戍。通古至上京，具以白宗干，且曰：“及其部置未定，当议收复。”宗干喜曰：“是吾志也。”即除参知行台尚书省事。

　　未几，诏宗弼复取河南，通古请先行至汴谕之。比至汴，宋人已去矣。或谓通古曰："宋人先退，诈也，今闻将自许、宿来袭我。"通古曰："南人宣言来者，正所以走耳。乃使人觇之，宋人果溃去。宗弼抚髀笑曰："谁谓书生不能晓兵事哉。"

　　河南卒孙进诈称"皇弟按察大王"谋作乱。是时海陵为相，内怀觊觎，欲先除熙宗弟胙王常胜，因孙进称皇弟大王，遂指名为胙王以诬构之。熙宗自太子济安薨后，继嗣未定，深以为念。裴满后多专制，不得肆意后宫，颇郁郁，因纵酒，往往迷惑妄怒，手刃杀人。及海陵中伤胙王，熙宗以为信然不疑，遣护卫特思就汴京鞫治。行台知熙宗意在胙王，导引孙进连属之。通古执其咎，极力辩止。及孙进引服，盖假托名称，将以惑众，规取财物耳，实无其人也。特思奏状，海陵谮之曰："特思且将徼福于胙王。"熙宗益以海陵为信，遂杀胙王，并特思杀之。行台诸人乃责通古曰："为君所误，今坐死矣。"通古曰："以正获罪死，贤于生。"海陵既杀胙王，不复缘害他人，由是坐止特思，行台不坐。

　　天德初，迁行台左丞，进拜平章政事，封谭王，改封郓王。以疾求解机务，不许。拜司徒，封沈王。海陵御下严厉，收威柄，亲王大臣未尝少假以颜色，惟见通古，必以礼貌。

　　会磁州僧法宝欲去，张浩、张晖欲留之不可得，朝官又有欲留之者。海陵闻其事，诏三品以上官上殿，责之曰："闻卿等每到寺，僧法宝正坐，卿等皆坐其侧，朕甚不取。佛者本一小国王子，能轻舍富贵，自苦修行，由是成佛，今人崇敬。以希福利，皆妄也。况僧者，往往不第秀才，市井游食，生计不足，乃去为僧，较其贵贱，未可与簿尉抗礼。闾阎老妇，迫于死期，多归信之。卿等位为宰辅。乃复效此，失大臣体。张司徒老成旧人，三教该通，足为仪表，何不师之。"召法宝谓之曰："汝既为僧，去住在己，何乃使人知之？"法宝战惧，不知所为。海陵曰："汝为长老，当有定力，今乃畏死耶？"遂于朝堂杖之二百，张浩、张晖杖二十。

　　正隆元年，以司徒致仕，进封曹王。是年，薨，年六十九。

通古天资乐易,不为表襮,虽居宰相,自奉如寒素焉。子沉,天德三年,赐杨建中榜及第。

张浩字浩然,辽阳渤海人。本姓高,东明王之后。曾祖霸,仕辽而为张氏。天辅中,辽东平,浩以策干太祖,太祖以浩为承应御前文字。天会八年,赐进士及第,授秘书郎。

太宗将幸东京,浩提点缮修大内,超迁卫尉卿,权签宣徽院事,管勾御前文字,初定朝仪。求养亲,去职,起为赵州刺史。官制行,以中大夫为大理卿。天眷二年,详定内外仪式,历户、工、礼三部侍郎,迁礼部尚书。田珏党事起,台省一空,以浩行六部事。簿书丛委,决遣无留,人服其才。以疾求外,补除彰德军节度使,迁燕京路都转运使。俄改平阳尹。平阳多盗,临汾男子夜掠人妇,浩捕得,榜杀之,盗遂衰息。近郊有淫祠,郡人颇事之。庙祝、田主争香火之利,累年不决。浩撤其祠屋,投其像水中。强宗黠吏屏迹,莫敢犯者。郡中大治。乃缮葺尧帝祠,作击壤遗风亭。

海陵召为户部尚书,拜参知政事。天德二年,丁母忧。起复参知政事,进拜尚书右丞。天德三年,广燕京城,营建宫室。浩与燕京留守刘筈、大名尹卢彦伦监护工作,命浩就拟差除。既而暑月,工役多疾疫。诏发燕京五百里内医者,使治疗,官给药物,全活多者与官,其次给赏,下者转运司举察以闻。

贞元元年,海陵定都燕京,改燕京为中都,改析津府为大兴府。浩进拜平章政事,赐金带玉带各一,赐宴于鱼藻池,浩请凡四方之民欲居中都者,给复十年,以实京城,从之。拜尚书右丞相兼侍中,封潞王,赐其子汝霖进士及第。未几,改封蜀王,进拜左丞相。

正隆二年,改封鲁国公。表乞致仕。海陵曰:"人君不明,谏不行,言不听,则宰相求去。宰相老病不能任事则求去。卿于二者何居?"浩对曰:"臣羸病不堪任事,宰相非养病之地也,是以求去。"不许。

海陵欲伐宋,将幸汴,而汴京大内失火,于是使浩与敬嗣晖营建南京宫室。浩从容奏曰："往岁营治中都，天下乐然趋之。今民力未复，而重劳之，恐不似前时之易成也。"不听。浩朝辞，海陵问用兵利害。浩不敢正谏，乃婉词以对，欲止微止海陵用兵，奏曰："臣观天意欲绝赵氏久矣。"海陵愕然曰："何以知之？"对曰："赵构无子，树立疏属，其势必生变，可不烦用兵而服之。"海陵虽喜其言，而不能从也。浩至汴，海陵时时使宦者梁珫来视工役，凡一殿之成，费累钜万。珫指曰："某处不如法式。"辄撤之。浩不能抗而与之均礼。汴宫成，海陵自燕来迁居之。浩拜太傅、尚书令，进封秦国公。

海陵至汴，累月不视朝，日治兵南伐，部署诸将。浩欲奏事，不得见。会海陵遣周福儿至浩家，浩附奏曰："诸将皆新进少年，恐误国事。宜求旧人练习兵者，以为千户谋克。"而海陵部署已定，恶闻其言，乃杖之。海陵自将发汴京，皇后、太子居守，浩留治尚书省事。

世宗即位于辽阳，扬州军变，海陵遇害。都督府使使杀太子光英于南京。浩遣户部员外郎完颜谋衍上贺表。明年二月，浩朝京师，入见。世宗谓曰："朕思天位惟艰，夙夜惕惧，不遑宁处。卿国之元老，当戮力赞治，宜令后世称扬德政，毋失委注之意也。"俄拜太师、尚书令，封南阳郡王。世宗曰："卿在正隆时为首相，不能匡救，恶得无罪。营建两宫，殚竭民力，汝亦尝谏，故天下不以咎汝，惟怨正隆。而卿在省十余年，练达政务，故复用卿为相，当自勉，毋负朕意。"浩顿首谢。居数日，世宗谓浩曰："卿为尚书令，凡人材有可用者，当举用之。"浩举纥石烈志宁等，其后皆为名臣。

浩有疾，在告者久之。遣左司郎中高衍及浩侄汝弼宣谕。浩力疾入对，即诏入朝毋拜，许设座殿陛之东，若有咨谋，然后进对。或体中不佳，不必日至省中，大政可就第裁决，浩虽受诏，然每以退为请。三年夏，复申前请。乃除判东京留守。疾不能赴任，因请致仕。

初，近侍有欲罢科举者，上曰："吾见太师议之。"浩入见，上曰："自古帝王有不用文学者乎？"浩对曰："有。"曰："谁欤？"浩曰："秦始皇。"上顾左右曰："岂可使我为始皇乎？"事遂寝。

是岁，薨。上辍朝一日。诏左宣徽使赵兴祥率百官致奠，赙银千两、重彩五十端、绢五百匹。谥曰文康。明昌五年,配享世宗庙廷。泰和元年,图像衍庆宫。子汝为、汝霖、汝能、汝方、汝猷。

汝霖字仲泽,少聪慧好学,浩尝称之曰:"吾家千里驹也。"贞元二年,赐吕忠翰榜下进士第,特授左补阙,擢大兴县令,再迁礼部员外郎、翰林待制。大定八年,除刑部郎中,召见于香阁,谕之曰:"卿以待制除郎中,勿以为降。朕以刑部阙汉官,故以授卿。且卿入仕未久,姑试其能耳。如职事修举,当有升擢。尔父太师以户部尚书升诸相位,由崇德大夫躐迁金紫,卿所自见也。当既厥心,无忝乃父。"明年,授太子左谕德兼礼部郎中。

先是,知登闻检院王震改礼部郎中,世宗谕宰臣曰:"此除未允人望,礼官当选有学术士,如张汝霖者可也。"于是,命汝霖兼之而除震别职。擢刑部侍郎。以忧解,起复为太子詹事,迁太子少师兼御史中丞。世宗召谓曰:"卿尝言,监察御史所察州县官多因沽买以得名誉,良吏奉法不为表襮,必无所称。朕意亦然。卿今为台官,可革其弊。"寻改中都路都转运使、太子少师兼礼部尚书,俄转吏部,为御史大夫。

时将陵主簿高德温大收税户米,逮御史狱。汝霖具二法上。世宗责之曰:"朕以卿为公正,故登用之。德温有人在宫掖,故朕颇详其事。朕肯以宫掖之私挠法耶?不谓卿等顾徇如是。"汝霖跪谢。久之,上顾左谏议大夫杨伯仁曰:"台官不正如此。"伯仁奏曰:"罪疑惟轻,故具二法上请,在陛下裁断耳。且人材难得,与其材智而邪,不若用愚而正者。"上作色曰:"卿辈皆愚而不正者也。"未几,复坐失出大兴推官高公美罪,谪授棣州防御使。顷之,复为太子少师兼礼部尚书。拜参知政事,太子少师如故。是日,汝霖兄汝弼亦进拜尚书左丞,时人荣之。

后因朝奏日论事上前,世宗谓曰:"朕观唐史,见太宗行事初甚厉精,晚年与群臣议多饰辞,朕不如是也。"又曰:"唐太宗,明天子也,晚年亦有过举。朕虽不能比迹圣帝明王,然常思始终如一。今虽年高,敬慎之心无时或怠。"汝霖对曰:"古人有言,'靡不有初,鲜克有终,'有始有卒者其惟圣人乎。魏征所言守成难者,正谓此也。"上以为然。二十五年,章宗以原王判大兴府事,上命汝霖但涓视事日且加辅导。寻坐擅支东宫诸皇孙食料,夺官一阶。久之,迁尚书右丞。

是时,世宗在位久,熟悉天下事,思得贤材与图致治,而大臣皆依违苟且,无所荐达。一日,世宗召宰臣谓曰:"卿等职居辅相,曾无荐举何也?且卿等老矣,殊无可以自代者乎?惟朕尝言某人可用,然后从而言之。卿等既无所言,必待朕知而后进用,将复有几?"因顾汝霖曰:"若右丞者,亦因右丞相言而知也。"汝霖对曰:"臣等苟有所知,岂敢不荐,但无人耳。"上曰:"春秋诸国分裂,土地褊小,皆称有贤。今天下之大,岂无人才,但卿等不举而已。今朕自勉,庶几致治。他日子孙谁与共治乎?"汝霖等皆有惭色。二十八年,进拜平章政事,兼修国史,封芮国公。世宗不豫,与太尉徒单克宁、右丞相襄同受顾命。章宗即位,加银青荣禄大夫,进封莘。

先是,右丞相襄言:"熙宗圣节盖七月七日,为系景宜忌辰。更用正月受外国贺。今天寿节在七月,雨水淫暴,外方人使赴阙,有碍行李,乞移他月为便。"汝霖言:"帝王之道当示信于天下。昔宋主构生日,亦系五月。是时,都在会宁,上国遣使赐礼,不闻有霖潦碍阻之说。今与宋构好日久,遽以暑雨为辞,示以不实。万一雨水逾常,愆期到阙,犹愈更用别日。"参加政事刘玮、御史大夫唐括贡、中丞李晏、刑部尚书兼右谏议大夫完颜守贞、修起居注完颜乌者、同知登闻检院事孙铎亦皆言其不可。帝初从之,既而竟用襄议。时帝在谅阴,初出猎,谏院联章言心丧中未宜。其后冬猎,汝霖谏之。诏答曰:"卿能每事如此,朕复何忧。然时异事殊,难同古昔,如能斟酌得中,斯为当矣。"

一日,帝谓宰臣曰:"今之用人,太拘资历,如此何能得人?"汝霖奏曰:"不拘资格,所以待非常之材。"帝曰:"崔祐甫为相,未逾年荐八百人,岂皆非常材耶。"时有司言民间收藏制文,恐因而滋讼,乞禁之。汝霖谓："王者之法，譬犹江、河，欲使易避而难犯。本朝法制，坦然明白，今已著为不刊之典，天下之人无不闻诵。若令私家收之，则人皆晓然不敢为非，亦助治之一端也。不禁为便。"诏从之。

明昌元年三月，表乞致仕，不许。十二月，卒。时帝猎饶阳，讣闻，敕百官送葬，赙礼加厚，谥曰文襄。

汝霖通敏习事，凡进言必揣上微意，及朋附多人为说，故言不忤而似忠也。初，章宗新即位，有司言改造殿庭诸陈设物，日用绣工一千二百人，二年毕事。帝以多费，意辍造。汝霖曰："此非上服用，未为过侈。将来外国朝会，殿宇壮观，亦国体也。"其后奢用浸广，盖汝霖有以导之云。

张玄素字子真，与浩同曾祖。祖祐，父匡，仕辽至节度使。玄素初以荫得官。高永昌据辽阳，玄素在其中。斡鲁军至，乃开门出降，特授世袭铜州猛安。天会间，历西上阁门使、客省使、东宫计司。天眷元年，以静江军节度使知涿州，察廉最，进官一阶。皇子魏王道济遥领中京，以玄素为魏王府同提点，寻改镇西军节度使，迁东京路都转运使，改兴平军节度使。正隆末年，天下盗起，玄素发民夫增筑城郭，同僚谏止之，不听。未几，寇掠邻郡，皆无备，而兴平独安。

世宗即位，玄素来见于东京。玄素在东京，希海陵旨，言世宗尝取在官黄粮，及摭其数事。至是来见，世宗一切不问。玄素与李石力言宜早幸燕京，上深然之。迁户部尚书，出镇定武，遂致仕。年八十四，卒。

玄素厚而刚毅，人畏惮之。往往以片纸署字其上治疟疾，辄愈，人皆异之。

汝弼字仲佐，父玄征，彰信军节度使，玄素之兄也。汝弼初以父荫补官。正隆二年，中进士第，调沈州乐郊县主簿。玄征妻高氏与世宗母贞懿皇后有属，世宗纳玄征女为次室，是为元妃。张氏生赵王允中。世宗即位于辽阳，汝弼与叔玄素俱往归之，擢应奉翰林文字。

世宗御翠峦阁，召左司郎中高衎及汝弼问曰："近日除授，外议何如？宜以实奏，毋少隐也。有不可用者当改之。"衎汝弼皆无以对。自皇统以来，内藏诸物费用无度，吏夤缘为奸，多亡失。汝弼与宫籍直长高公穆、入殿小底王添儿阅实之，以类为籍，作四库以贮之。于是，内藏库使王可道等皆杖一百，汝弼等各进阶。顷之，兼修起居注，转右司员外郎。母忧去官。起复吏部郎中，累迁吏部尚书，拜参知政事。

诏徙女直猛安谋克于中都，给以近郊官地，皆塉薄。其腴田皆豪民久佃，遂专为己有。上出猎，猛安谋克人前诉所给地不可种艺，诏拘官田在民久佃者与之。因命汝弼议其事。请"条约立限，令百姓自陈。过限，许人首告，实者与赏。"上可其奏。仍遣同知中都转运使张九思拘籍之。

上问："高丽、夏皆称臣。使者至高丽，与王抗礼，夏王立受，使者拜，何也？"左丞襄对曰："故辽与夏为甥舅，夏王以公主故，受使者拜。本朝与夏约和，用辽故礼，所以然耳。"汝弼曰："誓书称一遵辽国旧仪，今行之已四十年，不可改也。"上曰："卿等言是也。"上闻尚书省除授小官多不称职，召汝弼至香阁谓之曰："他宰相年老，卿等宜尽心。"汝弼对曰："材薄不足以副圣意耳。"进拜尚书右丞。于是，户部巢官仓粟，汝弼请使暖汤院得籴之。上让曰："汝欲积阴德邪？何区区如此。"

左丞相徒单克宁得解政务，为枢密使。是日，汝弼亦怀表乞致仕。上使人止之曰："卿年未老，未可退也。"进左丞，与族弟参知政事妆霖同日拜，族里以为荣。有年未六十而乞致仕者，上不许。汝弼曰："圣旨尝许六十致仕。"上责之曰："朕尝许至六十者致仕，不许未六十者。且朕言六十致仕，是则可行，否则当言，卿等不言，皆此类也。"久之，坐擅增诸皇孙食料，与丞相守道、右丞粘割斡特剌、参政张汝霖各削官一阶。上曰："准法当解职，但示薄责耳。"汝弼在病告，上谓宰相曰："汝弼久居执政，练习制度，颇能斟酌人材，而用心不正。"乃罢为广宁尹，赐通犀带。

汝弼为相，不能正谏。上所欲为，则顺而导之，所不欲为，则微言以观其意。上责之，则婉辞以引过，终不忤之也。而上亦知之。且黩货，以计取诸家名园甲第珍玩奇好，士论薄之。二十七年，薨。

汝弼既与永中甥舅，阴相为党。章宗即位，汝弼妻高氏每以邪言怵永中觊非望，画永中母像侍奉祈祝，使术者推算永中。有司鞫治，高氏伏诛。事连汝弼，上以事觉在汝弼死后，得免削夺。

耶律安礼本名纳合，系出遥辇氏。幼孤，事母以孝闻。辽李，间关避难，未尝一日怠温清。入朝，当路者重其行义，使主帅府文字，授左班殿直。天眷初，从元帅于山西。母丧，不克归葬，主帅怜之，赙礼甚厚。安礼冒大暑，挽柩行千余里，哀毁骨立，行路嗟叹。服除，由行台吏、礼部主事累迁工部侍郎，改左司郎中。

天德间，罢行台尚书省，入为工部侍郎，累迁本部尚书。明年冬，为宋国岁元使。被诏鞫治韩王亨狱于广宁。亨无反状，安礼还奏。海陵怒，疑安礼梁王宗弼故史，乃责安礼曰："孛迭有三罪。其论阿里出虎有誓券不当死，既引伏。其谓不足进马，及密遣刺客二者，安得无之？汝等来奏，欲测我喜怒以为轻重耳。"乃遣安礼再往，与李老僧同鞫之。老僧由是杀亨于狱。海陵犹谓安礼辄杀亨以绝灭事迹，亲戚得以不坐。安礼之不附上刻下乃如此。

改吏部尚书，护大房山诸陵工作，拜枢密副使，封谭国公，迁尚书右丞，进封郕国公，转左丞。议降累朝功臣封爵，密谏伐江南，忤海陵意，罢为南京留守，封温国公。安礼长于吏事，廉谨自将，从帅府再伐宋，宝货人口一无所取。贵为执政，奴婢止数人，皆有契券，时议贤之。薨，年五十六。

纳合椿年本名乌野。初置女直字，立学官于西京，椿年与诸部儿童俱入学，最号警悟。久之，选诸学生送京师，俾上京教授耶鲁教之,椿年在选中。补尚书省令史,累官殿中侍御史,改监察御史。

海陵为相,荐为右司员外郎,编定新制。海陵篡立,以为谏议大夫。椿年有酒失,海陵使之戒酒,遂终身不复饮。改秘书监,修起居注,授世袭猛安,为翰林学士兼御史中丞。正隆初,起上京诸猛安于中都、山东等路安置,以劳赐玉带闲厩马。奉迁山陵,还为都点检。赐今名,拜参知政事。海陵谓椿年曰:"如卿吏材甚难得,复有如卿者乎?"椿年荐大理丞纥石烈娄室。海陵以娄室为右司员外郎。未旬日,海陵谓椿年曰:"吾试用娄室,果如卿言。惟贤知贤,信矣。"娄室后赐名良弼,有宰相才,世宗时,至左丞相,号贤相焉。

正隆二年,椿年薨。海陵亲临哭之,追封特进、谭国公,谥忠辩,赗银二千两、彩百端、绢千匹、钱千万。以长子参谋合为定远大将军,袭猛安,次子合荅为忠武校尉。及归葬,再赐钱百万,仍给道路费。

椿年有宰相才,好推挽士类,然颇营产业,为子孙虑。冒占西南路官田八百余顷。大定中,括捡田土,百姓陈言官豪占据官地,贫民不得耕种。温都思忠子长寿、椿年子猛安参谋合等三十余家凡冒占三千余顷。诏诸家除牛头税地各再给十顷,其余尽赋贫民种佃。世颇以此讥椿年云。

祁宰字彦辅,江、淮人。宋季,以医术补官。王师破汴得之,后录太医。累迁中奉大夫、太医使。数被赏赉,常感激欲自效。

海陵将伐宋,宰欲谏,不得见。会元妃有疾,召宰诊视。既入见,即上疏谏,其略言:"国朝之初,祖宗以有道伐无道,曾不十年,荡辽戡宋。当此之时,上有武元、文烈英武之君,下有宗翰、宗雄谋勇之臣,然犹不能混一区宇,举江淮、巴蜀之地,以遗宋人。况今谋臣猛将,异于曩时。且宋人无罪,师出无名。加以大起徭役,营中都,建南京,缮治甲兵,调发军旅,赋役烦重,民人怨嗟,此人事之不修也。间者昼星见于牛斗,荧惑伏于翼轸。巳岁自刑,害气在扬州,太白未出,进兵者败,此天时之不顺也。舟师水涸,舳舻不继,而江湖岛渚之间,骑士驰射,不可驱逐,此地利不便也。"言甚激切,海陵怒,命戮于市,籍其家产,天下哀之。綦戬,宰婿也,海陵疑奏疏戬为之。辞曰:"实不知也。"海陵犹杖戬。召禁中诸司局官至咸德门,谕以杀宰事。

明年,世宗即位于辽东。四年,诏赠资政大夫,复其田宅。章宗即位,诏访其子忠勇校尉、平定州酒监公史,擢尚药局都监。泰和初,诏定功臣谥,尚书省掾李秉钧上言:"事有宜缓而急,若轻而重者,名教是也。伏见故赠资政大夫祈宰以忠言被诛,慕义之士,尽伤厥心。世宗即位,赠之以官,陛下录用其子,甚大惠也。虽武王封比干之墓,孔子誉夷、齐之仁,何以异此。而有司拘文,以职非三品不在议谥之例,臣窃疑之。若职至三品方得请谥,当时居高官、食厚禄者,不为无人,皆畏罪淟涊,曾不敢申一喙,画一策,以为社稷计。卒使立名死节之士,顾出于医卜之流,亦可以少愧矣。臣以谓非常之人,当以非常之礼待之。乞诏有司特赐谥以旌其忠,斯亦助名教之一端也。"制曰:"可。"下太常,谥曰忠毅。

赞曰:异哉,海陵之为君也,舞智御下而不恤焉。君子仕于朝,动必以礼,然后免于耻。张通古、耶律安礼位不及张浩,进退始终,其贤远矣。浩无事不为,无役不从,为相最久,用之厚,遇之薄,岂亦自取之邪。海陵伐宋,浩、安礼位皆大臣,一以婉辞,一以密谏,贤于不谏而已。祈宰一医流,独能极谏,其后皆如所言。海陵戕之,足以成其百世之名耳。纳合椿年援引善类,有君子风。其死适在宋兵未举之前,然观其好营产殖,亦未必忘身徇国之士也。祈宰卓乎不可及也夫。

金史卷八四
列传第二二

杲　耨盌温敦思忠　昂
高桢　白彦敬　张景仁

　　杲本名撒离喝，安帝六代孙，泰州婆卢火之族，胡鲁补山之子。雄伟有才略，太祖爱之，常在军中。及婆卢火为泰州都统，宗族皆随迁泰州，撒离喝尝为世祖养子，独得不迁，仍居安出虎水。

　　宗翰、宗望已再克汴，执宋二主北还。宗望分遣诸将定河北。左都监阇母攻下河间。雄州李成弃城走，撒离喝邀击，大破之，雄州遂降。睿宗经略山东，留撒离喝于河上，而真定境内有贼众，自称元帅秦王。撒离喝击破其众，执而戮之。从平陕西，撒离喝徇地自渭以西，降德顺军，又降泾原路镇戎军，进平熙河，降甘泉等三堡，遂取三保川城。明年，同奔睹讨平河外，降宁洮、安陇二寨，并降下河及乐州。至西宁，尽降其都护官属，于是木波族长等皆迎降。攻庆阳，败其拒者，遂降其城。慕洧以环州来降，得城寨十三，步骑一万。于是，宗弼军败于和尚原，上褒美撒离喝而戒励宗弼。

　　睿宗已定陕西，留兵屯冲要，使撒离喝总之。居无何，请收剑外十三州。与宋王彦之军七千人遇于沙会泺，败之，遂克金州。连破吴玠诸军于饶峰关，遂取真符县，取洋州入兴元府。败吴玠兵于固镇，擒其两将。撒葛枚等破宋兵，尽下诸砦及仙人关。天会十四年，为元帅右监军。

　　天眷二年，宗弼复取河南。撒离喝自河中出陕西。既至凤翔，击走宋军。是时,宋军在京兆西者甚众。诸将以暑雨,欲驻军。且闻宋兵九万会于泾州,都元帅遣河南步卒来会军。撒离喝留诸将屯环庆,独以轻骑取泾州。六月,败宋兵于泾州。宋兵走渭州,拔离速追击,大败之。未几,为右副元帅。皇统三年,封应国公,锡赉甚厚。熙宗出猎,赐具装马二,命射于围中。加开府仪同三司。将还军,命宰臣饯之。

海陵升蒲州为河中府,撒离喝为河中尹,左副元帅如故。自陕西入朝,因从容言曰:“唐建成不道,太宗以义除之,即位之后,力行善政,后世称贤。陛下以前主失德,大义废绝,力行善政,则如唐太宗矣。”海陵闻其言,色变,撒离喝亦悔其言。既而进封国王,从行官吏皆官赏之。海陵念撒离喝久握兵在外,颇得士心,忌之,以为行台左丞相兼左副元帅。又恐不奉命,阳尊以殊礼,使系属籍,以玉带玺书赐之。撒离喝至汴,诏谕行台右丞相、右副元帅挞不野无使撒离喝预军事。撒离喝不知,每事辄争之。挞不野诡曰:“太师梁王以陕西事属公,以河南事属挞不野,今未尝别奉诏命。陕西之事,挞不野固不敢干涉。”挞不野久在河南,将帅畏而附之。撒离喝始至势孤,争之不得,白于朝。大臣知上旨,报曰:“如梁王教。”及诏使至汴,谕旨于挞不野。使还,挞不野独有附奏,撒离喝不得与闻,人皆知海陵使挞不野图之矣。

会海陵欲除辽王斜也子孙及平章政事宗义等,元帅府令史遥设希海陵旨,诬撒离喝父子谋反,并平章宗义、尚书谋里野等。遥设学撒离喝手署及印文,诈为契丹小字家书与其子宗安,从左都监奔睹上变。封题作已经开拆者,书纸隐约有白字,作曾经水浸,致字画分明者,称御史大夫宗安于宫门外遗下此书,遥设拾得之。其书略曰:“挞不野自来于我不好,凡事常有提防,应是知得上意。移剌补丞相于我不好,若迟缓分毫,猜疑必落他手也。”又曰:“阿浑每见此书,约定月日,教扫胡令史却写白字书来。”有司鞫问,宗安不服曰:“使真有此书,我剖肌肉藏之,犹恐漏泄,安得于朝门下遗之?”有司掠笞楚毒,宗安神色不变。乃置扫胡炉炭上,扫胡不能堪,自诬服。

宗安谓扫胡曰："尔苦矣。"宗义被掠笞，不能当，亦自诬服，曰："我辈知不免矣，不早决，徒自苦。"宗安曰："今虽无以自明，九泉之下当有冤对，吾终不能引屈。"竟不服而死，使厮鲁浑杀撒离喝于汴，族其家，而无写书及传书者主名。

有折哥者，能契丹小字，旧尝从撒离喝。特末者，陕西旧将，尝以左副元帅事驰驿赴阙。两人者皆族诛。撒离喝亲属坐是死者二十余人。鲁王斡者孙耶鲁候撒离喝于汴，厮鲁浑执之，耶鲁曰："愿付有司，若法当同坐，虽死不恨。"厮鲁浑亦杀之。其家讼于朝，海陵不问，但赐钱二百万。

奔睹迁元帅左监军，加开府仪同三司。遥设为同知博州事，赐钱三百万，谓之曰："尔无自比老人。"老人亲告朕，尔以告有司，设有撒离喝党人在其间，败吾事矣。老人指萧玉也。萧玉名老人，故云然。遥设在博州数岁，后与萧裕谋反，伏诛。

大定初，诏复撒离喝官爵。三年，追封金源郡王，谥庄襄，以郡王品秩官为营葬。十七年，配享太宗庙廷。

耨盌温敦思忠本名乙剌补，阿补斯水人。太祖伐辽，是时未有文字，凡军事当中复而应密者，诸将皆口授思忠，思忠面奏受诏，还军传致诏辞，虽往复数千言，无少误。

及辽人议和，思忠与乌林答赞谋往来专对其间，号闸剌。闸剌者，汉语云行人也。自收国元年正月，辽人遣僧家奴来，使者三往反，议不决，使者赛剌至辽，辽人杀之。辽主自将，至驼门，大败，归，复遣使议和，太祖使胡突衮往，书曰："若不从此，胡突衮但使人送至界上，或如赛剌杀之，惟所欲者。

天辅三年六月，辽大册使太傅习泥烈以册玺至上京一舍，先取册文副录阅视，文不称兄，不称大金，称东怀国。太祖不受，使宗翰、宗雄、宗干、希尹商定册文义指，杨朴润色，胡十答、阿撒、高庆裔译契丹字，使赞谋与习泥烈偕行。赞谋至辽，见辽人再撰册文，复不尽如本国旨意，欲见辽主自陈，阍者止之。赞谋不顾，直入。阍者相与搏戟，折其信牌。辽人惧，遽遣赞谋归，太祖再遣赞谋如辽。辽人前后十三遣使，和议终不可成。太祖自将，遂克临潢。

其后伐宋，思忠从宗翰军，封刘豫为齐帝，思忠为传宣使，俄授谋克。从宗弼克和尚原。还为同知西京留守事。天眷初，改蒲州防御使。元帅府在陕西者，其官属往往豪压贫民为奴，起遣工匠千人东来，至河上，思忠留止其人以闻，诏皆还之。为行台尚书左丞。是时，赞谟为行台参知政事，思忠黩货无厌，赞谟鄙之，两人由是交恶。海陵杀左丞相秉德于行台。赞谟妻，秉德乳母也。思忠因构赞谟，杀之。是岁，思忠入为尚书右丞，俄进平章政事，封郜国公，进拜左丞相兼侍中，封沂国公。

天德三年，致仕。贞元二年十月，海陵率三品以上官幸思忠第，使以家礼见，谓思忠曰："卿神气康实，习先朝旧事，舍卿无能知者，当为朕起，共治国政。"对曰："君之命，臣不敢敬从，但恨老病疏谬，无以塞责耳。"遂命思忠乘马从入宫，拜太傅，领三省事，封齐国王。寻拜太师兼劝农使。已而罢中书门下省，不置领三省事。置尚书令，位丞相上，思忠为尚书令，特置散从八人，听随至宫，省奏赐坐。海陵欲定封爵制度，风思忠建白之。封王者皆降封，异姓或封公或一品、二品阶。惟封思忠广平郡王，赐以玉带，思忠言百官不当封妻，海陵从之。惟封思忠次室为郡夫人。而思忠亦自谓太祖旧臣，颇自任，虽海陵遂非拒谏，而思忠尽言无所避。

海陵将伐宋，问诸大臣，皆不敢对。思忠曰："不可。"海陵不悦，谓思忠曰："汝勿论可否，但云何时克之。"思忠曰："以十年为期。"海陵曰："何久也？期月耳。"思忠曰："太祖伐辽，犹且数年。今百姓愁怨，师出无名。江、淮间暑热湫湿，不堪久居，未能以岁月期也。"海陵怒，顾视左右，若欲取兵刃者。思忠无所畏恐，复曰："老臣历事四朝，位至公相，苟有补于国家，死亦何憾。"有顷，海陵曰："自古帝王混一天下，然后可为正统。尔耄夫固不知此，汝子乙迭读书，可往问之。"思忠曰："臣昔见太祖取天下，此时岂有文字耶？臣年垂七十，更事多矣，彼乳臭子，安足问哉。"

海陵既不用思忠言，运四方甲仗于中都，思忠曰："州郡无兵，何以备盗贼。"海陵尽籍丁壮为兵，思忠曰："山后契丹诸部恐未可尽起。"皆不听。其后，州郡盗起，守令不能制。契丹撒八、窝斡果反，期年乃克之。

当是时，海陵伐宋，祁宰谏而死，张浩进言被杖，思忠见疏，孔彦舟画策先取两淮，他无及者。正隆六年，思忠薨，年七十三。海陵深悼惜之，亲监奠，赙赠加等，赐金螭头车，使者临护，给道路费。

大定十二年，诏复乌林答赞谟官爵，赠特进。上谓宰臣曰："赞谟忠实刚毅，虽古人无以过。与思忠有隙，遂劝海陵杀之。今思忠子孙皆不肖，亦阴报也。"初，思忠已构杀赞谟，遂纳其妻曹氏，尽取其家财产。章宗即位，赞谟女五十九乞改葬。诏赐葬地于怀州，并以思忠元取家赀付之。

谦本名乙迭，累官御史中丞。世宗谓之曰："省部官受请托，有以室家传达者。官刑不肃，士风颓弊如此，其纠正之。"

初，世宗至中都，多放宫人还家，有称心等数人在放遣之例，所司失于检照，不得出宫，心常快快。大定二年闰二月癸巳夜，遂于十六位放火，延烧太和、神龙殿。上命近臣迹火之所发。十六位宫人袁六娘等六人告，实称心等为之。称心等伏诛，赏赐袁六娘六人，放出宫为良。谦意宫殿被火，将复兴工役，劳民伤财，乃上表乞权纾修建。上使张汝弼诏谦曰："朕思正隆比年徭役，百姓疮痍未复，边事未息，岂遽有营缮也。卿可悉之。"

久之，袭父思忠济州猛安、利涉军节度副使。乌林答钞兀追捕逃军，至猛安中，谦畏其扰，乃醵民财买银赂钞兀。事觉，钞兀抵罪，谦坐夺猛安。遇赦，求叙。上曰："乙迭无自与赃，使复其所。"

耨碗温敦兀带，太师思忠侄也。天会间，充女直字学生，学问通达，观书史，工为诗。选为尚书省令史，除右都事，转行台右司郎中，入为左司员外郎。累官同知大兴尹，京师盗贼止息，事无留滞。

再迁刑部尚书,改定海军节度使,除兵部尚书,改吏部。正隆伐宋,为武定军都总管。世宗即位,遣使召之,授咸平尹,为北边行军都统。改会宁尹,都统如故。

是时,初定窝斡,人心未安,兀带为治宽简,多备御,谨斥候,边郡以宁。改北京留守。是廉察举“兀带所在有能名,无私过”,由是入拜参知政事。世宗谕之曰:“凡在卿上者,行事或不当理,咨禀不从,卿以所见奏闻。下位有可用之才,当推荐之。”

久之属疾,上命左宣徽使敬嗣晖往视,遣医治疗。薨,年四十七。上闻悼惜之,赙银千两、重彩四十端、绢四百匹,敕有司致祭。久之,上谓侍臣曰:“故参知政事兀带、刑部尚书彦忠、沧州节度使兀不喝、侍郎敌斡、郎中骨赧皆为人忠直,后进中少有能及之者。朕乐得忠直之人,有如兀带辈者乎,卿等为朕举之。”其见思如此。

昂本名奔睹,景祖弟孛黑之孙,斜斡之子。幼时侍太祖。太祖令数人两两角力。时昂年十五,太祖顾曰:“汝能此乎?”对曰:“有命,敢不勉。”遂连仆六人。太祖喜曰:“汝,吾宗弟也,自今勿远左右。”居数日,赐金牌,令佩以侍。

年十七,太祖伐辽,谓之曰:“汝可擐甲从军矣。”昂遂佩所赐金牌从军。太祖平燕,策功,赐甲第一区。天辅六年,宗翰驻北安州,闻辽主延禧在鸳鸯泺,遣耨碗温敦思忠请于国论勃极烈呆,愿以所部军迫之。呆不能决,乃遣昂与思忠诣宗翰议,其事遂定。天会二年,南京叛,军帅阇母遣昂、刘彦宗分兵讨之。

宗望伐宋,承制以为河南诸路兵马都统,称“金牌郎君”。及攻汴州,宗弼与昂以兵三千为前锋。比暮,昂先以兵千人驰至其北门。时军中遣使入城,宋人不纳。昂谕之以事,遂得入。宗望至汴,令阇母、挞懒等屯于城之东北隅。虑宋主遁去,遣昂等率轻骑环城巡逻。昂所领止八谋克,遇敌万人,与战,败之,其步军溺死于汴者过半。七年,大军渡江,败宋兵于江上。帅府遣昂等以兵追宋主。宋主入会稽,若为坚守计,有兵数千列阵于郭东竹苇间。诸将欲击之。昂曰："此诈也。不若急攻城，不然将由他门逸去。"诸将犹豫未决，而宋主果于他门以单舟入海，不获而还。

宗辅定陕西，宗弼经略熙秦，遣昂与撒离喝领兵八千攻取河西郡县。昂等遂取宁洮、安陇二寨。进至河州，其通判率士民迎降。攻乐州，其都护及河州安抚使郭宁偕降。复进取三寨，至西宁州，都护许居简以城降，吐蕃酋长之孙赵铃辖率其所部木波首领五人来降。昂别领军四千往积石军，降其军及所部五寨官吏。追吐蕃铃辖等十二人至廓州，招之不下，攻取之。

天眷元年，授镇国上将军，除东平尹。明年夏，宋将岳飞以兵十万，号称百万，来攻东平。东平有兵五千，仓卒出御之。时桑柘方茂，昂使多张旗帜于林间，以为疑兵，自以精兵阵于前。飞不敢动，相持数日而退。昂勒兵袭之，至清口，飞众泛舟逆水而去。时霖雨昼夜不止，昂乃附水屯营。夜将半，忽促众北行。诸将谏曰："军士远涉泥淖，饥惫未食，恐难遽行。"昂怒不应，鸣鼓督之，下令曰："鼓声绝而敢后者斩。"遂弃营去，几二十里而止。是夜，宋人来劫营，无所得而去。诸将入贺，且问其故。昂曰："沿流而下者，走也。溯流而上者，诱我必追也。今大雨泥淖，彼舟行安，我陆行劳。士卒饥乏，弓矢败弱，我军居其下流，势不便利，其袭我必矣。"众皆称善。岳飞以兵十万围邳州甚急，城中兵才千余，守将惧，遣人求救。昂曰："为我语守将，我尝至下邳，城中西南隅有堑深丈余，可速实之。"守将如其教，填之。岳飞果自此穴地以入，知有备，遂止。昂举兵以为声援，飞乃退。

在东平七年，改益都尹，迁东北路招讨使，改崇义军节度使，迁会宁牧。天德初，改安武军节度使，迁元帅右都监，转左监军，授上京路移里闵斡鲁浑河世袭猛安。海陵曰："汝有大功，一猛安不足酬也。"益以四谋克。昂受亲管谋克，余三谋克让其族兄弟。拜枢密副使，转太子少保，进枢密使、尚书左丞相。昂怒族弟妻，去衣杖其脊，海陵闻之，杖昂五十。久之，拜太尉，封沈国公。进太保，判大宗正事，封楚国公，累进封莒、卫、齐，兼枢密使，太保如故。

海陵南伐,分诸路军为三十二总管,分隶左右领军大都督府,遂以昂为左领军大都督。海陵筑台于江上,召昂及右领军副大都督蒲卢浑谓之曰:"舟楫已具,可以济矣。"蒲卢浑曰:"舟小不可济。"海陵怒,诏昂与蒲卢浑明日先济。昂惧,欲亡去。抵暮,海陵遣人止之曰:"前言一时之怒耳。"既而至扬州,军变,海陵死。

世宗即位辽阳,昂使人杀皇太子光英于南京,遣其子寝殿小底宗浩与其婿牌印袛候回海等奉表贺登宝位。大军北还,昂恐宋人蹑兵后,即以罢兵移书于宋。二年,入见世宗,深慰劳之。进封汉国公,拜都元帅,太保如故。置元帅府于山东,经略边事。未几,奉迁睿宗皇帝梓宫于山陵,以昂为敕葬使。事毕,还山东。

三年,召至京师,以疾薨,年六十四。上为辍朝,亲临奠,赙银千两、重彩五十端、绢五百匹。

昂在海陵时,纵饮沉酣,辄数日不醒。海陵闻之,常面戒不令饮。得闲辄饮如故。大定初,还自扬州,妻子为置酒私第,未数行,辄卧不饮。其妻大氏,海陵庶人从母姊也,怪而问之。昂曰:"吾本非嗜酒者,但向时不以酒自晦,则汝弟杀我久矣。今遇明时,正当自爱,是以不饮。"闻者称之。睦于兄弟,尤善施予,其亲族有贫困者,必厚给之。至于茵帐、衣衾、器皿、仆马之属,常预设于家。即命驾相就,为具,欢乐终日,尽以遗之,即日使富足。人或以子孙计为言,答曰:"人各有命,但使其能自立尔,何至为子孙奴耶?"君子以为达。

赞曰:撒离喝、温敦思忠、奔睹皆有功旧臣,当天会、皇统之际,战胜攻取,可谓壮哉。及海陵之世,崎岖嫌忌,撒离喝既自以言致疑,犹与大臬辨争军事,何见几之不早也。乌林答赞谟廉直自奋,思忠挤之于死,自谓固结海陵,坚若金石,岂意执议不合而遽弃耶。始之不以道,未有能终者也。且思忠之最可罪者,构害赞谟,又纳其室而夺其资,此何异于杀越人于货者乎?阴报不在其身,在其子孙,亦已晚矣。正隆之末,奔睹位三公,居上将,内不肯与谋,外不肯与战,逼侧趑趄，苟免自全，大臣之道，固若是乎。

　　高桢，辽阳渤海人。五世祖牟翰仕辽，官至太师，桢少好学，尝业进士。斡鲁讨高永昌，已下沈州，永昌惧，伪送款以缓师，是时，桢母在沈州，遂来降，告以永昌降款非诚，斡鲁乃进攻。既破永昌，遂以桢同知东京留守事，授猛安。天会六年，迁尚书左仆射，判广宁尹，加太子太傅。在镇八年，政令清肃，吏畏而人安之。十五年，加太子太师，提点河北西路钱帛事。天眷初，同签会宁牧。及熙宗幸燕，兼同知留守，封戴国公，改同知燕京留守。魏王道济出守中京，以桢为同判，俄改行台平章政事，为西京留守，封任国公。

　　是时，奚、霫军民皆南徙，谋克别术者因之啸聚为盗。海陵患之，即以桢为中京留守，命乘驿之官，责以平贼之期。贼平，封河内郡王。海陵至中京，桢警夜严肃。有近侍冯僧家奴李街喜等皆得幸海陵。尝夜饮干禁，桢杖之濒死，由是权贵皆震慑。迁太子太保，行御史大夫，封莒王。策拜司空，进封代王，太子太保、行御史大夫如故。

　　桢久在台，弹劾无所避，每进封，必以区别流品，进善退恶为言。当路者忌之，荐张忠辅、马讽为中丞。二人皆险诐深刻，欲令以事中桢。正隆例封冀国公。桢因固辞曰："臣为众小所嫉，恐不能免，尚可受封爵耶？"海陵知其忠直，慰而遣之。及疾革，书空独语曰："某事未决，某事未奏，死有余恨。"薨，年六十九。海陵悼惜之，遣使致奠，赙赠加等。

　　桢性方严，家居无声伎之奉。虽甚暑，未尝解衣缓带。对妻孥危坐终日，不一谈笑，其简默如此。

　　白彦敬本名遥设，部罗火部族人。初名彦恭，避睿宗讳，改焉。祖屋仆根。父阿斯，仕辽为率府率。

　　彦敬善骑射，起家为吏，补元帅府令史。伐宋，为钱帛司都管勾。立三省，选为尚书省令史，除都元帅府知事。招谕诸部，授以金牌,行数千里,有功,超迁兵部郎中。熙宗罢统军司改招讨司,遣彦敬分僚属收牌印,谕诸部隶招讨司。还为本部侍郎,迁大理卿,出为通州防御使,改刑部侍郎。怨家告诬开府慎思与西北路部族谋叛,彦敬鞫得其实,海陵嘉之。迁签书枢密院事,以便宜措置边防。

正隆六年,调诸路兵伐宋,及调民马,使彦敬主会宁、蒲与、胡里改三路事。改吏部尚书,充南征万户,迁枢密副使。契丹撒八反,枢密使仆散忽土等以无功坐诛,以彦敬为北面行营都统,与副统纥石烈志宁以便宜往,赐御服皮袄。行至北京,闻南征诸军逃归者皆奔东京,欲推戴世宗。彦敬与志宁谋,阴结会宁尹完颜蒲速赉、利涉军节度使独吉义以图之。

世宗已即位,使石抹移迭、移剌曷补等九人招彦敬、志宁。彦敬拒之,使移迭跪。移迭不屈,皆杀之。及完颜谋衍将兵攻北京,彦敬使偏将率兵拒于建州之境,而独吉义先归世宗,蒲速赉称疾不至。世宗密遣人乘夜揭榜于北京市,购以官赏。彦敬、志宁恐为人图己,遂降。以为曷速馆节度使。不数月,召为御史大夫。

窝斡僭帝号。诸军马瘦弱,遣彦敬往西北路招讨司市马,得六千余匹。窝斡败,西走山后。完颜思敬以新马三千备追袭。彦敬屯于夏国两界间。窝斡平,召还为兵部尚书,出为凤翔尹,改太原尹,兼河北东路兵马总管,寻改河中尹。大定九年,卒于官。

张景仁字寿甫,辽西人。累官翰林待制。贞元二年,与翟永固俱试礼部进士,以"尊祖配天"为赋题,忤海陵旨,语在《永固传》。

大定二年,仆散忠义伐宋,景仁掌其文辞。宋人议和,朝廷已改奉表为国书,称臣为侄,但不肯世称侄国。往复凡七书,然后定,其书皆景仁为之。世宗称其能,尝曰:"今之文章如张景仁与宋人往复书,指事达意辨而裁,真能文之士也。"五年,罢兵,入为翰林直学士。七年,迁侍讲。八年,为详读官。宋国书中有"宝邻"字,景仁奏"邻"字太涉平易。上问累年国书有"邻"字否,命一一校勘。六年书中亦有之,上责问六年详读官刘仲渊,右丞石琚亦请罪曰:"臣尝预六年详读。"上曰："此有司之过，安得一一责宰臣邪？"诏有司就谕宋臣王瀹，使归告其主，后日国书不得复尔。仲渊时为礼部侍郎，降石州刺史，景仁迁翰林学士兼同修国史。

久之，上召景仁读陈言文字。上问："事款几何？"景仁率易，少周密，对曰："二十余事。"复曰："其中如某事某事十事可行，余皆无谓也。"明日，上召景仁责之曰："卿昨言可行者，朕观之，中复有不可行者。卿谓无谓者，中亦有可行者。朕未尝使卿分别可否，卿辄专可否，何也？自今戒之。"十年，兼太常卿，学士、同修国史如故。转承旨，兼修国史。改河南尹。二十一年，召为御史大夫，仍兼承旨、修国史。

世宗谓景仁曰："卿博学老儒，求如古之御史大夫，然后行之，斯为称矣。不能如古之人，众人不独诮卿，亦谓朕不能知人。卿醉中颇轻脱失言，当以酒为戒。"初，朝臣言景仁有文艺而颇率易，不可任台察。景仁被诏，就台中治监察罪，辄以便服视决罚。上闻之，责景仁曰："朕初用卿为大夫，或言卿不可居此官，今果不用故事，率易如此。卿自慎，不然黜罚及矣！"景仁顿首谢。

未几，诏葬元妃李氏于海王庄。平章政事乌古论元忠提控葬事，都水监丞高杲寿治道路不如式，元忠不奏，决之四十。景仁劾奏元忠辄断六品官，无人臣礼。上曰："卿劾奏甚当。"使左宣徽使蒲察鼎寿传诏戒敕元忠曰："监丞六品，有罪闻奏，今乃一切趋办，擅决六品官，法当如是耶？御史在尊朝廷，汝当自咎，勿复再！"元忠尚豫国公主，怙宠自任，倨慢朝士。景仁劾之，朝廷肃然。是岁，薨。

赞曰：高桢以旧劳为御史大夫，刚明自任，绳治无所避，几不免于怨憎之荼毒。直己而行，自古难之。白彦敬不受大定之诏而世宗贤之。向使久在此位，其深谋谠论，必有辣动人者。张景仁儒者之勇，廷论元忠，正矣。

金史卷八五
列传第二二

世宗诸子

永中　永蹈　永功　永德　永成
永升

　　世宗昭德皇后生显宗、赵王斡辇、越王斜鲁。元妃张氏生郢王允中、越王允功。元妃李氏生郑王允蹈、卫绍王允济、潞王允德。昭仪梁氏生豫王允成。才人石抹氏生夔王允升。斡辇、斜鲁皆早卒。

　　镐王永中本名实鲁剌，又名万僧。大定元年，封许王。五年，判大兴尹。七年，进封越王。十一年，进封赵王。十三年，拜枢密使。十九年，子石古乃加光禄大夫。是岁，改葬明德皇后于坤厚陵，永中母元妃张氏陪葬。十一月庚申，自磐宁宫发引。永中以元妃柩先发，使执黄伞者前导。俄顷，皇后柩出磐宁宫，显宗徒跣。少府监张仅言呼执黄伞者，不应。既葬，仅言欲奏其事，显宗解之曰：“是何足校哉，或伞人误耳。”仅言乃止。

　　二十一年，改判大宗正事。永中不悦，显宗劝之曰：“宗正之职，自亲及疏，自近及远，此亲贤之任也。且皇子之贵，岂以官职闲剧为计邪？”永中乃喜。二十四年，世宗幸上京，显宗居守，并留永中。显宗先遣章宗、宣宗奉表问起居于上京，既而遣永中子光禄大夫石古乃奉表。世宗喜谓豫国公主曰：“皇太子孝德天成，先遣二子，继遣此子,兄弟之际相友爱如此也。"

二十五年六月,世宗在天平山好水川清暑,显宗薨于中都,诏曹王永功视章宗,召永中赴行在。是岁,与章宗及永功等并加开府仪同三司。二十六年,复为枢密使。是岁,世宗赐诸孙名。石古乃曰瑜,神土门曰璋,阿思懑曰玘,阿离合懑曰璪。二十七年,玘年十五以上,加奉国上将军。章宗即位,起复判西京留守,进封汉王,与诸弟各赐金五百两、银五千两、钱二千贯、重币三百端、绢二千匹。再赐永中修公廨钱三百万,特加石古乃银青荣禄大夫,阿离合懑奉国上将军。

明昌二年正月辛酉,孝懿皇后崩。判真定府事吴王永成、判定武军节度使隋王永升奔丧后期,各罚俸一月,杖其长史五十。永中适有寒疾,不能至。上怒,颇意诸王有轻慢心,遣使责永中曰:"已近公除,亦不须来。"二月丙戌,禫祭,永中始至,入临。辛卯,始克行烧饭礼。壬辰,永中及诸王朝辞,赐遣留物,礼遇虽在,而嫌忌自此始矣。

四月,进封并王。三年,判平阳府事,进封镐王。初置王傅、府尉官,名为官属,实检制之也。府尉希望风旨,过为苛细。永中自以世宗长子,且老矣,动有掣制,情思不堪,殊郁郁。乃表乞闲居。诏不许。四年,郑王永蹈以谋逆诛。增置诸王司马一员,检察门户出入,毬猎游宴皆有制限,家人出入皆有禁防。河东提刑判官把里海坐私谒永中,杖一百,解职。前近侍局副使裴满可孙尝受永中请托,为石古乃求除官,可孙已改同知西京留守,犹坐免。故尚书右丞张汝弼,永中母舅也。汝弼妻高陀斡自大定间画永中母像,奉之甚谨,挟左道为永中求福,希觊非望。明昌五年,高陀斡坐诅祝诛。上疑事在永中,未有以发也。

会镐王傅尉奏永中第四子阿离合懑因防禁严密,语涉不道。诏同签大睦亲府事棠、御史中丞孙即康鞫问,并求得第二子神徒门所撰词曲有不逊语。家奴德哥首永中尝与侍妾瑞雪言:"我得天下,子为大王,以尔为妃。"诏遣官复按状同。再遣礼部尚书张暐、兵部侍郎乌古论庆裔复之。上谓宰臣曰：“镐王只以语言得罪，与永蹈罪异。”参知政事马琪曰：“永中与永蹈罪状虽异，人臣无将，则一也。”上曰：“大王何故辄出此言？”左丞相清臣曰：“素有妄想之心也。”诏以永中罪状宣示百官杂议，五品以下附奏，四品以上入对便殿。皆曰：“请论如律。”惟宫籍监丞卢利用乞贷其死。诏赐永中死，神徒门、阿离合懑等皆弃市。敕有司用国公礼收葬永中，平阳府监护，官给葬具，妻子威州安置。泰和七年，诏复永中王爵，赐谥曰厉。敕石古乃于威州择地，以礼改葬，岁时祭奠。贞祐二年，诏徙永中妻、子石古乃等郑州安置。

贞祐三年，太康县人刘全尝为盗，亡入卫真界，诡称爱王。所谓爱王，指石古乃。石古乃实未尝有王封，小人妄以此目之。刘全欲为乱，因假托以惑众，诱王氏女为妻，且言其子方聚兵河北。东平人李宁居嵩山，有妖术。全同县人时温称宁可论大事，乃使范元书伪号召之。宁至，推为国师，议僭立。事觉，全、温、宁皆伏诛。

贞祐四年，潼关破，徙永中子孙于南京。兴定二年，亳州谯县人孙学究私造妖言云：“爱王终当奋发，今匿迹民间，自号刘二。”卫真百姓王深等皆信以为诚然。有刘二者出而当之，遣欧荣辈结构逆党，市兵仗，大署旌旗，谋僭立。事觉，诛死者五十二人，缘坐者六十余人。永中子孙禁锢，自明昌至于正大末，几四十年。天兴初，诏弛禁锢。未几，南京亦不守云。

郑王永蹈本名银术可，初名石狗儿。大定十一年，封滕王，未期月进封徐王。二十五年，加开府仪同三司。二十六年，为大兴尹。章宗即位，判彰德军节度使，进封卫王。明昌二年，徙封郑王。三年，改判定武军。

初，崔温、郭谏、马太初与永蹈家奴毕庆寿私说谶记灾祥，毕庆寿以告永蹈：“郭谏颇能相人。”永蹈乃召郭谏相已及妻子。谏说永蹈曰：“大王相貌非常，王妃及二子皆大贵。”又曰：“大王，元妃长子，不与诸王比也。”永蹈召崔温、马太初论谶记天象。崔温曰：“丑年有兵灾,属兔命者来年春当收兵得位。"郭谏曰:"昨见赤气犯紫微,白虹贯月,皆注丑后寅前兵戈僭乱事。"永蹈深信其说,乃阴结内侍郑雨儿伺上起居,以崔温为谋主,郭谏、马太初往来游说。河南统军使仆散揆尚永蹈妹韩国公主,永蹈谋取河南军以为助,与妹泽国公主长乐谋,使驸马都尉蒲剌睹致书于揆,且先请婚,以观其意。揆拒不许结婚,使者不敢复言不轨事。永蹈家奴董寿谏永蹈,不听。董寿以语同辈奴千家奴,上变。是时,永蹈在京师,诏平章政事完颜守贞、参知政事胥持国、户部尚书杨伯通、知大兴府事尼庞古鉴鞫问,连引甚众,久不能决。上怒,召守贞等问状。右丞相夹谷清臣奏曰:"事贵速绝,以安人心。"于是,赐永蹈及妃卜玉,二子按春、阿辛,公主长乐自尽。蒲剌睹、崔温、郭谏、马太初等皆伏诛。仆散揆虽不闻问,犹坐除名。董寿免死,隶监籍。千家奴赏钱二千贯,特迁五官杂班叙使。自是诸王制限防禁密矣。

泰和七年,诏复王封,备礼改葬,赐谥曰剌,以卫王永济子按辰为永蹈后,奉其祭祀。

越王永功本名宋葛,又名广孙,贞元二年生。沉默寡言笑,勇健绝人,涉书史,好法书名画。大定四年,封郑王。七年,进封隋王。十一年,进封曹王。十五年,除刑部尚书。上曰:"侍郎张汝霖,汝外舅行也,可学为政。"十七年,授活活土世袭猛安。十八年,改大兴尹。

世宗幸金莲川,始出中都,亲军二苍头纵马食民田,诏永功:"苍头各杖一百。弹压百户二人失觉察,勒停。"上次望京淀,永功奏曰:"亲军人止一苍头、两弹压服勤,为日久矣。臣昧死违诏,量决苍头,使弹压待罪,可使偿其田直,惟陛下怜察。"上皆从之。

老妪与男妇憩道傍,妇与所私相从亡去,或告妪曰:"向见年少妇人自水边小径去矣。"妪告伍长踪迹之。有男子私杀牛,手持血刃,望见伍长,意其捕己,即走避之。妪与伍长疑是杀其妇也,捕送县,不胜楚毒,遂诬服。问尸安在?诡曰:"弃之水中矣。"求之水中,果获一尸,已半腐。县吏以为是男子真杀若妇矣,即具狱上。永功疑之曰：“妇死几何日，而尸遂半腐哉。”顷之，妪得其妇于所私者。永功曰：“是男子偶以杀人就狱，其拷掠足以称杀牛之科矣。”遽释之而去。武清黄氏、望云王氏豪猾不逞，永功发其罪，畿内肃然。

二十三年，判东京留守。是月，改河间尹。阅月，改北京留守，居无何，上谓宰臣曰：“朕闻永功到北京为政无良，虽朕子，万一败露，法可废乎。朕已戒敕永功，卿等可谕其长史，俾匡正之。”到北京凡七月，改东京留守。世宗幸上京，过东京，永功从。明年，上还至天平山好水川，皇太子薨。诏永功护丧事，寻拜御史大夫。章宗封原王，加开府仪同三司。赵王永中及永功兄弟皆加开府仪同三司。明年，判大宗正事。

应州僧与永功有旧，将诉事于彰国军节度使移剌胡剌，求永功手书与胡剌为地。胡剌得书，奏之。上谓宰臣曰：“永功以书嘱事胡剌，此虽细微，不可不惩也。凡人小过不治，遂至大咎。有犯必惩，庶几能改，是亦教也。”皆曰：“陛下用法无私，臣下敢不敬畏。”于是永功解职。未几，复判大宗正事。

章宗即位，除判平阳府事，进封冀王。永功之官，随引医人沈思存过制限，当解职。上曰：“朕知此事，当痛断监奴及治府掾长史管辖府事者罪，仍著于令。”家奴王唐犯罪至徒，永功曲庇之。平阳治中高德裔失觉察，笞四十。于是永功改判济南府。诏永功曰：“所坐虽细事，法令不得不如此。今已释矣，后毋复然。济南先帝旧治，风土甚好，可悉此意也。”改授山东西路把鲁古世袭猛安。二年，判广宁府事，进封鲁王。明年，判彰德府事。承安元年，进封郕王。明年，判太原府事。泰和七年，改西京留守。八年，复判平阳府事。大安元年，进封谯王，判中山府事。明年，进封越王。

宣宗即位，免常参。明年，从迁汴京。久之，诏永功每月朔一朝。兴定四年，诏永功无朝。五年，有疾，赐御药。疾革，赐尚医诊视，一日五遣使候问。是岁，薨。上哭之恸，谥曰忠简。

子福孙、寿孙、粘没曷。大定二十六年，诏赐福孙名璐，寿孙名琦，粘没曷名琳。是年，璐加奉国上将军。章宗即位，加银青荣禄大夫,封萧国公。初为兴陵崇妃养子,常居京师,奉朝请。泰和五年,卒。章宗辍朝,百官进名奉慰。

玠本名寿孙,世宗赐名字仲实,一字子瑜。资质简重,博学有俊才,喜为诗,工真草书。大定二十七年,加奉国上将军。明昌初,加银青荣禄大夫。卫绍王时,加开府仪同三司。贞祐中,封胙国公。正大初,进封密国公。

玠奉朝请四十年,日以讲诵吟咏为事,时时潜与士大夫唱酬,然不敢明白往来。永功薨后,稍得出游,与文士赵秉文、杨云翼、雷渊、元好问、李汾、王飞伯辈交善。初,宣宗南迁,诸王宗室颠沛奔走,玠乃尽载其家法书名画,一帙不遗。居汴中,家人口多,俸入少,客至,贫不能具酒肴,蔬饭共食,焚香煮茗,尽出藏书,谈大定、明昌以来故事,终日不听客去,乐而不厌也。

天兴初,玠已卧疾,论及时事,叹曰:“兵势如此,不能支,止可以降。全完颜氏一族归吾国中,使女直不灭则善矣,余复何望。”是时,曹王出质,玠见哀宗于隆德殿。上问:“叔父欲何言?'玠奏曰:“闻讹可欲出议和。讹可年幼,不苦谙练,恐不能办大事。臣请副之,或代其行。”上慰之曰:“南渡后,国家比承平时有何奉养,然叔父亦未尝沾溉。无事则置之冷地,无所顾藉,缓急则置于不测,叔父尽忠固可,无下其谓朕何?叔父休矣。”于是君臣相顾泣下。未几,以疾薨,年六十一。

平生诗文甚多。自删其诗,存三百首,乐府一百首,号《如庵小藁》。第五子守禧,字庆之,风神秀彻,玠特钟爱,尝曰:“平日所蓄书画将以付斯子。”及汴城降,守禧病卒,年未三十。

潞王永德本名讹出。大定二十五年,与章宗及诸兄俱加开府仪同三司。二十七年,封薛王。明年,除秘书监。二十九年,进判秘书监,进封沈王。明昌元年,授山东东路把鲁古必剌猛安。三年,进封豳王。五年,迁劝农使。承安二年,进封潞王。承安三年,再任劝农使。泰和元年，有司劾永德元日进酒后期，有诏勿问。卫绍王时，累迁太子太师。宣宗即位，改同判大睦亲府事。兴定五年，迁判大睦亲府事。子斡论，赐名琰。

豫王永成本名鹤野，又曰娄室。母昭仪梁氏。永成风姿奇伟，博学，善属文。世宗尤爱重之。大定七年，始封沈王，以太学博士王彦潜为府文学，永成师事之。十一年，进封豳。十五年，就外第。十六年，判秘书监。明年，授世袭山东东路把鲁古猛安，判大睦亲府事。既而改中都路胡土霭哥蛮猛安。二十年，改授翰林学士承旨。二十三年，判定武军节度使事，寻改判广宁府。二十五年，世宗幸上京，命留守中都，判吏部尚书，进开府仪同三司，为御史大夫。

章宗即位，起复，进封吴，判真定府事。明昌元年，改山东西路盆买必剌猛安。明年，进封兖。坐率军民围猎，解职，奉表谢罪。上赐手诏曰：“卿亲实肺腑，夙著忠纯，侍显考于春宫，曲尽友于之爱，洎冲人之继统，愈明忠赤之心，艰难之中，多所裨益。朕心简在，毫楮莫穷，用是起之苫块之中，授以维城之任。自典蕃服，岁月荐更，眇尔赵邦，知骥足之难展，眇哉镇府，固牛刀之莫施。方思驿召以赴朝，何意遽罹于国宪。偶因时猎，颇扰部民，法所不宽，宪台闻上。朕尚含容累月，未忍即行，虽欲遂于私恩，竟莫违于公议，解卿前职，即乃世封。噫，祖宗立法，非一人之敢私；骨肉至亲，岂千里而能间。以此退闲之小诚，欲成终始之洪恩。经云‘在上不骄，高而不危’。是以知节慎者修身之本，骄矜者败德之源。朕每自励，今以戒卿。昔东平乐善，能成不朽之名，梁孝奢淫，卒致忧疑之悔。前人所行，可为龟鉴。卿兼资文武，多艺多才，履道而行，何施不可。如能德业日新，无虑牵复之晚。朕素不工词翰，临文草草，直写所怀，冀不以辞害意也。”未几，授沁南军节度使。三年，改判咸平府事，未赴，移判太原府事。上以永成诞日，亲为诗以赐，有“美誉自应辉玉牒，忠诚不待启金縢”之语，当世荣之。

七年，改判平阳府事。承安改元，以覃恩进封豫。明年冬，进马八十匹,以资守御之备。上赐诏奖谕曰:"卿夙有隽望,时惟茂亲,通达古今,砥砺忠义。方分忧于外服,来输骏于上闲,欲助边防,以增武备。惟尽心于体国,乃因物以见诚。载念恳勤,良深嘉奖。"五年,再任。俄召还,以疾不能入见。上亲幸其第临视。泰和四年,薨。讣闻,上为之震悼,赙赠甚厚,谥曰忠献。

永成自幼喜读书,晚年所学益醇,每暇日引文士相与切磋,接之以礼,未尝见骄色。自号曰:"乐善居士",有文集行于世云。

夔王允升,改名永升,本名斜不出,一名鹤寿。大定十一年,封徐王,进封虞王。二十六年,加开府仪同三司。明年,判吏部尚书,授山东西路按必出虎必剌猛安。章宗即位,加恩宗室,徙封隋王,除定武军节度使。明昌二年,改封曹王。久之,改封宛王。卫绍王即位,徙今封。贞祐元年九月,宣宗以允升年高。素羸疾,诏宫中听扶杖。寻薨。既殡,烧饭,上亲临奠。

赞曰:世宗保全宗室,无所不至,虽矫海陵之失,亦由天资仁厚而然也。其子永中、永蹈皆死章宗之手,其理盖有不可诘者。章宗无后,则厥报不爽矣。

金史卷八六
列传第二四

李石　完颜福寿　独吉义
乌延蒲离黑　乌延蒲辖奴
李师雄　尼厖古钞兀
孛术鲁定方　夹谷胡剌
蒲察斡论　夹古查剌

　　李石字子坚,辽阳人,贞懿皇后弟也。先世仕辽,为宰相。高祖
仙寿,尝脱辽主之舅于难,辽帝赐仙寿辽阳及汤池地千顷,佗物称
是,常以李舅目之。父雏讹只,桂州观察使,高永昌据东京,率众攻
之,不胜而死。

　　石敦厚寡言,而器识过人,天会二年,授世袭谋克,为行军猛
安。睿宗为右副元帅,引置军中,属之宗弼。八年,除礼宾副使,转
洛苑副使。天眷元年,置行台省于汴,石为汴京都巡检使,历大名少
尹,汴京马军副都指挥使,累官景州刺史。海陵营建燕京宫室,石护
役皇城端门。海陵迁都燕京,石随例入见。海陵指石曰:"此非葛王
之舅乎?"葛王,谓世宗也。未几,除于中少尹。

　　石知海陵忌宗室,颇歉前日之言,秩满,托疾还乡里。世宗留守
东京,御契丹括里,石留东京巡察城中。海陵使副留守高存福伺察
世宗动静,知军李蒲速越知存福谋,以告世宗,石因劝世宗先除存

福，然后举事，世宗从之。大定元年，以定策功为户部尚书。无何，拜参知政事。

阿璅杀同知中都留守蒲察沙离只，遣使奉表东京，而群臣多劝世宗幸上京者。石奏曰："正隆远在江、淮，寇盗蜂起，万姓引领东向，宜因此时直赴中都，据腹心以号令天下。万世之业也。惟陛下无牵于众惑。"上意遂决，即日启行。世宗纳石女后宫，生郑王永蹈、卫绍王永济，是为元妃李氏。

三年，户部尚书梁铢上言："大定以前，官吏士卒俸粟支帖真伪相杂，请一切停罢。"石买革去旧贴，下仓支粟，仓司不敢违，以新粟与之。上闻其事，以问梁铢，梁铢对不以实。上命尚书左丞翟永固鞫之。梁铢削官四阶，降知火山军，石罢为御史大夫。久之，封道国公。

六年，上幸西京，石与少詹事乌古论三合守卫中都宫阙。诏曰："京师巡御不可不严。近都猛安内选士二千人巡警，仍给口粜刍粟。"谓宰臣曰："府库钱币非徒聚货也，若军士贫弱，百姓困乏，所费虽多，岂可已哉。"故事，凡行幸，留守中都官每十日表问起居。上以使传频烦，命二十日一进表。七年，拜司徒，兼太子太师，御史大夫如故。赐第一区。

安化军节度使徒单子温，平章政事合喜之侄也，赃滥不法，石即劾奏之。方石奏事，宰相下殿立，俟良久。既退，宰相或问石奏事何久，石正色曰："正为天下奸污未尽诛耳。"闻者悚然。一日，上谓石曰："御史分别庶官邪、正。卿等惟劾有罪，而未尝举善也，宜令监察分路刺举善恶以闻。"

石司宪既久，年浸高。御史台奏，事有在制前断定，乞依新条改断者。上曰："若在制前行者，岂可改也。"上御香阁，召中丞移刺道谓之曰："李石耄矣，汝等宜尽心。向所奏事甚不当，岂涉于私乎？"他日，又谓石曰："卿近累奏皆常事。臣下善恶邪正，无语及之。卿年老矣，不能久居此，若能举一二善事，亦不负此职也。"九年，进拜太尉、尚书令。诏曰："太后兄弟惟卿一人，故命领尚书事。军国大事,涉于利害,议其可否,细事不烦卿也。"进封平原郡王。

平章政事完颜守道奏事,石神色不怿。世宗察之,谓石曰:"守道所奏,既非私事,卿当共议可否。在上位者所见有不可,顺而从之,在下位者所见虽当,则遽不从乎?岂可以与己相违而蓄怒哉。如此则下位者谁敢复言?"石对曰:"不敢。"上曰:"朕欲于京府节镇运司长佐三员内任文臣一员,尚未得人。"石奏曰:"资考未至,不敢拟。"上曰:"近观节度转运副使中才能者有之。海陵时,省令史不用进士,故少尹节度转运副使中乏人。大定以来,用进士,亦颇有人矣,节度转运副使中有廉能者具以名闻,朕将用之。朝官不历外任,无以见其才,外官不历随朝,无以进其才,中外更试,庶可得人。"他日,上复问曰:"外任五品职事多阙,何也?"石对曰:"资考少有及者。"上曰:"苟有贤能,当不次用之。"对不称旨,上表乞骸骨,以太保致仕,进封广平郡王。十六年,薨。上辍朝临吊,哭之恸,赙钱万贯,官给葬事。少府监张仅言监护,亲王、宰相以下郊送,谥襄简。

石以勋戚,久处腹心之寄,内廷献替,外罕得闻。观其劾奏徒单子温退答宰臣之问,气岸宜有不能堪者。时论得失半之,亦岂以是耶。旧史载其少贫,贞懿后周之,不受,曰:"国家方急用人,正宜自勉,何患乎贫。"后感泣曰:"汝苟能此,否复何忧。"及中年,以冒粟见斥,众讥贪鄙,如出二人。史又称其未贵,人有慢之者,及为相,其人以事见石,惶恐。石曰:"吾岂念旧恶者。"待之弥厚。能为长者言如是,又与他日气岸迥殊。

山东、河南军民交恶,争田不绝。有司谓兵为国根本,姑宜假借。石持不可,曰:"兵民一也,孰轻孰重。国家所恃以立者纪纲耳,纪纲不明,故下敢轻冒。惟当明其疆理,示以法禁,使之无争,是为长久之术。"趣有司拯问,自是军民之争遂息。北京民曹贵谋反,大理议廷中,谓贵等阴谋久不能发,在法"词理不能动众,威力不足率人",罪止论斩。石是之。又议从坐,久不能决。石曰:"罪疑惟轻。"入,详奏其状,上从之,缘坐皆免死。北鄙岁警,朝廷欲发民穿深堑以御之。石与丞相纥石烈良弼皆曰:"不可。古筑长城备北,徒耗民力,无益于事。北俗无定居,出没不常,惟当以德柔之。若徒深堑,必当置戍,而塞北多风沙,曾未期年,堑已平矣,不可疲中国有用之力,为此无益。"议遂寝。是皆足称云。

世宗在位几三十年,尚书令凡四人:张浩以旧官,完颜守道以功,徒单克宁以顾命,石以定策,他无及者。明昌五年,配享世宗庙廷。子献可、遽可。

献可字仲和,大定十年,中进士第。世宗喜曰:"太后家有子孙举进士,甚盛事也。"累官户部员外郎,坐事降清水令,召为大兴少尹,迁户部侍郎,累迁山东提刑使。卒。卫绍王即位,以元舅赠特进,追封道国公。子道安,擢符宝郎。

完颜福寿,曷速馆人也。父合住,国初来归,授猛安。天眷二年,福寿袭父合住职,授定远大将军,累加金吾卫上将军。海陵省并猛安谋克,遂停封。

正隆末,海陵伐宋,福寿领娄室、台答蔼二猛安由山东道进至泰安。既受甲,福寿乃诱将校北还,而高忠建、卢万家奴等亦各率众万余俱归东京,欲共立世宗。至辽口,世宗遣徒单思忠、府吏张谋鲁瓦等来迎,察其去就。思忠等以数骑驰入军中,见福寿等问曰:"将军何为至此?"福寿向南指海陵而言曰:"此人失道,不能保天下,国公乃太祖皇帝亲孙,我辈欲推戴为主,以此来耳。"诸军皆东向拜,呼万岁。为书以授思忠。于是督诸军渡辽水,径至东京城下,即谕军士擐甲入卫宫城,杀高存福等。明日,与诸将及东京吏民从婆速路兵马都总管完颜谋衍劝进。世宗即位,以福寿为元帅右监军,赐以银币御马。

初,谋衍之至也,大会诸军,以福寿之军居左,高忠建军居右。忠建曰:"何以我军为右军?"谋衍曰:"树置在我,而曷敢言!"福寿曰:"始建大事,左右军高下何足争也。"遂让忠建为左军。世宗闻而贤之。未几,从完颜谋衍讨白彦敬,纥石烈志宁于北京。是冬,上闻临潢尹兼元帅左都监吾扎忽等与窝斡战不利，命福寿将兵进讨。已败贼，俘获生口万计。世宗以纥石烈志宁代之，召还，授兴平军节度使，复其世袭猛安，寻领济州路诸军事。大定三年，卒。

独吉义本名鹘鲁补，曷速馆人也。徙居辽阳之阿米吉山。祖回海，父秘剌。收国二年，曷速馆来附，秘剌领户三百，遂为谋克。秘剌长子照屋，次子忽史与义同母。秘剌死，忽史欲承谋克。义曰："长兄虽异母，不可夺也。"忽史乃以谋克归照屋，人咸义之。

义以质子至上京。善女直、契丹字，为管勾御前文字。天会十五年，擢右监门卫大将军，除宁化州刺史。察廉，迁迭剌部族节度使、复州防御使，改卓鲁部族节度使、河南路统军都监，为武胜军节度使。边郡妄称寇至，统军司徙居民于汴，义独不听，日与官属击球游宴。统军司使人责之，义曰："太师梁王南伐淮南，死者未葬，亡者未复，彼岂敢先发？此城中有榷场，若自动，彼将谓我无人。"既而果无事，统军谢之，请以沿边唐州等处诸军猛安皆隶于义。

贞元元年，改唐古部族节度使，为彰化军，改利涉军节度使。是时，海陵伐宋，诸军往往逃归，而世宗在东京得众心。都统白彦敬自北京使人阴结义，欲与共图世宗。顷之，世宗即位，义即日来归，具陈所以与彦敬密谋者。世宗嘉其不欺，以为参知政事。

上谓义曰："正隆率诸道兵伐宋，若反斾北指，则计将安出？"义曰："正隆多行无道，杀其嫡母，阻兵虐众，必将自毙。陛下太祖之孙，即位此其时也。"上曰："卿何以知之？"义曰："陛下此举若太早，则正隆未渡淮，太迟则窝斡必太炽。今正隆已渡淮，窝斡未至太盛，将士在南，家属皆在此，惟早幸中都为便。上嘉纳之。次榛子岭，世宗闻海陵死于军中，谓义曰："信如卿所料。"大定二年，罢为益都尹，兼本路兵马都总管，赐金五十两、银五百两。三年，以疾致仕。四年，薨于家，年七十一。

子和尚，大定初，除应奉翰林文字，佩金牌。陀满讹里也子撒曷辇充护卫，司吏王得儿加保义校尉，皆佩银牌。持诏书宣谕中都以南州郡,及往南京谕太傅张浩。中道闻海陵遇害,南京及都督府皆奉表贺。乃止。和尚为奉使,擅废置州县官,辄行杀戮,诏尚书省鞫治之。十九年,诏以义孙引寿为斜鲁答阿世袭谋克。义性辩给,善谈论,服玩不尚奢侈,食不兼味云。

　　赞曰:章宗尝问群臣:"世宗初起东京,大臣为谁?"完颜守贞对曰:"止有李石一人。"章宗叹曰:"苟如此,信有天命也。"完颜谋衍部署诸军,高忠建争长,完颜福寿让忠建而己下之,其功多矣。当是时,独吉义最先至,诸将尚未肯附。由是言之,果天也,非人力也。

　　乌延蒲离黑,速频路哲特猛安人,改属合懒路。祖思列,预平乌春、窝谋罕之乱,及伐辽、宋皆有功,追授猛安,赠银青光禄大夫。父国也袭猛安。
　　蒲离黑从太祖伐辽,勇闻军中。天眷三年,袭猛安,授宁远大将军,累官武宁军节度使,迁京兆尹。海陵伐宋,行武威军都总管。军还,为顺义军节度使。徒单合喜定秦、陇,蒲离黑统完颜习尼列、颜盏门都兵救德顺州,改延安、平凉尹。致仕,封任国公。大定十九年卒。

　　乌延蒲辖奴,速频路星显河人也,后改隶曷懒路。父忽撒浑,天辅初,追授猛安,亲管谋克。蒲辖奴身长有力,多智略,袭其父猛安谋克,阶宁远大将军。天德二年,授陈州防御使。贞元元年,改昌武军节度使,以善绥抚,再任。海陵南征,改归德尹,为神策军都总管。当屯济州,比至山东,盗已据其城,蒲辖奴领十余骑往觇之,忽为其众所围,乃与军士皆下马,立而射之,杀百余人。贼众败走,迤逦袭之,至暮而还。明日,攻破其城,号令士卒,毋害居民,郡中获安,民感其惠,为立祠以祭。
　　大定二年,为庆阳尹。元帅左都监徒单合喜奏宋军十万余据险阻,剽掠郡邑,请益师。诏益兵七千,与旧兵合为二万。遣蒲辖奴与延安尹高景山等分领其军以往,卒于军,年六十一。子查剌。

乌延查剌,银青光禄大夫蒲辖奴子也,力兼数人,勇果无敌。正隆六年伐宋,诸猛安谋克兵皆行,州县无备。契丹括里陷韩州,围信州,远近震骇。查剌道出咸平,遂率本部亟还信州。与战败之。已而,贼复整兵环攻,且登其城,查剌下巨木压之,杀贼甚众,括里乃解去,查剌左右手持两大铁简。简重数十斤,人号为“铁简万户。”追及括里于韩州东八里许,贼方就平野为阵,查剌身率锐士,以铁简左右挥击之,无不僵仆。贼不能成列,乃易马督军复击之,贼众大败,遂走,东京、咸平、隆州民复帖然。

世宗即位,查剌谒见,充护卫,为骁骑副都指挥使,领万户。击窝斡,战于花道。大军未集,查剌在左翼,领六百骑与贼战,杀贼三千余人。宗亨、蒲察世杰七谋克战不利,世杰走查剌军,贼合围攻之。查剌圜拒而战,宗亨军来援,贼乃引去。西过袅岭,追及于陷泉。贼先犯右翼,查剌迎击之,贼退走。窝斡募人刺之。伪护卫阿不沙身长有力,奋大刀自后斫查剌,查剌回顾,以简背击阿不沙,折其右臂。与纥石烈志宁军合击,贼遂大败。

窝斡平,以为宿直将军,赐银三百两,重彩二十端。丁父忧,以本官起复,袭其父猛安,除蔡州防御使,改宿州,迁昌武军节度使,徙镇邠州。为贺宋岁元使,射淮上柳树,矢入其树饮羽。宋人素闻其名,甚异之。改凤翔尹,入为右副点检,出为兴中尹,改婆速路总管。高丽惮其威名,凡以事至婆速路者望见而跪之。二十五年,为兴平军节度使,卒官。

查剌贞悫寡言,平居极和易,及临战奋勇,见者无不辟易,虽重围万众,出入若无人之境云。

李师雄字伯威,雁门人也。有才力,喜谈兵,慕古之英雄,故名师雄。宋宣和中以骑射登科,累官大名、清平尉。王师至大名,师雄与府僚出降,摄本路兵马都监。齐国建,以为大总管府先锋都统制,知淄州。齐废，为汴京马军都虞候，历知宁海军、曹州刺史。皇统二年，为武胜军节度使。正隆末，为河州防御使。宋将吴璘军攻秦、陇，会师雄以事就逮临洮，宋兵至城下，州人乘城拒守，谋欲出降，师雄止之。宋将权仪鞭马方上浮桥，师雄射之，坠于桥下，遂擒权仪，宋师退。后从元师左监军徒单合喜以兵攻河州，有功。未几，以疾归汴，卒。

尼厖古钞兀，曷速馆人。初为大臬扎也，补元帅府通事。宋将韩世忠率军数万围邳州，钞兀将轻骑数百与侦人数辈间道往救之，败敌兵六千。翌日，宋兵复围下邳，钞兀复败之。宋人攻济州，夺战舰略尽。是时，钞兀往宿州，分蒲鲁虎军，还至大河，与敌遇，力战败之，尽复战舰。王师复河南，宋别将田胡陵夜袭字堇布辉营，士卒尽没。钞兀从东平总管并力战，却之。元帅府赏以银币。钞兀勇敢，善伺敌虚实，以此屡捷。帅府承制加忠显校尉，为蕃部秃里，赐钱万贯、币帛三百匹，衣一袭、马二匹。将之官，河间尹大臬白于元帅，请留钞兀以给边事，许之。复赐钱万贯、银二百五十两、重彩三百端、马三匹。录功，授广阳少尹。

海陵将伐宋，而契丹反，召入谕之曰："汝久在边隙，屡立战功，昨遣枢密使仆散忽士、留守石抹怀忠等讨契丹，师久无功，已置诸法。今命汝与都统白彦敬、副将纥石烈志宁进讨。"因赐具装厩马四匹。钞兀与彦敬等至北京，未能进。会世宗即位辽阳，钞兀迎谒，迁辅国上将军，与都统吾扎忽、副统浑讨窝斡。钞兀行至窊历，与窝斡遇，左军小却，钞兀挺枪驰入其阵，手杀二十余人，贼乃退。元帅仆散忠义自花道追之，钞兀以前锋追及于陷泉，遂大败之。事平，迁西北路招讨使，改东北路。

钞兀与完颜思敬有隙，思敬为北京留守，奉诏至招讨司，钞兀不出饯。世宗闻之，遣使切责之曰："卿本大臬扎也，起身细微。受国厚恩，累历重任，乃以私憾，不饯诏使。当内省自讼，后勿复尔。朕不能再三曲恕汝也。"既而思敬为平章政事，北路招讨使钞兀以私取诸部进马，事觉被逮，将赴京师。钞兀为人尚气，次海滨县，慨然曰："吾岂能为思敬辱哉。"遂缢而死。十九年，诏以钞兀旧功，授其子和尚世袭布辉猛安徒胡眼谋克。

字术鲁定方本名阿海，内吉河人也。材勇绝伦。海陵素闻其名。天德初，召授武义将军，充护卫。数月，转十人长，迁宿直将军，赐予甚厚。寻为殿前右卫将军，又三月，擢殿前右副点检，世袭猛安，改左副点检。出为河南尹，改彰德军节度使。

海陵南伐，定方为神勇军都总管。大定二年，宋人陷汝州，河南统军使宗尹遣定方将兵四千往取之。汝州东南及北面皆山林险阻，不可以骑军战。是时，宋兵由鸦路出没，定方至襄城，得敌虚实，遂牒谕汝州属县曰："我率许州戍兵十二万径取汝州，尔等可备粮草二十万，使人扬言欲据要路绝宋兵往来。"既而定方引兵趋鸦路，宋人闻之，果弃城遁去。定方至鲁山境，知宋兵已去，遂遣轻骑二百追至布袴叉，击败之，遂复汝州。授凤翔尹。

宋人阻边，以本职行河南道军马副统，率步骑六万，将由寿州进军，次亳州。宋李世辅陷宿州，定方从左副元帅志宁战于城下。时天大暑，定方督战，驰突敌阵中，出入数四，渴甚，因出阵下马取水，为人所害，年四十四。上闻而闵之，诏有司致祭，赙银五百两、重彩二十端，赠金紫光禄大夫。

夹谷胡剌，上京宋葛屯猛安人。初在左副元帅挞懒帐下，有战功，授武德将军，袭其父谋克。正隆末，山东盗起，胡剌为行军猛安讨贼，遇贼千五百人于徐州南，败之。山东路统军司选诸军八百人作十谋克，胡剌将之，与骁骑军皆隶点检司。行至淮南，海陵遣以骑兵三百二十往扬州，败宋兵千五百人于宣化镇。仆散忠义伐宋，胡剌领万户由泗州进战，遇敌于宿州，殁于阵，赠镇国上将军。

蒲察斡论，上京益速河人，徙临潢。祖忽土华，父马孙，俱赠金紫光禄大夫。

斡论刚毅有技能。天辅初,以功臣子充护卫,迁左卫将军、定武军节度使,召为右副都点检。天德初,授世袭临潢府路曷昌斜鲁猛安,改东平尹,赐钱千万,累除河南尹。海陵伐宋,以本官为右领军都监。大定二年,仍为河南尹,兼河南路都统军使。

宋以万人据寿安县,嵩州刺史石抹突剌、押军万户徒单赛补以骑兵三百巡逻,遇于县东,请师于斡论。斡论使猛安完颜鹘沙虎率七百人助之。宋兵多,突剌使士卒下马,跪而射之。宋兵不能当,走入县城,突剌进逼之,宋人弃城去,追及于铁索口,复大败之,遂复寿安。改北京留守,大定尹,卒官。

夹谷查剌,隆州失撒古河人也。祖不剌速,国初授世袭曷懒兀主猛安、曷懒路总管。父谢奴,官至工部尚书。

查剌状貌魁伟,善女直、契丹书。天德初,以功臣子充护卫。二年,授武义将军。未几,擢符宝郎,凡再考,出为滦州刺史,改知平定军事,海陵南征,为武威军副都总管。军还,大定二年,授景州刺史,迁同知京兆尹。

时彰化军节度使宗室璋等与宋将吴璘相拒于德顺州,元帅左都监徒单合喜遣查剌与诸将议破敌策。璋等议曰:“我兵虽屡胜,而敌兵不退者,知我军少故也。须都监亲至,方可破敌。”于是合喜领兵四万至,遂下德顺州。入为殿前右卫将军,袭父猛安,改左卫将军,迁右副点检。有疾,丞相良弼视之,谓所亲曰:“此人国器也。他人有疾,我未尝往焉。”九年,出为东北路招讨使兼德昌军节度使,仍赐金带。到官,治有勤绩,边境以安。其断狱公平,道不拾遗。迁临潢尹兼本路兵马都总管,蕃部畏服。改西北路招讨使。上遣使宣谕曰:“今诸部初附,命汝抚绥,当使治声达于朕听。”大定十二年卒。

查剌性忠实,内明敏,每论大事,超越伦辈。太师勖尝曰:“查剌不学而知,方之古人,如此者鲜矣。”

赞曰：陷泉之捷，震电烨烨。符离之克，我势攸赫。陇、坻犦擂，淮、涡钩钣成矣。故列叙诸将之功焉。